普通高等教育"十二五"规划教材

创新设计方法

Method to Creative Design

李 彦 李文强 等 编

科 学 出 版 社

北 京

内 容 简 介

掌握有效的创新思维、方法和工具是提升产品设计人员自主创新能力的重要基础。本书结合目前国内外相关产品创新设计的研究成果，以及作者近年来在产品创新设计研究、教学和实践中的经验，较为系统地介绍了产品创新设计的过程与关键技术。主要包括：创造性思维方法及应用、产品创新设计的实施策略、计算机辅助创新设计工具与创新设计知识管理等内容。

本书可供高等院校工科专业的师生，以及相关领域科研院所的研究人员、企业的技术开发人员与管理人员等参阅。

图书在版编目(CIP)数据

创新设计方法=Method to Creative Design/李彦，李文强等编.—北京：科学出版社，2013

(普通高等教育"十二五"规划教材)

ISBN 978-7-03-036994-9

Ⅰ.①创… Ⅱ.①李…②李… Ⅲ.①工业产品-产品设计-高等学校-教材 Ⅳ.①TB472

中国版本图书馆 CIP 数据核字(2013)第 043954 号

责任编辑：裴 育 丛洪杰 / 责任校对：朱光兰

责任印制：吴兆东 / 封面设计：科地亚盟

科学出版社 出版

北京东黄城根北街 16 号

邮政编码：100717

http://www.sciencep.com

北京凌奇印刷有限责任公司 印刷

科学出版社发行 各地新华书店经销

*

2013 年 3 月第 一 版 开本：787×1092 1/16

2022 年 7 月第七次印刷 印张：21 1/4

字数：483 000

定价：88.00 元

(如有印装质量问题，我社负责调换)

想象力比知识更重要，因为知识是有限的，而想象力概括着世界的一切，推动着进步，并且是知识进化的源泉！

——爱因斯坦

前　言

2012年6月11日，胡锦涛总书记在两院大会上指出，“国家制定了‘十二五’规划纲要，强调要以科学发展为主题，推动我国经济发展更多依靠科技创新驱动。要大幅提高自主创新能力，大力推动科技惠及民生，推动我国经济社会发展尽快走上创新驱动的轨道”。掌握先进的创新思维、创新方法和创新工具是提升自主创新能力的必要前提，是取得重大创新成果、实现跨越发展的必要条件；在思维、方法、工具和管理等不同层面大力推进创新方法工作，是使我国逐渐摆脱在科研方法和路径上依从于人、在科研工具和设备上依赖于人的状态，在全球竞争中取得主动地位的重要途径。

自2007年以来，创新方法工作遵循温家宝总理等国家领导人的重要批示精神，各级职能机构在国家科学技术部(以下简称国家科技部)的领导下，按照“试点先行，自愿参与”的原则，结合教学以及科研院所和企业对技术创新的不同需求，开展了大量的发明问题解决理论(TRIZ)研究、推广与创新方法培训工作，并且取得了显著成效。但是，由于我国开展创新方法工作起步较晚，很多方面都是照搬国外经验，缺乏具有自身特点的理论基础和相应的支持工具。其中一个突出表现是不同地方机构和创新团队采用不同的国外相关文献作为开展创新方法的培训教材，而内容多样、结构复杂、表述不统一等是这些教材的共同问题。另外，目前也没有将面向企业技术人员与面向高校学生、面向产品设计创新与面向产品管理创新等内容有针对性地加以区别。随着创新方法工作在全国范围的逐步推进，教材问题已成为一个制约其发展的重要因素。为此，四川大学创新方法与创新设计四川省重点实验室在整理相关国内外文献的基础上，结合实验室研究人员的研究成果和多年的教学实践心得，编写了这本面向高等院校工程类本科生和研究生的产品创新设计教材。

本书结合产品创新设计的理论基础，系统介绍了产品创新设计中的创新过程、创新思维、创新方法、创新工具以及支持创新设计的知识组织与管理等内容，以期培养学生形成和完善产品创新设计理论体系、养成良好的创新思维习惯、掌握多种创新方法和工具、增强自身创新实践能力。

全书共17章。第1章介绍产品创新设计的现状和相关情况；第2～3章介绍产品设计与产品创新设计的基本概念，分析产品创新的主要阶段，重点阐述产品概念设计过程；第4～5章介绍用户需求获取与分析、产品创新方案生成的过程和方法；第6章介绍产品创新设计中各类创造性思维方式和创造性思维的培养与训练方法；第7章从思维的流动性、操作性和程序性角度，介绍基于创造性思维产生的一些规范创新思维方法；第8～13章系统介绍一种重要的创新方法——发明问题解决理论(TRIZ)，其中第8章介绍TRIZ的核心思想和基本概念，第9章介绍发明问题冲突解决理论，第10章介绍物场模型分析及标准解，第11章介绍技术系统进化理论及有关法则，第12章介绍功能分析、因果分析和资源分析三种创新问题分析工具，第13章介绍产品进化过程中的重要技术创新方法——裁剪；第14章介绍各类创新知识在产品创新设计过程的作用，以及知识的组织与应用模型；第 15 章介绍目前常用的计算机辅助创新软件系统，以及作者开发的 CAIP 系统的各项功能；第 16～17 章介绍公理化设计、六西格玛设计方法，辅助学生掌握更多先进的设计理念和手段。

本书是在借鉴国内外创新研究的相关文献和作者研究成果的基础上编写而成的，吸取了包括北京亿维讯科技有限公司团队和河北工业大学檀润华教授团队等多个创新方法优秀团队和专家的成果，在此一并向这些团队和专家表示感谢。书中的引用情况都已在各章后的参考文献部分进行了说明，在此也向这些作者表示感谢。

本书由李彦教授担任主编并进行了终稿审定，李文强、万延见、闫喜强、姜莉莉和胡连军参加了部分章节的编写和统稿工作。在本书编写过程中，赵武、李翔龙、熊艳等老师多次提出宝贵意见，在此表示诚挚的谢意。

由于作者学术水平有限，书中难免存在不足之处，恳请同行及读者批评指正。

李　彦

2012 年 7 月

目　　录

前言
第1章　绪论……………………………………………………………………… 1
1.1　21世纪是创新的世纪 ……………………………………………………… 1
1.2　我国技术创新现状 ………………………………………………………… 1
1.3　创新是每个人的能力 ……………………………………………………… 3
1.4　小结 ………………………………………………………………………… 4
第2章　产品设计……………………………………………………………… 5
2.1　概述 ………………………………………………………………………… 5
2.2　设计与产品设计 …………………………………………………………… 5
2.2.1　什么是设计 ……………………………………………………………… 5
2.2.2　什么是产品设计 ………………………………………………………… 6
2.3　产品设计的一般描述 ……………………………………………………… 7
2.4　产品设计思想的变迁 ……………………………………………………… 8
2.5　产品设计的原则 …………………………………………………………… 9
2.6　产品设计类型……………………………………………………………… 10
2.7　产品设计过程……………………………………………………………… 12
2.8　小结………………………………………………………………………… 13
参考文献 ……………………………………………………………………… 13
第3章　产品创新设计 ……………………………………………………… 15
3.1　概述………………………………………………………………………… 15
3.2　创新与创新设计…………………………………………………………… 15
3.2.1　什么是创新 ……………………………………………………………… 15
3.2.2　什么是创新设计 ………………………………………………………… 16
3.3　产品创新设计模式………………………………………………………… 16
3.3.1　技术推动模式 …………………………………………………………… 16
3.3.2　市场推动模式 …………………………………………………………… 17
3.3.3　复合推动模式 …………………………………………………………… 17
3.4　产品创新设计类型………………………………………………………… 17
3.5　产品创新设计过程………………………………………………………… 20
3.5.1　基于认知创新思维展开过程 …………………………………………… 20
3.5.2　创新思维展开过程中的思维回路 ……………………………………… 22
3.5.3　产品创新设计过程模型 ………………………………………………… 23
3.6　概念设计——产品创新的核心…………………………………………… 24
3.7　小结………………………………………………………………………… 25

参考文献 …… 25
第 4 章　用户需求获取与分析 …… 26
4.1　概述 …… 26
4.2　倾听用户的声音 …… 26
4.2.1　不同的用户群体 …… 26
4.2.2　用户需求的类型 …… 27
4.2.3　用户需求模型 …… 27
4.3　需求获取 …… 28
4.4　需求处理 …… 29
4.5　机会识别 …… 31
4.6　需求转换 …… 32
4.7　需求分析实例 …… 35
4.7.1　Apple——最富价值的品牌 …… 35
4.7.2　IDEO——全新的设计体验 …… 36
4.8　小结 …… 38
参考文献 …… 38
第 5 章　创新方案生成 …… 40
5.1　概述 …… 40
5.2　问题定义 …… 40
5.3　功能设计 …… 41
5.3.1　功能的概念 …… 41
5.3.2　核心功能和总功能 …… 42
5.3.3　功能分解 …… 42
5.3.4　功能求解 …… 44
5.4　行为设计 …… 45
5.5　结构设计 …… 47
5.6　方案评价 …… 48
5.7　新型自动敲钉机的创新 …… 49
5.8　小结 …… 52
参考文献 …… 52
第 6 章　创造性思维的本质及能力培养 …… 53
6.1　概述 …… 53
6.2　三种领域技术的会聚 …… 53
6.3　创造力模型 …… 54
6.4　创造性思维的方式 …… 56
6.4.1　发散思维与收敛思维 …… 56
6.4.2　横向思维与纵向思维 …… 57
6.4.3　正向思维与逆向思维 …… 59
6.4.4　求同思维与求异思维 …… 60

6.5　创造性思维的培养与训练 …… 61
6.5.1　奠定思维基础 …… 61
6.5.2　突破思维定势 …… 62
6.5.3　泛化思维视角 …… 64
6.5.4　发散思维训练 …… 66
6.5.5　想象思维训练 …… 67
6.5.6　联想思维训练 …… 69
6.5.7　直觉思维训练 …… 71
6.6　小结 …… 73
参考文献 …… 74
第7章　创造性思维的应用方法 …… 75
7.1　概述 …… 75
7.2　基于思维流动型 …… 75
7.2.1　头脑风暴法 …… 75
7.2.2　检核表法 …… 79
7.3　基于思维操作型 …… 82
7.3.1　形态分析法 …… 82
7.3.2　整体思考法 …… 85
7.4　基于思维程序型 …… 88
7.4.1　体系化创新思维方法 …… 88
7.4.2　创造性模板法 …… 92
7.5　小结 …… 98
参考文献 …… 98
第8章　发明问题解决理论——TRIZ …… 100
8.1　TRIZ 理论概述 …… 100
8.2　TRIZ 理论的核心思想 …… 100
8.3　TRIZ 理论体系 …… 102
8.3.1　最终理想解 …… 102
8.3.2　40个发明原理 …… 103
8.3.3　39个通用技术参数及经典冲突矩阵 …… 103
8.3.4　物理冲突和四大分离原理 …… 103
8.3.5　物场模型分析 …… 104
8.3.6　发明问题的标准解 …… 104
8.3.7　发明问题解决算法 …… 104
8.3.8　技术系统八大进化法则 …… 104
8.3.9　科学效应和现象知识库 …… 104
8.4　最终理想解 …… 105
8.4.1　理想化与理想度 …… 105
8.4.2　IFR 的确定及其特征 …… 106

8.4.3　IFR的应用 ………… 108
8.5　发明创造的等级划分 ………… 110
8.6　小结 ………… 112
参考文献 ………… 113
第9章　冲突解决理论 ………… 114
9.1　概述 ………… 114
9.2　冲突的定义与分类 ………… 114
9.2.1　技术冲突 ………… 115
9.2.2　物理冲突 ………… 116
9.3　技术冲突的解决 ………… 117
9.3.1　通用技术参数 ………… 117
9.3.2　发明原理及实例 ………… 120
9.3.3　经典冲突矩阵 ………… 133
9.3.4　技术冲突的解决流程 ………… 134
9.3.5　技术冲突问题的解决实例 ………… 136
9.4　物理冲突的解决 ………… 143
9.4.1　物理冲突的解决原理 ………… 142
9.4.2　分离原理与发明原理的关系 ………… 150
9.4.3　物理冲突的解决流程 ………… 151
9.4.4　物理冲突问题解决实例 ………… 152
9.5　小结 ………… 156
参考文献 ………… 157
第10章　物场模型分析方法 ………… 158
10.1　概述 ………… 158
10.2　物场模型的建立 ………… 159
10.2.1　符号系统 ………… 159
10.2.2　功能分类及其模型 ………… 159
10.2.3　构建物场模型 ………… 160
10.2.4　物场模型分类 ………… 161
10.2.5　物场分析的一般解法 ………… 162
10.3　76个标准解 ………… 166
10.3.1　概述 ………… 166
10.3.2　第1类:建立或破坏物场模型 ………… 169
10.3.3　第2类:增强物场模型 ………… 175
10.3.4　第3类:向超系统和微观级系统进化 ………… 182
10.3.5　第4类:检测和测量 ………… 184
10.3.6　第5类:应用标准解的标准 ………… 189
10.4　标准解的应用过程 ………… 192
10.5　工程实例 ………… 194

10.5.1 粉尘过滤 …… 194
10.5.2 树皮和木片的分离问题 …… 195
10.5.3 纯铜板的清洗 …… 196
10.5.4 钢丸发送机弯管部分磨损问题 …… 198
10.6 小结 …… 199
参考文献 …… 199
第 11 章 技术进化理论 …… 201
11.1 概述 …… 201
11.2 S 曲线 …… 202
11.3 技术系统进化法则 …… 204
11.3.1 完备性法准则 …… 205
11.3.2 能量传递法则 …… 206
11.3.3 动态性进化法则 …… 207
11.3.4 提高理想度法则 …… 209
11.3.5 子系统不均衡进化法则 …… 210
11.3.6 向超系统进化法则 …… 211
11.3.7 向微观级进化法则 …… 212
11.3.8 协调性进化法则 …… 213
11.4 技术系统进化的应用 …… 214
11.5 小结 …… 215
参考文献 …… 215
第 12 章 系统化分析工具 …… 216
12.1 概述 …… 216
12.2 功能分析 …… 216
12.2.1 功能分析方法 …… 216
12.2.2 基于 FAST 的功能分析 …… 217
12.2.3 基于组件的功能分析 …… 219
12.2.4 工程实例 …… 220
12.3 因果分析 …… 221
12.3.1 因果分析的定义与分类 …… 221
12.3.2 因果分析的方法 …… 221
12.4 资源分析 …… 225
12.4.1 资源的定义与分类 …… 225
12.4.2 资源应用原则 …… 225
12.4.3 资源分析的方法与步骤 …… 226
12.5 小结 …… 229
参考文献 …… 229
第 13 章 系统裁剪 …… 230
13.1 概述 …… 230

13.2　系统裁剪及方法…… 230
13.2.1　裁剪原理及定义 …… 230
13.2.2　裁剪对象选择 …… 231
13.2.3　系统裁剪的实施方法 …… 232
13.3　基于裁剪的产品创新设计过程模型…… 234
13.4　工程实例…… 235
13.5　小结…… 244
参考文献…… 244
第 14 章　支持创新设计的知识及其应用 …… 245
14.1　概述…… 245
14.1.1　知识的定义 …… 245
14.1.2　知识的作用 …… 245
14.1.3　知识的类型 …… 245
14.1.4　知识的转化过程 …… 247
14.2　创新设计过程中的知识…… 248
14.2.1　创新设计过程的知识类型…… 248
14.2.2　知识创新属性的提取与表达 …… 249
14.2.3　设计知识的表示方法 …… 250
14.2.4　设计知识的组织方法 …… 251
14.3　支持产品创新设计的知识库…… 254
14.3.1　发明原理实例库 …… 255
14.3.2　科学效应库 …… 256
14.3.3　专利知识库 …… 258
14.3.4　领域知识库 …… 260
14.3.5　专题知识库 …… 261
14.4　设计知识的搜索…… 262
14.4.1　基于发明原理的搜索策略…… 262
14.4.2　基于知识地图的搜索策略…… 263
14.4.3　基于设计规则的搜索策略…… 265
14.5　小结…… 266
参考文献…… 266
第 15 章　计算机辅助产品创新工具 …… 267
15.1　概述…… 267
15.2　常用 CAI 软件及应用 …… 268
15.2.1　Goldfire 介绍 …… 268
15.2.2　Pro/Innovator 软件介绍 …… 269
15.2.3　CAI 解决冲突(矛盾)的实例:空气囊问题 …… 271
15.3　基于认知机理的计算机辅助创新平台 CAIP 系统…… 273
15.3.1　CAIP 系统介绍 …… 273

15.3.2 CAIP 系统的总体框架 …… 274
15.3.3 CAIP 系统模块 …… 275
15.3.4 CAIP 系统问题分析模块 …… 275
15.3.5 CAIP 系统创新策略模块 …… 277
15.3.6 CAIP 系统创新知识库模块 …… 280
15.3.7 CAIP 系统创新方案管理模块 …… 281
15.4 原型系统的应用实例 …… 281
15.5 小结 …… 285
参考文献 …… 285
第 16 章　公理化设计 …… 287
16.1 域的概念 …… 287
16.2 域间的“之”字形映射与层次结构 …… 287
16.3 设计公理 …… 288
16.3.1 独立性公理 …… 288
16.3.2 信息公理 …… 289
16.4 应用实例 …… 290
16.4.1 冷热水混水阀 …… 290
16.4.2 深水炸弹触发器的设计 …… 293
16.5 小结 …… 299
参考文献 …… 299
第 17 章　六西格玛设计 …… 300
17.1 六西格玛简介 …… 300
17.1.1 DFSS 方法 …… 301
17.1.2 基于 DFSS 的产品创新设计方法 …… 302
17.2 基于 DFSS 的产品创新设计模型 …… 302
17.2.1 集成模式 DFSS 方法的组织结构 …… 302
17.2.2 VRD 集成模式的原理分析 …… 303
17.2.3 面向全新产品的 DFSS 模型 …… 304
17.3 基于 DFSS 的产品创新设计流程 …… 305
17.3.1 DFSS 与六西格玛改进的区别 …… 305
17.3.2 现有 DFSS 流程比较分析 …… 306
17.3.3 面向全新产品的 DFSS 流程 …… 306
17.3.4 基于 DCCDV 流程的 DFSS 模型 …… 307
17.4 应用实例 …… 309
17.4.1 确立 DFSS 项目 …… 309
17.4.2 顾客需求确定与分析 …… 311
17.4.3 概念方案的生成与选择 …… 314
17.4.4 设计试验并分析优化关键变量 …… 316
17.4.5 验证最优参数组合 …… 317

17.5　小结…… 318
参考文献…… 319
附录 A　术语索引…… 320
附录 B　冲突矩阵…… 323

第1章　绪　　论

1.1　21世纪是创新的世纪

20世纪是知识经济的时代。美国国家自然基金会(National Science Foundation, NSF)在《提升人类技能的会聚技术》报告中指出,21世纪是创新时代(innovation age),着重点将从“重复”(repetitive)转向“创造和创新”(creative, innovation-based activities)。美国《经济周刊》提出,21世纪是从知识经济时代转向创新经济时代的世纪,谁在知识和科技创新方面占据优势,谁就能够在发展上掌握主动。另外,国际上目前对创新的研究也非常重视,如NSF在2006年8月组织了创新和发明的研讨会,在会议总结报告《个人和团队创新和发明的科学基础》中指出,创新能力是未来发展的关键因素,社会心理学、认知科学及工程研究进行学科间的协同和融和,是研究创新和发明的方向。

我国虽然对创新方法的研究和推广起步较晚,但国家政府部门对此非常重视。2008年4月28日,国家科技部、国家发展和改革委员会(以下简称国家发改委)、国家教育部和中国科学技术协会联合发布了《关于加强创新方法工作的若干意见》,强调“自主创新,方法先行”,创新方法是自主创新的根本。2009年5月9日,温家宝总理在福建星网锐捷通讯有限公司调研时说,“创新赢得实力,创新赢得领先,创新赢得发展,创新赢得尊严。一个国家和民族,必须有自己的创新产品、自己的知识产权和高度的创新能力、文化素养,才能赢得全世界的尊重”。2010年6月7日,胡锦涛总书记在两院大会上明确指出,“把增强自主创新能力作为战略基点,着力提升原始创新能力,大力增强集成创新和引进消化吸收再创新能力,提升知识、技术转移转化和规模产业化能力,形成更多具有自主知识产权的创新技术,构建完整的创新体系,牢牢把握发展主动权”。2010年12月9日,科技部部长万钢在2010创新方法高层论坛上指出,创新方法工作是一项基础性、战略性、长期性、开创性工作,要把创新方法工作作为全国“十二五”科技工作的重要抓手,为科技创新提供方法支撑。创新是一个民族进步的灵魂,是国家兴旺发达的不竭动力,企业产品创新是企业得以生存和持续发展的内在动力。

1.2　我国技术创新现状

目前我国是制造大国,却不是制造强国,虽然拥有世界上最多的人力资源,但所采用的设计方案、制造方案和制造工具等大多来源于国外。企业获得的大量利润都要支付高额的设备费、专利费和技术服务费。据统计,近几年我国设备投资的2/3依赖进口,其中光纤制造设备的100%,集成电路芯片制造设备的85%,石油化工设备的80%,轿车工业设备、数控机床、纺织机械、胶印设备的70%都来自于进口。造成这种现象的原因是我国企业缺乏创新意识和创新能力,企业科技人员创新意识和创新能力差的问题没有从根本上得到解决，而且大部分企业根本没有现代化创新方法、创新手段和创新工具，技术创新已成为制约我国经济发展的突出问题。

据联合国世界知识产权组织公布的数据，2010 年国际专利申请中，来自中国的12337件国际专利申请只占全世界专利申请总量的 7.6%，远远低于拥有 44855 件的美国(27.5%)、32156 件的日本(19.7%)和 17171 件的德国(10.5%)。此外，如果将国内与国际专利申请一起看，我国与工业化国家的差距更加明显。2010 年，我国国内的专利申请量为 81.5 万件，与国际申请的比例是 1∶66；而美国在 2005 年时这一比例仅为 1∶5。根据世界经济论坛公布的包含 139 个国家的《全球竞争力报告 2010－2011》，我国在综合竞争力指标上排第 27 位，在高等教育和培训指标上排第 60 位，在技术敏捷性指标上排第 78 位。根据“核心竞争国”(指每 100 万人口获得美国专利与商标局的发明专利授权在 15 个以上的国家或经济体)标准，我国仅以 0.15 列第 62 位，不仅低于发达国家，而且排在巴西和印度等发展中国家之后。

宏碁集团创办人施振荣先生提出了著名的“产业微笑曲线”(smiling curve)理论，如图 1-1 所示。微笑曲线的中间是生产制造环节，左边是研发、咨询环节，右边是售后服务环节。从微笑曲线的变化规律不难看出：在产业链中，产品的附加值更多体现在两端——研发和服务，处于中间环节的生产制造的产品附加值最低。因此，产业未来应朝微笑曲线的两端发展，也就是在左边加强研发创造智慧财产，在右边加强客户导向的营销与服务。通过对不同时期的产业微笑曲线变化进行分析不难看出，随着全球进入 21 世纪，微笑曲线变得更加陡峭，产品的附加值进一步向两端倾斜，而生产制造阶段的产品附加值变得更少。而从资源消耗和对环境污染的角度看，微笑曲线却又正好相反：在产业微笑曲线两端，资源消耗和对环境的污染日趋减少，而更多的资源消耗和环境污染都来源于生产制造阶段。因此，提升我国产业微笑曲线的等级和层次，在产品开发全生命周期实施创新设计战略，建立健全产品服务平台是必由之路。

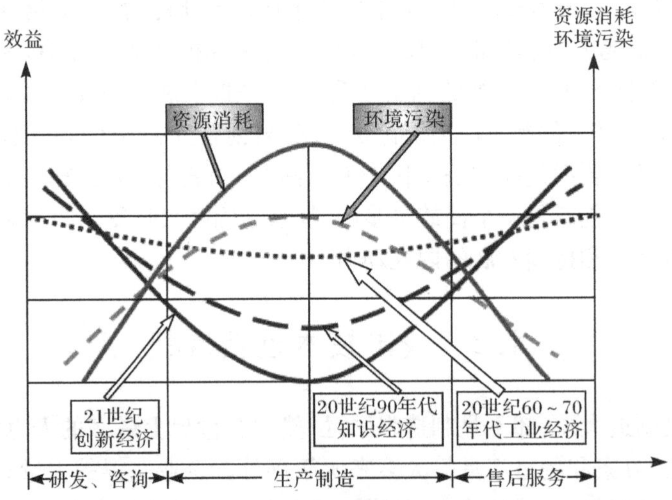

图 1-1　产业微笑曲线

1.3 创新是每个人的能力

创造性是每个人所普遍具有的潜能。人文主义心理学家马斯洛指出，“它极可能是一种每一个人都有的遗传素质。它是一种共同的和普遍的东西。在所有健康儿童中肯定都会发现它的存在”。但是，作为一种潜在的可能，在现实的人身上“它确实会丧失，或被掩盖，或被歪曲，或被抑制，或受到任何可能的阻碍”。

研究表明，在个体智商(IQ)达到一般水平后，智力对创造力的影响就很小。因此，当个体具备设计人员的基本能力时，智力和创造力之间就没有关系了。最新的研究也表明，东亚地区的人的平均IQ测试值高于美国和亚洲其他地区的白种人，但是很明显，东亚地区的人并不具有更好的创造性。是什么原因造成这种局面呢？惯性思维定势和缺乏有效的创新方法是其中的重要原因。

2003年，美国工业设计师协会金奖授予了“荷兰男孩”旋转倾倒系统，如图1-2所示，表彰他一百多年来第一次对金属油漆桶进行了有效改造，改变了大家对油漆桶使用的思维定势。“荷兰男孩”油漆桶与原油漆桶相比很容易倾倒、关闭和循环利用，其改变仅仅是开了一个导流口以便在倾倒时不再把桶弄脏，同时做了一个螺丝口的盖子，再附上一个简单的把手。

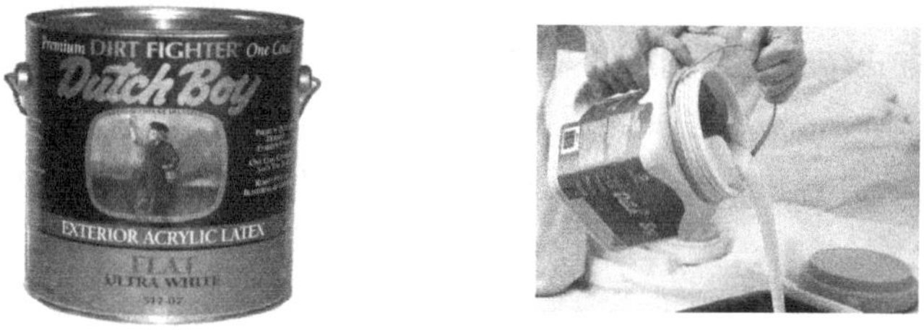

(a) (b)

图1-2 传统油漆桶(a)和“荷兰男孩”油漆桶(b)

又如，一种药片破损形状检查装置的改进问题，如图1-3所示，其目的是将有破损的药片剔除出去。传统设计人员多会从检测系统本身出发进行考虑和改进，如增加员工岗位进行手工检测，或者通过开发一套检测剔除系统等。这些方法虽然也能有效解决这个问题，但显然不是好的方案。有个设计人员从药片自身的属性出发进行思考，通过将水平推出的药片竖立推出，利用完整药片和破损药片滚动速度不同导致的动能属性不同，将传送带稍微向后撤离合适距离，则完整的药片将顺利落在传送带上，而破损的药片将因动能不足而落入回收桶中。该方法相比传统的解决方案，不仅节省了人力，而且不需引入复杂的设备系统。创造性思维和科学的创新方法往往可以使问题解决得到事半功倍的效果。

以上两个事例的创新过程都不难，但却需要创造性的思维方法。钱学森曾对思维科学作出过界定：“思维科学就只有三部分：逻辑思维，微观法；形象思维，宏观法；创造思维，微观与宏观的结合。创造思维才是智慧的源泉；逻辑思维与形象思维都是手段。”创新具有科技特征、艺术特征和经济性质，因此仅仅利用逻辑思维的方法，或利用现有的经验和知识对创新来说是不利的。本书将面向产品创新设计过程，从创造性思维的产生、各类创

图 1-3　传统药片形状检查方法与改进后的方法

新方法的分类与应用、发明问题解决理论、创新工具的开发与实现、创新设计资源的组织与管理、创新过程的质量控制等多个方面对科学思维、科学方法、科学工具和工程创新过程进行系统化阐述。

1.4　小　　结

创新具有多个侧面，有的是因为它提高了工作效率或者巩固了企业的竞争地位，有的是因为它改善了人们的生活质量。创新不一定是出现全新的东西，旧的东西以新的形式出现或者与新的方式结合也是创新。总之，创新是解决新问题、进行新组合、发现新思想和发展新理论的过程。另外，创新也是可以通过学习实现的，每个人都有巨大的创新潜力，通过本书系统的讲解和训练，可以挖掘和提高人的创新能力，每个人都可以学会创新技能。

第2章　产品设计

2.1　概　　述

在全球化的环境下，企业之间的竞争日益加剧，在产品开发中任何一个环节稍有落后，都可能被竞争者超越，甚至被淘汰出局。企业如何才能以“更低的成本、更短的时间、更高的质量”进行产品开发呢？这正是我们对产品设计进行研究的目的所在。

对于从事产品开发的主体——设计师而言，为避免产品缺陷，就必须了解并使用现代产品实际开发的许多具体手段。同时，设计师还要了解新技术对市场竞争和产品发展趋势的影响，设计出具有良好功能、高质量的产品。这些目标以及相关的方法已经成为设计师确保公司产品在市场上占据领先地位的有力竞争武器。本章将从产品设计概念、原则、类型等方面针对产品设计本身进行论述，使读者对整个产品设计过程及其实现有一个系统性的认识。

2.2　设计与产品设计

2.2.1　什么是设计

设计(design)一词源于拉丁语，由动词“designare”演变而来，其原意为“determine”(决定)。它与技术、工程等的含义不同，设计包含创造、计划和美学意义上的探索，属于人类创造性活动的基本范畴。

设计作为一种活动，从历史上看，可以说和人类的历史一样古老。为了生存，人类不断地对自然进行改造，因此早在石器时代人类就已经开始了设计活动。数千年来，人类创造了辉煌灿烂的文化，无论是上古时代的石刀、石斧等工具，还是当今征服自然的人造卫星、宇宙飞船；从人类幼稚的设计动机，到有计划、有步骤地开发宇宙奥秘的宏图大略；由古代到现代，由低级到高级，由简单到复杂，由狭窄到广阔，设计始终贯穿其中。也就是说，人类在认识世界、改造世界的过程中，无论是物质财富的创造，还是精神财富的创造，都离不开设计。因此，人们生存与生活的世界，应该是自然世界与人造世界的共同体。正如美国著名管理学家，1978年诺贝尔经济学奖获得者西蒙所说：“我们生活着的这个世界，是由大自然‘设计’的事物和人类设计的事物共同组成，是一个复杂的混合体。”人类自存在以来，就一直生活在这样一个“混合体”里。这个“混合体”也在不断地发生变化，即由于设计领域的不断拓宽，人造世界的成分越来越多，也就使当代人几乎生活在一个人造的世界里。

设计是人类在有限的时空范围内，在特定的物质条件下，为了满足一定的需求而进行的一种有意识、有目的的创造性思维实践活动。在这一活动中，体现了人的聪明、智慧、才能和创造精神，以及追求新生活的理想、情感和愿望。

设计是一个决策过程。美国工程与技术认证委员会(Accreditation Board for Engineering and Technology，ABET)在其教学大纲中就将设计正式定义为：为满足目标需求而创造某种系统、部件或方法的过程。它是通过把可确定的设计任务书转化为技术系统的具体表述，以寻找使所有相互矛盾因素和关系在一个多维化状态下协调起来的方法，并在有限的时空范围内，在特定的物质条件下，为满足一定的需求而进行的一种创新思维活动的实践过程。

广义的设计可看做一种文化活动，它已突破了物质生产领域而成为社会文化的一个重要组成部分。它不仅指一般意义上的工程技术与产品开发设计，更可以理解为人类自觉把握、遵循客观规律，并根据人类社会的需要以及社会结构、机制发展的趋势，依照一定的目的，做出有益于人类生产与生活的设想、规划，并付诸实施的综合性的创造性实践活动。这一范畴不仅包含任何社会硬件与软件的设计，如设计一个组织机构、一项城市交通规划、一个社会教育体制或一个生态平衡模式等；而且也包括物质方面的设计，如一系列生活资料、生产工具的设计等，涉及自然科学和社会科学等更宽泛的领域。因此，从最为广泛的意义上来说，人类所有生物性和社会性的原创活动都可以被称为设计。

狭义的设计可以理解为根据人类生产与生活的需要，适当地运用一定的材料和技术，从人的生理、心理特征出发，依照一定的预想目的做出的从设想、规划、制作到生产出成果的创造性实践活动，并使自然物从内容到形式发生变化而成为人工制品的行为。

设计定义的内涵和外延随着经济与社会进步都在不断地发展、变化。总地来说，设计是一种创意文化，要有自己的特色，要设计出标新立异、鹤立鸡群的产品，从而不仅为企业直接创造财富，而且为世界创造文明。

2.2.2　什么是产品设计

产品指为满足人们需求而设计生产的具有一定用途的物质产品和非物质形态的服务的总和。通常包含实体产品、形式产品和延伸产品三个方面。

(1) 实体产品是产品的核心，指能提供给消费者基本效用和利益的实体。

(2) 形式产品主要指实体产品得以实现的形式，包含产品的品种、质量、风格、款式、商标和包装等。

(3) 延伸产品指用户获得形式产品时所能得到的全部利益，即随同形式产品而提供的附带服务，如咨询、维修、分期付款、交付安排等。

美国市场学家利维特断言："未来产品的竞争，其关键将不在于工厂能生产出什么产品，而在于其产品所能提供的附加价值，如包装、服务、咨询、购买信贷、及时交货，以及人们用价值来加以衡量的一切东西。"

设计是一种表达方式，而产品则是一种用于交换的通货。产品作为一种通货而产生收入。在商业活动中，对设计的理解有所进步，而且这种理解如今已经成为企业角逐的关键。企业发现，在设计上投资会带来回报。一个精心设计并苦心经营的产品可以为一个企业或设计师带来具有象征意义的身份，它还能在高度竞争的世界中为一个企业或设计师提供一种独特的姿态。

产品设计即是对产品的功能、结构、外观造型等方面进行综合性的设计,以便生产出符合人们需要的实用、经济、美观的产品。产品设计是一个完整的活动体系,包括工程方面的因素,其中充满着风险和机遇。同时,它也是一个结构化的过程,在工业生产中,这一结构化设计过程作为一种强制手段,可以有效决定将哪个项目投入市场,并在千变万化的世界中规划出发展渠道,以及有效创造出有竞争力的优秀产品。所以,这就要求设计人员在技术、市场、时机等多个方面作出更加有效的判断。

产品设计的主要特征在于其复杂性、目的性、创新性和不确定性。产品设计主要设计的是物,而用物的对象是人,这一特点决定了产品设计的出发点和最终目的都是为了人;同时也决定了设计的这个物对人不仅是有用的,而且必须是有益的。另外,产品设计是科技和艺术的结合,是实用功能和审美功能的统一。

2.3 产品设计的一般描述

设计是一个有目的的行为,其基本目标在于创造有使用价值的人造物。本书将产品设计看做企业的市场行为,定义产品的过程也就是设计产品的过程。在市场经济条件下,产品设计是企业为赢得市场竞争力、谋求生存发展的基本行为,是企业为了创造高附加值、赢得市场竞争、获取高额利润的目标,有组织地定义产品的过程(图 2-1)。

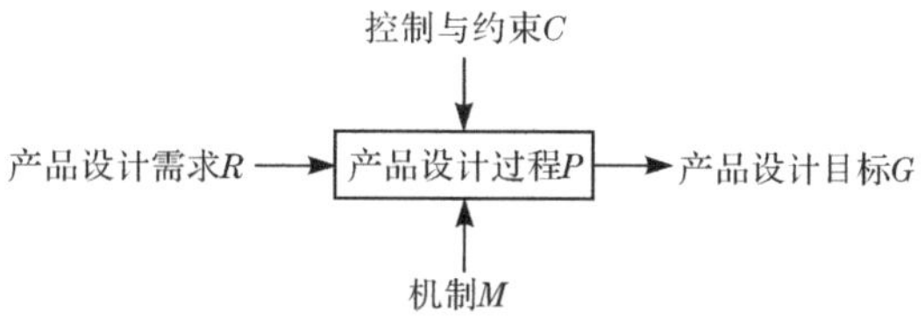

图 2-1 产品设计的一般模式

其中,R 为产品设计需求;G 为产品设计目标;P 为产品设计过程;C 为对过程 P 的控制与约束;M 为设计过程中的机制(知识、方法及理论)。

如前所述,产品设计通常具有复杂性、目的性、创新性和不确定性等特征,且这些特征在设计的初期阶段表现得最为明显。由图 2-1 可见,根据市场需求,结合设计中相关的知识、方法、理论以及设计过程中的控制及约束,可以设计出满足市场需求的、有竞争力的新产品,从而表现出设计的目的性与创造性。由于产品设计需求,控制与约束及设计的理论、方法、知识等影响因素众多,而且满意的设计结果可能也需要多次反复,因此设计过程表现出复杂性;而上述设计过程的众多影响因素中的任何变化都会导致设计结果的不同,从而使设计过程表现出一定的不确定性。

对于企业而言,设计是其发展进步的客观需要,是产品开发中最重要的环节,对产品的最终价值起着决定性的作用。产品设计的本质也正是通过革新与创造提供具有市场竞争力和高附加值的产品,市场是设计成功与否的重要评价标准。

无论产品设计技术如何变化,设计的这些基本特征始终保持不变。各种产品设计方法或者是改变设计特征的表现形式,或者是拓宽设计特征的使用范围。例如,并行设计试图将设计过程从串行变为并行，从而考虑到下游阶段的产品需求，改变产品的设计品质；而绿色设计则是针对人们对环境和资源的需求而提出的一种设计方法。面对未来，产品开发方法将会迅速革新，且各大公司也在积极创建可支持集成产品、过程、协议开发的分布式设计和制造环境。协同设计和其他基于 Web 的设计方法，则都致力于将网络技术应用到设计过程中，其可通过下述几个方面优化设计过程。

(1) 互联网的出现大大拓宽了设计者参与设计的活动空间，使得这一过程可以在全球范围内展开，促使可用资源得到充分利用。

(2) 标准的互联网通信机制使得异地协同成为可能，因为互操作性是合作产品定义的一个基本要求，企业原有的应用可以通过互联网上已存在的各种数据标准加以封装，从而方便地定制协同环境。

(3) 互联网可辅助构造一个虚拟设计环境。从技术层面讲，CAD 虚拟环境要能适应设计信息环境，其基本特征可归结为“3I”，即 immersion（沉浸）、interaction（交互）、imagination（联想）。

“3I”不仅强调了在人机环境中人的主导地位与协作精神，更强调了个体与群体的协调统一。immersion 不仅指通过认知，使人身临其境地感知计算机系统所创立的虚拟世界，而且是多媒体信息对象之间的相互感知；interaction 指通过广域信息间的交互作用，达到支持群体成员之间的协同工作，共同完成相关任务的目的；imagination 则指通过可视化、智能化等技术的集成应用，得到感性和理性的认识，从而深化理解、优化组织和萌生想法。

2.4　产品设计思想的变迁

早期的设计主要着眼于实现与优化产品的功能，以达到各种技术指标。在此阶段，产品的制造基本从属于产品设计要求，可称之为“按图施工”。设计者固然要考虑到工艺上的可能性及其合理性，但通常并不从工艺性、制造成本等角度对产品的设计方案、产品的结构和参数加以优化考虑，这种设计模式被称为成品功能设计。

后来，由于市场竞争的加剧，迫使企业要对提高生产效率和降低产品制造成本的问题加以认真考虑。于是，制造环节开始反作用于设计过程，这要求所设计出的产品不仅能实现产品的功能，还要能够在生产车间被高效、低成本地制造出来。基于这一考虑，工艺性问题就逐渐被提到产品设计的日程上来。在手工设计时期，工艺性主要通过各种标准、规范、手册、资料以及设计经验来加以引导或约束，或者通过设计人员与工艺人员会审设计图纸进行操作。到了 CAD 时代，将这一考虑同产品制造工艺性的设计思想与信息技术进行融合，使得面向制造的设计（design for manufacturing，DFM）和面向装配的设计（design for assembling，DFA）技术出现和发展起来。表 2-1 列举了部分面向装配的设计的基本原则。这种技术主要采用专家系统等智能方法来评判由 CAD 系统所生成的设计（包括方案设计与详细设计）的工艺性，进而提出改进方案。针对不同的产品与生产条件，已经有大量的关于 DFM 与 DFA 的研究成果及相应的设计软件问世。

表 2-1 面向装配的设计的基本原则

1. 应采用功能合并的方式尽量减少部件数目
2. 将复合零件进行模块化处理,使其成为一个装配件
3. 应面向开放空间,避免面向密闭空间;装配时需注意不要隐藏重要部件
4. 应使零件自身显示出如何嵌入的特征
5. 尽可能采用标准件
6. 尽可能增加零件的形体对称性
7. 对于不对称零件,应针对形体中心或重心进行装配设计
8. 避免采用缠绕零件
9. 外观相似的零件要用颜色进行区别
10. 避免出现嵌套现象
11. 对于不对称零件,应提供匹配特征
12. 对于嵌入装配,应提供匹配特征
13. 应提供零件对齐特征
14. 新零件装配应自上而下进行
15. 减少不同安装走向的出现,避免出现在局部组装时不得不进行整体翻转的情况
16. 尽量消除螺旋固定结构
17. 尽可能将螺栓固定件放置在便于操作的地方
18. 通道应有足够的宽度以保证工具能深入使用,注意没有绝对合适的通道宽度
19. 螺栓的旋紧方向不应与安装面的法线出现夹角
20. 螺栓间要保持一定的间距以保证工具的有效使用

然而,产品功能设计、DFM 和 DFA 都是只负责到成品出厂的设计。目前大多数制造企业,尤其是发展中国家的企业,其产品的设计大体上还都局限于这一范畴。具体到我国,由于长期受“计划经济”和“卖方市场”等观念的束缚,不少企业与顾客之间的关系仍停留在“钱货当面清点,出门概不负责”的状态。这不仅是上述设计思想的突出表现,更是我国许多制造企业面临困境的原因之一。

随着市场竞争的日益加剧,全球化浪潮的日益推进,无论是产品功能设计,还是DFM、DFA 均已难于满足当前企业求生存、求发展的需要。今天的设计者必须考虑其所设计的产品,从方案论证到设计开发、零件制造、装配、销售、售后服务、报废及回收等各个阶段,所有可能出现的各种问题及其解决方法。也就是说,今天的设计工作必须面向产品的“全生命周期”,要对产品“负责一辈子”。

2.5 产品设计的原则

产品设计原则是对设计行为的约束,受设计者设计水平、设计观念以及体制等因素的限制。传统的产品设计原则主要着眼于产品的功能及其技术范畴,而随着信息技术、协同技术等新技术理论的发展,产品设计原则已扩展到产品全生命周期内的各个阶段。

(1) 创新原则。产品设计本身就是进行创造性活动,只有锐意创新才能有所突破、有所创造。只有创新的产品才具有真正的市场竞争力。

(2) 功能原则。产品设计的基本目的之一是为消费者提供能满足其所需功能的产品。如果产品不满足这一点,整个设计也就失去价值。

(3) 质量原则。保证质量是产品设计的重要原则，主要通过性能指标、可靠性以及抵抗外部载荷性能等方面对其进行保证。其中，性能指标主要指产品的各类技术指标，如机床加工精度、传动系统运动精度等，满足先进的技术指标是实现高品质产品的前提。

(4) 工艺原则。该原则是指设计能够且易于通过生产加工过程实现，主要包括可制造性、可装配性、可测试性等多方面要求。

(5) 效益原则。在保证质量的前提下，要求产品具有较低的开发成本和使用费用，力求做到经济合理、物美价廉。只有这样，产品才具备较强的市场竞争力，才能创造较高的技术经济效益和社会效益。

(6) 社会原则。考虑产品投放市场后的表现行为，不仅包括人机友好性、可装配性、可拆卸性、可维修性、安全性等产品使用过程中的一些要求，也包括环境友好性、可回收性等绿色性能方面的要求。

(7) 审核原则。设计过程是一种设计信息加工、处理、分析、判断、决策和修改的过程。为了更大限度地减少设计失误，高效、优质、经济地完成设计，必须随时对每一设计程序的信息进行审核，绝不允许错误信息流入下一道工序。

产品设计是一项复杂的创造性思维活动，在设计时应根据具体产品特点选择全部或部分原则，以实现产品的最佳性能和竞争优势。

2.6　产品设计类型

产品设计包含在产品开发过程之中，由各项符合市场开发与商业运作的技术活动构成。它包括产品创新思路的发展，对构想进行符合技术规范要求的发展，以及将技术因素融合到新产品之中。产品设计包括多种设计类型，按创新层次不同，可将其分为原创设计、改良设计和变量设计三种类型，如表 2-2 所示。

表 2-2　产品设计的类型

项目	原创设计	改良设计	变量设计
制动器	反锁定式制动器	应用于车辆的制动装置	适应不同车型、不同底面半径和不同摩擦系数材料的制动器
方向控制器	残疾人用辅助装置(操纵杆/脚控装置)	增添新的附属功能	根据不同底盘规格设计的各种型号的方向舵
娱乐设备	CD 介质	DVD 介质	激光光盘介质
计算处理器	微处理器	Intel 8080 处理器	奔腾-奔腾Ⅱ型处理器
交通工具	第一辆奔驰汽车	单片式车身的汽车(与框架式车身结构相比)	各种新车型
轴承	达·芬奇设计的中心自定位球式轴承	第一个以特氟龙涂料处理的平面式轴承	家用产品中各种规格的轴承

原创设计指对给定的任务提出全新的、创造性的解决方案。这种解决方案可以视为发明创造，如电子晶体管、激光复印技术等。成功的原创设计几乎都走在时代的前列，它们的出现对原有市场而言都是一种革命。例如，用高分子塑料制成的“封闭型静脉液软

针”，它可以插入人体血管内保持数周，每次输液只要将软管接上即可，可大大减轻患者的痛苦。但是，原创设计虽然有可能改变市场甚至统治市场，但同时也存在极高的风险性。因此，极少有工程技术人员或设计师计划进行或被允许进行完全意义上的原创设计，甚至也极少有公司具备这种能力。

改良设计指对现有的已知系统进行改造或增加较为重要的子系统（如为改善汽车的刹车制动性能，而增加防抱死系统的设计），是设计工作中最为普遍和常见的设计类型。改良设计是在原有产品基础上的设计，并不需要做大量的重构工作。通常，消费者总是希望产品能够适应他们当前的生活方式和风格潮流。为适应消费者的观念，设计师选择改良设计以确保产品具有良好的商业利润，这是改良设计占据产品设计类型主导地位的最主要原因。例如，针对传统汽车停车挡（结构如图 2-2 所示）的改良设计，为了尽量克服在实际使用过程中很难将变速器从停车模式转到其他模式，以及产生过大的振动和噪声等问题，而提出相应的创新设计方案。新设计的棘轮齿形带有斜度的齿外沿，棘爪的头部也做成斜面，以防它在汽车运行时意外插入；棘爪销子的位置移到与棘爪平面相同高度处，以使载荷完全由销子承担，如图 2-3 所示。

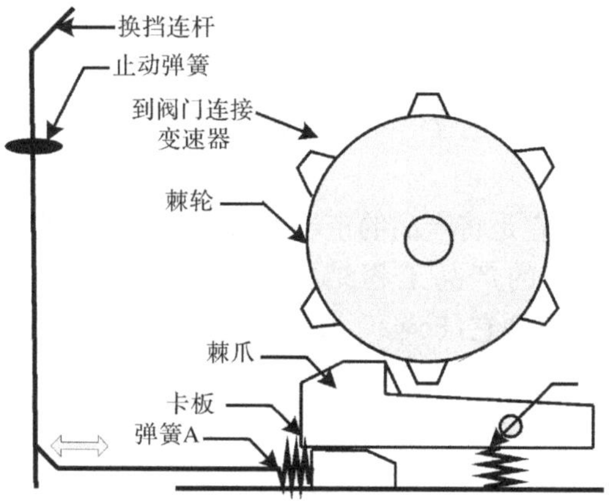

图 2-2 自动变速器停车挡的结构简图

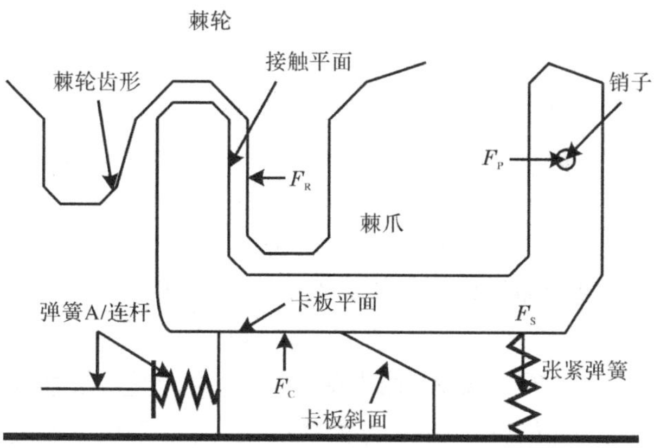

图 2-3 插入状态下各物理件装配示意图

变量设计指通过改变产品某些方面的参数(如尺寸、形态、材料、操控方式等),从而得到新的产品。变量设计通常是在原有系统不变的情况下进行的,即不改变原有产品的结构,而只对其中的子系统做相应调整。这种方式常常用于系列产品及相关产品的设计。例如,当普通轴承应用于较大的设备时,必须扩大其规格尺寸;餐厅所用的食品加工机如果要转为家用,则需要适当降低其功率,改变其形态、规格参数等。当大众汽车在 1993 年重新引进了经典的"甲壳虫"设计时,奥迪开发了 TT(图 2-4)、克莱斯勒(Chrysler)生产出了 PT Cruiser,这三家公司的设计都是通过对车身外形的改变,使得其销售额得到了提升。

图 2-4 奥迪 TT 设计草图

2.7 产品设计过程

产品设计是一个过程,它是将产品的市场需求映射成产品的功能要求,并将功能要求转化成能实现该功能要求的产品工程结构的过程。该过程把"我们希望得到什么(what)"映射为"我们如何得到它(how)",如图 2-5 所示。

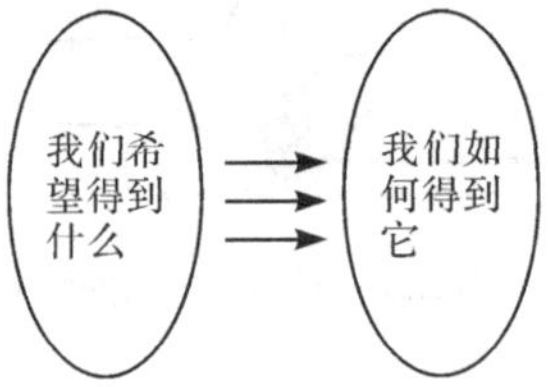

图 2-5 产品设计过程

在产品设计过程中,从用户需求到最后得到能满足要求的产品,有许多处于中间阶段的设计结果——状态。中间设计状态的形成过程,在功能上主要表现为一系列的设计步骤——活动环节。且从前到后其抽象程度不断降低,后一环节是前一环节的提炼、进化与展开,从而在宏观上表现为一连串相连的问题求解活动——产品设计过程的行为状态。

产品设计系统是实现产品设计过程的技术系统(图 2-6),可表示为

$$M=\{I,P,Q,O,\Phi\}$$

式中,M 为产品设计系统;I/O 为输入/输出集,可为物质、能量、信息;P 为过程集,有子过程元素 P_i,$P=\{P_1,P_2,P_3,P_4,\cdots,P_i\}$;$Q$ 为状态集,指图 2-6 中的所有子状态元素 Q_i,$Q=\{Q_1,Q_2,Q_3,Q_4,\cdots,Q_i\}$,$Q_i$ 与 P_i 对应,且状态存在于一定的约束条件下;Φ 为映射集,指所有子映射元素 Φ_i,$\Phi=\{\Phi_1,\Phi_2,\Phi_3,\Phi_4,\cdots,\Phi_i\}(i=1,2,\cdots,n)$,$\Phi_i:Q_i\rightarrow Q_{i+1}$,$\Phi_i$ 与 Q_i 对

应,映射在一定约束与控制条件下发生。

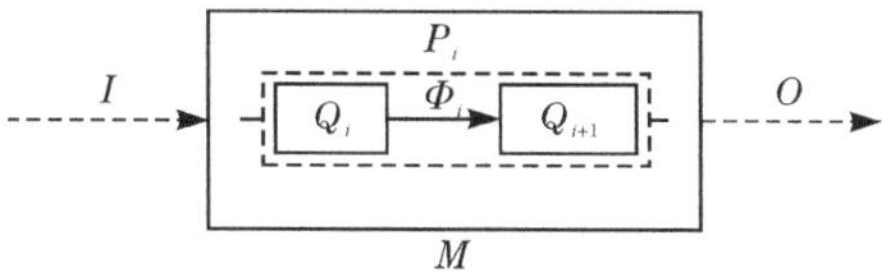

图 2-6　产品设计系统模型

状态经过映射发生转换,表现为了过程,即 $P_i=Q_i\rightarrow Q_{i+1}(i=1,2,\cdots,n)$。子过程的有机结合形成整个设计过程,输入经过设计过程得到相应的输出,即 $I\times P\rightarrow O$。

对于产品设计的过程,并没有形成一个统一的定义,它是一个由分析到综合的反复迭代过程。一般从制订项目计划出发,可以将其分为三个阶段:需求分析过程或称产品需求设计、概念设计过程和详细设计过程。通过这一系列过程求解,相应产生三个阶段性的结果:需求规格说明、概念产品方案以及工程图与技术文档,如图 2-7 所示。

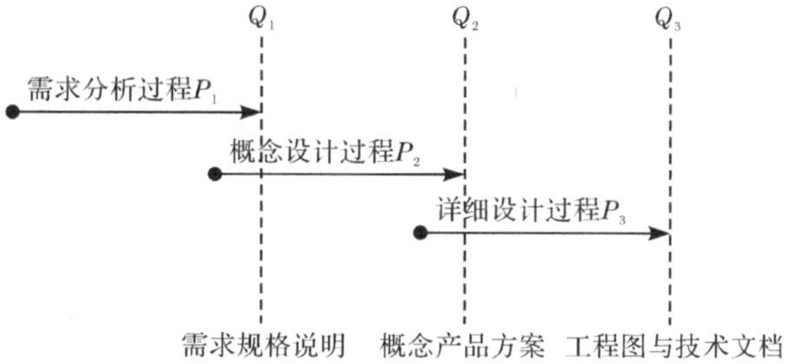

图 2-7　产品设计过程模型

上述三个过程 P_1、P_2、P_3 在顺序上,既存在逻辑性,又有相互之间的重叠性。因此,这一过程从宏观上可以表现为一种并行的设计模式。

在这几个设计环节中,产品概念设计过程能决定的产品成本平均高达 75%,是产品设计过程中最重要、最复杂,同时又是最活跃、最具创造性的阶段。产品的创新及其所具有的竞争能力,基本上也在这一设计阶段被确定。因此,概念设计阶段是产品创新的关键阶段,产品创新设计方法的研究也主要集中在这一阶段。

2.8 小　结

产品设计是一个由抽象到具体的精益求精的过程,包含于产品开发过程之中,由各项符合市场开发与商业运作的技术活动构成。现代产品设计要求采用客观、明确、系统和有效的设计方法,从而使设计人员能够在这一结构化的设计过程中更加高效地开展产品设计工作。

参考文献

邓家禔,韩晓建,曾硝,等. 2002. 产品概念设计:理论、方法与技术. 北京:机械工业出版社.

杜长龙. 2007. 现代机械设计概论. 徐州:中国矿业大学出版社.

胡旭浩，刘继红. 2010. 集成 TRIZ 的计算机辅助公理化设计系统. 计算机集成制造系统，16(11)：2321-2326.

李彦，王杰，李翔龙，等. 2003. 创造性思维及计算机辅助产品创新设计研究. 计算机集成制造系统，9(12)：1092-1096.

李亦文. 2011. 产品设计原理. 北京：化学工业出版社.

刘小莹. 2009. 基于认知机理的计算机辅助创新设计系统研究. 成都：四川大学博士学位论文.

陆家桂，曹学会. 2005. 产品设计变奏曲：产品设计教程. 北京：中国建筑工业出版社.

师汉民，易传云. 2000. 人间巧艺夺天工——当代先进制造技术. 武汉：华中理工大学出版社.

闻邦椿. 2008. 产品全功能与全性能的综合设计. 北京：机械工业出版社.

Burdek B E. 2007. 产品设计——历史、理论与实务. 胡飞，译. 北京：中国建筑工业出版社.

Haik Y. 2005. 工程设计过程. 李熠，译. 北京：清华大学出版社.

Lotter B. 1986. Manufacturing Assembly Handbook. Boston：Butterworths.

Norman D A. 2005. 情感化设计. 付秋芳，等译. 北京：电子工业出版社.

Otto K N，Wood K L. 2011. 产品设计. 齐春萍，译. 北京：电子工业出版社.

Slack L. 2008. 什么是产品设计. 刘爽，译. 北京：中国青年出版社.

Suh N P. 2001. Axiomatic Design：Advances and Applications. New York：Oxford University Press.

Ullman D G. 2008. 机械设计过程. 黄靖远，译. 北京：机械工业出版社.

第3章　产品创新设计

3.1　概　　述

“创新则兴，不创新则亡”，这是市场经济的一条铁律。产品创新是技术进步的必然选择，是市场竞争的客观需要，是企业生存和发展的内在要求。随着制造业信息化和经济全球化进程的深化，尤其是面对当前日益膨胀的用户个性化、多样化需求，原来以大批量生产为特征的制造业逐渐向小批量、多品种的生产模式转变，对产品性能、创新性、快速响应性、性价比的要求越来越高，这给企业的新产品开发与设计带来了极大的挑战。在激烈的市场竞争中，成功的创新产品可以开拓出新的使用价值和市场需求，为企业带来高额利润，并创造出新的经济增长点。产品创新能力不仅是一个企业提升经济效益和赖以生存、发展、成功的基本要素，而且是引领企业精神的标志。

产品创新设计过程是产品设计过程中最重要、最复杂，同时又是最活跃、最富于创造性的设计阶段，是产品设计过程的早期阶段，在这个阶段要确定能满足相应问题要求的设计方案。产品创新设计是以用户需求为目标的整体工程，它是功能创新、形式创新、服务创新多维交织的组合创新。

本章结合当前国内外有关产品创新设计的研究，针对产品创新设计过程，从产品设计模式、类型、过程以及影响产品创新的因素等方面入手，对其进行系统阐述，使读者对产品创新设计过程有一个系统性的认识。

3.2　创新与创新设计

3.2.1　什么是创新

创新有别于创造和发明。创新主要侧重经济领域的技术改进和制度更新，如使用更方便、性能更好、功能更强、更经济、应用范围更广泛等；创造是从无到有的过程，侧重于新思想、新理论、新方法等的创建；发明则侧重于技术的应用，如新方法、新工艺、新产品等，强调新颖性、先进性和实用性。

创新的起源可追溯到1912年美籍经济学家熊彼特的《经济发展概论》：创新是指把一种新的生产要素和生产条件的“新结合”引入生产体系。它包括五种情况：引入一种新产品，引入一种新的生产方法，开辟一个新的市场，获得一个新的原材料或半成品的供应来源以及实现任何一种新的工业组织。熊彼特的创新概念包含的范围很广，如涉及技术性变化的创新及非技术性变化的组织创新。

20世纪60年代，随着新技术革命的迅猛发展，美国经济学家华尔特·罗斯托提出了“起飞”六阶段理论，将“创新”的概念发展为“技术创新”，把“技术创新”提高到“创新”的主导地位。技术创新是一个复杂的活动过程，从新思想、新概念开始，通过解决产生的一系列问题，最终使新项目得以应用，并产生一定的经济价值和社会价值。70 年代下半期，他们将技术创新的界定范围大大扩宽，在 NSF 报告《1976 年：科学指示器》中，将创新进一步定义为“技术创新是将新的或改进的产品、过程或服务引入市场”，明确地将模仿和不需要引入新技术知识的改进这两类创新划入技术创新定义的范畴。

20 世纪 70～80 年代开始，有关创新的研究进一步深入，开始形成系统的理论。UMerback 在 70 年代的创新研究中独树一帜，他在 1974 年发表的《产业创新与技术扩散》中认为，“与发明或技术样品相区别，创新就是技术的实际采用或首次应用”。缪尔赛在 80 年代中期对技术创新概念作了系统的整理分析。在整理分析的基础上，他认为，“技术创新是以其构思新颖性和成功实现为特征的有意义的非连续性事件”。著名学者 C. Freeman 从经济学的角度考虑创新，认为技术创新只包括新产品、新过程、新系统和新装备等形式在内的技术向商业化实现的首次转化。

目前，对于“创新”比较权威的定义主要有两个。一是 2000 年联合国经济合作与发展组织(OECD)提出的，“创新的含义比发明、创造更为深刻，它必须考虑在经济上的运用，实现其潜在的经济价值。只有当发明创造引入经济领域，它才成为创新”。二是 2004 年美国国家竞争力委员会在《创新美国》计划中提出的，“创新是把感悟和技术转化为能够创造新的市值、驱动经济增长和提高生活标准的新的产品、新的过程与方法和新的服务”。

3.2.2 什么是创新设计

创新设计是指充分发挥设计者的创造力，利用人类已有的相关科学技术成果、理论、方法和技术原理等，构思创新产品概念，并进一步应用新技术、新原理和新方法进行产品的设计和分析，开发具有新颖性和实用性产品的实践活动。

产品创新设计是以用户需求为目标的整体工程，在需求获取和创新机会识别的基础上，对已有知识或资源的组合、叠加、综合、迁移、推理、联想，从而产生新的产品、服务、工艺、市场、组织等。创新的过程是创新主体、创新机会和知识资源三者之间有机协调的动态过程，其本质是设计。这其中既包括原创式创新，即全新的产品创新或组合已有技术取得的新应用；又包含适应式(改良、变量)创新，即使用新材料、新配件等改进产品的性能、降低产品成本或通过改变产品局部而使其得到改进。由于创新设计能够有效满足客户对产品多样化的需求，提高产品市场竞争力，产品创新设计已成为产品设计研究领域的发展趋势。

3.3 产品创新设计模式

推动产品进行创新设计的模式大致可以分为三类：技术推动模式、市场推动模式和复合推动模式。

3.3.1 技术推动模式

在创新的技术推动模式中(图 3-1)，科学技术的发展并将其应用到工业中，必定推动产品的创新。科学技术上的重大突破是创新的原动力，它是驱使技术创新活动得以产生和发展的根本动因。例如，激光被发现并应用到工业中，引起了产品的革新，产生了激光照排技术、DVD 等一系列的全新技术及产品。这种推动模式下的产品创新属于原创式产品创新，产品的用途及其应用原理有显著变化。

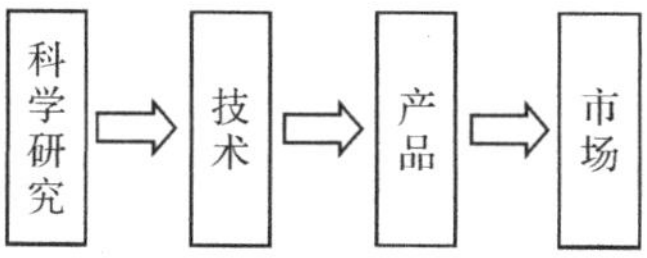

图 3-1　创新的技术推动模式

3.3.2　市场推动模式

市场推动模式（图 3-2）认为，技术创新源于市场需求，源于市场对企业的技术需要。也就是说，技术创新活动以市场需求为出发点，明确产品技术的研究方向，通过技术创新活动，创造出适合这一需求的适销产品，使市场需求得以满足。美国麻省理工学院的马奎斯等曾研究了当时最新的 567 项不同的技术创新项目，其中只有 1/5 的情况由技术本身的发展引起，而创新活动中 3/4 的情况都以市场需求作为出发点。由此可见，与技术推进相比，市场需求是当今激励企业技术创新活动更为重要的动力源泉。

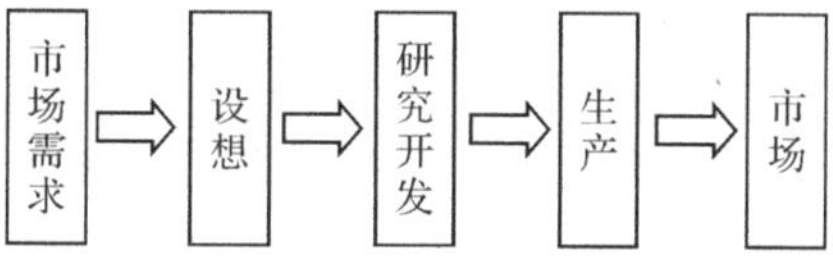

图 3-2　创新的市场推动模式

3.3.3　复合推动模式

虽然市场推动模式下的产品创新目前暂居于创新的主导地位，但长期以来许多关键、重大的进步都来自于技术推动。在现代企业中，产品创新是一个复杂的过程，不能明确某一个因素是创新活动唯一的或最基本的决定因素。因此，对产品创新设计通常采取技术推动及市场推动复合的产品创新模式（图 3-3）。产品创新以潜在的市场需求为出发点，以技术应用为支撑，其创新成果往往是开发全新的产品，从而将潜在的市场激活为一个现实的市场。

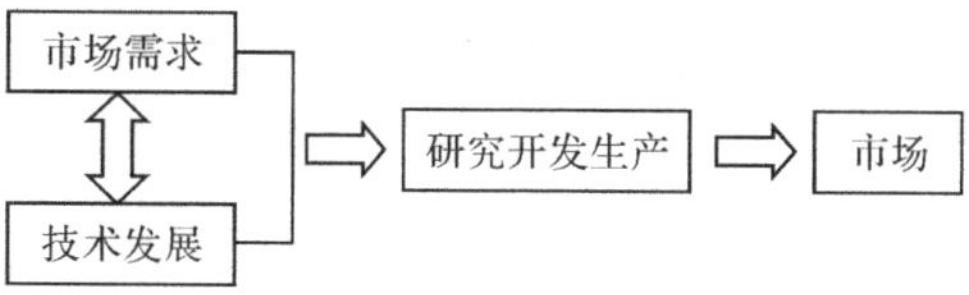

图 3-3　创新的复合推动模式

3.4　产品创新设计类型

创新设计是设定一个特定的目标，然后找到达到该目标的合适路径。由于创新设计问题涵盖范围很广,在寻找达到目标的路径时会出现求解的盲目性和发散性,因此需要对创新设计问题加以分类,使设计人员明确所要解决的问题属于哪种类别,从而缩小求解空间,减少搜索的盲目性,增加求解效率。

创新设计问题(目标)是多种多样的,总地来说,可分为四类:面向问题的创新、面向目的的创新、面向产品的创新和面向载体的创新。根据不同的类型,可以采用 TRIZ、FBS、创造性模板和非逻辑思维等不同的方法实现创新。图 3-4 表示创新设计的分类(问题确定、定义和表征)以及达到该目标(问题解决)所需采用的策略。

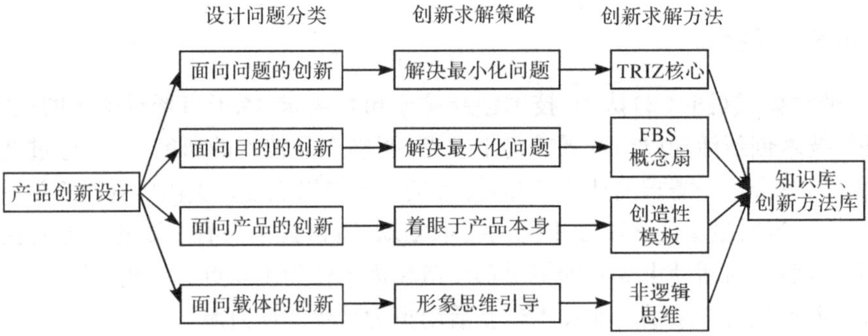

图 3-4　创新设计的分类及策略

(1) 面向问题的创新:目标是提高现有产品或系统的性能,解决现有产品或系统中影响主要功能的问题,朝着理想化的目标前进。这类创新设计中,所要设计的产品是已经存在的,但由于产品存在问题缺陷或者存在改进的空间,需要将产品的性能进一步提升或将成本进一步降低。由于这类设计问题往往针对的是某种具体的技术问题,所以采用的策略是解决最小化问题,解决系统中的冲突,对系统仅做渐进式改进。TRIZ 方法是实施策略比较好的方法。例如,采用冲突矩阵、发明原理,解决系统中的技术冲突,提高现有产品或系统的性能。

弯曲钢管是玉米粒加工设备中常见的导向输送组件之一。在空气流的驱动下,玉米粒通过这种钢管被输送到指定位置。然而,由于受玉米粒流的撞击,钢管弯曲处的管壁磨蚀很快,如图 3-5(a)所示。但为了保证一定的生产效率,气流速度又不能降低。这是一个典型的物理冲突问题,既需要较高的输送速度,又需要较低的输送速度。通过冲突矩阵求解,可得到局部质量、预先作用、物理或化学参数改变等多个发明原理及其对应下的多个实例。针对这些激励信息,再结合已有产品进行系统性联想,最终得到有助于问题解决的创造性解决方案,如图 3-5(b)所示,即将钢管弯曲区域的几何形状修改成口袋状,以实现玉米粒在弯曲处聚集,并保证弯曲处的钢管免受玉米粒流的磨蚀。

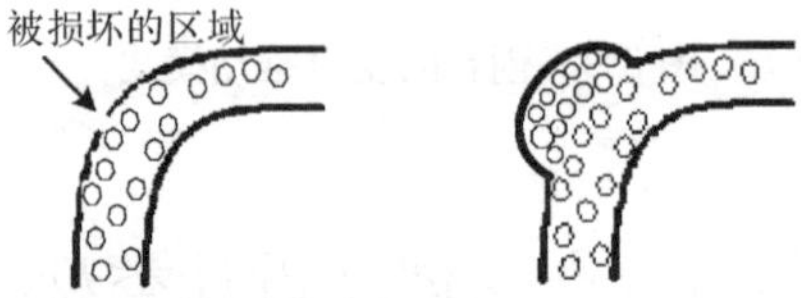

(a) 改进前　　(b) 改进后

图 3-5　玉米输送钢管问题的创造性解决

(2) 面向目的的创新:目标是设计一个全新产品或系统,可能待设计的产品或系统在市场上并不存在;或者虽然存在,但是现有产品或系统的主要功能改进已达到极限,需要利用新技术、新方法设计出新一代的产品来代替现有产品。因此,设计时不能局限于现有产品或系统中的某一具体问题,而是应当跳出现有系统,思考设计的最终目的是什么,是否有其他方法和技术可以更好地达到此目的。采用的策略是解决最大化问题和改变系统的工作原理,解决此类问题时,利用 FBS 映射法结合科学效应、类比等方法,可以有效辅助设计人员对科学原理和效应进行快速搜索,迅速产生多种解决方案,并从这些方案中选出针对该问题的最优解。

传统的洗衣机工作原理是应用机械搅水的方式,通过水流的冲刷带走衣物中的污物,但存在洗涤剂污染、缠绕衣物等问题。现有洗衣机的主要功能改进已趋于极限,因此需跳出现有系统,寻求其他科学原理和效应对洗衣机的工作原理进行创新。搜索科学效应库找到“臭氧氧化”、“超声波振动”、“气穴现象”、“离子行为”等都可以实现“分离物质”的功能。通过分析可提出将洗衣机设计成真空洗衣机、臭氧洗衣机、超声波洗衣机(图 3-6)、离子洗衣机等选择方案。

图 3-6　超声波洗衣机

(3) 面向产品的创新:目标是现有产品的主要功能不作改变,着重于产品次要功能的开发和改进。这种类型的创新设计往往应用于现有产品在市场有很好的信誉,而不需要将产品更新换代,但希望通过对产品次要功能的改进继续保持产品在市场上的竞争优势的情况。采用的策略是着眼产品本身和功能跟随形式的方法。创造性模板法是实施此策略比较好的方法。

图 3-7 为应用创造性模板法对椅子进行创新的实例。图 3-7(a)为结合已有产品对其所做的组件分解;图 3-7(b)、(c)、(d)为通过替换模板分析而得到的改进方案;图 3-7(e)、(f)为应用属性相关模板提出的创新设想;图 3-7(g)、(h)、(i)是利用替换模板分析激励产生的创新想法。

(4) 面向载体的创新:产品的主要功能和实现功能的原理是确定的,通过改变产品的外观形式,创造新的产品,主要用于满足用户文化和精神上的需求。采用的策略是非逻辑思维法,通过联想法、随机对象激励法产生新颖的设计概念。

例如,使用随机搜索提供的“物品”关键词在“图片”中检索,以结果中的图片象棋为例,象棋和打火机是完全没有关系的两种物品,使用强迫联想的方式,联想棋子中的“炮”是一种可发火的武器,把打火机和棋子“炮”组合,形成一种独特而新颖的打火机外形设计:打火机(基本功能)+象棋=象棋形状的打火机(图 3-8)。它具有打火机和象棋的功能。

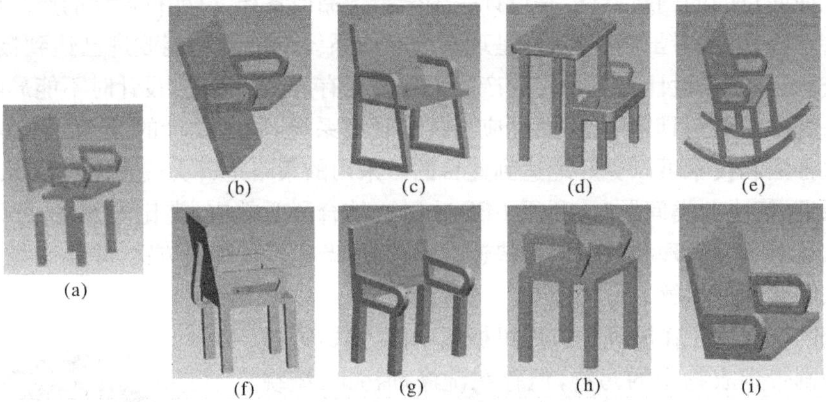

图 3-7　椅子改进后的产品创意方案三维示意图

图 3-8　面向载体的打火机创新

3.5　产品创新设计过程

3.5.1　基于认知创新思维展开过程

由于产品创新设计是一个创造性问题求解过程，其主要特征是初始状态定义不良，即在设计初期，设计者对即将进行的设计仅有一个不完整的、较为模糊的心理表征。因此，必须弄清楚在产品创新设计过程中设计者到底是如何进行认知操作的，每一次认知操作处理什么样的信息，经过处理的信息又是怎样进入下一个认知操作的，以及每一步的认知操作要受到什么样的约束等。只有弄清楚了这些问题，才能更好地理解创新设计过程，并为该过程建立有效的支持工具。为了实现这一目标，本书基于创造性过程及现有的概念设计过程研究，利用 IDEF0 功能描述方法对创新概念设计认知过程进行建模，如图 3-9 所示。该认知过程模型的主要作用在于揭示创新设计过程的本质，而不是规定具体的设计过程步骤。

模型中的四个虚线框分别对应着创造性过程中的四个关键认知行为，即分析、产生、组成和评价。

1. 分析

分析主要包括分析设计任务及分析设计问题两个子行为。根据产品设计的特点，设计任务又可分为两类：一类需要进行需求分析，另一类需要着眼于产品本身。根据不同的任务类型，采用不同的方法将宏观的设计任务转化为可操作的设计问题，这一转化过程就是确定问题的过程。对设计问题进行分析，包括对问题的定义和表征，即对问题的初始条

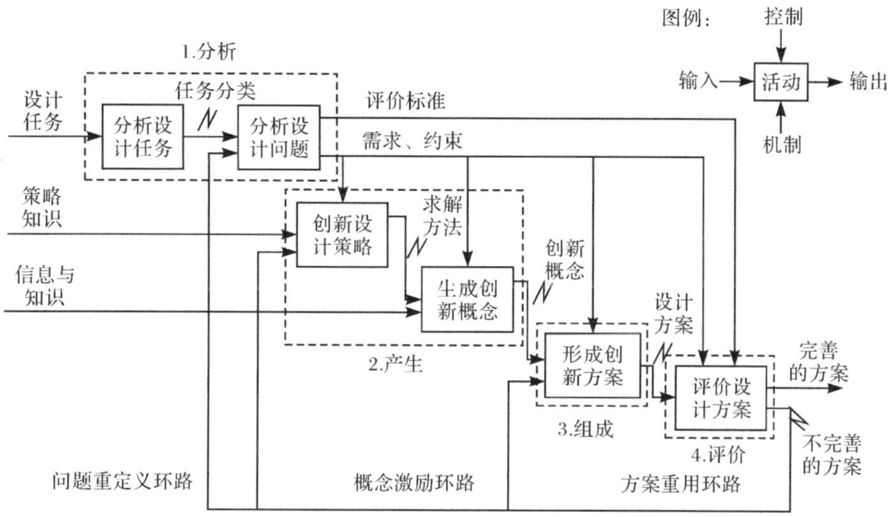

图 3-9　面向产品创新的概念设计认知过程模型

件、目标任务及其构成要素的觉察和理解，以及对设计中需要满足的需求和约束进行探索。通过问题分析，可以确定设计目标，定义需求和约束。在设计过程中，问题的表征有可能会发生改变，从而导致约束与需求的变化。作为问题分析的一部分，评价标准也根据设计目标得以确定。

2. 产生

产生主要包括形成创新设计策略和生成创新概念两个子行为。一旦设计问题被有效地定义下来，下一步就是拟订一个解决问题的策略。根据设计问题类型的不同，采用不同的求解和创新策略以及相应的设计方法，可使设计者运用正确的思维方式进行产品创新设计，从而大大节约资源选择与分配的时间，提高创新设计效率。但是没有哪一个理想策略可以解决所有问题，最佳策略取决于具体的设计问题及设计者所掌握的策略知识。根据形成的创新策略，设计者可以有针对性地组织信息与知识，并对设计问题进行组织加工以产生创新概念。问题的组织加工一般包括心理加工和实际操作加工两种方式，它们互相补充、互相促进，促使设计者产生创造性构想。Finke 描述了几种产生创新概念的心理加工，包括记忆提取、联想、心理合成、心理转换、类比迁移及分类约简。实际操作加工又可分为内部操作加工过程和外部操作加工过程。内部操作加工包括建议、计算、询问、宣布、假设及解释。外部操作加工包括谈论、写、绘图、指向及模仿。实际操作加工通常是借助一定的外在实物和行动来进行的。此外，知觉激励在“产生”这个认知行为中有着不可忽视的作用，它可以帮助设计者突破思维定势，产生创造性的构思。

3. 组成

组成是将产生的创新设计概念发展成为设计方案，即在需求和约束的控制下，设计者将头脑中产生的新的概念与先前设计循环中产生的概念进行结合以形成初步的设计方案，该方案将进一步转化为更加成熟的设计方案。创新设计过程中，组成并不是概念的简单叠加、组合，而是问题空间和方案空间共同进化的结果。

4. 评价

设计者根据需求、约束及评价标准对设计方案进行评价。评价不仅是对设计方案的科学分析和总结，也是对设计方案的改进和完善。作为一个探索性认知过程，设计者可以通过评价确保形成的设计方案的相关性、有用性及适合性。相关性及有用性由设计需求和约束确定，而适合性由设计标准确定。

3.5.2 创新思维展开过程中的思维回路

在创新设计过程中存在许多的循环回路，许多学者对此做了大量研究，如问题空间和方案空间的迭代循环、问题定义的循环、评价和生成阶段的循环等。在这些研究的基础上，本书给出了创新设计中的三个环路，即问题重定义环路、概念激励环路、方案重用环路，如图 3-9 所示。

(1) 问题重定义环路：该环路经由分析、产生、组成及评价四个认知行为。当设计者根据需求和约束对设计方案进行评价之后发现方案不够完善时，有可能促使设计者重新思考问题定义是否合理。如果设计者意识到有必要重新进行问题分析及定义时，原来的问题定义要么被进一步阐述以形成多个子问题的定义，要么被彻底改变。问题定义的任何改变都会导致设计需求及约束的改变。问题重定义环路拓展了问题空间，并且促使问题空间和方案空间的共同进化，该环路能够提供更多的信息以促进设计者的创造性。

(2) 概念激励环路：该环路包括产生、组成及评价三个认知行为。在该环路中，以前使用过的或未被采用的设计方案均有可能进一步转变为设计内容激励设计者的创新思维，促使设计者重新选择创新求解策略，并产生更加新颖的设计方案。例如，设计方案所实现的功能可能会激发设计者联想起能实现相同功能的实体结构，而该设计方案所采用的工作原理又可能会激发设计者联想起相关的工程实例。

(3) 方案重用环路：该环路经由组成及评价两个认知行为。在这个环路中，设计者利用已有的概念及方案组成一个新的设计方案。在设计中经常可以看到，设计者在新的设计任务中直接重用先前产生的概念或方案，或者对它们稍作修改后重用。方案重用环路使设计者有更多的机会充分利用已有的概念和方案。

除了上述三个环路，概念设计过程中还存在一些局部循环，即每个创造性认知行为的连续重复，包括分析环路、产生环路、组合环路及评价环路。通过实验分析发现，创新设计比常规设计包含更多的循环回路，而且设计者在常规设计中主要进行局部循环和方案重用循环，而在创新设计时会重点进行问题重定义循环和概念激励循环以更好地分析问题和产生更优秀的概念。本书主要分析有利于创新设计的环路，因此不对局部环路进行讨论。本书认为在创新设计中进行方案重用循环也是必要的，已有方案在新条件下的创新使用更有可能产生出人意料的结果。概念设计过程中的上述循环回路实质是对设计过程的一个监控。有效的创新设计者并不是从开始走上问题解决之路起，一直等到终点时再检查自己身处的位置。相反，他们一路都在检查自己，确保自己正一步步地接近目标。

3.5.3　产品创新设计过程模型

前文对产品概念设计过程中设计人员的思维展开过程及思维回路进行了阐述，下面将结合产品设计过程，针对过程中各阶段的思维特点，借助创造性思维技术和资源，系统化地论述产品创新设计过程模型。

产品创新设计过程是借助一定的设计规则与创新策略，对某种需求功能进行创造性设计方案的实现过程，即开发新产品的一系列创造性活动，不断进行黑箱求解的过程。其目的是实现产品功能构建性能好、成本低、价值高的系统和结构，以满足人类社会不断增长的物质和文化需要。

图 3-10 为产品创新设计过程模型，其关键在于需求分析、概念生成、方案评价三个重要阶段。当设计者开始一个设计任务时，一般从需求分析开始，经过综合分析顾客需求和生产条件等而获得的设计任务和工程特性，并根据需求分析得出的结果将设计问题从一个合适的角度重新定义。从不同角度，针对设计问题采取不同的创新求解策略，利用相应的创新方法及工具，并结合获取的知识信息进行创新分析，进而激励设计者产生一个或多个概念产品，以达到产品创新的目的。用户需求是产品创新的动力，只有将用户的需求进行有效的整理并分析才能给设计的目标一个明确的方向。功能求解是创新的本质，产品创新的本质是产生能够实现某种用户需求的功能。产品设计过程总是依托某种表达形式结构而得以实现，所以对设计信息知识的表达以及为设计过程提供各种设计知识库都是设计的源泉。方案评价是对设计结果的一种评判，它具有定性和定量两种类型；方案评价是设计的最终归属，也是对设计过程有效性的判断。

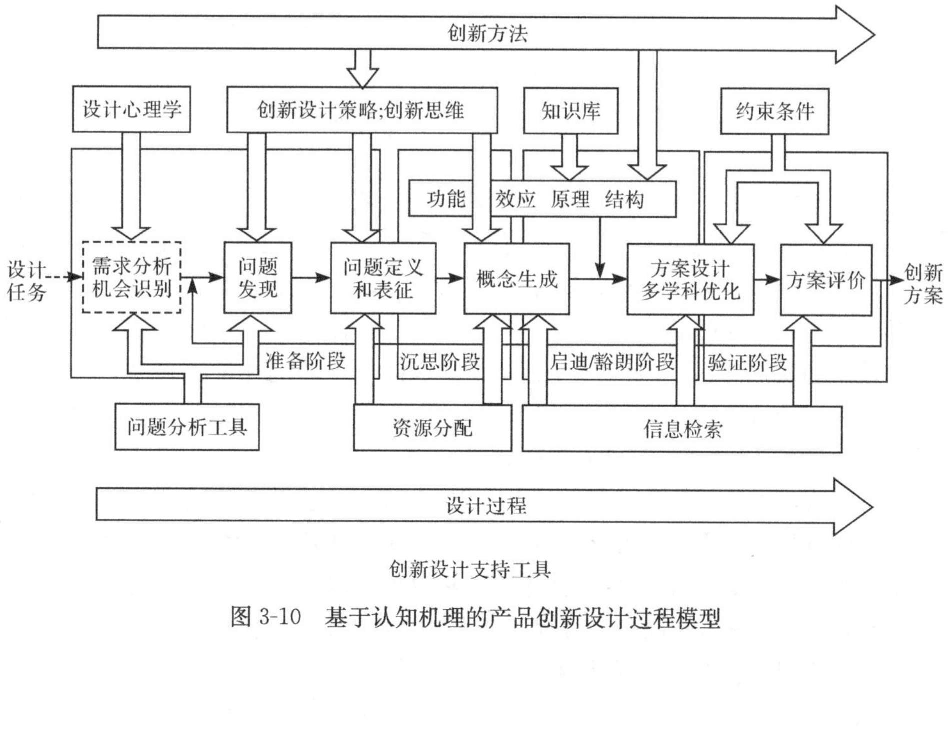

图 3-10　基于认知机理的产品创新设计过程模型

3.6　概念设计——产品创新的核心

产品创新的核心在于概念设计,概念设计的核心在于构思创新产品概念。概念设计阶段是产品设计过程中最重要、最复杂,同时又是最活跃、最具创造性的阶段。从市场分析得到概念方案是产品概念设计过程的主要任务与内容。

在这里,产品的创新可看做企业的市场行为。概念产品的发展通常要经历需求设计和概念设计两个阶段。需求设计的目的在于通过商机分析而定义出对产品概念设计的要求,同时,通过概念设计得到的概念产品也正是这些商机的技术实现,以满足企业的市场期望。概念设计阶段存在设计自由度大、对设计人员的约束相对较少、不确定因素多等特点,创新空间很大,对设计者知识积累的要求也相应较少,是创造力发挥可能取得最大效果的阶段。随着设计过程的逐渐推进,设计产品的概念被基本确定下来,问题变得越来越明确,设计的自由度则越来越小;到了详细设计阶段设计自由度将达到最低,这时设计中各种参数完全被确定下来,也标志着产品设计过程的结束,如图 3-11 所示。

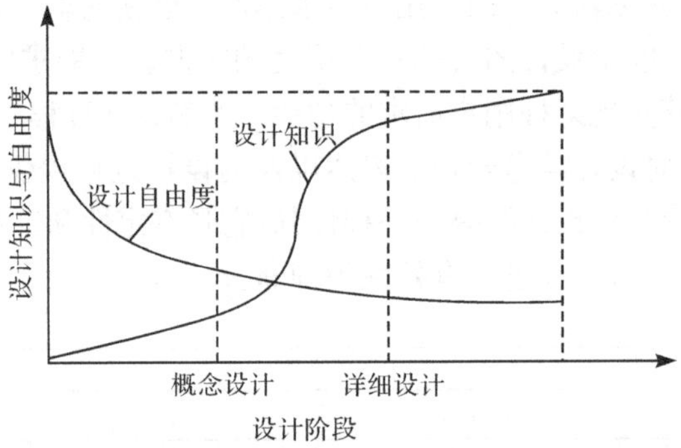

图 3-11　设计自由度、设计知识与设计阶段关系曲线

概念设计阶段的工作高度体现了设计的创造性、艺术性和综合性。随着科技的进步和时代的发展,设计的难度也日趋增加。主要体现在:①难以把握众多相关领域技术的发展;②难以全面准确地捕捉市场现实的和潜在的需求。

产品创新的风险性可以用可变性和可分析性来加以衡量。可变性主要指新的不确定性出现的数量和变化;而可分析性则是指能识别和降低不确定性过程的程度。为了减小设计的可变性以及增强其可分析性,以增加产品创新成功的可能性,掌握概念设计的内在规律、发展产品概念设计理论是重要基础。

一个具有吸引力的创新产品概念与产品创新过程的关键性问题息息相关:创新的产品应能最大限度地满足用户的需求,应具备一定的同已有或潜在替代产品相竞争的能力,能使企业获得较大的赢利,且能保证创新产品和目标市场与企业的核心能力和价值相一致。作为企业内所有参与产品创新过程的开发者之间联络交流的基础,对创新产品概念作出清晰的界定,是消除创新过程风险性必不可少的工作。

对于原创设计而言,通过市场调研获得的初始需求信息,一般都是朦胧的、多种多样的和定性化的。因此,初始需求说明通常不完全、不一致,有时甚至不可行。同时,用户需求也在不断变化，很可能在设计过程中有新的需求出现。在整个概念设计过程中，都要及时对需求信息进行更正、增加、细化和折中，以使信息进一步完善。由于需求设计过程与概念设计过程之间存在高度的耦合性，且迭代非常频繁，有时甚至阶段界线消失。因此，需求设计和概念设计通常又被合称为广义概念设计。

要在短时间内产生创新概念产品，用来与顾客进行交流或得到市场反馈信息，进行初步的设计评价，以保证开发出具有竞争力的创新产品，就必须寻求计算机对概念设计的支持。目前，已开发出来的计算机辅助创新软件也有很多，如 Pro/Innovator、Goldfire、WorkBench、CREAX 等，但大多还都处于理论探索阶段和初步应用阶段，仍需加大研究、推广应用力度。

3.7 小 结

产品创新是推动产业发展和社会进步的强大动力，是提升企业综合竞争力的关键。本章主要结合产品设计自身特点，从产品创新设计模式、设计类型及其设计过程等几个方面对其进行系统性分析；并结合概念设计认知过程模型对产品创新设计过程中的主客观影响因素进行了较为全面的论述。

参考文献

白洞明，邹礼瑞，王峥. 2000. 技术创新动力机制的综合作用模式研究. 科技进步与对策，17(4)：43-44.

邓家褆，韩晓建，曾硝，等. 2002. 产品概念设计理论. 北京：机械工业出版社.

李文强. 2009. 面向产品概念设计创新过程的关键技术及其方法研究. 成都：四川大学博士学位论文.

李彦，李翔龙，赵武，等. 2005. 融合认知心理学的产品创新设计方法研究. 计算机集成制造系统，11(9)：1201-1207.

李彦，王杰，李翔龙，等. 2003. 创造性思维及计算机辅助产品创新设计研究. 计算机集成制造系统，9(12)：1092-1096.

梁雄健，张静. 2002. 通信服务创新. 北京：北京邮电大学出版社.

林岳，谭培波，史培凌，等. 2009. 技术创新实施方法论 DAOV. 北京：中国科学技术出版社.

刘小莹. 2009. 基于认知机理的计算机辅助创新设计系统研究. 成都：四川大学博士学位论文.

麻广林. 2009. 具有认知机理的创新设计创意方案生成方法研究. 成都：四川大学博士学位论文.

尹成湖，等. 2005. 创新的理性认识及实践. 北京：化学工业出版社.

Lotter B. 1986. Manufacturing Assembly Handbook. Boston：Butterworths.

Sternberg R J，Lubart T I. 1991. An investment theory of creativity and its development. Human Development，34：1-32.

Sternberg R J，Lubart T I. 1992. Buy low and sell high：An investment approach to creativity. Current Directions in Psychological Science，1(1)：1-5.

Suh N P. 2001. Axiomatic Design：Advances and Applications. New York：Oxford University Press.

第 4 章　用户需求获取与分析

4.1　概　　述

进入 21 世纪以后，伴随着全球经济一体化进程的明显加快，多样化、个性化产品已成为市场需求的趋势，越来越多的用户希望能够按照他们的需求和偏好来生产产品。而对于企业来说，对产品质量的定义也发生了根本性的转变，即从“满足设计需求”转变为“满足用户需求”。为了更好地适应市场竞争，企业的产品开发必须以用户需求为导向。

在技术和工程领域，许多设计者自认为所开发的新技术或新产品是令人满意和极富价值的，而想当然地认为其他人也如此认为。这一错误认识使设计者较为忽视市场需求对产品设计的决定作用，进而使其开发的产品并不能有效满足用户的意愿。本章以统计学理论为基础，简述了产品创新设计过程中对用户需求获取与分析的有关理论、方法与技术，包括用户需求信息的获取、模式化表述、分析处理过程的阐述。

4.2　倾听用户的声音

4.2.1　不同的用户群体

在这里，用户是一个统计学概念，指一组想要购买新产品的人的集合。通常情况下，用户群体存在一定的差异性，不同的用户有差别地使用产品，其使用目的不同；且针对不同的使用环境，通常又有不同的期望。而各公司的产品战略正是利用这种差异性，通过提供给市场一种新颖独特的产品，令用户欣喜；或者开发常规化的产品；或提供给用户一组不同的产品，每种产品都能满足一个封闭的特定范围的市场。

为了较好地了解用户的需求，需要确定不同用户群体的标准。一种方法是确定在某一标准下用户群体的平均反应，即称为平均用户的反应。另一种方法是考虑不同用户群体表现出的使用模式。在市场经济全球化浪潮推动下，对于许多企业来说，设计必须考虑到用户有可能来自不同的国家，受气候、经济条件和地理等客观因素的影响，且这一影响通常是巨大的。同样有影响的还有社会科学方面的分类，如收入、文化修养、道德观以及年龄等因素的特性化。对于我们来说，关键是能够有各个细分市场区域中基于用户需求的详细描述，而细分市场要有新产品。

然而，设计人员还应该考虑一种分类，即通过领先和滞后原则将用户群体特性化。其原理在于，随着产品技术的进步，我们可以发现总有一部分人处在产品使用的领先地带，且其使用产品的方法通常几年后才会普及。通过对这类人群的思想动态、行为活动进行分析，可使设计团队获取到一些极具市场竞争力的创新信息。例如，大学生通常是网络系统技术的领头人，他们经常流连在网络上，因而开发出许多新东西，如第一张在线照片，第一个天气预报网站，第一个能够报告苏达售货机货空的网站，且当前在线天气信息和交通图已十分普遍。对于这些人来说，前瞻性和发展的技术仅仅使他们得到满足，却能使那些处在平均水平的用户感到欣喜。

4.2.2　用户需求的类型

了解需求之间的差异性是十分必要的。目前，常用的用户需求分类主要是基于客户表达难易程度和需求改变快慢程度而划分的。这里主要从需求信息的可观察性(A. 1、A. 2)、技术变化(B. 1、B. 2)以及细分市场区间 (C. 1、C. 2)三个角度分别对其加以分类分析。

A. 1　直接需求：这种需求主要指用户被问时，他们能毫不犹豫地阐述自己所关注的产品性能，如用户可能会直接说出我希望自行车能安装导航装置、我需要一个帐篷等。这些需求信息可以很容易通过本章介绍的一些方法获得。

A. 2　潜在需求：这种需求主要指消费者虽然有明确的欲望，但由于种种原因没能明确表达的需求。这些需求通常不能通过客户直接得到，且不存在直接表达。例如，人们对无害香烟、多功用帐篷、节油汽车的需求。在消费者的购买行为中，大部分需求是由消费者的潜在需求引起的。因此，潜在需求十分重要，为企业提供无穷的商机。

B. 1　常规需求：这些需求主要指产品本身所具有的、根本性的需求。当使用产品时，这些需求就已经存在了。例如，曝光数是相机用户都较为关注的一项性能指标，属于相机产品的常规性需求，通常可通过胶片记录加以检验。

B. 2　可变需求：这些需求不必是常规的，当技术发生较大的进步时，这些需求就有可能消失。例如，数字图像取代了客户对胶片长存储期的需求。这些需求很难通过与客户的讨论得到，因为客户可能并不明白这种需求。

C. 1　普遍需求：这种需求适用于客户群体中的每一个人。例如，在美洲大陆上销售的汽车都有向乘客车厢供暖的需求。

C. 2　特定需求：在整个购买群体中，这部分需求只适用于一小部分市场区间。例如，并不是每一个电视机都需要显示器，如轿车上以及盲人用电视机通常就不需要显示器。

4.2.3　用户需求模型

通过分析，我们期望得到用户需求的统计性表征，可以简单地把结果罗列为表格形式(在此以螺丝刀为例，如表 4-1 所示，其中螺丝刀简称 SD)，并通过不断地同用户交互对其加以过滤筛选；且这个列表可用于权衡每个独立需求的重要性及其平均加权。

在较为高级的水平上，将用户需求列为需求列表，每项需求与可能的目标价值结合，且每一价值都是设计团队要努力实现的。我们用矢量空间来表征，所有市场群体成员的位置都可以作为一种可能性分布来表示。市场中的每个人对需求列表都有一组相对应的理想目标价值，各不相同。从可能性空间里可以得到可能性较集中的区域，若以此集聚区中心为产品设计目标，产品设计也会得到较大的成功保证；也可同时考虑产品在此区域的定位或竞争对手的设计，并按相应规则跟进。

表 4-1 部分螺丝刀用户调查数据列表

顾客:Bill		访谈者:Lisa
地址:100 Memorial Drive Cambridge,MA 02139		日期:2010.12.11
电话:617-864-1274		目前用具:手工操作模型 A3
是否愿意跟踪调查?愿意		使用者类型:建筑维护人员
问题/提示	顾客陈述	需求理解
典型用途	我有时做管道工作;作用于钣金螺丝	SD能把钣金螺丝拧进金属管道中
	我需要快速拧螺丝,比手工快	用SD拧螺丝要比手工快
	许多电器:开关、插座、电扇、厨房用具	SD可以用于拧电器设备螺丝
目前工具优点	我喜欢电磁化的刀嘴	SD的刀嘴使得螺丝在被拧出之前保持在起子上
	我喜欢它手枪式把手:感觉很舒服	SD的把手握起来舒服
目前工具缺点	我希望能够把它锁定,这样在电池没电时依然能用它拧螺丝	用户可以手动施加扭矩来拧螺丝(!)
	当刀嘴将螺丝滑落时,我感到比较讨厌	SD的刀嘴和螺丝头保持在一条线上而不滑落
	有时我会把螺丝钉拧脱扣	SD不操作螺丝头
	不能将螺丝钉拧进硬木	SD可以拧坚硬木头中的螺丝
改进建议	要有一个尖,可用它剥掉螺丝上污物	SD可使用户使用涂漆的螺丝
	加一个附件,使我可伸进小孔里	SD可适应深而窄的孔中的螺丝
	如果还能打样冲窝该多好啊	SD可打样冲窝(!)

注:“!”代表潜在需求。

4.3 需求获取

用户需求调查方法如下:

(1) 设计者直接使用自己设计的产品,发现不足之处,即设计者自己充当“用户”;

(2) 用户问卷调查;

(3) 组织不同用户参加一专门小组进行讨论;

(4) 与用户面谈;

(5) 到采用本产品的现场调查;

(6) 研究竞争者的产品。

需求信息收集最可靠的途径是:到用户使用产品的现场去调查,到现场调查往往能深入理解顾客需求,能发现顾客未意识到的潜在需求。图 4-1 是需求信息收集所使用的常用方法。其中,资料信息的来源有行业公开信息、行业资深专家公开发表的观点、政府数据与信息、相关的经济数据、企业年报与季报、经济分析师的财务分析报告、网络信息等。在实际实施需求信息收集时,可根据需要做改变或者创造新方法,对这些方法实施的准则、注意事项和步骤可参考相应文献。

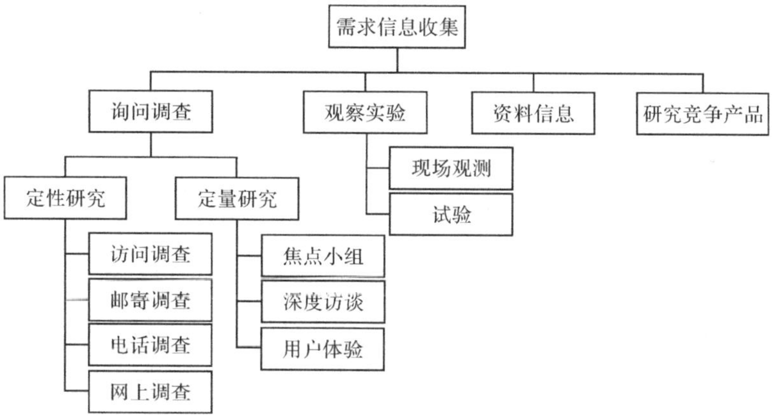

图 4-1　需求信息收集的常用方法

还有其他一些需求识别的方法，Hippel 提出设计一套支持工具让顾客进行设计，从而免去需求分析的过程，并提出设计此工具的原则：①支持用户进行“试错—学习”过程；②提供用户一个问题解决空间；③支持工具是用户友好的，用户能以自己熟悉的语言进行设计，而不必花很多时间学习使用支持工具；④包含一个通常使用的模块库，使得用户能将通用模块集成至设计中，从而使得用户能集中于真正的特色设计；⑤能保证支持工具设计出的产品能被制造，而不需要制造工程人员进行修改。这种用户设计支持工具比较适合于开发已有平台产品，满足顾客个性化需求的产品。

4.4　需求处理

获取信息之后当然需要对所获取的信息进行系统的处理。需求信息处理的第一步是解释顾客的描述，有时顾客的描述是比较模糊和笼统的，需要将这些描述转换成简洁、功能明确或质量明确的要求；第二步是合并类似的需求，合并后的需求项目间应尽量做到相互独立，即耦合度较小；第三步是将这些需求项目进行归类，形成层次分明的需求树结构。从顾客的角度归类，可采用亲和图的方法来进行，后续处理可采用统计处理方法以形成需求树结构，如表 4-2 所示。参考此需求树可发现顾客不易表达的潜在需求。

表 4-2　部分原始需求数据处理示例

问题/提示	顾客陈述	需求陈述(正确)	需求陈述(错误)
“做什么”而非“怎样做”	“为何不在电池接角处加一保护罩”	SD 电池主要是为了防止偶然断电	SD 的电池接触处覆盖有塑料滑动门
特点	“我经常把我的螺丝刀掉地上”	多次被摔仍能正常工作	SD 质量不过关
肯定而非否定	“即使下雨也没关系，我周末仍要在户外工作”	SD 在雨、雪等特殊环境下仍能正常工作	SD 不受雨水影响

续表

问题/提示	顾客陈述	需求陈述(正确)	需求陈述(错误)
产品属性	"希望能用我的打火机给电池充电"	可用自动打火机给 SD 电池充电	自动打火机使用者可给 SD 电池充电
避免"必须"和"应该"	"希望使用中的 SD 能显示电量情况"	SD 提供电池能量多少的标志	SD 应该提供电池能量多少的标志

按顾客需求的重要性对其进行逐级评定和排序(表 4-3),以符合顾客的利益。评定和排序的方法主要包括直接评分法、顺位法、成对比较法、层次分析法等。

表 4-3　无绳螺丝刀的一、二级用户需求等级列表

SD 提供大量能量以起动螺丝

* SD 可以保持能量供给若干小时的高强度工作

** SD 可以起动坚硬木头中的螺丝

SD 可以在金属管道中起动片型螺丝

*** SD 起动螺丝要比手工快

SD 可用于各种螺丝

** SD 可以转动六角螺丝

** SD 可以转动许多型号的螺丝

SD 可以起动大部分的螺丝

SD 可以在坚硬的地方操作

** SD 可以抵达深而窄孔底部的螺丝

SD 可以转动状态不好的螺丝

SD 可以除去螺丝上的油渍和污渍

SD 可以使用用户对油漆过的螺丝作业

SD 使用起来很舒服

*** 当用户对 SD 施以推力时感到很舒服

*** 当用户抵制扭转时感到很舒服

* SD 在用户手中很平衡

! SD 右手使用、左手使用同样容易

SD 重量适当

在寒冷的天气里,SD 摸起来很暖和

SD 在阳光下仍让人感到很舒服

SD 看上去像是具有专业质量水平的工具

当转动时,SD 容易控制

*** 用户易于施推力于 SD 上

用户易于制止 SD 的扭转

SD 可以被"上锁"

**! 用户转动螺丝时,可以控制 SD 的速度

* SD 可以与螺丝头保持在同一直线上而不滑落

SD 易于安装和使用

* SD 易于开启

* SD 可防止不慎关闭

* SD 的最大转矩可以由用户设定

*! SD 可以提供到达小孔和小附件的路径

* 用户可以随身携带 SD 以备临时之用

SD 使用起螺丝变得容易

* SD 在螺丝被起出之前吸住螺丝不使它掉下

*! SD 可用于打制引导孔

SD 有多种供电方式

* SD 易于充电

SD 可以在充电过程中使用

*** SD 可以快速充电

SD 的电池在新的时候也可使用

**! 用户可对 SD 施加力矩以起动螺丝

SD 的使用寿命长

** SD 的尖头可以适应高强度作业

* SD 可以被固定

* SD 可以从梯子上掉下而完好无损

SD 易于保存

* SD 很容易放置在工具箱中

** SD 在保存过程中可充电

SD 处于室外或潮湿处时可不被腐蚀

*! SD 在长期保存之后仍可保持电量

SD 在潮湿时仍可保持电量

SD 可防止工作中的损伤

* SD 可防止对螺丝头的损伤

SD 可防止对已完成表面的刮损

SD 使用时发出美妙的声音

续表

** 用户容易看到螺丝的位置	**SD 很安全**
* SD 不操作螺丝头	SD 可用于电器设备
* SD 易于修理	*** SD 不会损伤用户的手

注：二级需求重要性等级用“ * ”表示，如 *** 表示关键性的重要需求。“!”代表潜在需求。

直接评分法让顾客给某个需求打分(如可用 1、3、5 作为需求的分数)，分值越大表示重要性越高。顺位法是在一系列的需求中让顾客对这些需求按重要性进行排序。这两种方法很容易受顾客的主观影响，如顾客往往认为这些需要都很重要，从而使得结果不是很精确，准确程度也不容易检验。成对比较法是应用层次分析法的基本前提，主要依靠决策者的判断和分析，对同一层次的有关因素的相对重要性进行两两比较，并按照层次由上至下合成方案，对决策目标进行综合测度。这种综合测度统一了有形与无形、可定量与不可定量的众多因素，最终以方案的相对重要性来表示。可以在需求的各个层次采用层次分析法，最后得出需求偏好的层次图。根据需求偏好的层次图采用一定的数学方法可得出各细化需求的相对重要权重。

4.5　机会识别

机会识别是建立在需求数据分析基础上，以挖掘出更多、更具创新价值的创新点。根据顾客满意度的 KANO 模型可将顾客的需求分为三种：基本需求、期望需求、兴奋需求，如图 4-2 所示。

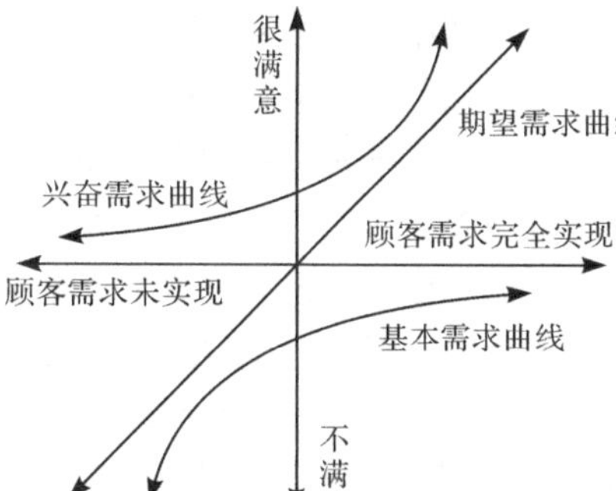

图 4-2　顾客满意度的 KANO 模型

基本需求是指顾客一般认为在产品中理所当然的性能，故顾客一般不会提及这些要求直到遇到基本性能失效的情况。这是对产品最基本的期望，体现产品的基本价值。

期望需求指能通过问顾客想要什么识别出来的性能，这种需求的满意程度(或不满意程度)与它们在产品中实现(或未实现)性能的程度成正比。例如，手机的待机时间越长，顾客的满意度就越高；反之，则越不满意。

兴奋需求则很难被发现，这些需求超出了顾客的期望。缺失这些性能，不会使顾客不满意，但如果能够实现顾客会很高兴。兴奋需求要求是那些在现实条件下一般不会意识到的、不易表达的真正的需求。在竞争激烈的市场中制造商都提供相似的性能，如果能提供满足这种“只能意会”的要求，将极大地提高产品的竞争优势。

KANO 模型是动态的，今天使顾客兴奋激动的需求明天就变成顾客的期望了，即一旦某种激动人心的特色出现，这种特色就会被竞争对手模仿，而消费者就会对此类产品提出一样的需求，如手机的拍照功能、MP3 播放功能。

总的来说，KANO 发现那些兴奋需求与产品增加的价值最为相关，然而这些要求消费者和生产者都不容易表达或看到。而且，这些需求会随着时间、技术、市场细分等情况发生变化。

4.6 需求转换

质量功能配置（quality function deployment，QFD）是将顾客需求与技术特性结构化联系的工具，从而实现需求转换。QFD 可应用于将顾客需求转换成技术目标值，转换时综合参考技术基准评价和顾客基准评价从而制定出具有竞争优势的技术目标值。

QFD 方法的核心思想是：产品从开始的可行性分析研究到产品的生产都是以市场顾客的需求为驱动，强调将市场顾客的需求明确地转变为产品开发的管理者、设计者、制造工艺部门以及生产计划部门等有关人员均能理解执行的各种具体信息，从而来保证企业最终能生产出符合市场顾客需求的产品。

QFD 的核心内容是需求转换，采用的是质量屋（house of quality）形式，它是一种直观的矩阵框架表达形式，是 QFD 方法的工具。建立质量屋的基本框架，给出输入信息，通过分析评价得到输出信息，从而实现一种需求转换。通常的质量屋如图 4-3 所示，由以下几个广义矩阵部分组成：WHATS 矩阵项，表示需要什么；HOWS 矩阵项，表示针对需求怎样去做；WHATS 与 HOWS 的相关关系矩阵，表示 WHATS 项与 HOWS 项的相关关系；HOWS 相关矩阵，表示 HOWS 矩阵内各项目的关联关系；HOWS 评价矩阵，表示 HOWS 项的组织度或技术成本评价情况；竞争性或可行性评价矩阵，表示针对 WHATS 项的竞争性或可行性的分析与比较。质量屋建立完成后，通过定性和定量分析得到输出项——HOWS 矩阵项，即完成“需要什么”到“怎样去做”的转换。

一般的产品开发过程包括规划阶段、综合设计阶段、工艺阶段和生产计划阶段。在应用 QFD 方法时要先建立各阶段的质量屋，再进行需求变换，最后形成明确的生产要求，从而完成产品开发的 QFD 的全过程。

将 QFD 用于需求分析是采用 QFD 产品规划阶段的质量屋，产品规划阶段的质量屋的构成形式如图 4-4 所示，由下述几个部分组成。

第一部分是一个有若干行的列矩阵，此列矩阵所反映的内容是市场顾客对产品的各种需求（WHATS 项）。这些市场顾客需求是通过对市场和顾客的需求，按过程驱动产品的 QFD 过程展开。市场顾客的需求是各种各样的，此项矩阵的建立应尽量充分、准确和合理，否则后续的所有需求变换工作者可能相对于真实的市场顾客需求而失真。就顾客的要求而言，也有主次、轻重之分，QFD 方法中对此的处理是：对市场顾客的各项需求给以权重因子以便进行排序，定义权重因子的总和为 100%。注意，这里也有顾客对象的权重区分，例如，有主要客户对象和一般客户对象之分，显然不同客户需求的重要程度是不同的。同类市场顾客对产品的诸多质量功能要求排序时要注意避免重大的疏漏，也要避免产品的冗余功能。

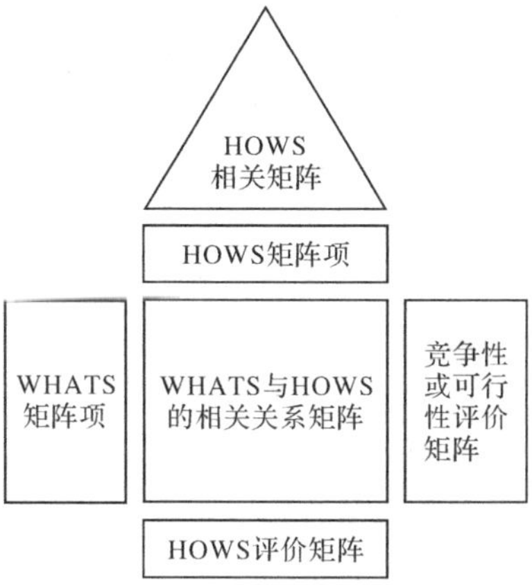

图 4-3 质量屋的基本形式

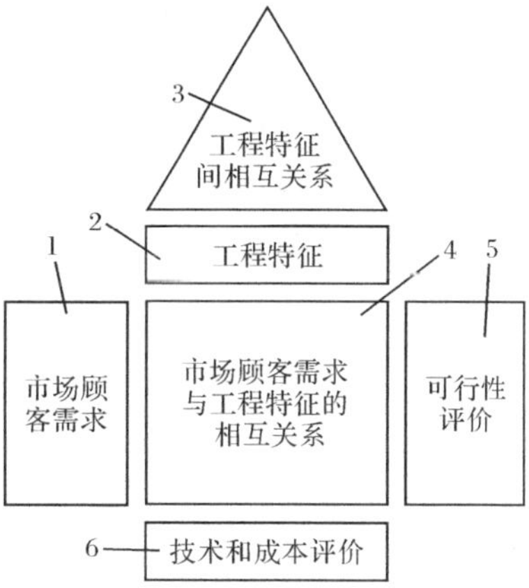

图 4-4 产品规划阶段的质量屋

第二部分是一个有若干列的行矩阵，用来描述对应于市场顾客需求的工程特征要求，即有什么样的市场顾客需求就应有什么样的工程特征要求来对应保证。这种对应是多相关性的，市场顾客的某种需求可能对应着若干项工程特征要求，若干种工程特征要求有机结合才能满足某种市场顾客需求项。反之，某种工程特征也可以同时满足若干项市场顾客的需求。工程特征要求是市场顾客需求的映射变换结果。这一阶段的工程特征要求将作为下一阶段质量屋的 WHATS 项。

第三部分称为质量屋的屋顶，在数学上是一个三角形矩阵，它表示的是工程特征之间的相关关系。从辩证法的观点来看，实现一个产品的诸多质量功能需求对应着诸多工程特征，各种市场顾客的质量功能需求之间相互影响，从而各种工程特征之间也相互影响，某一种工程特征的改变会使其他工程特征跟着变化。为简化问题起见，在 QFD 技术中以三种形式来定性地描述工程特征之间的相关关系，即正相关(向相同方向变化)、不相关和负相关(向相反方向变化)。对相关程度还可以进一步细分为强相关、一般相关和弱相关几种关系，并给以标度值来表达相关程度。据此可以对工程特征进行分析研究，发现各种工程特征之间可能存在的冲突，由此重新进行设计，避免产生冲突。

第四部分是一个关系矩阵，该矩阵的行数与第一部分相同，列数与第二部分相同，表示各个工程特征项与各个市场顾客需求项的相互关系。各个项之间的错综复杂关系可以定量地给以分值来表示：强相关给 9 分，可理解为满足某种市场顾客需求必须具备某种工程特征要求；一般相关给 3 分，可理解为满足某种市场顾客需求可以采用不同的工程特征与之对应；弱相关给 1 分，表示两项之间的关联关系很弱。利用关系矩阵可以明确工程特征与市场顾客需求间的对应关系。

第五部分是一个产品可行性评价矩阵，又称为市场评估矩阵，其行数与市场顾客需求矩阵相同，列数可以是一列，其中的内容表示要开发的产品针对各项市场顾客需求的竞争能力估计值。同时引入若干个市场上同类产品作为竞争对象进行比较，以判断产品的市场竞争力，由此在产品开发初期找出不足之处以进行调整改进。

第六部分是产品规划阶段的技术和成本评估矩阵，其行列数与工程特征矩阵相对应，其中要建立的内容是各项工程特征的技术和成本评价数据，同时也建立若干个同类产品的相对应的数据信息进行分析对比，找出不足之处，提出改进措施。

这六个部分的矩阵构造完成后便形成了产品规划阶段的质量屋，这个质量屋的基本输入是市场顾客需求，针对需求的对策是一组工程特征需求，从而进行了需求变换。通过变换将市场顾客对产品的相对离散和模糊的需求转换为明确的工程特征要求。图 4-5 是减速箱产品规划质量屋。

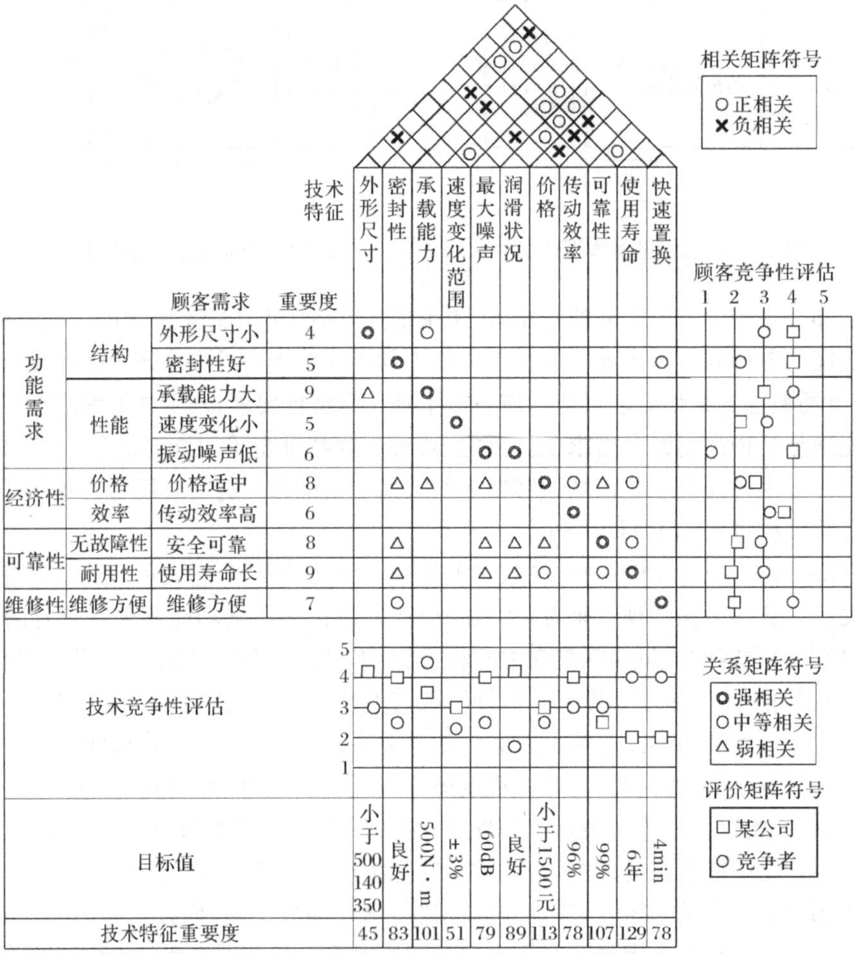

图 4-5 减速箱产品规划质量屋

在这一过程中会不可避免地产生各种冲突。例如，有市场顾客对产品的各种要求的冲突，如质量和成本的冲突、功能间的冲突等；有工程特征间技术上的冲突关系；还有与同类产品对比而产生的竞争力和技术成本的不协调问题等。这些冲突是需要解决的，质量屋的输出工作就是通过迭代分析来解决上述冲突。质量屋的最终输出是工程特征要求列阵，通过实现工程特征要求来保证市场顾客的需求。

4.7　需求分析实例

4.7.1　Apple——最富价值的品牌

技术创新是发明新技术或改善原有技术并得到广泛使用的过程，其核心是创造性的设计，主要特点在于发明专利的应用。技术创新本身并不足以确保公司在高附加值产品生产上获得成功，英特尔和苹果公司不同的经营现状可以表明这一点。卓越的产品设计，用来满足用户的个人需要，同样至关重要。世界上最具价值的品牌是苹果公司(Apple)。按大多数工业标准，苹果公司显然是一家高科技企业。但是，苹果公司并不以其基础性的技术研究而著名。它的实力反映在其一系列震撼性的产品开发中，包括 iMac、iPod、iPad 和 iPhone 等，如图 4-6 所示。

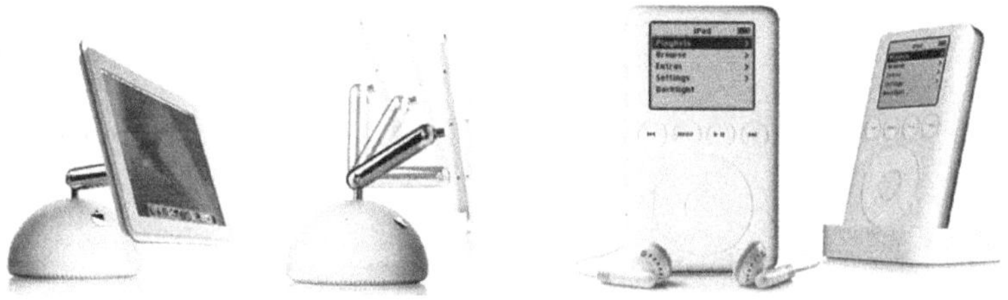

(a) iMac G4 向日葵电脑　　(b) iPod 三代

(c) iPad 二代　　(d) iPhone 5

图 4-6　苹果公司出品的一些知名产品

每周，苹果公司的工程师和设计人员都要在一起，开两个不同的匹配性的设计会议。一个是“头脑风暴会议”，大家把各种疯狂的想法说出，完全不受限制，不管是新产品特性还是对已有产品的改进，大家都畅所欲言；另一个会议是“生产会议”，与头脑风暴截然相反，这个会议要把选定的疯狂想法尽可能细化，解决“怎么做”、“为什么这么做”的问题。整个产品研发过程就是这两种会议反复切换的过程。

从十到三，再到一。考虑到每个样品的设计都要精确到像素，苹果公司要求任何样品都要有十个不同的设计方案；然后，从中确定出三个方案加以改进完善；最后，再选择一个作为最终的产品创新方案。这样处理的好处是最大限度地给创新留出空间，让设计人员自由地去选择任何和过去不同的设计。同时，这也能让他们知道 90%的工作可能是不被采用的。这个做法看似浪费了公司的资源，但“10－3－1”流程是一个严格控制的过程，实际上可保证创新和效率的平衡。

苹果公司创造了一种新的商业模式:iTunes 软件,它允许用户从互联网上将音乐下载到自己的 iPod 中。这一举措革命性地改变了在线音乐销售的模式,使苹果公司牢牢控制了市场。2008 年,苹果公司推出 App Store 服务平台。这是一种发挥至极致的众包。在这个平台上,任何人或公司均可向 iPhone 或 iTouch 用户销售应用程序。开发者决定其应用程序的价格,并获得收入的 70%。用户可以访问每天都在增加的各类应用程序。如表 4-4 所示,截至 2012 年年初,iPhone 可供选择的应用程序达 45 万种,而苹果公司自己无需开发即获得 30%的收入。

表 4-4 iPhone 软件开发程序种数及其下载数目统计

日期	程序种数	累计下载数目
2008 年 7 月 11 日	500	0
2008 年 7 月 14 日	800	10000000
2008 年 9 月 9 日	3000	100000000
2008 年 10 月 22 日	7500	200000000
2008 年 12 月 5 日	10000	300000000
2009 年 1 月 16 日	15000	500000000
2009 年 3 月 17 日	25000	800000000
2009 年 4 月 23 日	35000	1000000000
2009 年 6 月 8 日	50000	>1000000000
2009 年 7 月 11 日	55000	>1000000000
2009 年 7 月 14 日	65000	1500000000
2009 年 9 月 9 日	75000	1800000000
2009 年 9 月 29 日	85000	>2000000000
2009 年 11 月 4 日	100000	>2000000000
2010 年 1 月 5 日	>100000	>3000000000
2010 年 1 月 27 日	>140000	>3000000000
2010 年 7 月 12 日	>250000	>5000000000
2011 年 1 月 23 日	—	>10000000000
2011 年 7 月 8 日	>425000	>15000000000
2012 年 3 月	—	>25000000000

App Store 模式的意义在于为第三方软件的提供者提供了方便而又高效的一个软件销售平台,使得第三方软件的提供者参与其中的积极性空前高涨,适应了手机用户对个性化软件的需求,从而使得手机软件业步入一个高速、良性的发展轨道。是苹果公司把 App Store 这样的一个商业行为升华到了一个让人效仿的经营模式,苹果公司的 App Store 开创了手机软件业发展的新篇章,App Store 无疑将会成为手机软件业发展史上的一个重要的里程碑,其意义已远远超越了"iPhone 软件应用商店"本身。

4.7.2 IDEO——全新的设计体验

IDEO 是一家总部设在美国加利福尼亚州帕罗奥多(Palo Alto),在圣弗朗西斯科、芝加哥、波士顿、伦敦和慕尼黑等多地都有分公司的国际知名设计公司，创建于 1991 年。IDEO 为优秀的设计重新作了定义——优秀的设计创造的是美妙的体验，而不仅仅是产品，如图 4-7 所示。

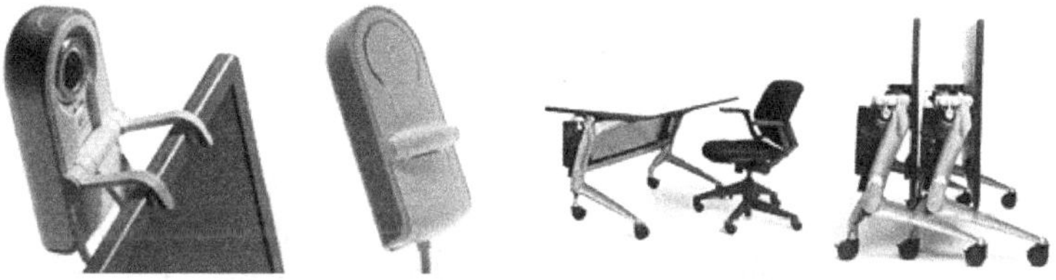

图 4-7　IDEO 公司设计的典型产品

美国最大的医疗保健组织 Kaiser Permanente，拥有上百家医疗机构和医院，但其中有许多家需要大力重建或修整。于是，Kaiser 就向加利福尼亚州的 IDEO 设计公司求助，可 Kaiser 却不知道它即将踏上一个有趣的自我发现之旅。IDEO 公司运用其新奇的方法：开始时 Kaiser 的护士、医生、设备操作人员，与 IDEO 的社会学家、设计师、建筑师、工程师组成一个观察小组来观察患者在接受医疗检查时的状况，有时候他们甚至自己扮演患者角色。

这一观察有着某种令人惊讶的洞察力。IDEO 的建筑师发现由于排队等候过于漫长，且候诊室不舒适，患者与家属往往在接受检查之前就已经变得相当烦躁，且存在 Kaiser的医生和助手座位分开得太远等问题；IDEO 的认知心理学家发现有些患者，特别是老人、孩子以及外国移民，陪同就医者经常不被允许留在患者身边，这使患者感到痛苦、恐惧和担忧；IDEO 的社会学家则指出患者讨厌这里的检查室，因为他们必须在到处是可怕的针头的环境里，一个人半裸躺上超过 20 分钟，且不能做任何事情；IDEO 和 Kaiser 最后总结出，即便患者健康的离开这里，但就医的经历还是很糟糕。

下面该做什么？通过整整 7 周和 IDEO 的共同研究，Kaiser 意识到这个长期发展计划并不在建设大规模的建筑上，而真正需要的是调查研究患者的体验。并进一步认识到，就医应该像购物一样——是一种可以和他人分享的社会体验。针对这些问题，研究者提出了多种解决方案。例如，提供更舒适的候诊室和有着明确指示牌的休息大厅；更大容量的检查室，且配以可保护隐私的窗帘，这样可以让患者感到舒适；增加医护人员专用走廊，以提高其工作效率等。Kaiser 的手术室主任 Adam D. Nemer 说：“IDEO 让我们知道了我们要设计人的体验，而非建筑。这些不需要很大的资金投入。”

IDEO 的这种创新体验方式对于公司经营者来说，在实行时可能充满了乐趣，这个训练有素的设计公司已经形成了 5 步骤来强调关注消费者。以一种不可思议的速度进行着：头脑风暴会议，通过实体模型进行可见的解决，运用技术来寻找创造性的解决方案。一些公司把他们最优秀的员工送到 IDEO 去，来拓宽他们的思想。宝洁公司的 CEO Lafley也将遍布全球的 40 个分公司的管理者，送到圣弗朗西斯科的 IDEO 进行为期一天的观摩。IDEO 果断决定让他们去体验购物，目的在于让这些执行者理解消费者的购物体验，从而可以有针对性地创新。

IDEO 已走过了几十年的风雨历程。如今，其已经成为设计界的强大力量，已经设计了数以百计的产品并获得了比其他公司都要多的设计奖项(图 4-8)，设计的用户友好界面电脑 PDA，以及其他高科技产品如 Palm V、Polaroid's I-Zone 照相机、Steelcase Leap 椅、Zinio 交互杂志软件等产品均取得了较大的成功。它还为欧乐-B 设计了儿童牙刷，为宝洁公司的佳洁士牙膏设计了无需挤压可站立的牙膏管。目前，IDEO 正在将自己的服务重心从提供用户产品设计服务转变到提供用户感受设计服务上面来，这一服务遍及零售业、银行业、保健行业和无线通信行业等多个领域。

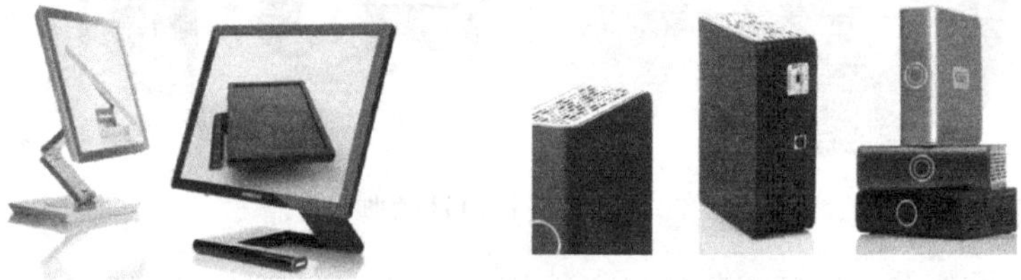

(a) 设计的计算机显示器　　(b) 开发的 MYBook 与 MYPassport

图 4-8　IDEO 设计的简洁而人性化的数码产品

通过告诉全球的公司怎样改变他们的组织以关注顾客，IDEO 已不再仅仅是一个设计公司，事实上，它已经成为传统管理顾问公司如 Boston Consulting、McKinsey、Bain 的竞争者。相比较而言，IDEO 是从工程师、心理学家、人类学家、图形设计家等多个角度告诉客户用户的世界。IDEO 的工作效率很高。因为公司要求客户合作完成所有的用户调研、分析，并决定接下来的解决方案。当这个过程完成时，也就不再需要讲解了，用户已经知道该做什么，以及怎样快速地去做了。

与传统咨询服务公司不同，IDEO 在计划、工作，以及 IDEO U（客户定制教学程序）中将整个创新过程与客户共享。用他们自己的话来说，这是"资源开放式的创新"。正如 Kaiser 公司的 Nemer 所说的那样："传统的咨询公司常常是过来，然后离开，再回来时桌上多了厚厚一摞实施方案。而和 IDEO 在一起，我们是通过组合成团队，然后肩并肩地工作。在他们先进的理念和方法指导下，经过这一过程我们可以建立起自己的创新文化。"

4.8　小　　结

用户需求的确定是产品设计的起点并统筹着设计的全过程。本章在对用户需求类型加以分类的基础上，采用需求信息列表的形式对其加以规范化表述，并针对信息获取与分析处理过程加以系统阐述。利用这些方法及工具进行分析，可促使设计者真正理解用户的需求，寻找到创新机会点，推动产品创新设计过程良性发展下去。

参 考 文 献

百度百科. 2012. App Store. http://baike.baidu.com/view/2771827.htm.

车阿大. 2000. 技术创新动力机制的综合作用模式研究. 科技进步与对策，17(4)：43-44.

陈富民，李宗斌，林志航. 2001. 质量功能配置(QFD)的研究及发展. 成组技术与生产现代化，18(4)：34-36.

李彦，李翔龙，赵武，等. 2005. 融合认知心理学的产品创新设计方法研究. 计算机集成制造系统，11(9)：

1201-1207.

设计之家. 2012. IDEO 公司——全新的设计体验. http://www. sj33. cn/industry/dzsj/200604/-8103. html.

Chan L K, Wu M L. 2002. Quality function deployment: A literature review. European Journal of Operational Research, (143) 463-497.

Dahan E, Hauser J R. 2002. The virtual customer. The Journal of Product Innovation Management, (19): 332-353.

Glenn M. 2012. Voice of customer analysis: A modern system of front-end QFD tools with case studies. http://www. personal. engin. umich. edu/~gmazur/works/voice_of_customer. pdf.

Haik Y. 2005. 工程设计过程. 李熠, 译. 北京: 清华大学出版社.

IDEO. 2012. 三星的电脑显示器. http://cn. ideo. com/work/computer-monitors.

IDEO. 2012. 为西部数据开发 MYBook 和 MYPassport 硬盘系列. http://cn. ideo. com/work/western-digital-my-book-and-my-passport/.

Kano N, Nobuhiko S, Fumio T, et al. 1984. Attractive quality and must-be quality. Hinshitsu, 14(2): 39-48.

Otto K N, Wood K L. 产品设计. 齐春萍, 译. 北京: 电子工业出版社.

Ulrich K T, Eppinger S D. 2009. 产品设计与开发. 杨德林, 译. 大连: 东北财经大学出版社.

von Hippel E. 2001. Perspective: User toolkits for innovation. The Journal of Product Innovation Management, (18): 247-257.

第 5 章　创新方案生成

5.1　概　　述

产品创新意味着需要更多的跨学科的知识结构、更复杂的技术支撑和更完善的创新理论。进行产品设计的基本目的之一是满足人们所需的功能产品，从功能设计到设计出能实现预定功能的产品结构。一个新产品的设计过程包括了许多复杂推理及作出决定的过程。产品创新的关键在于概念设计，概念设计是企业根据市场及用户的需要，对产品的市场可竞争性、可生产性、经济性及主要尺寸、形状、功能进行描述，以求解实现用户产品需求功能、满足各种设计技术和经济指标并最终确定为最优方案的过程，是一个发散性思维和收敛性思维结合的创造性过程。

概念设计是产品设计过程中最重要、最复杂，同时又是最活跃、最具创造性的设计阶段，因此对概念设计方法的研究和改进对于产品设计尤为重要。功能分解方法将概念设计中复杂的产品总功能分解为若干较小的、简单的分功能，并通过对简单分功能的分析求解和对这些解的组合来求出总功能的解，是概念设计重要的前提和基础。

本章正是针对功能设计、行为设计和结构设计这几个产品概念设计的核心环节的实现方法及技术加以系统阐述；并对激励产生的若干候选方案的评价和比较策略加以分析，以最终确定最佳设计的过程。

5.2　问题定义

当从需求分析中得出相应的设计任务或设计需要解决的问题后，应当决定如何理解该任务或问题，设计人员一般可以选择以下两种角度中的一种着手解决问题：

(1) 扩大的问题：扩大的问题指设计人员通过询问自己“解决这个问题的目的是什么”、“有没有其他途径达到同样的目的”等问题，将思考的范围进一步扩大化，利用发散思考等方法寻找多种问题的解决方案。从这个目的的角度出发，将有助于设计者思考和寻找不同的解决问题的方法并确定最优解。例如，在解决洗衣机机械搅动装置容易造成水质污染及衣服上残留洗涤剂的化学成分，进而导致对皮肤有所伤害问题时，可将问题扩大为“能否清洁衣物且不需要添加清洁剂”，更可进一步扩大为“如何从衣物上分离其他物质”，然后根据扩大的问题进行创造性思考，进而得到有效解决问题的创新方案。这一分析的主要目的是寻求副作用小的能有效去除衣物上污渍的方法。

(2) 缩小的问题：缩小的问题指设计者着手解决问题的时候，通过询问自己“什么阻止了我解决这个问题”、“如何排除这种障碍解决这个问题”等，将重点放在某个方面并寻求针对该方面问题的答案。缩小的问题有助于设计者将注意力集中在某个具体问题并加以解决。例如，在解决吸尘器尺寸与其吸入功率间的技术冲突问题时，可根据吸尘器中相关组件的结构属性、性能属性以及关系属性，将问题缩小为管口平面大小与滤尘袋容积大小的冲突问题。因为要保证吸入功率足够大，就必须增加管口平面和滤尘袋容积；且要保证吸尘器尺寸足够小，又必须减小管口平面尺寸和滤尘袋容积。

进一步地扩大或缩小问题有助于设计者找到一个合适的角度看待理解设计任务，进而使设计者选择合适的创新策略和方法。

问题的定义直接影响下一步解决问题采用的策略方法是否合适，并最终关系到正确的解决方案的生成。例如，空间站上由于失重导致钢笔、圆珠笔无法正常书写，针对于此，美国人仅把问题描述为：如何消除失重对钢笔、圆珠笔的影响（缩小的问题），使设计者面对一系列复杂的技术问题，最终耗资千万美元而设计出价格昂贵的自动气泵水笔，但苏联人将问题描述为如何解决空间站上的书写问题（问题的目的，即扩大的问题），可以很容易发现使用铅笔显然是这个问题最合适的解。可见问题的定义在产品设计中是至关重要的，它决定了设计者能否在下一步的设计工作中采用正确的途径，对问题正确的定义将可能导致设计结果创新性的天壤之别，因此设计人员应当仔细考虑好问题本身、问题所处的环境、影响问题的各种因素后，再决定扩大问题或者缩小问题如何描述。

5.3　功 能 设 计

20 世纪 40 年代，美国通用电气公司工程师迈尔斯首先提出功能的概念，并将其看成价值工程研究的核心问题。有句经典的话：“顾客不是要买钻头，其要买的是洞。”迈尔斯也认为顾客要购买的不是产品本身而是产品的功能。同时，工程师和产品经理也应认识到，在设计产品方案时，应先确定产品的工作原理，而工作原理的构思应满足产品的功能要求。因此，功能的确定是工作原理方案设计的前提。

5.3.1　功能的概念

产品设计的目标是实现其功能，最大限度地为消费者提供能满足其所需功能的产品是产品创新设计的动力。对于产品而言，功能可以理解为功效，其与用途、能力、性能等概念既有关联，但又不尽相同。

从一般意义上来讲，功能是产品或技术系统的特定工作能力的抽象化描述。例如，水壶的功能是储存物质、椅子的功能是承载物质、机床的功能是切削工件等。功能是产品设计的依据，如何对特定工作能力进行抽象化描述，是产品设计的关键。为了使人们易于进行抽象化描述，人们用“行为”来具体表述功能，行为是产品自身状态的变化过程。例如，对于核桃取仁机而言，其功能是“分离核桃壳与仁”，主要行为是压、砸、击、夹等；洗衣机的功能是“分离污物与衣物”，主要行为是搓、搅、捣、溶、振等。

不同类型的产品，其功能定义的表达方式通常也不同。具体到机械产品，结合其“转换利用机械能的机械装置”的特点，可将功能定义为：功能是对能量流、物质流、信息流进行传递和变换的程序、功效与能力的抽象化描述。能量流、物质流、信息流的传递和变换的具体方式就是行为。由外界输入一定形式的能量、物质和信息，又将某种形式的能量、物质、信息输出给外界。这一传递和变换主要依靠机械动作来完成，故行为通常可以理解为各种各样的机械动作。

例如，水泵是将水和机械能变换成具有一定势能的压力水，冲床是将板料和机械能变换成冲压后的工件和耗散热能。

通过上述的分析，可以得出功能通常具有下述特性：

(1) 功能是行为的抽象。通过这种抽象有利于设计人员开阔思路，进行创新方案的构思和设计。

(2) 功能是产品与环境相互作用过程的体现。离开了产品的动态过程，产品功能是无法体现的。

(3) 功能具有可变性。外界输入的能量、物质、信息通常可变，由于相互影响，而使功能也发生相应的变化。

5.3.2 核心功能和总功能

通过对机械产品或技术系统的特定工作能力进行抽象化描述的过程，可以确定它们的核心功能。核心功能指机械产品或技术系统的关键功能。例如，核桃取仁机的核心功能为"分离核桃壳与仁"，啤酒灌装机的核心功能为"灌酒入瓶中"。通常情况下，核心功能的确定是产品设计的关键。

但对于机械产品而言，仅仅具备核心功能往往是不够的，还应该有与核心功能相关的一系列行为确定出机械产品的总功能。因此，总功能是为了完成机械产品的核心功能所需一系列功能的总和。总功能的构思是一件颇具概括性和创造性的工作。

总功能所达到的指标是衡量产品先进性的重要标志。只有从整体视角出发，才能合理地处理各分功能之间的关系。例如，飞机的总功能是空中运输，总功能的性能指标为飞行速度和载重量。实现这一总功能的部分分功能包括：①机舱：装载功能；②发动机：推进功能；③起落架：地面支撑功能；④机翼和尾翼：空中支撑功能；⑤雷达：通信、导航功能。

在具体产品设计时，至关重要的是总功能的性能，其次才是各分功能所采用的技术原理和零部件。例如，在 20 世纪 70 年代，曾出现过一种战机，飞行速度为 3.2 马赫，飞行高度为 2.4×10^4 米，可携带四枚导弹，总体性能极其优良，令敌方忧虑重重。但大出人们意料的是，这架当时使敌方"谈虎色变"的飞机却相当粗糙：机身和机翼的材料比较落后，并没有采用坚固的钛合金；飞机上仍使用真空管；火力控制系统也相当陈旧。单从这些方面来看，它就是"劣等品"。但从总体性能来看，这架战机却是一架设计优良的飞机。它的发动机虽然笨重、耗油多，但功率大，且安全可靠；机上采用真空管电子系统，可以适应气温骤变，从地面升至温度极低的高空，战机性能几乎不受影响；机上装有先进的计算机系统；飞机较易于更换发动机、保养，可维护性优良。总之，战机反映了设计师巧妙利用各种新旧技术，完成总体性能的才能。像这样通过巧妙组合已有技术，以形成高水平的新技术，只有从总功能、整个系统的角度进行思考才能实现。

5.3.3 功能分解

为了更好地寻求机械系统工作原理方案，将总功能分解为较简单的分功能是一种行之有效的方法。通过这一分解，可使每个分功能的输入量和输出量关系更加明确，较易于求得各分功能的工作原理解。

总功能主要按问题解决的因果关系，或手段目的关系加以分解。例如，缝纫机的总功能是“缝纫”，即穿针引线把布连起来。对于缝纫功能的分解和运动方式的拟定，均由针、线在布中穿行的轨迹(线迹)所决定。如图 5-1 所示，常用的线迹包括单线直进式、单线进二退一式、双线互扣式、双线直进式等。线迹的选择，关联到接缝处的紧密程度和牢固程度，以及缝纫速度。为了提高缝纫速度，可选用双线互扣式线迹。根据线迹的要求，按照针、线、布之间的相互关系进行功能分解，并拟定各功能的形态特征、运动变换及操作方式。对于双线互扣式的形成过程，可分为刺料、底线穿线、面线挑线、送布、压布五个主要分功能。这些分功能对应的运动方式为：针带动面线向下刺布，针回升时，由于线和布之间的摩擦力较大，线留在布下方的一段形成线圈；底线穿过面线的线圈；面线拉紧而扣住底线；缝下一针时，针运动轴线不变，但将布送进一个针距；最后，在刺料后回升时，以及拉紧面线时均要将布压住。

(a) 单线直进式

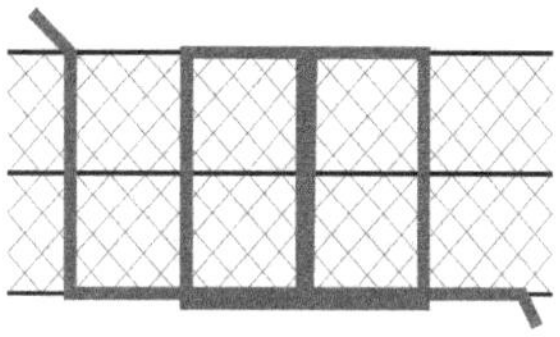

(b) 单线进二退一式

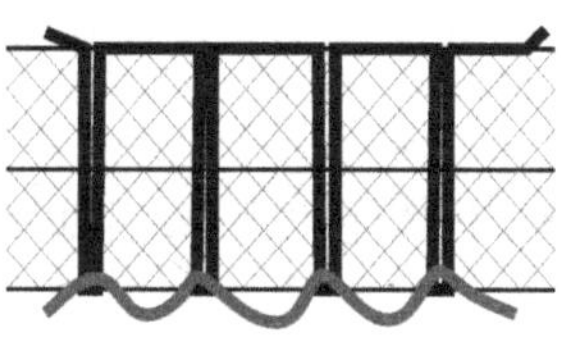

(c) 双线互扣式

(d) 双线直进式

图 5-1　缝纫的线迹

为了使功能分解的结果在形式上更加简单、直观，往往采用功能树或功能分解链图的表达形式。通过这一处理，可以清晰地表达各分功能的层次和相互关系，并有利于机械系统的工作原理方案设计。如图 5-2 所示，为缝纫机的功能分解树状图。

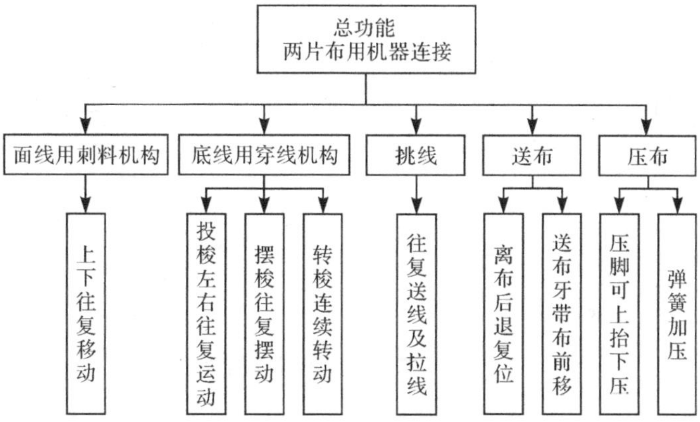

图 5-2　缝纫机的功能分解树状图

功能分解的过程，实际上是对整个机械系统不断深入认识的过程，同时也是创造性思考的过程。对总功能进行分解可以得到若干分功能，通过对分功能的描述，抓住其本质，尽力避免功能求解时的种种束缚，使思路更为开阔。

5.3.4　功能求解

通过以上功能分解分析，可得到机械系统的一些分功能。针对这些分功能进行求解，可寻求多个分功能载体（实现分功能的执行机构），进而得到相应的创新解。分功能求解过程是先对实现分功能的动作行为进行描述，然后寻求可行的执行机构。

1. 分功能的动作行为描述

分功能是机械系统的子目标，是所需实现的分功用，其皆可用动作行为来实现。因此，动作行为的描述是分功能求解的关键。例如，对于功能“螺纹成形”，是在工件上形成螺纹。其动作行为可描述如下：

（1）车削：工件连续转动；成形车刀切入工件并沿工件轴线做等速移动，然后退出，如图 5-3(a)所示。

（2）铣削：工件连续转动；成形铣刀转动，切入工件并沿工件轴线作等速移动，然后退出，如图 5-3(b)所示。

（3）板丝：工件固定；板丝扳手做等速转动、等速移动，并切入工件，然后反向旋转并移动退出，如图 5-3(c)所示。

（4）搓丝：将工件连续送入定搓丝板和动搓丝板内，从而搓出螺纹，如图 5-3(d)所示。

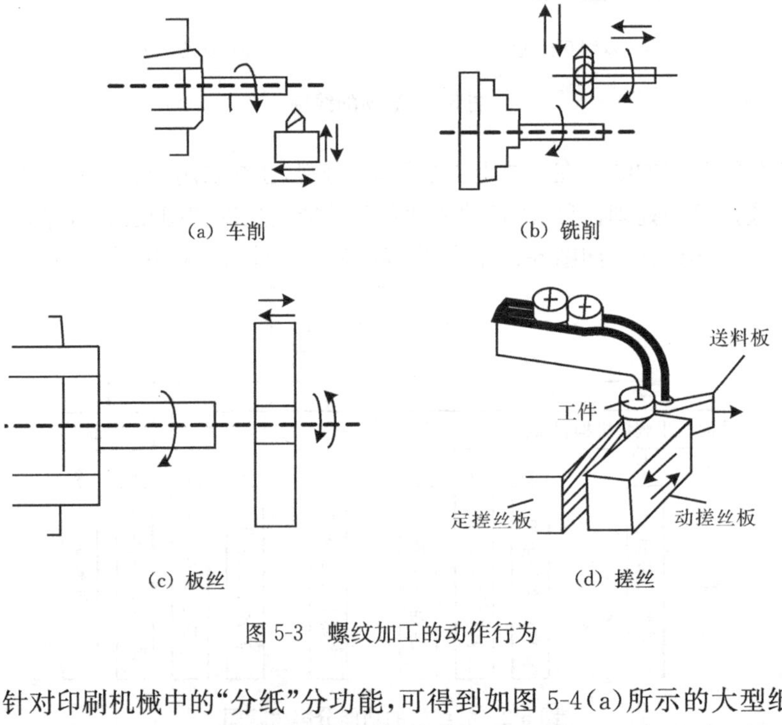

(a) 车削　(b) 铣削

(c) 板丝　(d) 搓丝

图 5-3　螺纹加工的动作行为

又如，针对印刷机械中的“分纸”分功能，可得到如图 5-4(a)所示的大型纸张分取方案。当松纸吹嘴送气后，叠起的纸张上部松动上扬，而压纸吹嘴的尖端乘机插入被吹起的第一张纸下面，并把第二张纸压住。当压纸吹嘴继续吹气使第一张纸全部飞起后，分纸吸嘴将第一张纸吸走，送纸吸嘴接住分纸吸嘴的纸张并送到下一工序。

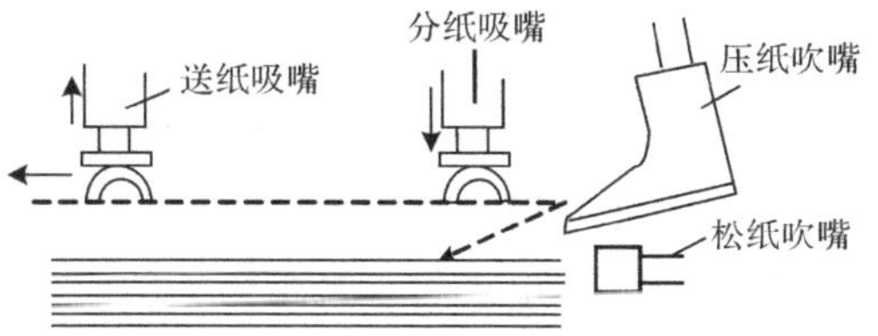

(a) 大型纸张分取方案

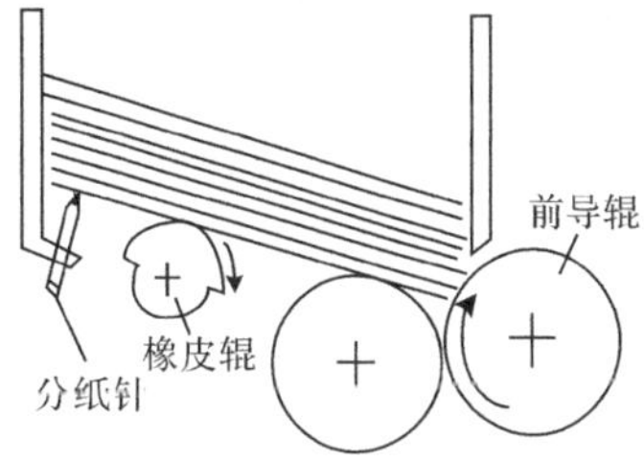

(b) 小型纸张分取方案

图 5-4　分纸的动作行为

图 5-4(b)为小型纸张的分取方案。用分纸针将置于框架中的纸张压住，当橡皮辊转动时，从分纸针中抽出一张纸，送到前导辊中，并将纸送出。

通过以上分析，可得到分功能的动作行为描述可按下列步骤进行：

(1) 详细分析分功能功用、相关条件，深入理解其具体内涵。

(2) 利用发散思维，寻找各种工作原理，以实现分功能的具体动作行为。

2. 寻求可行的执行机构

在机械系统中，完成行为动作的载体是各种相应的执行机构。执行机构按其所能完成的行为动作，分为等速转动、变速转动、间歇转动、间歇移动、往复移动、往复摆动、指定轨迹运动等。

例如，图 5-3(a)中车削的行为动作，包括工件的等速转动，成形车刀的进刀、退刀移动(属于往复移动)和刀架的等速移动，可由三个执行机构来完成。

5.4 行为设计

行为设计是伴随着功能设计的发展而产生的，它是在功能层和结构层之间引入的。功能表达的是“做什么”，行为表达的是“如何去做”，而结构表达的是“用什么元件或构件怎样连接而成”。因此，在整个设计模型中，把行为作为联系功能与结构的桥梁，表明“结构如何实现功能”这一关系。这类模型认为功能与结构必须通过行为才能建立联系，将产品创新设计看成是从功能向行为再向结构映射的过程，一个功能可以对应多个行为，一个行为又可以与多个结构相关联。同样，同一结构也可能对应多个行为，同一行为也可能对应多个功能。整个过程是一个多对多的推理过程，是原理求解的逐步细化过程。

任何产品都是以能够实现某一功能的物理效应、化学效应或生物效应为基础的，行为设计的过程正是根据这些效应对行为进行分解求解的过程。例如，水泵的功能是使水向上流动。“高速旋转的叶片带动水旋转时产生离心力，可实现水上扬”，这个物理效应的原理是机械能迫使水向上流动，据此，可设计有一定转速的转动行为；若采用“容积扩大时吸水，容积缩小时加压把水压向高处”的物理效应，可构思改变容积的行为，如构件往复移动时改变容积、往复振动时改变容积、旋转中改变容积等。

总行为可以分解为一系列的子行为，相对于产品总体行为，子行为与总体行为一样都是由输入触发的，不同之处在于子行为的输入既可能来自于工作环境，也可能来自于前一个子行为的输出，同样其输出既可能作用于环境，也可能成为后一个子行为的输入，这样产品总体行为就可以具体化为一系列相互关联的子行为网络，其因果关系行为分析过程如图 5-5 所示。图中子行为 B9、B10 的功能输出是产品整体行为过程的最终功能输出，称之为输出子行为，其他子行为则称为内部子行为，内部子行为是用来驱动输出子行为的。各子行为之间的连接关系表达了前一个子行为的功能输出是后一个子行为的驱动输入，利用这种因果关系特征可以对输入输出进行综合推理，形成行为推理过程。每一子行为的功能输出对应产品的一个子功能，因此，可通过因果关系行为过程来分解产品功能、确定子功能之间的关系。

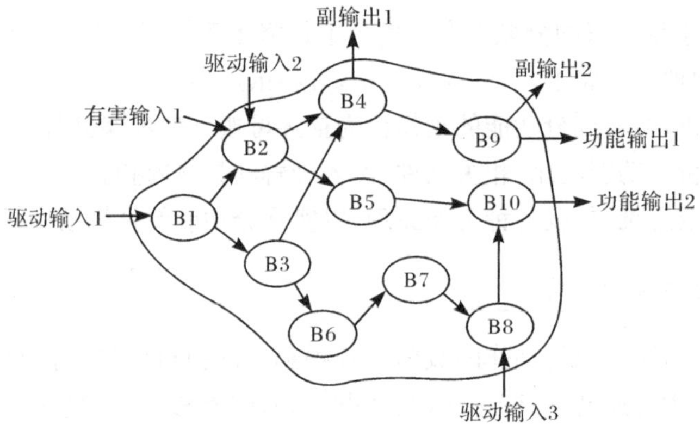

图 5-5 因果关系行为分析过程

例如，在设计车床时，其总功能是“完成车削加工”。实现功能的行为过程中，动力供应、工件装卸、工件转动、刀具装卸、刀具移动、冷却润滑等子行为必须相互协调以完成车削加工。而工件转动由车床主轴的转动决定，“主轴以五种不同的转速或挡位转动”的功能实现必须要有一定的输入，按上述步骤生成的一个子行为过程如图 5-6 所示。

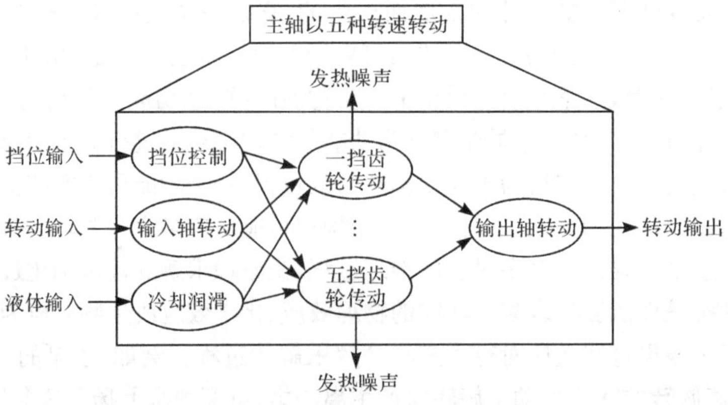

图 5-6 车床主轴转动的行为设计过程

5.5 结构设计

结构指能产生所要求行为、完成预定功能的载体。产品创新中的结构设计是在原理设计的基础上，确定整个概念产品的特征结构、形状尺寸。在这一过程中，并不涉及各个零部件的细节性设计，其主要任务是考虑功能需求在几何与结构层次上如何得到满足，将相应的功能输入输出变量、环境要求、工作条件等按照一定的规则或原理转变成装配结构中的主要几何参数和材料型号等设计变量，为后续的详细设计提供基础。

从功能的角度看，实现功能的物理结构是功能载体。对应于总功能的功能载体是整个产品，对应于子功能的功能载体可以是零部件或某些零部件的一部分。因此，功能载体并不等同于零件或装配件，零件或装配件是从制造的角度看待结构。功能载体可以是一个具体的零件，如轴、轴承、弹簧等；可以是设计目录中的机械结构，如连杆机构、齿轮机构、联轴器等；也可以是市场上产品目录中现成的产品，如传感器、电动机等；还可以是一个设计形状特征。

产品的结构设计首先寻找承载功能的功能载体，再通过考虑功能载体之间合理的空间连接、相互配合之后形成零件粗略尺寸和在装配空间的整体布置，以及它们之间的连接关系。整个设计过程包括两个阶段：面向功能的结构设计，即将功能映射为原理构件；面向制造的结构设计，即将设计视角从功能转向制造实现。

在面向功能的结构设计阶段，其主要关心的是功能面和功能联结，着眼于产品功能的实现。因此，仅把与功能面相关的信息抽取出来形成一个抽象的结构——功能载体，而功能联结的集合则是原理构件的抽象配合关系。其中，功能面指原理构件上承担系统功能要求的关键表面，如车床的导轨表面、轮毂与轴的配合柱面、球铰的球面、齿轮的渐开线齿面等；功能联结指实现预期功能要求的原理构件之间的一种配合特征单元，它使得原理构件之间能够相互协调共同完成预期的功能需求。在面向制造的结构设计阶段，必须在满足需求模型中指定的与形状相关的约束条件下，在功能载体的基础上进行零部件粗略的几何形状设计，确定结构的材料，并将功能联结作为零部件之间装配关系设计的基础，识别有重叠的结构，将其合并或去除，再添加连接功能面的自由面，从而形成实体零件。

图5-7为机械化蔬菜收割和打包系统的结构化设计过程以及与各分功能相对应的多个结构方案；图5-8为蔬菜收割机的三个概念设计方案。

方案1主要通过牲畜拉车轭以带动收割机前进。通过前轮→皮带→转轴的动力传递过程，带动收割刀片工作。然后，用刀片和筛子去除掉蔬菜上的残叶。最后，蔬菜被扔到拖斗中，由工人进行打包。

方案2也是靠畜力作为主要动力来源。利用前方犁将蔬菜连根拔起，然后顺着犁刀往上进入传送系统。传动装置由两个轴和一条传送带组成，传送带由十分坚韧的植物纤维大麻做成。传动装置除了传递动力外，还可以将蔬菜和尘土、小石子分离，在一定程度上起到筛子的作用。由此，蔬菜被运送到传送带顶端，并通过引导板推入后装料盘中。

方案3是在畜力牵引下，通过前轮转动以带动收割轮转动，利用收割轮上的收割管割下蔬菜，并将它们拖向车中，导入拖车的导管中。然后，通过每根管底部的小洞，蔬菜漏到车斗中，并滑向后方。

	选项1	选项2	选项3	选项4
蔬菜采摘装置		三角犁	管状抓取装置	机械采摘手
蔬菜放置装置	传送带	耙子	旋转移动装置	蔬菜自身堆积所产生的力
尘土筛选装置	方形网	井水	犁或运输器的缝隙	
打包装置				
运输方法		导轨系统	运货橇	
能源	手推	马拉	风吹	脚踏板驱动

图 5-7　蔬菜收割机的形态结构图

(a) 方案 1　　(b) 方案 2　　(c) 方案 3

图 5-8　蔬菜收割机的概念设计方案

5.6　方案评价

方案评价在创新设计过程中是一个非常重要的工作,同时也是一项非常困难的工作。它是从众多的替代方案中找出所需的最优方案,然而要决定哪一个方案“最优”却不是一件容易的事情。因为对于复杂的创新系统来说,不仅由于系统的复杂性与多目标性,很难找到统一的评价指标来对系统进行评价,而且由于不同评价人员的价值观念各不相同,即使对于同一指标,不同的评价人员也会得出相异的评价结果,同时评价指标和评价是否为最优的尺度(标准)也会随着时间变化和发展。

方案评价的方法也有很多,如关联矩阵法、层次分析法、模糊综合评价法和灰色综合评价法等。评价过程一般包括初步探讨、评价系统的分析、评价指标的选择、评价函数的确定、评价价值的计算和综合评价 6 个步骤。

(1) 初步探讨:在正式进行系统评价前,首先要对评价系统进行初步的了解与分析,明确评价系统的背景和所处的环境。这是做好系统评价的前提。具体内容包括:评价目的和范围的确定、评价立场和时期的明确。

(2) 评价系统的分析:对评价系统的各替代方案进行全面的考察和分析,看其是否实现了决策者的意图,是否达到了系统的目标要求;问题的边界是否清楚,约束条件是否恰当等。同时,由于每种方案的实施离不开具体的环境,各方案的结果也与环境密切相关,并且方案从决策到实施存在时滞,环境状态也总在变化。因此,对系统环境(包括技术的、经济的、社会的等)也要进行分析和预测。另外,对评价系统的功能、费用、时间和使用寿命等也要进行预测与估计,并设定评价尺度,收集评价所需资料等。

(3) 评价指标的选择:为了衡量决策者对方案后果的满意程度,系统评价需确定一组评价指标。评价指标要全面、合理、科学,能够反映达到目标的程度,以其作为依据,可以排列出方案优先次序。系统评价的因素很多,但在选择评价指标时,不一定要把所有的因素都量化成评价指标,而应该选择主要的、能反映系统或系统方案优劣的因素,舍弃无关紧要的因素。

(4) 评价函数的确定:评价函数是使评价定量化的一种数学模型。对于日常的决策,决策者总希望把依靠直觉进行的判断,能通过建立一种清晰的逻辑推理模型,用表格、图形、数字、数学关系式或计算机程序来表达行动和后果之间的关系。在进行系统评价时,选用何种函数最为合适,完全视问题性质而定,防止用问题去拼凑自己所偏好的函数。不是函数越复杂越好,原则上能简单的尽量简单,需要复杂时也不排斥复杂。不同的问题使用的评价函数可能不同,同一评价问题也可以使用不同的评价函数。同时,由于评价函数本身是多属性、多目标的,评价函数的确定应在有关人员之间进行充分无拘束的讨论,否则难以获得有效评价。

(5) 评价价值的计算:在评价模型、评价尺度确定后,还需确定出各评价指标的权重,才能进行评价价值的计算。评价尺度和评价指标的权重是能否使评价客观、正确、有效的重要因素。

(6) 综合评价:对系统从技术(功能)、经济、社会等各方面进行的全面评价。对评价系统的大类指标进行综合,对各替代方案的优劣得出总体结论。

产品创新设计过程主要集中在产品概念设计阶段,该阶段不仅包含大量的创新方法和设计规范,还有多种创新工具和设计资源,是多种设计要素相互作用,多领域技术和资源结合的系统化过程。概念设计的目的在于推动整个产品开发过程的创新,尽可能激励设计人员提高自身创造力并产生创造性的设计方案。

5.7　新型自动敲钉机的创新

敲钉机是将紧固件推入工件装置的常用工具之一,通常使用的范围从手工艺到建筑构造的工程中,但目前这一工具仍以手动为主。为了满足大工程作业要求,某工具制造公司的研发部门确定了一个新型手握自动敲钉机开发项目。通过对获取的用户需求信息进行系统分析,得到自动敲钉机的创新机会点主要在于:应能快速连续钉入钉子;应能适用于小空间操作环境;质量应足够轻;在启动时,应没有明显的敲钉延时。

结合已有产品，对敲钉机进行功能分解，如图 5-9 所示。针对功能分解链图进行系统分析，可将问题进一步转化为“存储或吸收能量”、“将动能传递给钉子”两个子问题加以创新求解。表 5-1 为针对这两个子问题分别进行功能求解，得到的多个概念解决方案。

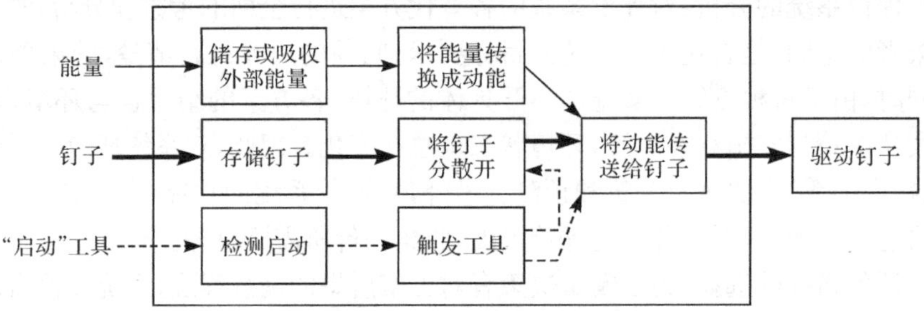

图 5-9　敲钉机系统功能分解链图

表 5-1　子问题的概念解决方案

存储或吸收能量	将动能传递给钉子
自身周期性化学反应，释放高压气体	单次敲击
碳化物(用于灯笼)	多次敲击(几十次或几百次)
燃烧零散位置的锯末	多次敲击(几百次或几千次)
火药	推
叠氮化钠(气袋爆炸)	拧—推
燃烧气体燃烧(丁烷、丙烷、乙炔等)	
压缩气体(在大容器或压缩机中)	
大容器中的二氧化碳	
墙式电子插座和芯	
高压油线(水力)	
充电(上部旋转)的飞轮	
工具、带或板面上的电池盒	
燃料电池	
从有机物中分解出的甲烷	
化学暖手器式的“燃烧”	
冷溶解	
核反应	
太阳能电池	
太阳-蒸汽转换	
蒸汽供应线	
地热	
风	

显然，这里列举的可能解决方案有很多，这在增加问题解决可能性的同时，也给进一步的分析组合过程增加了困难。因此，先将这些方案按“存储或吸收能量”不同，分为化学能、风能、水力能、电能和核能 5 个子类；再结合创新产品，运用相应的领域知识及设计经验进行具体化分析，生成多个子类的形态组合表。表 5-2 为针对“将电能转化为动能”子类所形成的概念组合表。对这些形态进行进一步组合创新分析，激励产生如图 5-10 所示多个创新设计方案。

表 5-2　手握式敲钉机概念组合表

将电能转化为动能	聚集能量	将动能传送给钉子
带有传送器的旋转马达	弹簧	单次敲击
线性马达	移动质量	多次敲击
螺线管		推动钉子
横杆枪		

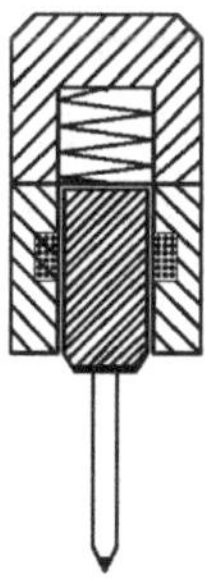

(a) 方案 1

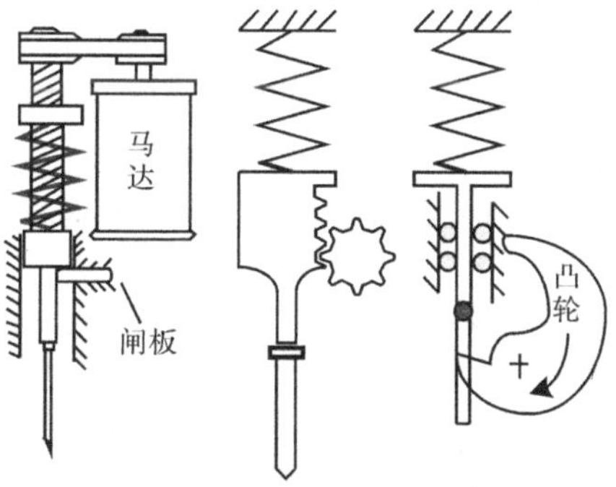

(b) 方案 2

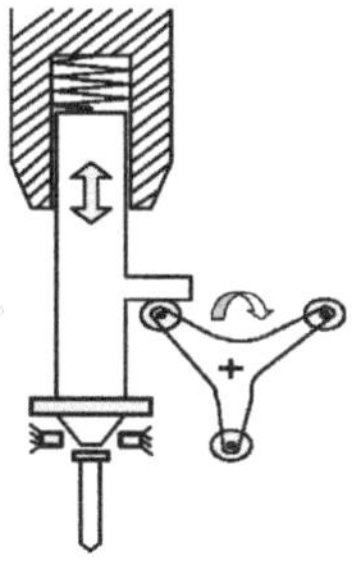

(c) 方案 3

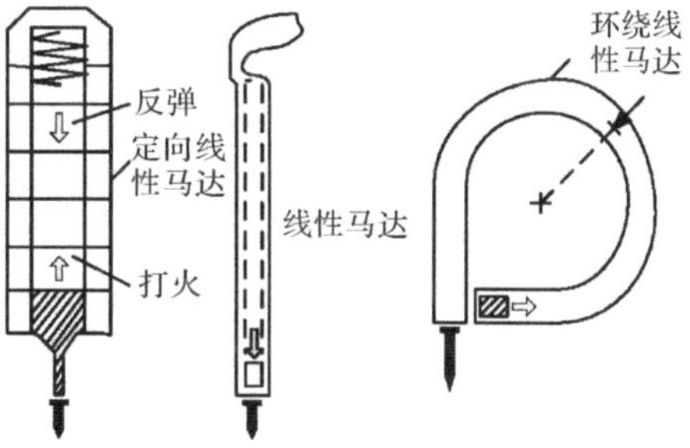

(d) 方案 4

图 5-10　手握式敲钉机创新设计方案

方案 1 是基于“螺线管”、“弹簧”、“多次敲击”的碎片组合，通过螺线管不断“压缩一松开”弹簧，以多次敲击驱动钉子；方案 2 通过马达旋绕弹簧，吸收潜在能量，然后以单一流的方式传递给钉子；方案 3 则通过马达不断地压缩和松开弹簧，储存能量并通过几个支流传递能量；方案 4 是通过线性马达推动一个重铁锤，吸收动能，并将动能以单支流的方式传递给钉子。

5.8 小　结

概念设计是产品设计过程中最重要、最复杂，同时又是最活跃、最具创造性的设计阶段。经概念设计得到的概念方案是对设计目标的第一次结构化的、基本的、粗略的但却是全面的展示，它描述了设计目标的基本方向和轮廓，也是衡量验证所设计的产品是否能满足产品需求目标的主要手段。本章针对功能设计、行为设计和结构设计、方案评价这几个概念方案产生的重要阶段进行了较为系统地阐述，以实现有效引导设计人员进行创造性思考，充分发挥其创造力的目的。

参考文献

邓家禔，韩晓建，曾硝，等. 2002. 产品概念设计理论. 北京：机械工业出版社.

李瑞琴. 2009. 现代机械概念设计与应用. 北京：电子工业出版社.

李文强. 2009. 面向产品概念设计创新过程的关键技术及其方法研究. 成都：四川大学博士学位论文.

刘康. 2010. 基于本体的机械产品功能设计研究. 成都：四川大学博士学位论文.

占向辉，李彦，贾爱军，等. 2005. 面向创新设计的科学效应库研究. 工程设计学报，12(1)：1-6.

Chol K H. 2007. 基于FBS模型的执行机构系统计算机辅助概念设计研究. 上海：上海交通大学博士学位论文.

Gero J S. 2000. Computational models of innovative and creative design processes. Technological Forecasting and Social Change,(64):183-196.

Malmqvist J. 1995. Computer-based approach towards including design history information in product models and function-means trees. Proceedings of DTM-95,Boston,593-602.

Otto K N,Wood K L. 2011. 产品设计. 齐春萍，译. 北京：电子工业出版社.

Ulrich K T,Eppinger S D. 2009. 产品设计与开发. 杨德林，译. 大连：东北财经大学出版社.

第 6 章　创造性思维的本质及能力培养

6.1　概　　述

创造性思维是在客观需要的推动下，以新获得的信息和已储存的知识为基础，综合运用各种思维形态或思维方式，克服思维定势，经过对各种信息、知识的匹配、组合，或者从中选出解决问题的最优方案，或者系统地加以综合，或者借助于类比、直觉、灵感等创造出新办法、新概念、新形象、新观点，从而使认识或实践取得突破性进展的思维活动。它是创新能力的核心因素和创新意识的主要内容，是创造性活动的灵魂和发动机。

创造性思维是一个复杂的思维过程，沃拉斯(Wallas)在其著作《思考的艺术》中，将这一过程归结为准备期、酝酿期、顿悟期、验证期四个阶段。创造性思维可以不断地增加人类知识的总量，提升人类认识世界的能力、水平，为实践开辟新的局面，通常具有新颖性、灵活性、探索性、能动性、综合性等特点。而创造性思维能力的强弱与人的天生个性、气质有一定的关联，但这并不是主要的和一成不变的，它还可以通过有针对性的训练和有意识的培养而逐步强化和提高。

本章结合会聚技术与创造力模型，对创造性思维的方式以及培养锻炼策略进行了系统的论述。创新者应努力培养和训练自己的创造性思维能力，以不断提升其创造性解决问题的能力。

6.2　三种领域技术的会聚

会聚技术是国际上近几年提出的全新概念，是指当前四个迅速发展的科学技术领域的协同和融合。这四个领域分别是：纳米科技、生物技术(包括生物制药和基因工程)、信息技术(包括先进计算机与通信)、认知科学(包括认知神经科学)，其简化英文为 nano-bio-info-cogno，简写为 NBIC。如今，这四个领域的技术都在迅速发展，其中任何技术的两两融合、三种会聚或者四者集成，都将产生难以估量的效能。NBIC 会聚技术代表着世界科学研究与开发新的前沿领域，其发展将显著改善人类生活质量，提升和扩展人的技能，这四大前沿技术的融合还将缔造全新的研究思路和全新的经济模式，将大大提高整个社会的创新能力和社会生产水平。美国将 NBIC 会聚技术认可为推动美国经济长期繁荣发展的关键。NBIC 会聚技术的核心思想是要通过纳米科技、生物技术、信息技术、认知科学的融合发展，推翻学科之间的研究和发展壁垒，使得四门技术在融合发展中迸发出无限的潜力。会聚技术的主要特点是：①以提高人的能力为主要方向；②打破学科之间的研究和发展壁垒，建筑在“整体观”之上的新的科学技术；③相互使能，即会聚技术中的技术能相互促进。并且会聚技术是开放的，能进一步融合其他技术。

概念设计是设计过程中最具创新性的阶段，设计的可塑性及自由度较大，是最有可能发挥创造力的阶段。因此,概念设计的研究不能仅仅停留在实现方法和技术上,还必须深入研究概念设计的内在规律,构建更符合人类思维模式的创新方法或将现有的各类创新设计方法融入概念设计过程中去,充分体现概念设计阶段的创造性,支持概念创新的实现。以往的研究注重的是产品或技术系统本身的因素,而很少从认知的角度认识和规划设计过程。同时,设计人员之间的差距是巨大的,这不仅仅是知识的因素,还存在许多认知方面的因素影响设计人员的创造性。例如,设计问题的定义和表征,如何使用各种领域的知识和信息,设计人员本身的思维方式以及高速发展的信息技术对认知的影响和帮助。因此,一种以学科的融合为基础,通过技术会聚的,以人为本的整体发展观会给创新设计的研究带来巨大的发展前景。基于 NBIC 会聚技术的核心思想,以会聚技术中的认知科学和信息技术两项技术,进一步和设计技术会聚(图 6-1),建立以提高人的创新设计能力为目标的创新设计技术与方法、创新设计认知方法、计算机辅助产品创新设计原型系统是本书的主要目标。

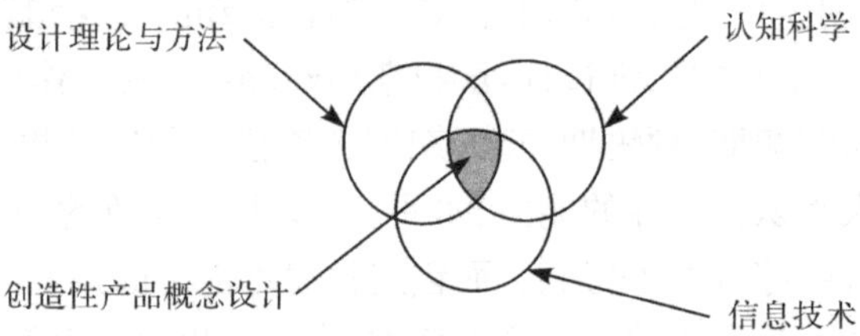

图 6-1　三种领域技术的会聚

6.3　创造力模型

创造力模型的产生源于创造力投资理论。创造力投资理论是斯滕伯格(Sternberg)在分析以往关于创造力研究构成成分的各种理论基础上提出的,试图对创造力做出较完整、较全面的解释。根据创造力投资理论,创造力由智力、个性、动机、环境、知识和思维方式等成分联合产生。研究表明,在通常情况下,创造力投资理论是面向一般的个体,但是对产品创新设计而言,创造力有它的特殊性,知识和思维方式才是影响创造力的关键属性。

知识对指导进一步的创造性活动有积极的指导作用,当一个人做事做久了,会习惯于从同一个角度处理问题,无法跳出旧有框架而从另外一个角度寻找答案。而当一个人具备了丰富知识的时候,就可以超越原有知识的限制,进而获得创造力。例如,传统的机械力切割机产生的噪声很大,容易对操作人员的听力造成危害,为了解决这一问题,利用其他领域的技术原理,跳出原有的知识框架,发明了激光切割、等离子切割、水切割、超声波切割等新型切割机。

思维方式也是创造力产生的一个依赖因素,创造力产生的一个先决条件是不要将固定的思维模式强加给眼前的事实,而是要另辟蹊径。爱迪生在招聘助手时,给一位应聘者一个空的灯泡,要他算出这个空灯泡的体积。这位应聘者花了一个多星期的时间,经过周密地计算,计算出了空灯泡的体积。而爱迪生告诉这位应聘者,他只需要几分钟,那就是向灯泡里面灌满水,然后测出水的体积就是灯泡的体积。应聘者采用固定的思维方式花了一个多星期得到结果，而爱迪生却花了几分钟，这就是思维方式对创造力的影响。

知识、思维方式与创造力三者之间的关系如图 6-2 所示。从图中可以看出，在传统的思维方式下，随着知识的增加，创造力也开始增加。但知识增加到一定程度，由于产生的思维定势可能使设计人员陷入已有的知识而看不见更富有价值的东西，创造力不但不增加、反而下降。而在创造性思维方式下，由于创造性思维方式克服心理定势的约束和抑制，设计人员能灵活地运用自己已掌握的知识，进行重新组合、叠加、联想、综合、推理及抽象等过程，形成新的思想和概念。因此，在创造性思维的作用下，知识的增加使创造力也增加。

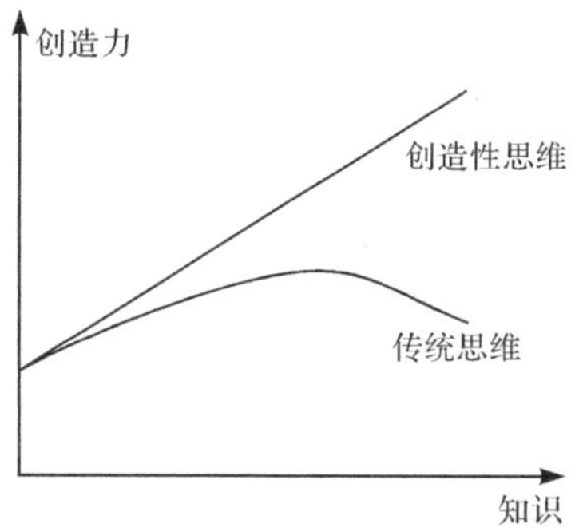

图 6-2　知识、思维方式和创造力的关系

另外，不同于知识的信息也是影响创造力产生的一个非常重要的因素，这些信息可能与企业的产品设计直接相关，如竞争企业信息、市场信息、同类产品信息。随着互联网技术的迅速发展，大量的信息资源聚集形成了一个庞大的信息资源库，并涵盖了不同学科、不同领域、不同语言，这些信息对灵感的激发，对创造力的产生非常有用。

除此之外，影响创造力的重要因素还有计算机支持工具，如知识库、信息源和计算机辅助思维等。因此，产品创新设计的创造力模型由知识、思维方式、信息、支持工具等组成。与创造力投资理论相比，产品创新设计的创造力模型淡化了智力、个性、动机等因素，加入了信息、设计方法和信息技术、支持工具等因素，图 6-3 是产品创新设计的创造力模型。

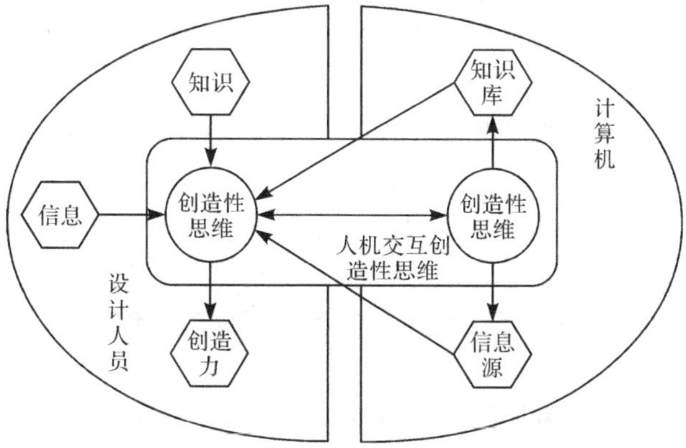

图 6-3　产品创新设计的创造力模型

6.4　创造性思维的方式

创造性思维是在综合运用比较、分类、归纳、演绎等逻辑思维和形象、联想、灵感等非逻辑思维的基础上，产生新方案、新办法、新概念、新形象、新观点的思维过程。在创造性思维过程中，形成了多种创造性思维形式，典型的有发散思维与收敛思维、横向思维与纵向思维、正向思维与逆向思维、求同思维与求异思维。

6.4.1　发散思维与收敛思维

1. 发散思维

发散思维是从信息源出发，应用已有的知识和经验，通过观察、实验、推测和想象，并朝着不同的方向去思考和重组已有的信息，进而产生新信息的方法。具有流畅性、灵活性和独特性的特点，图 6-4 是发散思维示意图。发散思维是创造性思维的基本形式之一，由它派生出了一些基本的发散思维应用方法，典型的如用途发散、功能发散、结构发散和因果发散。

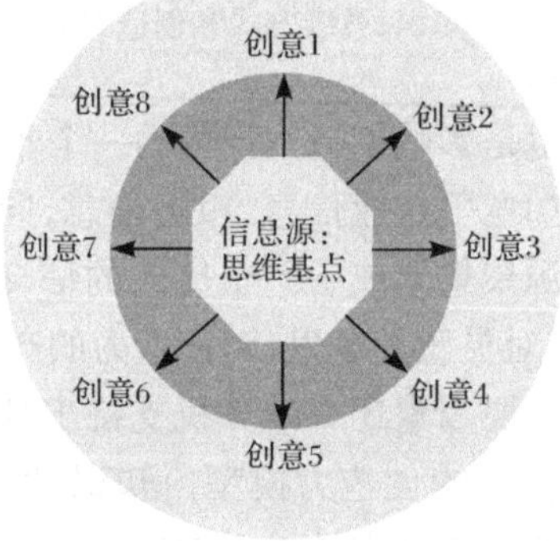

图 6-4　发散思维示意图

用途发散是以某个物品为扩散点，尽可能多地列举材料的用途。例如，把回形针经过材料发散可得到各种用途：把纸和文件别在一起；拉开一端，能在水泥板或泥地上画印痕；拉直了可用作纺织工的织针；可变形制作挂钩等。

功能发散是以某种功能为发散点，设想出获得该功能的各种可能性。例如，对“物质分离”进行功能发散，可采用过滤、蒸发、结晶等方法来实现。又如，对照明采用功能发散，可得到很多结果，如开电灯、点蜡烛、点火把、用手电筒、用镜子反射太阳光等。

结构发散是以某个事物的结构为发散点，尽可能多地设想出具有该结构的各种可能性。例如，由三角形结构发散，可以得到三角尺、三角窗、三角旗、屋顶的三角结构、金字塔等。

因果发散是以某个事物发展的结果为发散点，推测造成该结果的各种原因，或以某个事物发展的起因为发散点，推测可能发生的各种结果。例如，对玻璃杯破碎进行因果发散，找寻原因，可得到：手没抓稳，掉在地上碰碎了；被某种东西敲碎了；冬天冲开水时爆裂了;杯子里的水结冰胀裂了等。

2. 收敛思维

收敛思维是指在解决问题的过程中,尽可能利用已有的知识和经验,将各种信息重新进行组织、整合,从不同的角度和层面,把众多的信息和解题的可能性逐步引导到条理化的逻辑序列中,寻求相同目标和结果的思维方法。收敛思维具有封闭性、综合性和合理性等特点,图 6-5 是收敛思维的示意图。

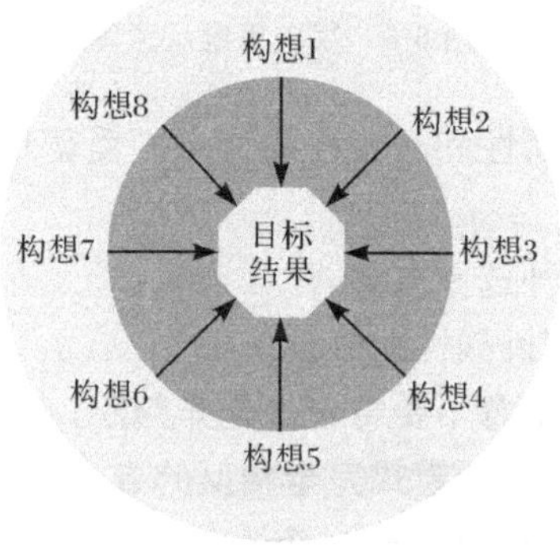

图 6-5　收敛思维示意图

收敛思维作为创新思维的一种形式,与发散思维不同,发散思维是为了解决某个问题,从这一问题出发,想的办法、途径越多越好,总是追求还有没有更多的办法。而收敛思维是为了解决某一问题,在众多的现象、线索、信息中,朝着问题解决的方向思考,根据已有的经验、知识或发散思维中针对问题解决的最优方案得出结论或问题的解决办法。收敛思维是在发散思维充分展开后,通过分析、讨论、比较得出最佳方案的思维过程,在创造性思维过程中发挥着独特的作用。常用的收敛思维方法有目标识别法、层层剥笋法、聚焦法等。

目标识别法应用时,首先确定目标,进行认真地观察,作出判断,找出其中的关键,围绕目标定向思维,目标的确定越具体越有效。层层剥笋法在思考问题时,最初认识的仅仅是问题的表层(表面),随着认识的深入,逐渐向问题的核心一步一步逼近,抛弃那些非本质的、繁杂的特征,以便揭示出隐藏在事物表面现象内的深层本质。聚焦法是指人们思考问题时,有意识、有目的地将思维过程停顿下来,并将前后思维领域进行浓缩和聚拢,以便帮助我们更有效地审视和判断某一事件、某一问题、某一片段信息。

6.4.2　横向思维与纵向思维

1. 横向思维

横向思维(图 6-6)是一种共时性的横断性思维,截取历史的某一横断面,研究同一事物在不同环境中的发展状况,并通过同周围事物的相互关系和相互比较,找出该事物在不同环境中的不同的思维活动。横向思维从多个角度入手,改变了解决问题的常规思路,拓宽了解决问题的视野,从而使难题得到解决,在创造活动中发挥着巨大作用。

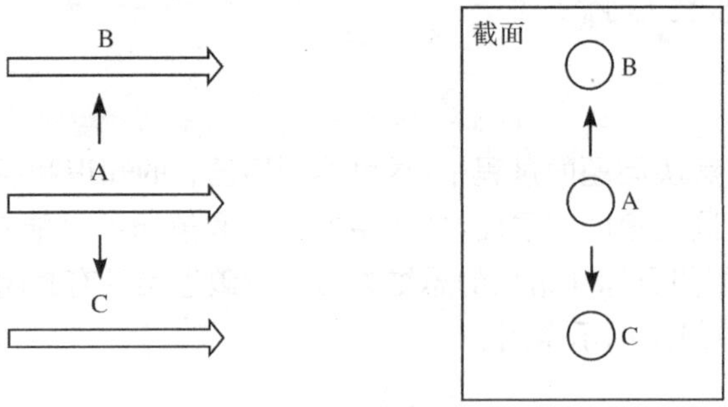

图 6-6　横向思维示意图

横向思维具有同时性、横断性和开放性的特点。爱德华·德波诺提出了一些促进横向思维的方法：

第一，对问题本身产生多种选择方案；

第二，打破定势，提出富有挑战性的假设；

第三，对头脑中冒出的新主意不要急着作是非判断；

第四，反向思考，用与已建立的模式完全相反的方式思考，以产生新的思想；

第五，对他人的建议持开放态度，让一个人头脑中的主意刺激另一个人头脑里的东西，形成交叉刺激；

第六，扩大接触面，寻求随机信息刺激，以获得有益的联想和启发(如到图书馆随便找本书翻翻，从事一些非专业工作等)。

2. 纵向思维

纵向思维(图 6-7)是一种历时性的比较思维，它是从事物自身的过去、现在和未来的分析对比中，发现事物在不同时期的特点及前后联系，从而把握事物本质的思维过程。纵向思维被广泛应用于科学和实践之中。事物发展的过程性是纵向思维得以形成的客观基础，任何一个事物都要经历一个萌芽、成长、发展、壮大、衰老、死亡的过程，并且在这个发展过程中可捕捉到事物发展的规律性。纵向思维就是对事物发展过程的反映。

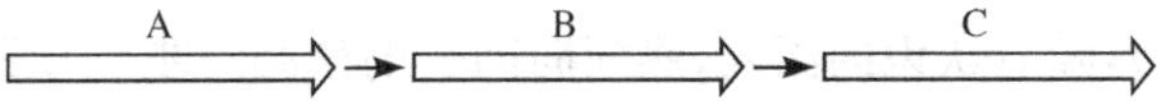

图 6-7　纵向思维示意图

纵向思维是我们在日常生活、形势分析、科学研究中经常用到的方法。例如，对某一问题的哲学研究，既要考察过去、现在对这一问题的研究情况和进展，又要探索该问题未来的发展趋势，只有这样，我们的研究才能更加系统、全面。

纵向思维具有历时性、同一性、预测性的特点，在具体的应用过程中，纵向思维的关键是要进行纵向挖掘，主要包括向下挖掘和向上挖掘两种方法。向下挖掘是对当前某一层次的某个关键因素，努力利用发散和联想并按照新的方向、新的角度、新的观点进行分析与综合，以发现与这个关键因素有关的新属性，从而找到新的联系和观点；向上挖掘是对当前某一层次出现的若干现象的已知属性，按照新的方向、新的角度、新的观点去进行新的抽象和概括，从而挖掘出与这些现象相关的新的因素。

6.4.3　正向思维与逆向思维

1. 正向思维

正向思维是人们在创造性思维活动中，按照常规思路，遵照时间发展的自然过程，以事物的常见特征、一般趋势为标准的思维方式，是一种从已知到未知来揭示事物本质的思维方法，正向思维示意图如图 6-8 所示。

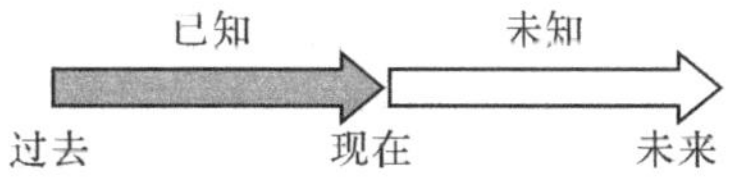

图 6-8　正向思维示意图

任何事物都有产生、发展和灭亡的过程，都是从过去到现在、由现在到未来，正向思维法是依据事物的发展过程建立的，是人们经常用到的思维方式。正向思维法虽然一次只限对某一种或一类事物进行思考，但它是在对事物的过去、现在充分分析的基础上，推知事物的未知部分，提出解决方案，因而它又是一种不可忽视的指引工作、科学研究的方法。

正向思维在时间维与时间方向一致，随着时间的推进进行，符合事物的自然发展过程和人类认识的过程，能够发现和认识符合正态分布规律的新事物及其本质。面对生产生活中的常规问题时，正向思维具有较高的处理效率，能取得很好的效果。

常用的正向思维方法有缺点列举法和属性列举法等。缺点列举法是在解决问题的过程中，先将思考对象的缺点一一列举出来，然后针对发现的缺点，有的放矢地进行改进，从而解决问题。属性列举法是一种化整为零的创意方法，它将事物分为单独的个体，各个击破，在运用该法时，将创意对象的特性分解，从而找到改进途径。

2. 逆向思维

逆向思维是在思维路线上与正向思维方法相反的一种创造性思维方法，指人们在思考问题时，为了实现创造过程中设定的目标，跳出常规，改变思考对象的空间排列顺序，从反方向寻找解决办法的一种思维方法，如从 A 事物与 B 事物的联系中，反推出 B 事物与 A 事物的另一种联系。逆向思维法利用了事物的可逆性，从反方向进行推断，寻找常规的岔道，并沿着岔道继续思考，运用逻辑推理去寻找新的方法和方案。逆向思维示意图如图 6-9 所示。

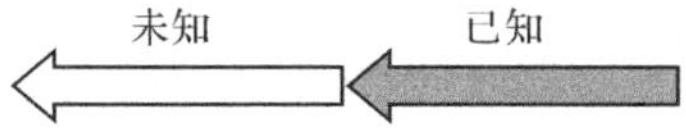

图 6-9　逆向思维示意图

逆向思维具有普遍性、批判性和新颖性的特点，在实际的思维过程中，逆向思维包括反转型逆向思维法、转换型逆向思维法和缺点逆向思维法。反转型逆向思维法是指从已知事物的相反方向进行思考，产生发明构思的途径。“事物的相反方向”主要是指从事物的功能、结构、因果关系等三个方面作反向思考。例如，吸尘器的发明就是采用功能反转型逆向思维方法。运用反转型逆向思维法，必须掌握事物内部的各要素之间的因果关系。

没有这种因果关系，反转型逆向思维法就难以成立。转换型逆向思维法是指在研究问题时，在解决这一问题的手段受阻时，转换成另一种手段，或转换思考角度，以使问题顺利解决的思维方法。逆向思维法是一种利用事物的缺点，化被动为主动，化不利为有利的思维发明方法。

6.4.4 求同思维与求异思维

1. 求同思维

求同思维是指在创造活动中，把两个或两个以上的事物，根据实际的需要，联系在一起进行“求同”思考，寻求它们的结合点，然后从这些结合点中产生新的创意的思维活动。求同思维是从已知的事实或者已知的命题出发，通过朝着单一的方向一步步推导，来获得满意的答案。求同思维依据的是客观事物本身所具有的共同本质和规律。人类获得客观事物共同本质和规律的基本方法是归纳法，把归纳出的共同本质和规律进行推广的方法是演绎法。这些过程中，肯定性的推断是正面求同，否定性的推断是反面求同。

求同思维的思维方向是单一的方向，思维过程追求秩序，遵循已知的客观真理，要求严谨的思维，能够以好的逻辑性环环相扣，从客观实际出发来揭示事物内部存在的规律和联系，并且要通过大量的实验或实践来对结论进行验证和检验。

运用求同思维可以按照以下步骤进行：

第一步，在各种不同的场合中找出两个或者两个以上的事物；

第二步，寻找这些事物存在的共同特征或联系；

第三步，根据实际需要，从某个结合点出发，将这些事物进行“求同”，产生新的创意。

求同思维进行的是异中求同，只要能在事物间找出它们的结合点，基本就能产生意想不到的结果。组合后的事物所产生的功能和效益，并不等于原先几种事物的简单相加，而是整个事物出现了新的性质和功能。例如，减肥是许多肥胖者梦寐以求的事情。然而，不少肥胖者既想减肥，又不想委屈自己的嘴，还不愿意参加体育锻炼。有人基于“胖”从口入的原因，从防止胖子吃高脂肪和高糖食物的想法出发，硬是将减肥与喷雾这两个相距甚远的事物联系在一起，创意设计出“减肥喷雾器”。这种用具从各种美食中吸取香味并储存起来，使用时打开阀门，通过喷嘴将香味喷至胖子的舌面上，几分钟后，胖子就会产生一种解馋的感觉而食欲大减，从而达到减肥的目的。

2. 求异思维

求异思维是指对某一现象或问题，进行多起点、多方向、多角度、多原则、多层次、多结局的分析和思考，捕捉事物内部的矛盾，揭示事物的本质，从而选择出富有创造性的观点、看法或思想的一种思维方法。

在遇到重大难题时，采用求异思维，常常能突破思维定势，打破传统规则，寻找到与原来不同的方法和途径。求异思维在经济、军事、创造发明、生产生活等领域广泛应用。求异思维的客观依据是任何事物都有的特殊本质和规律，即特殊矛盾表现出的差异性。要进行求异思维，必须积极调动大脑生理机制和长期积累的社会感受，给人们带来新颖的、独创的、具有社会价值的思维成果。

求异思维主要有以下特点:思维主体在进行求异思维时,思维空间是开放的,思维过程是间断的,思维形式是非逻辑的。求异思维能够独辟蹊径,打破常规,标新立异,取得较为创新的方案。

在求异思维法中,常用到寻找新视角、要素变换、问题转换等具体方法。寻找新视角是对一个事物或问题,力争从众多的新角度去观察和思考,以求获得更多对事物的新认识,萌生和提出更多解决问题的新方法。要素变换是从解决某一问题的需要出发,思考如何通过采取措施改变事物所包含的要素,从而使事物随之发生符合人的需要的某种变化。问题转换是指在思考过程中,把不可能办到的问题转换为可以办到的问题,或者把复杂困难的问题转换为简单容易的问题,或者把自己生疏的问题转换为自己熟悉的问题,从而找到解决问题的恰当可行或效率更高、效果更好的办法。

6.5 创造性思维的培养与训练

创造性思维的能力除了受到智力因素的影响,还要受到创造主体感情、欲望、自信心、气质、性格、个人的潜意识等因素的影响。在创造性思维的培养过程中,需要奠定创造性思维的基础,突破各种思维定势,开展思维视角泛化,并对发散思维、想象思维、联想思维和直觉思维进行培养训练,从而提升创造性思维能力。

6.5.1 奠定思维基础

创造是人类的本质特征,在人类创造的实践中,创造性思维具有基础性和先导性的作用。创造性思维作为多种思维要素相互协调作用的结果,与创造主体的意志、兴趣等心理活动及外在环境相关。

1. 创造性思维的心理基础

人的创造性思维活动是与人的心理活动相伴而生的,创造性思维的形成和发展离不开其心理活动基础。创造性思维过程也是创造心理活动过程。人的目标、意志、兴趣等因素是创造性思维的心理基础。

(1) 目标。目标是创造性思维的首要因素,任何创造性活动都是追求一定目标的行动。对于创造主体来说,有长远的间接目标和近期的直接目标。长远目标往往与社会意义联系着,是社会要求在人们头脑中的反映,具有较大的稳定性和持久性,能在较长时间内起作用。近期目标是与思维活动本身直接联系的,往往受直接兴趣的影响,比较具体,具有直接效能,但作用比较短暂,容易随着情景的变化而变化。长远目标和近期目标是相互联系、互为补充的,二者不可偏废。目标的选择要结合自身的实际情况,既不能太高,也不能太低,而要适度,从而更好地激发人们进行思维创造。

(2) 意志。意志是创造性思维的又一重要诱发因素,表现为人为达到一定的目标,自觉运用自己的智力和体力进行活动,自觉地同困难作斗争,以及自觉节制自己的行为。意志调节着人的行为,使人的行为趋向于一定的目标,并为达到目标而努力,意志在创造性过程中表现得很明显,主要表现为意志的自觉性、顽强性、果断性和自制性。

(3) 兴趣。兴趣是人对某种事物或某项活动的个性倾向。强烈而高尚的兴趣往往使人在科研和日常工作中达到一种乐此不疲、如痴如迷的状态。兴趣能培养和增强人的主动性和顽强性，能强烈地吸引人去进行创新和开拓。创造性思维所需要的兴趣具有以下三个基本特征：第一，兴趣的广泛性，广泛的兴趣能使人注意和接触多方面的事物，获得广博的知识和宽广的视野；第二，兴趣的深入性，在兴趣广泛的基础上，创造者需要集中精力，围绕某一个中心兴趣做深入研究，形成强大的创造性力量；第三，兴趣的持久性，创造性活动离不开长久的实践积累，如果没有坚定的信心和持久的兴趣，很难坚持到最后。

2. 创造性思维的环境基础

创造性思维作为人脑的特殊机能，其思维的方式、方法、过程和结果，既受人脑生理活动状态、人体健康状况等因素的影响和制约，也受外部环境的影响和制约。创造性思维环境有宏观环境和微观环境之分。

(1) 宏观环境：主要指创造者主体所处的社会价值观、社会制度、国家政策及社会风气等。党的“十七大”明确提出，“提高自主创新能力，建设创新型国家，这是国家发展战略的核心，是提高综合国力的关键”。“自主创新，方法先行”，创新方法是自主创新的根本之源。当前国家高度重视创新，为此作出了具体规划、制定了有关政策、召开了各类会议，为国民的创造和创新提供了良好的政策环境和法制环境，从而有力地调动了国民的积极性，提升国民的创造力。由于社会大环境的好转，人们开始对创造和创新有了进一步的认识，提供了重视创新创造、鼓励创新创造的良好氛围。

(2) 微观环境。主要指创造者在运用创造性思维过程中所直接感受到的社会、文化和经济状况。其中，研究者针对文化环境对创造性思维影响展开了较多的研究，罗杰斯(C. Rogers)认为，文化环境的开放性和进取性是激发创造的先决条件；阿瑞提(S. Arieti)则把文化环境视为“创造基因”，他认为“包含创造基因的文化与具有潜在创造力的个人相结合，才会产生创造力”。

创造性思维环境对创造主体来说是一种外部环境，对创造性思维的运用具有正面或负面的影响。在支持鼓励创造的环境里，创造者如鱼得水，可以无拘无束地解放思想、大胆创造，从而容易将潜在的创造力充分解放出来。良好的环境、优越舒适的条件固然能强化社会创意开发的动力，但也有可能使许多人“乐不思蜀”，不想在创意开发活动中付出艰辛的劳动，这时环境异化为创造性思维的一种障碍。因此，在分析创造性思维环境对创造活动影响时，要认识它的两面性，充分利用良好的外部环境强化创造性思维运用，也要注意将“逆境”造成的压力转化为创造动力。

6.5.2 突破思维定势

在长期的思维活动中，每个人都形成了自己惯用的思维模型，当面临某个事物或现实问题时，便会不假思索地把它们纳入已经习惯的思想框架进行思考和处理，即思维定势。思维定势有如下两个特点：一是形式化结构，思维定势不是具体的思维内容，而是许多具体的思维活动所具有的逐渐定型的一般路线、方式、程序和模式；二是强大的惯性或顽固性，不仅逐渐成为思维习惯，而且深入潜意识，成为处理问题时不自觉的反应。

思维定势有益于日常对普通问题的思考和处理，但不利于创造性思维，阻碍新思想、新观点、新技术和新形象的产生，因此在创造性思维过程中需要突破思维定势。思维定势多种多样，不同的人有不同的思维定势，常见的思维定势有从众型思维定势、书本型思维定势、经验型思维定势和权威型思维定势。

1. 从众型思维定势

从众型思维定势是没有或不敢坚持自己的主见，总是顺从多数人的意志，是一种广泛存在的心理现象。在生活中，从众型思维普遍存在。例如，我们走到十字路口，看到红灯已经亮了，本应该停下来，但看到大家都在往前冲，自己也会随着人群往前冲。从众型思维定势对于一般人的生活、工作是可以接受的，但对于创造性思维来说却必须警惕和破除，创造性的成果大多属于新思想、新创造，并不能被大多数人掌握，因此，必须破除从众型思维定势。

(1) 在科学研究和发明过程中，要有独立的思维意识，不盲目跟随，在科学技术问题上，真理往往掌握在少数人的手中，如爱因斯坦相对论提出的时候，全世界只有几个人能够看得懂。

(2) 要敢于坚持真理，具备承受挫折与打击的心理抗压能力。

2. 书本型思维定势

书本知识对人类所起的积极作用是显而易见的。现有的科学技术和文学艺术是人类两千多年来认识世界、改造世界的经验教训总结，通过书本传承下来，因此书本知识是人类的宝贵财富，必须认真学习、继承，只有这样才能站在巨人的肩膀上继续向科学巅峰攀登。对于书本知识的学习需要掌握其精神实质，活学活用，不能当成教条死记硬背，不能作为万事皆准的绝对真理，否则将形成书本型思维定势。

书本型思维定势就是认为书本上的一切都是正确的，必须严格按照书本上说的去做，不能有任何怀疑和违反，是把书本知识夸大化、绝对化的片面有害观点。由于书本知识随着社会的不断发展未得到有效更新，导致书本知识与客观事实之间出现差异，如果一味地认为书本上的一切都是正确的或严格按照书本知识指导实践，将严重束缚、禁锢创造性思维的发挥。

我们需要在思考过程中，破除书本型思维定势。

(1) 正确认识现有科学技术、文学艺术等书本知识不是绝对真理，而是人类认识发展到一定阶段的产物，具有一定的时代局限性。

(2) 任何科学定律、定理都是一般原理，都必须与具体实践相结合，针对具体情况和条件灵活运用，具体问题具体分析，在实践中检验其正确性。

(3) 对于专业知识、技术，既要认真学习、深入理解，又要跳出来，从更高的层次看清其在现代科学技术体系中所处的地位和作用，避免产生片面观点。

(4) 对任何问题都应该了解相关的各种观点，以便通过比较进行鉴别，得出较为全面的结论。

3. 经验型思维定势

经验是人类在实践中获得的主观体验和感受，是通过感官对个别事物的表面现象、外部联系的认识，属于感性认识，是理性认识的基础，在人类的认识与实践中发挥着重要作用,是人类宝贵的精神财富。但经验并未充分反映出事物发展的本质和规律,在思考过程中,人们经常习惯性地根据已有经验去思考问题,制约了创造性思维的发挥。经验型思维定势是指处理问题时按照以往的经验去办的一种思维习惯,实际上是照搬经验,忽略了经验的相对性和片面性。

经验型思维在处理常规事物时可以少走弯路,提高办事效率,但在创造性思维运用过程中阻碍了创新,需采用一些措施破除经验型思维定势:

(1) 提高对经验型思维定势的认识,把经验与经验定势区分开来,经验是宝贵的,越多越好,而经验定势却常常限制、禁锢创造性思维。

(2) 深入了解因为经验定势的禁锢而影响创造性思维的典型案例,注重对现实中科学研究规律的掌握,逐渐认清其机理、规律和经验教训,为破除经验定势积累资料。

(3) 学习掌握创造性思维方法,提高思维灵活变通的能力,在分析和解决问题中要充分发挥创造性思维。

4. 权威型思维定势

在思维领域,不少人习惯引证权威的观点,甚至将权威作为判定事物是非的唯一标准,一旦发现与权威相违背的观点,就认为是自己错了,这种思维习惯或方式就是权威型思维定势。权威型思维定势是思维惰性的表现,是对权威的迷信、崇拜与夸大,属于权威的泛化。权威定势的形成来源于多个方面:一方面是由于不当的教育方式传播的,在婴儿、青少年教育时期,家长和老师把固化的知识、泛化的权威观念采用灌输式教育方式传授下来,缺少对教育主体的有效启发,形成了盲目接受知识、盲目崇拜权威的习惯;另一方面在社会中广泛存在个人崇拜现象,一些人采用各种手段建立或强化自己的权威,不断加强了权威定势。

在科学研究中,需要及时破除权威型思维定势:

(1) 正确区分权威与权威定势,权威是人类社会不可缺少的,但权威定势确是阻碍创造性思维的大敌。

(2) 明确任何权威只是相对的,都只是一定领域、一定阶段的权威,没有适用于一切时间、空间的绝对权威。各个领域的专家要恰当地认识自己权威的相对性,注重对新观点、新想法的包容、接纳。

(3) 坚持“实践是检验真理的唯一标准”,在实践面前,任何理论、“伟人”的权威性都必须让位。

6.5.3 泛化思维视角

思维定势束缚了创造性思维的发挥,是一种消极的东西,它使大脑忽略了思维定势之外的事物和观念,而根据社会学、心理学和脑科学的研究成果来看,思维定势又是难以避免的,解决思维定势常见的方法是尽量多地增加头脑中的思维视角,拓宽思维的广度,学会从多种角度观察同一个问题,即扩展思维视角。

创造者需要一种敏锐的观察力,即所谓洞察力。这种观察力或洞察力,通常表现为一种不同寻常的视角,以不同寻常的视角去观察寻常的事物,就有可能发现事物不同寻常的性质。这种不同寻常的性质,往往并非事物新产生出来的,而是一直存在于事物之中,只是由于人们习惯于用寻常的视角进行观察,因此从未被发现。古往今来,许多重大的发现和发明,如哥白尼创立“日心说”,爱因斯坦创立“相对论”都源于这种不同寻常的视角。由此可见,视角泛化训练具有重要意义。

1. 改变思考方向

大多数人对问题的思考,首先是按照常情、常理、常规去想的,或者是顺着事物发生的时间、空间顺序去想。常规的思考方向由于是沿着事物发展的规律进行的,容易找到切入点,解决问题的效率比较高,但也往往容易陷入思维误区,制约创造性思维,因此需要改变原有的思考方向,以获得更多的思维视角。

常见的改变思考方向的方法如下。

(1) 变顺着想为倒着想。当顺着想不能很好地解决问题时,倒着想就是一种新的选择。例如,原联邦德国一造纸厂,因工人疏忽,生产过程中少放了一种胶料,制成了大量不合格的纸。用墨水笔在这种纸上写字,墨水很快就被吸干,根本形成不了字迹。报废会造成巨大损失,肇事者拼命地想,也没办法。一天,漫不经心的他将墨水洒在了桌子上,他随手用这种纸来擦,结果墨水被吸得干干净净。“变废为宝”的念头在他头脑中一闪而过,终于,这批纸被当成吸墨水纸全部卖了出去。这是逆向思维中典型的“倒着想”。

(2) 从事物的对立面出发。鉴于事物对立双方是既对立又统一的,改变这一方不行时,可改变另一方。例如,有位加拿大人叫格德,复印时不小心把瓶子里的液体洒在文件上,被浸染过的那部分复印后一团黑。由此,他想到是否可以用这种液体浸染文件,避免文件被偷偷复印,后来他多次试验,发明了一种浸泡文件后就不能再复印的液体,解决了机密文件被人偷偷复印的问题,成了发明家。

(3) 换位思考。换位思考是指思考者改变自己的思考角度,从其他角度看问题。例如,过去用电冰箱都是冷冻室在上面,冷藏室在下面。日本夏普公司进行了换位思考,发现用户对冷藏室用得较多,还是放在上面方便。于是设计时换了个位置。但由于冷空气往下走的特性,改变设计后冷冻室的低温不能很好地利用,比较费电。但研究者又思考,如果想办法让冷空气往上走问题不就解决了吗。于是,在冰箱内安上排风扇和通风管,把下面的冷空气提升到上面的冷藏室。经过条件转换思考,新型电冰箱既使用方便,又保留了原来省电的优点,受到了用户的欢迎。

2. 转换问题获得新视角

在工程实践中,问题是多种多样的,但彼此之间有相通的地方。对于难以解决的问题,与其死盯住不放,不妨把问题转换一下。

(1) 把复杂的问题转换为简单的问题。在解决复杂问题时化繁为简就产生了一种新的视角。如前面提到的灯泡容积问题,爱迪生正是通过另辟蹊径,以创造性的思维视角,将复杂的不规则梨形体积计算问题转换为较简单的水体积测量问题,从而很快就能计算出灯泡容积。

(2) 把自己生疏的问题转换为熟悉的问题。对于从未接触过的生疏的问题,可将其转化为自己熟悉的问题,以利于问题的解决。例如,发明钢筋混凝土的既不是建筑业的科学家,也不是著名的工程师,而是一个和建筑不搭界的园艺师。他就是法国的约瑟夫·莫尼埃(Joseph Monier)。他为了设计一种牢固坚实的花坛,把花坛的构造转换成植物的根系,把根系再转换为一根一根的钢筋,用水泥包住钢筋,就制成了新型的花坛。这样不仅花坛造出来了,而且还发明了钢筋水泥,引起了建筑材料的一场革命。

3. 把直接变为间接

在解决比较复杂、比较困难的问题时,直接解决往往遇到极大的阻力。这时,就需要扩展思维视角,或退一步来考虑,或采取迂回路线,或先设置一个相对简单的问题作为铺垫,为实现最终目标创造条件。

例如,以前机械表主要是通过用手上紧发条提供动力的,而美国的飞利浦先生研究了一种不提供外力就能够自己走的表。他考虑到,除了人的外力之外,外界环境能给他提供什么能量呢?经过分析,最值得关注的就是环境温度的变化。什么东西能感受温度的变化并把它转化为能量呢?这就是我们目前广泛应用的双金属片,装在手表中的双金属片可以感受温度的变化,时而收缩,时而膨胀,就可以上紧发条,产生动力。飞利浦先生在2002年将该发明申请了专利。

6.5.4　发散思维训练

在日常生活中我们经常发现,不同的人发散思维的差异性很大,从创新的角度看,发散思维的能力可以通过多种方法提升和培养。因此,我们要加强对发散思维能力的培养与训练,以不断提高扩展思维能力。

1. 发散思维的模式

发散思维模式包括了个体发散思维、集体发散思维和假设推测思维等。

(1) 个体发散思维。一般个体发散性思维模式包括材料发散法、功能发散法、结构发散法、形态发散法等在多向思维、横向思维、逆向思维等发散思维形式基础上发展起来的创造性思维模式。它们各自从不同角度,引导创新者有效突破思维定势或思维困惑,激励其产生创造性的想法。

(2) 集体发散思维。发散思维除了依靠自身途径实现以外,经常还需要借助群体和团队的力量,集思广益。例如,常采用“头脑风暴法”来进行集体发散思维,鼓励团队成员充分表达意见,各抒己见,最后对提出的方案进行筛选评价,得到适合问题解决的最优方案。

(3) 假设推测思维。使用假设推测,常用“如果……就……”的思维模式,所提出的假设问题有可能是与事实相反的情况,或是暂时不可能或是现实不存在的事物对象和状态,得到的结论也有可能是不切实际的、荒谬的,但重要的是通过这种方式,可以产生新颖的观点,有些观念经转换后可以成为合理有用的方案。

2. 发散思维训练注意事项

在进行发散思维训练之前,创新者还要对发散思维训练的要点有所认识:

(1) 在发散思维应用中,尽量摆脱逻辑思维的束缚,大胆想象,而不必担心其结果是否合理,是否有实用价值。

(2) 发散思维的前期，应尽可能地拓展思维的广度，从不同的视角和层次提出发散方案，并跳出逻辑思维的圈子，产生大量的发散结果。

(3) 要合理掌握训练进度和时间。针对每个思考训练问题应以 2～3 分钟为宜，以提高迅速发散思考能力。

(4) 在训练时要合理利用想象、联想、推演等其他思维形式，但尽量以发散思维为主。

3. 发散思维的训练

训练时要对所遇到的问题，通过发散性的想象活动，将大脑中已有的记忆表象和概念等反复进行重组、改造，以产生尽可能多的设想。通常从以下几个方面进行训练：

(1) 提倡一题多解。在解决一般性问题时，思考者容易满足于一个满意解决方案。因此，就要努力打破常规思维定势，从相反的方向或侧向去思考、探索，另辟蹊径解决问题。

(2) 鼓励发散性提问。提问的目的在于启发思考者求异，多方面、多角度、多层次地进行思维操作，且应提倡让思考者自我提出问题、分析问题，并解决问题。典型问题包括"还有新见解吗"、"除此之外还有吗"、"如果…还会…"等。

(3) 鼓励质疑问难。要具备不惧权威，不迷信书本，敢于提出质疑的精神。训练时，要勇于提出质疑，并尽可能筛选出具有创造性火花的问题，启发想象力和联想力，以达到分析、综合并解决问题的目的。

(4) 引发形象思维。形象思维是在思考问题时借助于头脑中存在的每一个事物的完整形象进行思维，把问题形象化、具体化的思维方式，它存在于社会生活的方方面面。在训练时，要结合训练话题，不失时机地抓住切入点，用语言、表情、操作、图示以及多媒体等手段引发形象思维。

(5) 及时捕捉灵感。灵感建立在长期、集中思维基础之上，又与紧张之后的松弛有关。要努力学习一些捕捉灵感的方法，创造利于灵感产生的条件，促使在创新活动中产生顿悟，激励产生更多创造性的想法。

6.5.5　想象思维训练

想象思维是人类进行创造性活动的又一重要的思维形式。想象思维是人脑通过形象化的概括作用，对脑内已有的记忆表象进行加工、改造或重组的思维活动，是借助表象进行加工操作的最主要形式。

1. 影响想象力的因素

影响想象力的因素有很多，主要表现在以下几个方面。

1) 丰富的知识和经验是想象力的重要基础

一般来讲，知识和经验越多，头脑中可供发散的形象及它们之间的联系就越多，可以引起发散和综合成新事物的机会也就越多。知识和经验的贫乏会直接引起想象力的缺乏。此外，知识和经验的层次的高低和量的多少也直接决定了最终想象结果的优劣。

在德法战争中，一名经验丰富的德国侦察兵发现法军阵地后方的空地上有只家猫经常出现，每天上午都要晒太阳。可实际上，这块空地是一片坟地，周围也没有村庄。于是，这位善于想象的侦察兵就凭作战经验想到，里面很可能有个指挥部，而且很可能住有高级军官,因为法军中只有高级军官才可以养猫。于是,他就把这一情况向总部汇报,并建议用 6 个炮兵营集中火力对这片空地进行轰炸。事后查明,这里的确是法军的一个高级指挥部,轰炸后掩体内人员全部丧生。

2) 形象思维对想象有启发作用

想象思维需要借助各种具体的形象产生,是对大脑中已有形象综合、加工的过程,很多想象都是受到各种形象的启发产生的。例如,爱因斯坦在研究相对论时,就曾利用“火车”、“电梯”等一些生活中鲜活的形象来辅助其创造性思考;牛顿发现万有引力定律,受到苹果落地过程的启发;莱特兄弟也因为看到老鹰飞翔,而产生仿照其羽翼制作飞机后缘能够转向机翼的灵感。

沃尔特·迪斯尼(Walt Disney)一直热衷于动画片的制作。在事业初期,他并不成功,屡遭挫折。一天,沃尔特正在房间里构思动画主角的形象,突然,一只小老鼠从他身边跑过,这一形象深深地印在了他的脑海里。沃尔特迅速拿起画笔,画下一只老鼠的速写,接着他又画出几只不同形态和神情的老鼠。于是,他便决定用老鼠作为这部新动画片的主角。随后,他又进一步对老鼠的动作、神态进行了研究,并把它们一一画了出来,还为主角配了音。沃尔特的妻子为这只小老鼠起了一个好听的名字——米奇(Mickey),也称为米老鼠。米老鼠的出现轰动了国际动画界,米老鼠一夜之间名满天下,其栩栩如生的形象迷住了成千上万人。随后,沃尔特又不失时机地推出以“米老鼠”为主题商标的各类儿童用品,并获得了巨额的利润。图 6-10 是神态各异的米老鼠形象。

图 6-10　神态各异的米老鼠形象

2. 想象思维的训练

想象思维训练就是要在较短时间内,完成大量有关想象力训练科目的思维训练方式,一般采取教师指导或几个人互相训练的方式进行。

1) 有意想象训练

有意想象训练是受想象者主观意志控制的训练方法,主要包括形象化法、假设法、借助于联想法等。形象化法是借助形象思维展开想象,就是把思想具体化和形象化,且按“有意想象”的要求去思考,以找出不同对象之间的联系,并建立起新的形象。假设法经常提出“假如”式的问题,这有助于想象的展开。具体来讲,就是将与事实相反的情况、现象与观念设为疑问句,再做出“推测”。借助于联想法要求加大联想的跨度,进行“风马牛不相及”式的联想,可以产生多种不同的想象结果。

2）无意想象训练

由于无意想象是一种不受主体意识支配的心理活动，所以较难通过有目的的意志控制来达到训练的目的。但在操作时只要能彻底放松，完全可以在一定程度上进入无意想象状态，如在梦境或在似睡非睡的半清醒状态下，无意想象的效果都比较好。其操作要领包括精神放松、注意力集中以及记录结果三个步骤。

第一步：精神放松。端坐在椅子上，手掌放在腿上，眼微闭，全身放松。接着，再一次全身放松。具体方法是：先把精神集中于脚趾，想“脚趾不用力气，完全放松了”；接着，把精神集中于脚腕，想“脚腕也不用力气，完全放松了”；然后，再由腿到腰，到胸，到肩，到颈，到头，逐次放松。

第二步：注意力集中。彻底放松后，将精神集中到“丹田”附近，缓慢地进行腹式呼吸，约 10 次以后，把注意力集中到下腹，同时连续想“全身放松了，舒服极了”，这样过一会儿就会有飘飘然的感觉，此时即已进入无意想象状态。

第三步：记录结果。进入无意想象几分钟后，停下来，恢复正常状态，立即用笔将刚才头脑中闪过的形象、事物等记入表 6-1 中。

表 6-1　想象记录表

想象内容	
统计数量	

进入无意想象状态后，把要解决的问题联系起来。即使没有解决什么实际问题，无意想象训练也可以锻炼我们的想象力。将其想象的结果记下来，以成为可能创新的参考。

3）再造性想象训练

再造性想象是根据外部信息的启发，对自己脑内已有记忆表象进行检索，并对检索结果改造和组合的思维活动。在平时的作业、考试、工作中都经常用到再造性想象，因而再造性想象的运用是非常熟练的，对这方面的训练可以限制思考时间、提升速度、提高质量等。

4）创造性想象训练

创造性想象与再造性想象的根本区别在于，创造性想象虽然也是在已有记忆表象的基础上展开的，但其并不限于已有记忆表象的水平，而是通过对已有记忆表象的加工、改造、重组的思维操作活动，产生出新的形象。其核心是必须有新形象产生，否则就不能称为创造性想象。几乎所有的创造性活动都离不开创造性想象，因此对其进行训练是十分重要的。

5）幻想性想象训练

创造性想象的结果应该是具有新颖性和可行性的。幻想性想象可以看成创造性想象的一种极端形式，其特点是幻想的结果远远超出了现实可能性，甚至很荒谬。但其中也包含了创造的成分以及创造的先导思维，幻想性想象是有益无害的。在进行幻想性想象训练时，应大胆地任意想象，而不必考虑能否实现。

6.5.6　联想思维训练

联想思维是根据当前感知到的事物、概念或现象，想到与之相关的事物、概念或现象的思维活动。联想思维可以很快地从记忆里搜索出需要的信息并把它们构成一条链，通过事物的对比、同化等作用，把许多事物联系起来思考。联想思维能够开阔思路，加深对事物的认识。

1. 联想思维的类型

根据不同的侧重点，联想思维活动可以分为以下四个类型。

1）相关联想

根据事物在时间、空间、形态或性质、作用等方面的内在联系进行的联想称为相关联想。例如，由书可联想到笔，也可联想到笔记本，还可以联想到“用笔记本做笔记”，这都是相关联想。

2）相似联想

借助事物的相似性进行联想，称为相似联想。所谓相似，是指一物与另一物在形式上或在性质上存在相同或相近之处。例如，由适度而有节奏的声响能催人入眠进行联想，可以在蜂鸣器中增设延时开关发出有节奏的声音，从而发明了“电子催眠器”；从鳄鱼“流眼泪”排泄体内多于的盐分进行联想，可以得到海水淡化的方法；英国鹞式垂直起落飞机，是由鹞鸟垂直起落的翅膀结构功能进行相似联想而研制的；从轮船的螺旋桨表面常有“气蚀”现象（受气泡破灭而产生的一种冲击力破坏），相似联想到用超声波在水中产生大量气泡，再使气泡破灭产生一种冲击力，代替洗衣机，发明了不用洗涤剂的洗衣机。

3）对称联想

凡是可以比较的两个事物之间，它们因相比较而存在，在比较中体现出各自的特性。例如，古与今、新与旧、冷与热等，它们是对称的，由一面可以联想到另一面，运用这种特征进行思维的方法称为对称联想。例如，1901 年出现的除尘器是吹气式的，英国的土木工程师赫伯·布斯（Hurbert Booth）一次受邀前往伦敦莱斯特广场帝国音乐厅，去观摩美国生产的一种车厢除尘器的演示活动，这种除尘器除尘时吹得整节车厢里尘土飞扬，叫人透不过气来。布斯对这种用机器把灰尘吹走的办法并不赞赏，但他从中受到了启发。他认为，清扫灰尘不应该采用吹的办法，而应该采取先吸入其中再清理的办法。布斯决定自己来亲自试一试。回家后，他用手绢捂住嘴，趴在地毯上使劲地吸气，结果灰尘被吸滤到手绢上了。后来，布斯终于发明了直接意义上的第一台真空吸尘器。

4）因果联想

由事物的某种原因而联想到它的结果，或由一个事物的因果关系联想到另一事物的因果关系的思维方法称为因果联想。例如，塑料拉链的发明就是使用因果联想的结果。德国的一名叫德梅斯拉尔的工程师很喜欢打猎，每次打猎回来，衣服上都粘着很多大蓟花籽，为了弄清楚原因，他用显微镜观察，发现花籽上有很多小钩，他由此联想到，如果用塑料做成一边带小钩，而另一边带小圆圈的拉链一定很好用。经过反复试验，塑料拉链诞生了。通过小小的大蓟花籽进行因果联想，激发了塑料拉链的发明，塑料拉链代替金属拉链大大降低了拉链的生产成本，并掀起了一场拉链革命。

2. 联想思维的方法

科学技术上的许多发明创造，都产生于人们的联想，在联想思维的运用过程中，通常是多种联想思维综合应用，常用的联想思维方法有自由联想法和强制联想法。

1）自由联想法

自由联想法指思维不受任何限制的联想，可以从多方面、多种可能性寻找问题的答案。这种联想的成功率比较低，但经常能产生许多出奇的设想，产生意想不到的结果。荷兰生物学家列文·虎克曾从自由联想中发现了微生物。1675 年，列文·虎克在显微镜下观察了很长一段时间，便走到屋檐下休息，他看着淅淅沥沥的雨思考着刚才的观察结果，突然想到一个问题：在这清洁透明的雨水里会不会有什么东西呢？于是，他拿起滴管取来一些放在显微镜下观察，没想到竟有许多“小动物”在显微镜下游动，后来他又广泛观察，发现“小动物”在地上有，空气里有，到处都有，只是在不同的地方小动物的形状和活动方式不同。列文·虎克发现的这些“小动物”就是微生物，这一发现打开了自然界的一扇神秘的窗户，开启了解释生命的新篇章。

2）强制联想法

强制联想法是与自由联想法相对而言的，是把两个事物强制性地联系起来，进行创造性思考，获得新观点、新认识和新设想。该方法主要应用于具体解决某一个问题或有目的性地制造出某种产品，在产品创新设计、广告策划、营销策略、艺术创作中得到了广泛应用。“机枪播种方法”是通过强制联想法构思产生的。大家都知道，机枪是打仗用的，播种机是种庄稼用的，两件东西可谓是风马牛不相及，但偏偏美国加利福尼亚州的生物学家将机枪与播种机联系在一起，发明了机枪播种法。这一方法配合飞机播种使用，有效地解决了单纯飞机播种只能把种子撒在泥土表面上的缺点，只见随着机枪的“哒哒”声，“种子枪弹”射入了土地。

3. 联想思维的训练

联想思维可以在生活中培养和自我训练。在训练时可按照以下步骤进行：

（1）从给定信息出发，尽可能地用到各种类型的联想，形成多种多样的综合联想链。

（2）寻找任意两个事物的联系，建立两个事物间有价值的联系，并由此形成创造性设想。例如，一名工人想到的两个商品是自行车和电线杆，经强制联想，发明了一种能爬电线杆的自行车，代替了用脚钩爬杆，实现了电工爬杆机械化。

6.5.7　直觉思维训练

直觉思维是思维主体凭借已有的知识与经验对突然出现的新事物或新问题在不经过层层分析的情况下，也能迅速做出准确识别、本质理解和正确判断的一种跃迁式思维。直觉思维体现了人的领悟力和创造力。

1. 直觉思维能力培养

直觉是不可言传的预感，也称为第六感觉。培养直觉思维能力主要可从以下几点入手。

1）获取广博的知识和丰富的生活经验

直觉的产生是凭借人们已有的知识和经验才得以出现的，往往比较偏爱知识渊博、经验丰富的人。因此，获取广博的知识和丰富的生活经验是直觉强化的基础。

美国工程师斯本塞主要是做微波在空间中的分布研究。有一次,他在做雷达起振试验的时候,忽然有人对他说:“你受伤了,出血了!”他一看,果然,一股暗黑色的血迹从上衣口袋里渗了出来。他用手一摸,湿乎乎的,不禁大惊失色。但他立刻又明白过来,那渗出的是熔化了的巧克力糖液。这个现象让他感到非常奇怪,口袋里的巧克力怎么会熔化呢?凭借他多年的工作经验,他断定是雷达发出的强大电波——微波使巧克力内部分子发生振荡,产生热量,因而熔化的。随后经实验证实,结果正如他想的那样。后来,他又由此联想到既然微波可使巧克力熔化,也一定可以加热其他的食品。经过研究,斯本塞最终发明了微波炉(图 6-11)。

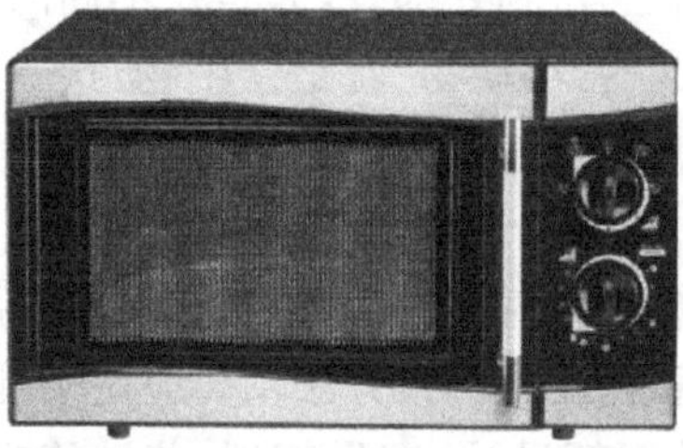

图 6-11 微波炉

2) 培养敏锐的观察力与洞察力

洞察力及穿透力是直觉突出的特点,因此直觉与思考者的观察力及视角息息相关。要有意识地培养自己的观察力,尤其是提高对那些不太明显的软事实,如感觉、印象、趋势等无形事物的观察力。

一次,德国气象学家魏格纳卧病在床。在凝视墙上的世界地图时,他敏锐地发现大西洋两岸的弯曲形状非常相似。他由此进一步联想到,把它们拼到一块,简直就是一块完整的大陆。后来,他又了解到大西洋两岸的动植物基本相似,这说明两岸原本相连。于是,大陆漂移学说这一对世界地质研究有重大影响的新学说便诞生了,如图 6-12 所示。

3) 学会倾听直觉的呼声

直觉思维凭的是“直接的感觉”,人们通常所说的“跟着感觉走”,除去其中表面的成分,剩下的就是直觉因素。直觉需要细心体会、领悟,去倾听它的信息、呼声。当直觉出现时,不必迟疑,更不能压抑,要顺其自然,作出判断、得出结论。

在鲁班发明锯之前,许多人都有过手被草叶划破的经历。但唯独鲁班在被划破后,敏锐地发现草叶的边缘有很多细齿,并产生用草叶的锯齿状结构划木料的念头。鲁班认为细齿既然可以划破手指,一定也可以划开木料。随后,他便着手实现这一想法,于是木工锯产生了。这一锯齿形结构,直至今天仍被广泛应用。

4) 客观对待直觉

直觉常常会受到客观环境的影响以及个人情绪的干扰。因此,要真诚地对待直觉,直觉产生的过程要尽量排除各种干扰。出现直觉以后,还要冷静地对其进行客观性分析。

对于生病住院的人来说,天天都要打吊针,护士天天都要在皮肤上找静脉,这是一个既让患者痛苦,又让护士麻烦的问题。尤其是有的人静脉不好找,把针头扎进去不对,又要拔出来反复扎,患者倍感痛苦。上海一位大学生见此情景,便产生了一个想法:干脆把针头留在静脉里,就用不着天天找、天天扎了。很多人听到这一想法后,都认为是异想天

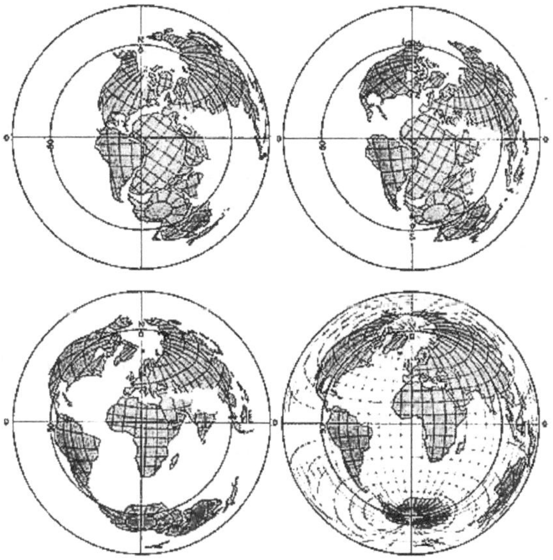

图 6-12　大陆漂移学说

开，这位大学生也在别人的指责声中放弃了最初的想法。可现在人们已设计出用高分子塑料制成的“封闭型静脉液软针”，它可以插入人体血管内保持数周，每次输液只要将软管接上即可。这一软针的发明使那位大学生的想法变成了现实，大大减轻了患者的痛苦。

2. 直觉思维的训练

潜意识的直觉是一种可以维护、操控与训练的能力。训练直觉思维能力可从以下几个方面进行：

(1) 让思绪松绑。每天抽一定时间使自己思绪放松，如聆听音乐、做深呼吸、洗澡、慢跑等，在合适的环境下通过愉悦而有规律的活动，转移意识，感受直觉。

(2) 分辨情绪与偏见。直觉、情绪与偏见三者不可混为一谈，必须学会分辨，以分辨出哪些感觉是自己的情绪或渴望，哪些感觉含有先入为主的偏见。

(3) 精简化。要对信息进行去粗取精，对问题进行归纳简化处理。选择信息太多会使潜意识无法消化而不知所措。要保护敏感的瞬间判断力，必须精简化。

(4) 锻炼当机立断。应该多练习自发性决策，以提高当机立断能力。要多向消防员、医护急救员等经常要在巨大压力下作决策的专业人士学习，他们能做到当机立断，靠的就是经验与直觉。

(5) 学习“薄片撷取”。潜意识能在极短时间内，仅凭少许经验切片，收集必要的信息，作出内涵复杂的判断。美国学者马尔科姆·格拉德伟尔把这种能力称之为“薄片撷取”。

6.6 小　　结

本章对创新思维的含义、本质、过程和作用作了介绍，分别对发散思维与收敛思维、横向思维与纵向思维、正向思维与逆向思维、求同思维与求异思维四组常见的创造性思维方式做了介绍；提出了清除不良思维、突破思维定势、泛化思维视角的创造性思维培养方法，通过对设计人员进行有效地发散思维、想象思维、联想思维、直觉思维等几个方面训练，可辅助加深对创造性思维的掌握和理解，提升创造性思维能力。

参 考 文 献

鲍健强. 2001. 科学思维与科学方法. 贵阳：贵州科技出版社.
陈光. 2008. 思维与方法. 成都：西南交通大学出版社.
陈夏新，郑维川，张保生. 1988. 思维学引论. 长沙：湖南人民出版社.
陈莹，李春晓，梁雪. 2010. 艺术设计创造性思维训练. 北京：中国纺织出版社.
凡禹. 2008. 创造性思维 36 计. 北京：企业管理出版社.
范彦江. 2002. 创造性思维的策略. 长沙：湖南人民出版社.
胡飞雪. 2010. 思维创新训练与方法. 北京：机械工业出版社.
金国斌. 2008. 创造学原理与设计应用. 北京：中国轻工业出版社.
李崇富. 1996. 现代哲学的思维的智慧. 北京：清华大学出版社.
李彦，李翔龙，赵武，等. 2005. 融合认知心理学的产品创新设计方法研究. 计算机集成制造系统，11(9)：1201-1207.
刘道玉. 2009. 创造思维方法训练. 武汉：武汉大学出版社.
刘冠军. 2000. 科学思维方法论. 济南：山东大学出版社.
刘小莹. 2009. 基于认知机理的计算机辅助创新设计系统研究. 成都：四川大学博士学位论文.
卢明森. 2005. 创造性思维学引论. 北京：高等教育出版社.
罗玲玲. 2008. 创意思维训练. 北京：首都经济贸易大学出版社.
陶也青，刘叶贼. 2009. 创新能力培养实用教程. 西安：陕西人民教育出版社.
王传友，王国洪. 2006. 创新思维与创新技法. 北京：人民交通出版社.
王辉. 2004. 论创造性思维的机制与方法. 郑州：郑州大学硕士学位论文.
王小燕. 2006. 科学思维与科学方法论. 广州：华南理工大学出版社.
文连奎，张俊艳. 2010. 食品新产品开发. 北京：化学工业出版社.
吴惠国. 2000. 论技术创新的内环境. 江苏社会学院学报，2(1)：60-64.
肖行. 2008. 创新思维培养与训练研究. 南昌：江西高校出版社.
杨德林. 2006. 创意开发方法. 北京：清华大学出版社.
杨建军. 2006. 科学研究方法概论. 北京：国防工业出版社.
余伟. 2008. 创新能力培养与应用. 北京：航空工业出版社.
张大松. 2008. 科学思维的艺术：科学思维方法论导论. 北京：科学出版社.
张武城. 2009. 技术创新方法概论. 北京：科学出版社.
Mihail C R, William S B. 2002. Converging technologies for improving human performance. NSF/DOC-sponsored report. Washington: National Science Foundation.
Nordmann A. 2004. Converging technologies — Shaping the future of European societies. Luxembourg: Office for Official Publications of the European Communities.

第7章　创造性思维的应用方法

7.1　概　　述

黑格尔曾说过：方法是任何事物都不能抗拒的、至高的、无限的力量；笛卡儿则认为：最有用的知识莫过于方法的知识；我国民间也流传着这样一句谚语，“授人以鱼，不如授人以渔”。所有这些表述，都从不同角度揭示了“方法就是力量”的道理，并揭示了方法的重要性。当然，创造性思维方法也不例外。

创造性思维方法是人们在创新实践基础上提出的、用于辅助人们产生创新思维的策略和手段，是有效、成熟创造性思维的规律化总结与结构化表达。一般所理解的创造性思维方法有广义和狭义之分。广义的创造性思维方法泛指在创造性思维过程中所运用的一切思维方法，既包括非逻辑性思维方法，也包括逻辑性思维方法。狭义的创造性思维方法仅指创新过程中突破关键，产生新颖独特的思路、点子或办法时所用到的思维方法。严格来讲，创造性思维过程中所用的思维方法既有逻辑性思维方法，也有非逻辑性思维方法，它是逻辑性思维方法与非逻辑性思维方法的综合运用。

创造性思维方法是进行创造性思维的工具，同时也是创造性思维的产物，是前辈们长期创造性思维活动经验教训的结晶。有关创造性思维方法的研究，已走过近百年的发展历程。据相关资料记载，当前已开发出来的创造性思维方法有300多种，其中常用的就有数十种。目前，全球已基本形成以思维流动性、思维操作性、思维程序性为主的创造性思维方法研究的三大主流研究方向。

对创新者进行有效的创造性思维方法训练是十分必要的，因为这样可使其熟练掌握这些方法的应用流程与操作技巧，并可有效提升其对创新信息材料的加工能力、操作能力，对创新成果的表达能力等，使其更好地从事创造性活动。

7.2　基于思维流动型

以思维流动性为主的创造性思维方法重视思维的自由流动，把发明创造视为联想、想象、直觉和灵感等创造性思维活动的结果，包括头脑风暴法、检核表法、5W2H、快速联想法等。

7.2.1　头脑风暴法

头脑风暴法是由美国创造学家奥斯本(Alex Osborn)于1939年提出来的、1953年正式发表的一种能激发创造性思维的方法。其核心是高度自由的联想，主要通过一种特殊的小型会议的组织形式，针对议题进行广泛讨论和深入挖掘，自由交换想法，并以此激发与会者的创意及灵感，使与会者毫无顾忌地提出各种想法，彼此激励、相互诱导，最后导致连锁反应，以产生众多的创意。

1. 头脑风暴法基本规则

头脑风暴法的操作过程中必须让每个与会者清楚地理解并遵守一些规则，否则就达不到预期的效果。下面是组织这种创造性会议所应遵循的四条基本规则，其他附加的规则可视具体情况而作相应地调整。

规则一：推迟想法评判。所有与会者，包括主持人在内，对各种意见、方案的评判必须放到最后阶段，此前不能对别人的意见提出批评或评价。各人的个性、思路以及行动方法都不相同，如果要让每个人都不受限制，克服大脑的思考禁区，发掘潜在的创造性就不能进行评价。

规则二：欢迎奇思妙想。让与会者有一种和家人聊天的感觉，想什么就说出什么。各抒己见，自由绽放，营造一种自由的气氛，以激发参加者产生各种近乎荒诞的想法。

规则三：追求设想数量。提出的假想、方案或观点都是越多越好，要达到足够的数量，这样才能从众多的假想方案、创意中筛选出最佳的，或从中得到创造性的启发。在追求数量的同时，发言者还要进行自我控制，不要因此而说废话浪费集体时间。

规则四：巧用他人设想。探索取长补短和改进办法，除提出自己的意见外，还要鼓励与会者对他人提出的设想进行补充、改进或综合。通过对他人的设想加以综合和修正，提出创造性想法就变得轻而易举了。

在实际应用中，这四项基本规则都非常重要。在运用头脑风暴法寻求创意的过程中，要严格遵守这些规则。

2. 头脑风暴法的实施

1）准备阶段

（1）会议主持人的确定。合适的会议主持人对头脑风暴法的成功实施起很大的作用。因此，作为会议主持人，应熟悉头脑风暴法的基本原理和方法程序，组织能力强；应对会议所要解决的问题有明确的认识，能在会议中作启发诱导；应能坚持会议规则，并能充分发挥其作用机制，调动与会者的能动性；应具有较强的民主作风，能平等对待每位与会者，以促进融洽气氛的形成；应能灵活处理出现的各种情况，以保证会议按预定目标顺利进行。

（2）确定会议主题。由会议主持人和问题提出者事先对所议问题进行一定的研究，弄清问题的实质，找到问题的关键，设定解决问题的阶段及所要达到的最终目标。

（3）其他与会人员的确定。一般而言，包括主持人和记录员在内参会人数以 5～10 人为宜，以 6～7 人为最佳，太多或太少都不太理想。小组中不宜有过多专家。与会人员的知识水准、职务、资历、级别等应力求相近，且最好来自不同部门，具有不同学科背景。尽量吸收一些知识渊博、对所论及问题有较深理解的其他领域的专家或有丰富实践经验的人参加，确定数名在提出设想方面才能出众者作为会议的核心，然后视情况配备其他与会人员。

（4）确定会议日期、地点。应提前几天将会议的时间、地点、所要解决的问题、可供参考的资料和设想、需要达到的目标等事宜一并通知给与会人员，使他们在思想上有所准备,提前酝酿解决问题的设想。

2）热身阶段

这个阶段的目的是创造一种自由、宽松、祥和的氛围,使大家得以放松,进入一种无拘无束的状态,尽快进入角色。主持人宣布开会后,先说明头脑风暴法的基本规则和创意激发方法的基本技巧,并对成员所做的任何有助于发挥创造力的尝试都予以肯定和鼓励,让参与者形成一种思维习惯来适应头脑风暴法,也让其尽快适应头脑风暴法的气氛。

3）明确问题

主持人扼要地介绍有待解决的问题。介绍时须简洁明了,不可过分周全,切忌将自己的初步设想和盘托出。否则,就会造成与会者思维束缚,干扰其想象力的发挥。因此,主持人只需要点出问题实质,选择有利于激发大家热情和开拓大家思路的方式,或将问题分解成不同因素,并从多角度提出问题。

4）重述问题

为了使大家对问题的表述能够具有新角度、新思维,在经过一段讨论后,在大家对问题有了较全面的理解时,主持人或记录员要记录大家的发言,并对发言记录进行整理。通过记录的整理和归纳,找出富有创意的见解,以及具有启发性的表述,供下一步畅谈时参考。

5）畅谈阶段

这一步工作是运用头脑风暴法的核心步骤,也是决定创新成功与否的最关键阶段。该阶段应极力形成高度激励的氛围,使与会者能突破心理障碍和思维定势,让思维自由驰骋,以提出大量有价值的创造性设想。

在这一阶段,除了必须遵守四项基本规则外,还要遵守下述几项规定:

(1) 与会者不论职务高低、年龄大小,一律平等,享有同样的发言权。

(2) 主持人要引导大家自由发言、自由想象、自由发挥,使彼此相互启发、相互补充,努力营造一种知无不言、言无不尽的局面。

(3) 发言要简单明了,一次发言只谈一种见解,但不限制发言次数。

(4) 不妨碍及评价他人发言,每人只谈自己的想法。

(5) 不准私下交谈或代他人发言,以免分散注意力,始终保持会议只有一个中心。

6）加工整理

会议结束后,主持人应组织专人对各种设想进行分类整理,筛选出具有实用价值的设想。该阶段的主要任务和做法如下:

(1) 增加与补充设想。在会后第二天,由主持人或记录员用电话或面谈的方式向与会者了解会后产生的新想法或新思路,以此补充会议记录。这是不可忽视的一步,因为通过会后休息,人们的思路往往会有新的突破或转变,很有可能产生更有价值的新设想。

(2) 评价和发展设想。对与会者提出的想法,既要进行评判筛选,又要进行综合完善。具体操作是,先将这些想法整理成若干方案,再根据创意的一般标准,如创新性、可实施性等标准进行筛选。经过多次反复比较、分析、综合、完善,以做到优中选优。可以一个方案为主,吸收采纳其他方案的长处形成新的设想,也可以对两个或多个方案进行集成,组合成新的方案,最终确定 1～3 个最佳方案。

评价和发展设想的人员可以是与会者,也可以是对问题本身负有责任的人。通常情况下，人数应该为奇数，5～7 人为最佳。

3. 头脑风暴法适用范围

头脑风暴法是充分调动集体创造力的创造性思维方法之一。其适用范围非常广，大到政治和社会问题的解决、尖端科技的创新，小到家庭个人琐事的排除、产品改良等，不少研究表明，头脑风暴训练还可以增进创造性思考能力。但是，头脑风暴法只适用于解决比较单纯明确的问题，而且只是在创造性解决过程中提出设想这一阶段应用，不能代替解题过程的其他阶段工作和其他方法的运用。此外，由于头脑风暴法最主要的作用是引发许多与某一特殊需求或问题有关的创意，因此要解决的问题必须是开放性的。凡是认知性、单纯记忆性、汇总性或评价性的问题均不适宜用头脑风暴法来解决。但如果对这些问题加以修改，也可以将它们变为适用于头脑风暴法的问题，如图 7-1 所示。

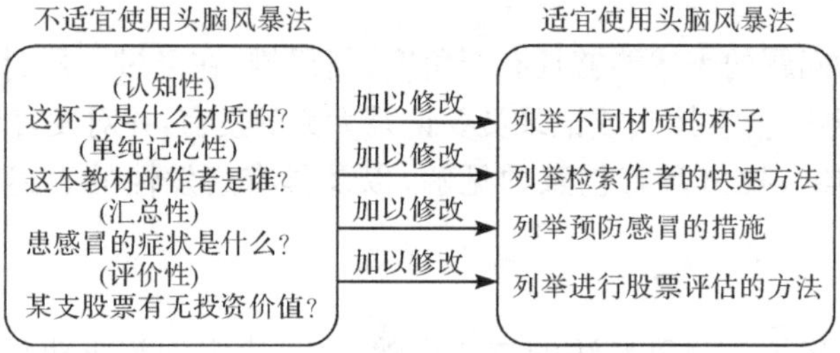

图 7-1 将问题转化为适于头脑风暴法使用的形式

4. 应用实例

传统的输液装置通常以举高输液瓶的形式，利用药液的重力使药液流动。因此，需要一个输液架，使输液瓶和墨菲斯滴管比输液针高出一定位置。但这样使得在输液过程中，若要移动患者位置，就要同时移动输液架或人为将输液瓶举高。尤其在战地医疗救护或突发水灾、地震等自然灾害以及矿山抢险时，这种方式会给医务人员带来额外的操作负担。更重要的是，在某些特殊环境下往往根本不具备举高输液瓶，以保证正常输液的条件。例如，在战地前沿，为了不暴露目标，就不可能举高输液瓶进行输液，更不可能携带输液架上前线。

为了更好地解决这些户外特殊环境下输液问题，某医疗器械公司经理就召集来自不同部门的技术人员，尝试用头脑风暴法进行创造性思考，以开发出更具市场竞争力的新产品。

会议之初，经理宣读了议题——开发一种野战用输液器。具体要求：①不怕碰撞；②不受高度差限制；③工作性能稳定。随后，与会人员按照头脑风暴法的规则，七嘴八舌议论开来，产生了许多想法。有人建议采用软质输液器，并将其置于患者身下，以体重作为输液的动力；有人想到将软包装液体袋放入一个气囊，利用气压作为输液动力；也有人提议发明一种专用的输液微型泵，以提供动力；还有人提出能否将软包装液体放入一个盒子里，通过一套可控速度的齿轮系统推动活塞，作为动力。有些想法听起来让大家都感觉到荒诞、滑稽可笑，但尽管如此，会上也无人提出批评。

经过不到 1 小时的头脑风暴之后，与会的几名技术人员共提出 50 多条新的设想。会后第二天，公司又组织人员对想法进行了增补，并组织专家对设想进行综合分类评价。

随着这次头脑风暴会议的深入开展，排除了一些创新性相对不高、技术实现困难或研制费用大、周期长的想法。最终确定将"气压输液"、"齿轮动力输液"两种极具开发潜力的想法作为进一步研发的设计方案。

最后，公司组织相关技术研发人员，针对筛选得到的设计方案进行技术实现研究，并成功开发出相应的产品：①气压式野战输液器：用普通气枪向储气罐内充气到规定压力，再通过控制阀进气挤压软质输液袋，进行输液；②齿轮式野战输液器：利用钟表式的弹簧齿轮机构作为动力源，推动活塞装置按一定速度挤压药液，实现输液的目的。

应用实践表明，所开发的这两款产品有效解决了特殊情况下产生的部分输液不便问题，使输液不受空间限制，减少了医务人员操作强度，提高了工作效率；且作为后勤战略储备物资，进入各级急救中心，并逐渐在各级医疗机构普及，这给公司带来了不菲的经济效益。

7.2.2　检核表法

检核表法是一种理性化问题解决方法，是用一张一览表对需解决的问题逐项校核，从不同角度诱发创造性设想，以促进创造、发明、革新或解决工作中的问题。这种思考模式有利于创新者突破不愿提问的心理障碍，使思考问题的角度具体化，尽快集中精力，朝提示的目标方向去构想、去创造。

检核表法思想提出比较早，创造学家已创造出多种各具特色的检核表法，其中最著名的是奥斯本检核表。

1. 检核表法的实施

(1) 依据表 7-1 的样式将问题列成一张检核表，为随后的检核思考做准备。

表 7-1　奥斯本检核表

角度	检核问题	创新想法
用途	有无新的用途？是否有新的使用方式？可否改变现有的使用方式？	
类比	有无类似的东西？利用类比能否产生新观念？过去有无类似的问题？可否模仿？能否超过？	
增加	可否增加些什么？附加些什么？更长的时间？更长、更高、更厚？提高强度、性能加倍？放大？	
减少	能否减少些东西？可否密集、压缩、浓缩、聚束？可否微型化？可否缩短、变窄、去掉、分割、减轻？	
改变	可否改变功能、颜色、形状、运动、气味、音响、外形？是否还有其他改变的可能？	
代替	可否代替？用什么代替？还有什么别的排列、成分、材料、过程或能源？	

续表

角度	检核问题	创新想法
变换	可否变换？有无互换的成分？可否变换模式、布置顺序、操作工序、因果关系以及规范？	
颠倒	可否颠倒？可否颠倒正负、正反？可否头尾、上下颠倒？可否颠倒位置、作用？	
组合	可否重新组合？可否尝试混合、合成、配合、协调、配套？可否把物体组合、目的组合、物性组合？	

(2) 针对表中每一项，将创新问题与表中问题逐一对照，启发思考，促使创造性想法产生；并将想法填入相应的空格中，内容要尽可能具体详细。

(3) 对产生的想法进行分析比较，从中选出比较有价值、有研究开发前景的新设想。在这些想法中，有的能够直接开发出新产品；有的不能直接开发，但可以与其他新设想相结合或留作参考用。

2. 检核表法的运用要点

1) 要接受方法应用培训

检核表法实质上是多种创造性方法的集合，在使用检核表法之前应组织培训。对所涉及的各种方法，理解其含义，学会分析思考，掌握其运用要点。

2) 检核思考时要有侧重点

应用于管理创新时，要注意明确问题的性质、程度、范围、目的、理由、场所、责任等；用于技术问题解决时，则主要从功能、性能、市场、环境、消费愿望、产品竞争性、发展趋势等方面进行思考。

3) 具体应用时检核内容可作适当改变

尽管奥斯本检核表是九项内容，但具体使用时应灵活掌握，应根据创造性活动的主要目的、检核对象的具体特点及市场上同类产品的行情来设计检核表。

4) 检核表应设计得稍微大些

在具体应用时，除了以上提及的想法栏外，也可附一详细说明栏等。必要时还可画图，以便于筛选者能了解创新者的本意。

3. 检核表法适用范围

检核表法的适用范围很广，在实际应用中也深受欢迎，并相继创造了多种不同的检核型创造性思维方法。这些方法几乎适用于各种类型、各种场合的创造性活动，它能有效帮助人们突破思维定势与心理上的障碍，从多个角度引导其创造性思维，从而产生大量创造性想法。

检核表法对于技术小发明、小革新是非常适合的，也可以与头脑风暴法等其他方法结合使用。例如，要解决的问题比较复杂，借助检核表可使问题明确化，从而缩小目标，找到问题的关键所在，有针对性地解决它。

检核表法在具体应用时也存在一定的局限性。它强调创新主体的心理素质改变，借助克服心理障碍，以产生更多的思路，而较为忽略对技术对象的客观规律性认识。因此，在使用此方法解决较复杂的技术发明问题时，仅能提供一个大概的思路，仍需进一步与技术方法相结合。

4. 应用实例

传统车床功能单一，通用性不强，加工精度低，操作不便。对于某些设备较少的单位来说，只要对原有设备稍加改进，以发挥其潜在功能，就一定会带来更好的经济效益。沈阳第一机床厂利用检核表法对自身产品进行检核式思考，形成的检核表如表 7-2 所示。

表 7-2　车床改进检核表

角度	具体研究的问题	创新想法
用途	有无新的用途？是否有新的使用方式？可否改变现有的使用方式？	用硫化钼干粉将高速钢刀具进行处理后，可提高耐用度；在砂轮上涂上肥皂，节省大量用于修整砂轮的辅助工时，提高工件的质量
类比	有无类似的东西？利用类比能否产生新观念？过去有无类似的问题？可否模仿？能否超过？	在 45°工作斜面上钻孔时，只要变换一下钻头的形状将其钻刃变成全圆弧形就可顺利地在斜面工件上钻孔
增加	可否增加些什么？附加些什么？更长的时间？更长、更高、更厚？提高强度、性能加倍？放大？	
减少	能否减少些东西？可否密集、压缩、浓缩、聚束？可否微型化？可否缩短、变窄、去掉、分割、减轻？	①车床中刀架由每格 0.05mm，现创新为每格0.005mm；②大拖板由每格 1mm，现创新为每格 0.1mm；③小刀架的角度由每格 1°，现创新为每格副尺是 0.06mm；④尾座进给刻度每格缩小为原来的 1/10；⑤小刀架横向进给值同样缩小为原来的 1/10
改变	可否改变功能、颜色、形状、运动、气味、音响、外形？是否还有其他改变的可能？	
代替	可否代替？用什么代替？还有什么别的排列、成分、材料、过程或能源？	将原有的尾座创新成“轻便滚动”尾座，将原有的钻夹头创新成“微量进给式”，将原有切断刀创新为“再生可调多用切断挑扣车刀”等，多是现有发明的多用代用品
变换	可否变换？有无互换的成分？可否变换模式、布置顺序、操作工序、因果关系以及规范？	C1617 车床刻度的更换，全新的纵向刻度盘，每旋转一格值是 1mm，每旋转一圈是 100mm，然后加上游标副尺，精度可达到 0.1mm
颠倒	可否颠倒？可否颠倒正负、正反？可否头尾、上下颠倒？可否颠倒位置、作用？	在机加工中，绞孔时可采用从内到外，从左到右的逆向操作，能获得较好的经济效果；逆向操作挤压加工精孔；逆向走刀切削细长杆等
组合	可否重新组合？可否尝试混合、合成、配合、协调、配套？可否把物体组合、目的组合、物性组合？	组合式多工位快换刀架革新成果；可调中心多用钻夹工具成果；组合式多用套扣、攻丝工具成果；复合式多工位微调中心钻夹工具成果

通过分析，选用检核表中的减少、变换、组合的方法作为进一步研究重点，可对机床加

工精度低、结构不紧凑、通用性差等方面进行改进。

7.3 基于思维操作型

以思维操作性为主的创造性思维方法比较注重与实际相结合，倾向于思维的实际操作，通过逻辑思维与非逻辑思维在创造性思考过程中有机交互融合，有效实现思维突破。这类方法主要包括形态分析法、整体思考法、思维导图法等。

7.3.1 形态分析法

形态分析法是由美籍瑞士天文学家茨维基(F. Zwicky)首创的从系统论的角度出发，以形态组合的形式寻求创新方案的一种系统创新方法。其基本思路是，先把事物分成若干独立要素，再以每一要素为独立变量进行发散性思考，列出可能的方案(形态)，然后进行整体组合和综合评价，最终筛选出最佳的组合方案。

1. 形态分析法的实施

1) 明确问题

首先必须要能十分确切地说明所要解决的问题或所要实现的功能，这是有效运用形态分析法的前提。

2) 确定思考维度

分析需创新的对象，将创新对象分解为若干相互独立的基本要素(如杯子可分解为材料、结构、功能、形状等)，以确定思考维度。

3) 形态列举

对已确定的各种维度运用发散思维，尽可能全面地列举可能的解决方案。既要列出当时技术条件下可达到的或在允许时间内可达到的方案，也要列出有潜在可能性的各种手段和方法。

4) 绘制形态分析矩阵

根据以上分析结果绘制形态分析矩阵，一般为二维结构。“列”代表独立要素，“行”代表各独立要素下的具体形态，如表 7-3 所示。

表 7-3 形态分析矩阵

独立要素		形态					
		1	2	…	j	…	m
1	P_1	P_{11}	P_{12}	…	P_{1j}	…	P_{1m}
2	P_2	P_{21}	P_{22}	…	P_{2j}	…	P_{2m}
⋮	⋮	⋮	⋮		⋮		⋮
i	P_i	P_{i1}	P_{i2}	…	P_{ij}	…	P_{im}
⋮	⋮	⋮	⋮		⋮		⋮
n	P_n	P_{n1}	P_{n2}	…	P_{nj}	…	P_{nm}

5）方案综合优选

尽可能多地考虑不同维度之间形态的有机组合。由于组合方案的数量往往很大，所以要对得到的方案进行评价，并把那些有前途或不同凡响的概念、创意提取出来。通常从新颖性、实用性、先进性等角度对方案进行初评，随后再用经济技术指标对提取出来的方案进行综合评定，做到好中择优。

2. 形态分析法的突出特点

1）方案具有全解系性质

经形态分析得到的方案通常具有全解系性质，即只要把问题的全部要素及各要素的所有可能形态都列出来，那么经组合后的方案将包罗万象。

2）方案具有程式化性质

所得总构思方案具有程式化的性质，并且这些构思方案的产生，主要依靠人们所进行的认真、细致、严密的分析工作，而不是依靠人们的直觉、灵感或想象。

由于形态分析法具备上述两方面性质，因而只要运用得当，便可以有效激励创新者产生大量想法，包括各种独创性强、实用性大、创新程度高的设想，并可使各种构思方案在创新过程中比较直观地显示出来。

3. 形态分析法的适用范围

由于要把不同的产品要素进行组合，会产生大量的不同组合结果，因此这种方法对激发大量具有探索性的创意而言是比较理想的。这项技术对下列几个方面的创新尤其有效：

(1) 新材料的应用。

(2) 新产品或新型服务。

(3) 新的市场分割及市场用途。

(4) 新的发展机遇的定向确认。

但是，这种方法也有不适用的情况。例如：

(1) 开发项目规模很小。

(2) 仅存在唯一的问题描述办法。

(3) 所提问题的概念特性仅有一个方面。

同时，使用手工的方法来进行形态分析费时费力，且很不方便。目前，已有研究者开发出形态分析软件，这极大地促进了形态分析法的推广应用。

4. 应用实例

某热塑性塑料注射机厂为了提高产品市场竞争力，而应用形态分析法对其产品进行创新。在对创新问题、创新背景等进行综合分析的基础上，综合考虑热塑性使用要求、技术和经济性等因素，拟定设计要求如下：

(1) 功效实用性。驱动准确平稳，合模力足够，有充足的模具安装面积，动模板变速移动，有合适的注射速度和压力，熔料温度均匀，计量准确，空循环时间短。

(2) 可靠性。使用可靠，主要零部件使用寿命长。

(3) 人机性。有安全装置，保护操作人员、机器、模具，机器运行有显示。

(4) 环境保护。机器运行噪声低,传动无泄漏、无污染。

(5) 操作性要求。操作方便省力,加料容易,零部件易维修。

(6) 工艺性。主要零件结构加工工艺性好,结构易拆卸、易装配。

(7) 经济性。结构简单,制造维修成本低。

(8) 造型。外观造型新颖,尺寸比例协调。

按零部件功能之间的逻辑关系进行功能分解,从总功能开始追问其手段功能(即实现办法),然后以这一手段功能为目的,进一步追问其手段。如此反复进行直至分解至功能元为止。在进行功能分解的同时定义各分功能,最后得出如图 7-2 所示的注射机功能系统图。

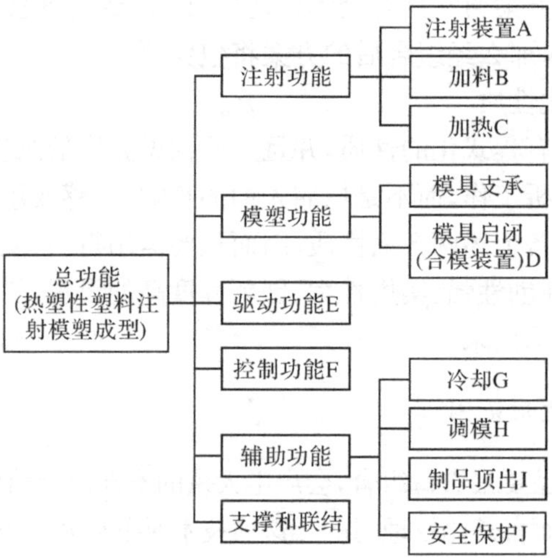

图 7-2 注射机功能系统图

运用发散思维对已确认的 A～J 十个思考维度,进行可能的解决方案列举。并根据功能系统图,将各分功能及其相应解法列表组成形态矩阵,如表 7-4 所示。

表 7-4 注射机分功能解的形态矩阵

分功能	技术物理解						
注射装置	柱塞式	双阶柱塞式	螺杆柱塞式	往复柱塞式			
加料	容积加料	重量加料					
加热	微波加热	电阻丝加热					
合模装置	增压式	充液式	特殊液压式	单曲轴式	对称型双曲轴式	特殊双曲轴式	组合式
驱动	电动机	液压泵					
控制	开式控制	反馈控制	液压马达	组合式			
冷却	水冷	风冷					
调模	调节肘杆	调节动模板	调节后模板				
制前顶出	机械顶出	液压顶出	气压吹出				
安全	电气保护	电气液压联合保护	电气机械联合保护				

对表 7-4 涉及的形态进行有序组合式分析。但由于供设计者考虑，选择的方案太多（4×2×2×7×4×2×2×3×3×3＝48384 种），在选用时应根据相容性、优先性及淘汰性原则并结合工程设计经验、现有材料及来自其他方面的建议，筛选出几个可供进一步设计的方案；最后再从技术性、经济性、社会性等几个方面对筛选出的设计方案进行综合评定，以确定最终的设计方案。

7.3.2　整体思考法

整体思考法（图 7-3）是由德·彼诺（Edward de Bono）开发的一个全面思考问题的模型，它提供了"横向思考"的工具，避免把时间浪费在相互争执上。这种方法将思维方式分为六类，而每次思考时思考者只能用一种方式思考，这样可有效避免思维混杂，为在需要一种确定类型的思维时提供形式上的方便。同时可将一般争辩型思维向制图型思维转化，从而形象地展示出思考的路线，这有利于思维的展开和整理。

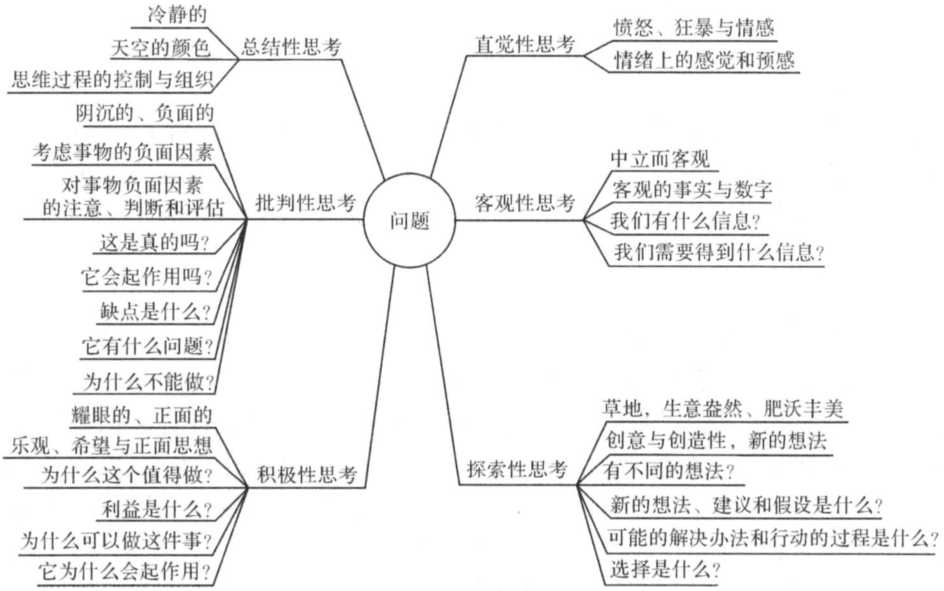

图 7-3　整体思考法

1. 整体思考法的内涵

客观性思考：当进行客观思考时，思考者要撇开所有建议与辩论，而仅对事实、数字和信息进行思考。通过提出以下问题和回答罗列出已有信息和需求信息：已得到什么信息？缺少什么信息？想得到什么信息？怎样得到这些信息？

直觉性思考：思考者在进行直觉思考时，要表达出对项目、方法的感觉、预感或其他情绪，但并不要求给出原因。例如，觉得项目有没有前景？使用这种方法能不能达到目的？直觉与感情可能是思考者在某一领域多年的经验，在潜意识中进行的综合判断。尽管有时候没办法将直觉背后的原因说清楚，但它在思考过程中可能非常有用。同时，也应明白直觉并不总是正确，它也会出现错误。因此，在直觉思维之后应当应用一些其他的思考方法对其结果加以验证。

批判性思考：在进行批判思考时，思考者要在事实基础上对问题提出质疑、判断、检验，甚至逻辑否定，并批判性找到方案不可行的原因。例如，它起作用吗？它安全吗？它同事实相吻合吗？这事能做吗？批判性思考可以纠正事物中存在的错误和问题本身，是非常有价值的思考。同时，需要注意的是，不要由于思考习惯而过度使用批判性思考，并下意识地将其带入其他的思考方式中，对事物过早地作出否定，从而扼杀一些看似荒谬实则很有价值的创造性想法。

积极性思考：积极性思考是以一种积极的态度和看法思考事物的优点，基于逻辑寻找事物发展的可能性。例如，它为什么有利？它为什么能做？为什么它是一件要努力做好的事情？其中包含了什么潜在价值？有时一些概念所包含的优势一开始并不是十分明显，需要刻意地去寻找。

探索性思考：探索性思考是尽可能多地提出各类新奇建议，创造出新观念、新选择。探索性思考在创造性思维中是极其重要且是最有价值的思考方式。尽管获得的有些思考结果不一定立即可行，但其中所包含的价值通过其他思考方式加工处理后，可逐步变成切实可行的方案。

总结性思考：总结性思考是思考过程中对思考方案的及时总结，对下一步进行安排。在进行总结性思考时，思考者要控制思维的进程，时刻保持冷静，以决定下一个思考步骤所使用的思考模式，或者评价所运用的思维并及时对思考结果进行总结。

2. 整体思考法的实施

整体思考法是一种集问题分析、方案生成、方案评价于一体的创造性思考过程的集合。其应用的关键在于使用者用何种方式去排列思考模式，也就是组织思考的流程。六种思考方式并不存在一个唯一正确的序列，因为序列会随着思考内容的具体性质而改变。但如何选择使用顺序，也存在一定的指导原则。例如，在需要找出困难、危险或者考虑方案是否正确可行时，使用批判性；在经过逻辑否定后，允许使用直觉性思考表达“我觉得这个想法仍有潜力”的感觉。下面是一个一般性思考顺序的例子：

(1) 客观性思考：用于收集可加以利用的有用信息；

(2) 探索性思考：用于对进一步思考的方向加以探索，并应保证产生足够多的思路；

(3) 积极性思考：用于对每一种选择的可行性和利益作出评估；

(4) 批判性思考：用于对每一种选择的危险性和弱点作出评估；

(5) 探索性思考：用于对最富有前景的选择进行进一步拓展，并作出决策；

(6) 总结性思考：用于对目前为止已经取得的成果进行总结与评估；

(7) 批判性思考：用于对所作选择作出最后的评判；

(8) 直觉性思考：用于找出对结果的感受。

以上列举的这一思考顺序只是给思考者提供一个参考。在实际运用时，应针对不同的问题性质，结合六类思考方式自身的思维特点来安排思考方式的顺序。

3. 注意事项

1）合理组织思考方式的序列

六类思考方式可按思考者的需要一个接一个地按顺序使用，任意一种思考方式也可随思考者的需要重复使用或不使用。没有必要每一种思考方式都用，可以连续使用两种、三种甚至更多思考方式，也可以单独使用某一种思考方式。

2）严格遵守思考纪律

讨论组成员必须遵循某一时刻使用合适的思考方式。只有小组的领导、主席或者主持人才能决定使用什么思考方式。思考方式不能用来描述想说什么，而是引导思考的方向。

3）控制思考时间

为了使人们更加集中精力来解决问题，减少无目的的争论时间，一种思考方式的思考时间应尽量短一些。通常以每人每次讲 1 分钟为限，如果在规定时间过后还有很好的意见被提出来，可酌情适当延长讨论时间。

4. 应用实例

电冰箱通常都装有一个制冰装置，其制冰的工作原理与大型制冰机一样。一般来说，电冰箱内都有冷冻室、冷藏室两个相邻的仓，制冰装置放在冷冻室内。传统制冰装置的上面部分放置有普通的栅格式盒子。往盒子里倒上水，冷冻一定时间后，再由一个特制的带有蜗杆减速器的电机把盒子翻转。当盒子几乎朝下时，盒子的另外一边就顶到了专门的凸出部位上。盒子倾斜后，冰块就能实现与内壁相分离，往下脱落，并掉到收集器中。这一加工过程一直会持续到收集器装满冰块为止，如图 7-4 所示。

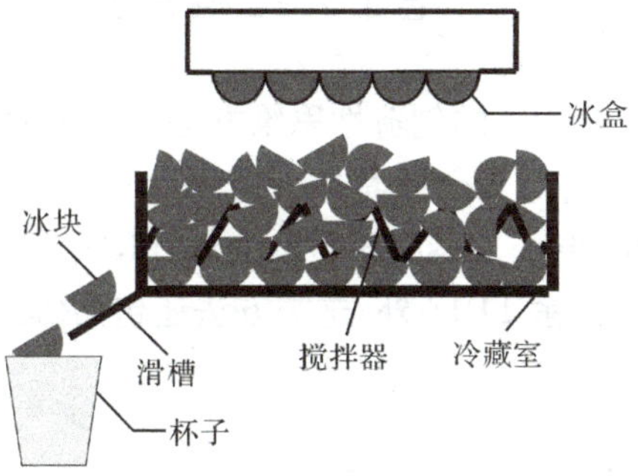

图 7-4　传统制冰装置的工作过程

由于生产好的冰块通常需要储存一段时间，这就产生了一个不希望看到的现象：如果打开冰箱门，则暖热空气就进入冷冻室，这样就会使收集器内的冰块部分融化，再经过冷冻后，单独的冰块就会被冻成一个大冰块，很难将其分解开来。因此，就需要每隔一个小时，用一个很大功率的电机驱动的搅拌器旋转，将凝固的冰块打碎。这样的生产冰块的“小工厂”在其生产和运营时都很复杂。另外，它还占据了冷冻室 1/3 的空间，使内部空间减小，且碎冰过程通常还会伴有很大的振动声音。

某产品研发部门组织相关技术人员利用整体思考法，针对这一问题进行系统分析，试图找到有效地解决办法。在主持人的合理引导下，通过进行客观性思考收集到大量的有用信息，又经探索性思考以对问题有进一步的认识，得到一系列进一步探索的方向。随后，进行积极性和批判性思考，以对每一方向进行正反两方面辩证思考。然后，经探索性思考，以得到相应的解决方案集。最后，进行直觉性思考，以在对方案进行优化评价的基础上，得到系统性较强的创造性解决方案。即采用一种栅格式的传输带，将其直接放在冷冻室的顶部沿着圆周运动，并采用一个带叶轮的旋转装置，以顶出栅格内的冰块，供用户食用，其工作过程如图 7-5 所示。

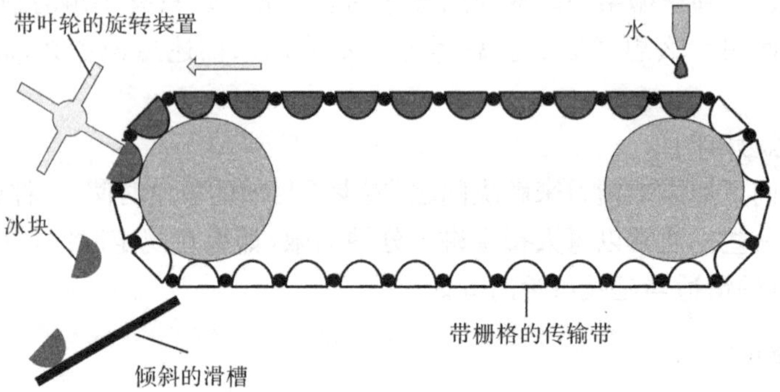

图 7-5　传输带式制冰装置工作过程

这种方案去除了原有的冷藏室，缩减了工作空间，部分消除了收集、储存冰块所带来的各种不便，并可通过合理调节传输带的运行速度，以实现按用户需求持续提供冰块的目的。

7.4　基于思维程序型

以客观规律与思维程序化为主的创造性思维方法将发明创造建立在客观认识规律基础上和有组织的思维活动上，并认为创新是按一定程序可达到的必然结果。在这样的指导思想下，以阿奇舒勒(Genrich S. Altshuller)创立的 TRIZ 理论为代表，力求使发明创造成为一门严谨而精密的科学。除 TRIZ 外，这类方法还包括体系化创新思维方法、创造性模板、FBS 方法等。

7.4.1　体系化创新思维方法

体系化创新思维(systematic inventive thinking，SIT)方法是 20 世纪 70 年代初期前苏联 TRIZ 专家 Genady Falkowski 开发出的一套简化 TRIZ 模型。

1. SIT 体系组成

1）两个条件

SIT 体系包含封闭世界条件和质变条件两个充分条件，它们是 SIT 研究者通过分析大量工程实例而总结出的创造性问题解决方法必须满足的条件。

(1) 封闭世界条件。封闭世界条件表示除构成系统本身的元素以及系统周边环境元素外，系统中不允许增加新的元素，但可以将已有的元素从系统中移除。

(2) 质变条件。质变条件表示在满足封闭世界的条件下，通过改变对系统有直接或间接有害效应的变量值，如增加、减小或维持稳定，以达到创造性解决问题的目的。

2) 五种工具

SIT 提供了去除、多用性、分割、功能合并、属性依赖改变 5 种用于问题解决的创造性思维激励工具。

(1) 去除：去除产品中看似最本质和最不可缺少的组件或属性。

例如，对于电视机，显示图像是必不可少的功能，利用去除概念，得到没有显示屏幕的电视机。利用功能遵循形式的原理，为产品寻找市场，可以用于不能观看图像，但又不想错过节目的场合，如轿车上。此外，该电视机还可以提供给不需要图像的盲人“听”，从而降低盲人购买电视机的成本。

(2) 多用性：在产品中添加该产品中已存在组件的一个或多个副本，但必须对副本作适当的修改，以满足 SIT 中的质变条件。

例如，吉列(Gillette)双刃剃须刀，通过加入一片刀片，并改变该刀片的角度来撑起胡须，另一片刀片就能将胡子刮得更加干净。

(3) 分割：依据时间或空间将产品或其中的某个组件打散后重新排列。分割可以简单地将一个产品分成两半，或者按照组件执行不同的功能将产品分离，或者使产品分割的任何一部分都保留整体的特性。

例如，老的高保真扬声器和转盘都集成在一个盒子里面，后来将扬声器、调音器、CD 或者磁带播放器模块化，这样就允许用户自行配置自己的音响系统。

(4) 功能合并：给已经存在的组件安排一种新的需要执行的功能，实现一个组件执行多种功能。

例如，汽车挡风玻璃上的降霜装置是应用功能合并的经典案例。通过分配给它另一个任务——无线电接收器，汽车厂商就可以去掉车体上单独设计的长而不美观的无线天线。

(5) 属性依赖改变：在产品中创造一种新属性，或改变已存在的属性。

例如，一副眼镜，本来镜片颜色和外部环境没有关联。但如果创造一种属性关联，如设计一种镜片，颜色可随太阳光的照射而发生变化，那么顾客就不需要针对夏天专门购买一副太阳镜了。

2. SIT 方法的实施

SIT 问题的解决方法，可明确为重组问题、策略选择、应用相关的概念刺激技术三个基本步骤，如图 7-6 所示。

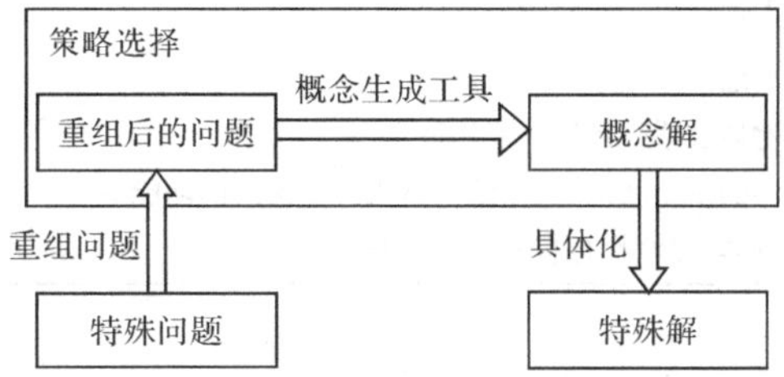

图 7-6　SIT 问题解决的一般流程

SIT 在具体产品开发中的操作步骤如下。

1）问题初步分析

通过搜集问题相关信息对问题进行初步了解，为构造问题做准备。对问题进行定义并对相关的系统进行分析，将给定的问题定义为三个列表：有害参数列表、系统及周边环境物体列表和问题解决目标列表。

2）SIT 模式化重构问题

设计人员需要采用 SIT 问题描述方式来重构问题：

（1）列出对系统有直接或间接有害效应的所有变量。

（2）列出构成系统的物体集合和系统的周边环境（不属于系统的一部分，但靠近系统，或者和系统有特别密切关系的物体集合）。

3）选择适当的 SIT 方法策略

为解决问题选择适当的 SIT 分析策略，从而为下一步选择创新思维激励工具做准备。如果问题解决者可根据质变条件推导出满足条件的最终物理状态，则采用扩展策略；如果不能或者推导出的物理状态与其他基本要求相冲突，则采用重组策略。

4）选择并应用创新思维激励工具

应用创新思维激励工具使设计人员摆脱固定的思维模式状态。扩展策略可以帮助问题解决者确定一种已经存在的物体来执行新的操作，选择扩展策略后，在概念生成阶段，应该使用功能合并或者多用性这两种思维激励工具；重组策略可以帮助问题解决者增加系统自由度，选择重组策略后，在概念生成阶段，应该使用分割、去除及属性依赖改变这 3 种思维激励工具。各种创新思维激励工具及其操作步骤如表 7-5 所示。

表 7-5 创新思维激励工具及其操作步骤

工具	操作步骤
去除	①列出系统物体 ②选择系统中最本质的组件或属性 ③选择的组件或属性将被去除 ④利用功能遵循形式原理为产品寻求市场
多用性	①构建必要功能 ②列出系统物体及系统周边环境物体 ③选择列表中的一个物体，选择的物体将被复制，其副本（或多个）可以执行步骤①的必要功能 ④确定副本（一个或多个）必须做的修改，以便执行必要的功能
分割	①列出系统物体 ②选择列表中的一个物体，该物体将被分割成基本的元素/小的组成部分/随机分割（三个中选一个） ③将分割后的部件位置重新排列
功能合并	①构建必要功能 ②列出系统物体及系统周边环境物体 ③选择列表中的一个物体，选择的物体执行步骤①的功能 ④修改选定物体，以便执行步骤①的功能

续表

工具	操作步骤
属性依赖改变	①列出系统物体 ②选择一个物体 ③列出该物体的参数表 ④选择没有关联的参数 W 和 Z,W 不是 Z 的功能或属性 ⑤将它们的属性关联起来

5）方案评价

运用五种创新思维激励工具产生的创新方案是否合理，是否具有市场价值，需要对其进一步验证。

3. 应用实例

火箭引擎中固体燃料的形状为一个空心圆柱，使用这种形状的燃料存在一个问题：随着燃料的燃烧，其燃烧区域半径不断变大，随之产生的推力也相应增加。设计者需要想出一个方案保证引擎推力不变。图 7-7 为火箭引擎侧视图。

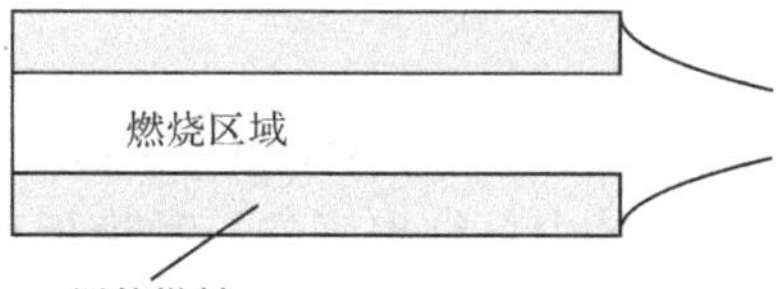

图 7-7 火箭引擎侧视图

1）问题初步分析

(1) 有害效应参数表：能量浪费，不稳定的推力，推力增加，燃烧区域增加，周长增加；

(2) 系统及周边环境物体列表：固体燃料、火箭、推力；

(3) 重组后的问题：使燃烧区域与周长的变化无关，或将相关性降低，不要加入系统内部及周边环境物体列表以外的其他物体。

2）模式化重构问题

系统全部变量：固体燃料、内部空心半径及火箭推力；构成系统及周围环境：固体燃料、火箭、推力。本实例中的不利结果：在燃烧过程中，内部空心半径不断变大，燃烧产生的推力也相应增加。问题重构：使燃烧区域与周长变化无关，或将相关性降低，不要加入系统内部及周边环境物体列表以外的其他物体。

3）选择适当的方法策略

分析重组后的问题，因其不能构成一个概念化的解决方案，所以使用重组策略。这一选择决定了在概念生成阶段，应该选用分割或者属性依赖改变技术。

4）选择并应用创新思维激励工具

选择属性依赖改变技术对问题进行系统分析。

(1) 列出系统物体：固体燃料、火箭、推力；

(2) 选择一个物体：固体燃料；

(3) 选择没有关联的参数:横截面的形状和燃烧的进程;

(4) 将选择的参数属性关联起来:横截面的形状将随着燃烧的进程从一个复杂的锯齿形状变成一个正圆。

解决方案:使横截面的周长保持恒定,即随着燃烧的进行,横截面从最初的复杂形状到最终的正圆,尽管平均半径不断增加,但周长始终保持不变,如图 7-8 所示。

图 7-8 燃烧进程中新的引擎内部燃烧形状

5) 方案评价

这一方案创造性解决了火箭引擎推力随着燃料燃烧而改变的问题,应用前景广阔,非常具有进一步开发的潜力。

7.4.2 创造性模板法

创造性模板理论是 Jacob Goldenberg 和 David Mazursky 以及他们的小组成员经过多年研究,从数年来成功的产品设计中总结出来的一种模板理论。Goldenberg 认为产品开发方面的一些规律是可以被认识的客观存在,它们可以被学会,并且稳定不变,能够被用来指导创作的构思过程,从而使人们更具创造力,更为专注。这些规律被称为"创造性模板"。

1. 属性相关模板

属性相关模板是在两个独立变量之间创建一个新的相关链接。属性相关的目的就是为两个独立变量创造一个新的链接体,从而形成新的产品。

1) 分析工具——预测矩阵

在使用创造性模板时,一个基本的步骤是对现有产品进行分析,找到相关的特征和属性,从而为使用各种具体的创造性模板提供操作依据。在创造性模板方法中,预测矩阵为这种分析提供了可行的思路。

(1) 内部变量与外部变量。

内部变量是指制造商可以控制的变量,由制造商来决定它的值及特点,如杯子硬度、馅饼价格、汽车颜色和蜡的熔化温度。

外部变量是紧邻产品周围环境,并和产品有直接联系的一些变量,它不处于制造厂商的控制之下。我们经常遇到的外部变量有时间、环境温度、雪的负荷和唇部温度等。

(2) 预测矩阵。

为了便于寻找变量之间的联系,我们用预测矩阵来对产品进行分析。下面以水杯为例来对预测矩阵用法加以说明。

假设我们生存在一个虚拟的世界里,其间所有的水杯都是圆筒形的,并且在形状和颜色上都相似。作为杯子生产商，希望确定一个新的创意，以提高利润并在市场上产生新的需求。表 7-6 是杯子的内部变量及外部变量的矩阵图。

表 7-6 圆筒形杯子的内部及外部变量的矩阵图

	高度		直径		颜色		热导率		透明度	
高度	×		0	A	0	B	0	C	0	D
直径	0	A	×		0	E	0	F	0	G
颜色	0	B	0	E	×		0	H	1	O
热导率	0	C	0	F	0	H	×		0	J
透明度	0	D	0	G	1	I	0	J	×	
温度	0	K	0	L	0	M	0	N	0	O
饮料中酒精含量/%	0		0		0		0		0	
饮料中糖含量/%	0		0		0		0		0	

下面写出了和水杯相关的一些变量：

（1） 典型的内部变量：高度、直径、颜色、热导率及透明度。

（2） 典型的外部变量：饮料的温度、外部温度及饮料中糖或酒精的含量。

矩阵中的每个方格称为矩阵组件。将例子中所有组件都做了标记，如行是“直径”与列是“高度”的相关组件，标记为 A，其他依次标记为 B、C、D 等。假设市场上只有一种水杯，那么水杯半径与高度之间不存在任何联系。任何一对内部变量之间的链接是一个单一的联系，且所有的行组件与列组件相同的方框都不予讨论，并打上“×”。当两个变量之间已经存在属性相关时，给这种模式标记为 1；当两个变量之间没有属性相关时，标记为 0，这对于两个变量是一个好的开始，因为这样允许我们在它们之间产生新的联系，进行属性相关。

2） 操作步骤

（1） 列出内部变量。

（2） 列出外部变量。

（3） 建立矩阵，行变量由内部变量组成，而列变量由所有变量构成。

（4） 对于所有格子标出它是“0”模式，还是“1”模式，或“×”。

（5） 确定矩阵的趋向，并且决定是否继续。

（6） 选择三个变量并尝试增加联系（向 1 模式转变）。

（7） 对于成功增加相关的组件，从实际的角度确认其可行性。

（8） 寻找这个增加的相关组件产生的新优势及市场价值。

（9） 根据成功的方法，通过行及列选择确认战略或选择三个增加的组件。

2. 替换模板

生活中，经常会遇到用替换模板创新的实例。例如，传说爱迪生利用“怪异的门”（通过与水泵运转机制相连），迫使他的客人给他打水；极地地区的电杆通过从周围环境中积累起来的冰层来增加自身的强度。在此，将详细介绍这个模板的组态，并且提出实现它的最佳方式。

1）术语定义

（1）组件：组件就是独立的部分。例如，汽车组件是轮子、引擎、座位等。

（2）内部组件：内部组件指该组件中的变量能够被制造厂商或提供服务者完全控制。例如，汽车的座位、轮子都是内部组件。

（3）外部组件：外部组件指该组件不受制造者控制，并且与产品直接接触。例如，一个汽车制造商不可能控制道路状况，但道路与汽车有直接的关联。

（4）产品组态：一个产品所有链接的完整序列构成产品组态，可以用组态图来表示。用圆表示组件，用箭头表示链接，同时用箭头的方向决定控制和被控制组件之间链接的类型，这就构成了组态图。

2）替换模板的实现

（1）画出系统的组态。这里以椅子为例来进行说明，并在替换模板的帮助下，“预测”一个已存在的产品。图 7-9 为一张椅子的完整组态。

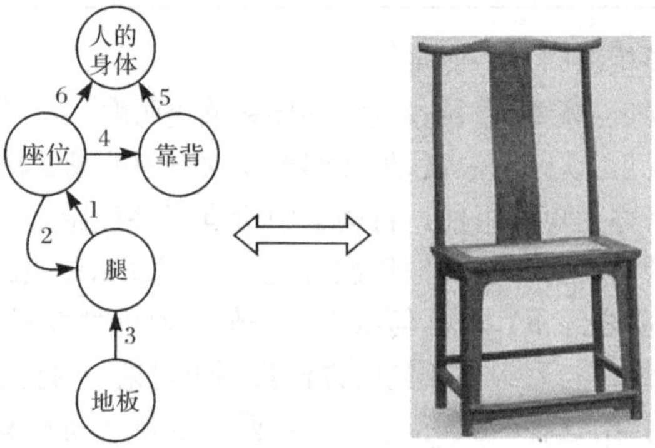

图 7-9　椅子的完整组态

（2）分裂一个固有链接和排除一个重要组件。在这一步中，从组态中排除一个产品重要组件，同时保留与它有关联的固有功能，由此产生中间组态，而所剩下的功能成为未饱和固有功能。这张椅子有两个重要组件：座位和腿。我们以移走椅子腿为例，但保留腿的功能（把座位固定在一定的高度上），此时椅子的组态变为如图 7-10 所示的情况。

（a）椅子产品中间组态　　（b）物理模型

图 7-10　在椅子上操作替换模板的开始阶段

（3）把未饱和固有功能分配给合适的组件。这种合适的组件是那些容易使用的组件（注意是在系统中或者在紧邻系统的周围），它的相关功能或者属性与被移走组件类似。我们在紧邻椅子的周围环境出现的组件中寻找最类似于腿的组件，并把它放到“悬浮”的链接上。这个组件是十分有限的:桌子、墙壁、地板、地毯、使用者——所有与椅子直接接触的外部组件,并且不在制造商的控制之下。桌子在这个列表中比较特殊,它和椅子相似。因此,我们用桌子来代替失去的组件。

(4) 使用功能遵循形式寻找效用。使用功能遵循形式原理将我们的思维过程从组态引领到效用,这个过程是有效的。在这里,很容易把目标人群定位到带孩子的父母(图 7-11),他们也许会对下面的效用感兴趣:①不论桌子尺寸如何高或低,小孩都将会坐在合适的高度上;②这种椅子便于携带,因为它没有了笨重的组件;③椅子下面的地板比一般的椅子更易于打扫。

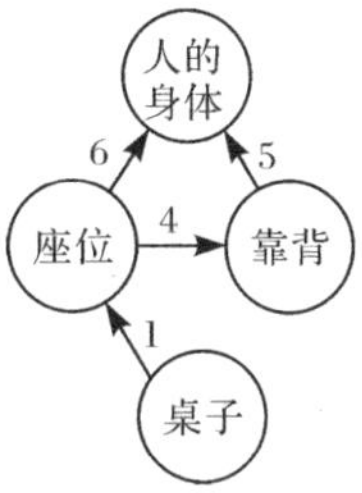

(a) 新的产品组态

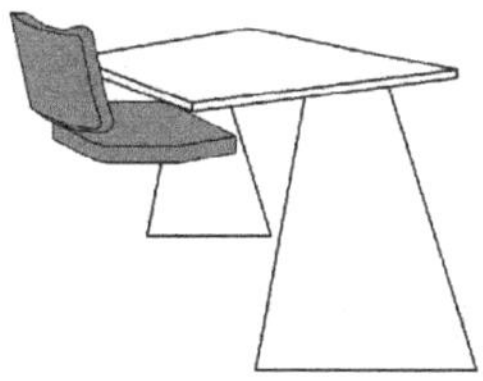

(b) 新椅子的物理形态

图 7-11　桌子作为一个组件替换了椅子腿的功能

3) 替换模板的操作步骤

(1) 列出内部组件列表。

(2) 列出外部组件列表。

(3) 构建产品组态,在所列的组件之间画出所有需要的控制链接。

(4) 确定重要组件,为其标记并在链接上写上其功能。

(5) 选择一个必要的重要组件,将它排除在组态外,但保留其功能。

(6) 搜寻并标记出附近环境中与被排除组件有相似特征和功能的组件列表。

(7) 将列表中各组件与失去组件的功能相链接,并描述新组态物理模型。

(8) 运用功能遵循形式原理搜寻通过替换而产生的新市场效用。

(9) 依据结果,决定是否继续把其他的环境组件与失去的组件功能进行链接,或者是去除其他的重要组件。

3. 去除模板

去除模板是从组态中移走一个重要组件并且移走它的功能,从而导致组态性质发生变化。这个方法与替换模板的不同之处在于,替换模板中被去除组件的功能仍然保留在系统组态当中。

1) 去除模板的实现

在前面椅子创新的案例中,如果改用去除模板,将彻底排除被移走组件的所有功能。图 7-12 为移走腿和排除它们功能后的椅子组态图及其物理模型。

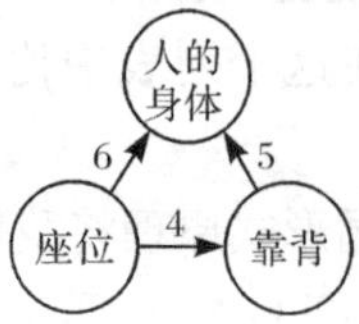

(a) 实施后的组态

(b) 物理模型

图 7-12 去除模板运用在椅子中的第一阶段:去除椅子的腿及其功能

从产品中去除重要组件会导致产品性能下降,并且可能十分有害。这个无腿椅子其实是个问题产品,我们依然要使用功能遵循形式原理来寻找新产品的效用。这种无腿椅子能解决海滨上使用普通椅子腿陷入沙中,用户会感到不稳定和不舒适的问题。另外,这种无腿椅子还便于携带。

2) 属性数量去除

有时可以在一个更加量化的层面上使用减少的办法,这样并没有排除组件,而是减少了它的一个参数值。

20 世纪初期,保洁公司因 Ivory 香皂的生产线出现了故障,导致生产的肥皂条中心存在空气气泡。公司在一次诚实的营销活动中,宣布了这个缺陷,并承诺将更换所有的缺陷香皂。当一堆堆的缺陷香皂集中到工厂时,一个员工注意到由于密度较小,这种香皂可以漂浮在水上,因此具有独特的优势。当洗澡的人将香皂掉入水中时,可以很快捡起它,因此其溶化程度就比普通香皂要少得多。所以它是一种既节约又便利的产品。事实上,Ivory香皂在整个 20 世纪都是非常成功的,它几乎没有什么变化。

在以上的例子中,组件是部分的和集中在量上的去除(减少了材料)。这种去除方法在提供新机遇的同时,也使成本和研发过程得以缩减。减小密度的香皂并没有因为成分相对减少而降低销售价格,相反,由于它能够漂浮,反而比其他的香皂销量更好,漂浮正是被缩减产品的新优势。

3) 去除模板操作步骤

(1) 列出内部组件列表。

(2) 列出外部组件列表。

(3) 在所列出的组件中映射出所有希望控制的链接,并构建产品组态。

(4) 定位重要组件,标定它们,并在所有链接中列出其功能。

(5) 选择一个重要组件连同其功能从组态中去除。

(6) 运用功能遵循形式原理在已使用去除模板的产品中寻找其市场效用。

4. 组件控制模板

组件控制是一个模板,它在市场上遵循某些动态规律运转,这一模板的基础是识别外部组件和产品组态之间的负面链接,并通过在外部组件和内部组件之间建立新的链接来解决。

1) 组件控制模板的实现

下面以洗发香波革新过程为例,来对组件控制模板操作进行详细的说明。过去洗头发用的是香皂片，联合利华基于液体香皂开发出第一代香波，它产生的与头发接触的表面区域面积比香皂片大得多，图 7-13(a)为多种香波的产品组态。随后，一些拥有特殊品质的香波相继被开发出来，以满足不同客户环境的需求。例如，为去除头皮屑可以发展另一种类型的香波(去除干皮肤和头皮屑的)。图 7-13(b)描述了去屑香波的产品组态(注意在香波和头皮屑之间的新链接)。

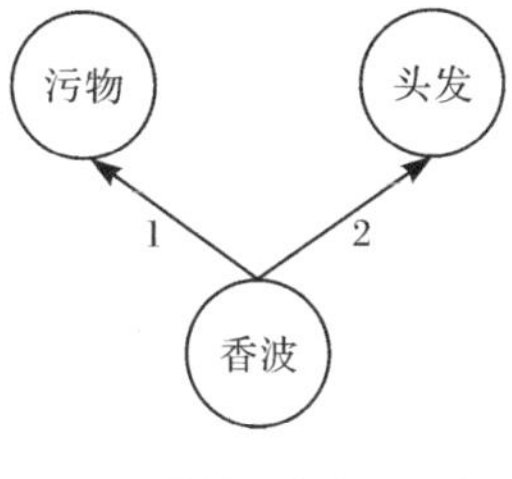

(a) 香波的基本产品组态

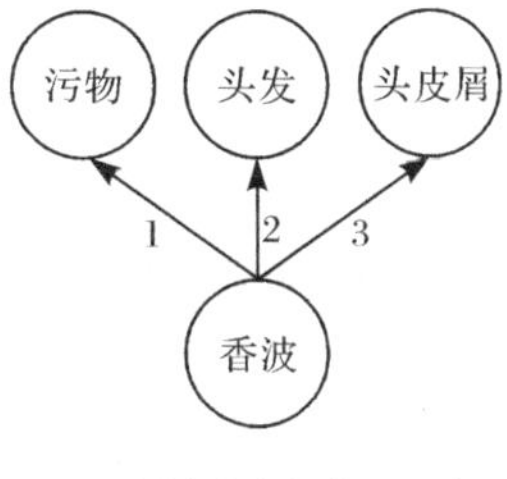

(b) 去屑香波的产品组态

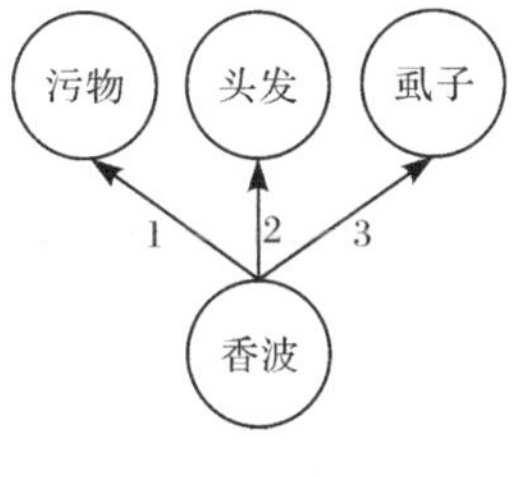

(c) 杀虱子香波的产品组态

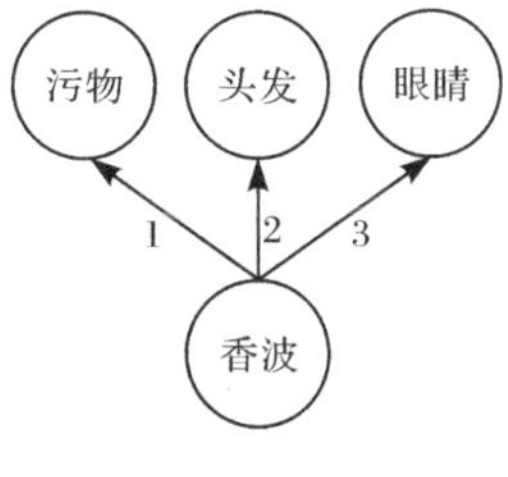

(d) 无泪香波的产品组态

图 7-13　多种香波的产品组态

随着香波的发展，一些新需求被提出，如消灭头发里的虱子、"无泪"香波等，图 7-13(c)、(d)分别描述了这些新型香波的产品组态。通过增加一个新的组件——杀虱子和防止眼睛受刺激，就获得了这种新的外部组件和内部组件之间的链接。可注意到，在产品开发过程中，产品与它紧邻的环境"生成"了新链接。

2) 组件控制模板应用思维过程

组件控制模板的思维过程首先是从选择产品的外部组件开始，然后努力寻找这个被选组件和产品组件之间的链接中存在的问题。

在香波开发的实例中，首先要列出与洗发香波产生接触的外部组件，包括头发、头皮、水、护发剂、毛巾、头皮屑和阳光等。其中，阳光是外部组件中最主要的，一些组件留在头发上，执行着头发护理、强化、保养等功能，并与太阳光直接接触。紧接着，要努力找到这些外部组件与组态中一个组件组成链接的效用，并试图寻找一种负面性的问题。

可以发现，阳光中的某些射线会损伤头发。为了限制这一损伤，香波必须提供一个新的链接。具有较难溶于水、易于被头发吸收、对阳光有高度的过滤性等性质的过滤射线物质应当被加入香波中，如图 7-14 所示。

3) 组件控制模板的操作

(1) 列出内部组件列表。

(2) 构造产品组态，使得已识别的内部组件之间的所有控制链接显现。

(3) 列出与产品组态物质上相接触的外部组件列表。

(4) 逐个扫描外部组件,并用组态图寻找一个已有的或潜在的负面链接。

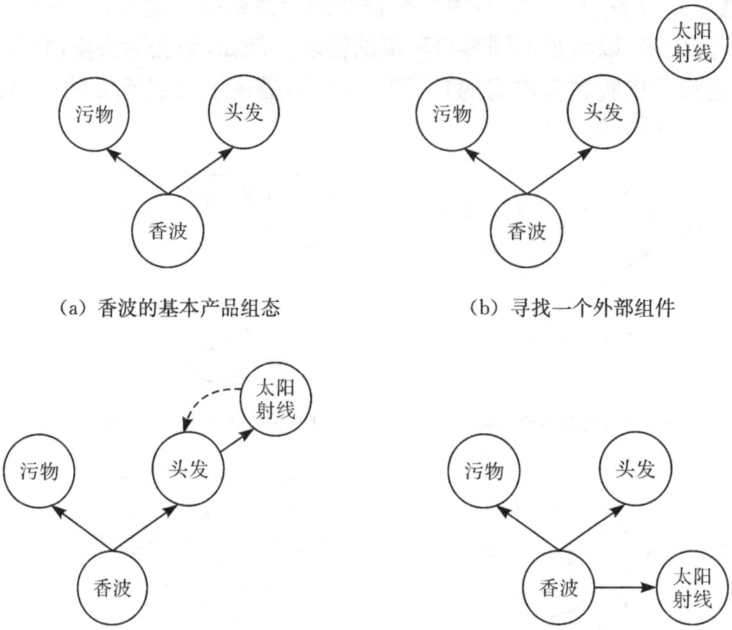

(a) 香波的基本产品组态　　(b) 寻找一个外部组件

(c) 在外部组件和产品组态中确定一个负面链接　　(d) 通过在产品组态中增加新组件,解决这个负面链接所带来的问题

图 7-14　组件控制模板的操作和紫外线过滤香波组态的构造

注意:因为与产品接触的环境组件数量有限,所以系统地搜寻可能会覆盖组件控制模板的所有可能。

7.5 小　　结

当前已开发出来的创造性思维的应用方法有 300 多种,其中常用的就有数十种。由于篇幅有限,本章主要选择头脑风暴法、检核表法等几种应用范围广、实用性强、较具代表性的方法,分别从创新机理、实施步骤、适用范围、实例应用等多个方面对其进行系统阐述。这些方法各自从不同角度引领创新者摆脱思维定势、思维僵滞以及思维固着,有效激励其灵感、顿悟等直觉性思维的出现,获得更多、更高质量的创意,有效实现创新。在具体应用中,使用者仍要根据自身思维习惯、产品特点、企业自身条件等多方面因素,选择更加适宜的方法或方法的组合,以更好地解决产品创新问题。

参考文献

百库文库. 2012. 检核表法在实践创新中的应用. http://wenku. baidu. com/view/cb784bd376a20029bd642dff. html.

蔡池兰,肖人彬. 2006. 公理设计下基于系统创新思维的解耦方法. 机械工程学报,42(11):184-191.

陈明,张国大,郭玲. 2003. 形态分析法在设计中的应用. 辽宁工学院学报,23(2):39-40.

何慧. 2008. 基于系统化创新方法 SIT 的产品创新设计研究. 成都：四川大学硕士学位论文.
姜杰，李彦，麻广林，等. 2009. 基于约束理论的系统化创新思维方法. 机械设计，26(10)：18-22.
刘道玉. 2009. 创造思维训练. 武汉：武汉大学出版社.
刘千桂. 2009. 广告策划与管理. 北京：科学出版社.
卢明森. 2005. 创新思维学引论. 北京：高等教育出版社.
陆小彪，钱安明. 2006. 设计思维. 合肥：合肥工业大学出版社.
王传友，王国洪. 2006. 创新思维与创新技法. 北京：人民交通出版社.
杨德林. 2006. 创意开发方法. 北京：清华大学出版社.
杨海军. 2007. 广告创意. 郑州：郑州大学出版社.
余伟. 2008. 创新能力培养与应用. 北京：航空工业出版社.
曾明彬. 2009. ISO9001-2008 质量问题分析与解析. 广州：广东经济出版社.
张武城. 2009. 技术创新方法概论. 北京：科学出版社.
Bono E. 1992. Serious Creativity：Using the Power of Lateral Thinking to Creative New Ideas. London：Harper Collins Publishers.
Buzan T，Buzan B. 2009. 思维导图. 叶刚，译. 北京：中信出版社.
de Bono E. 2003. 六顶思考帽. 冯杨，译. 北京：北京科学技术出版社.
Goldenberg J，Mazursky D. 2004. 产品创新中的创造力. 梁文权，译. 北京：机械工业出版社.
Nikolay S. 2010. 进化树——技术信息分析及新方案的产生. 郭越红，译. 北京：中国科学技术出版社.

第 8 章　发明问题解决理论——TRIZ

8.1　TRIZ 理论概述

TRIZ，是俄文 ТРИЗ（Теория Решения Изобретательских Задач）的英文音译，英译为 theory of inventive problem solving，缩写为 TIPS，中文意思是发明问题解决理论。该理论是苏联 G. S. Altshuler 及其领导的一批研究人员，自 1946 年开始，在分析研究世界各国 250 万件专利的基础上，提出的一套具有完整体系的发明问题解决理论和方法。20 世纪 80 年代中期前，该理论对其他国家保密，80 年代中期，随着一批科学家移居美国等西方国家，逐渐把该理论介绍给世界产品开发领域，对该领域产生了重要的影响。

TRIZ 的提出源于大量发明面临的基本问题和冲突（TRIZ 称为系统冲突和物理冲突）是相同的，只是技术领域不同而已。同样的技术发明和相应的解决方案在后来的发明中一次次地被重新使用。将这些有关的知识进行提炼和重组，形成一种系统化的理论知识，就可以指导后来者的发明创造、创新和开发。TRIZ 体系正是基于这一思路开发的，它打破了人们思考问题的惰性和片面性，避免了创新过程中的盲目性和局限性。

G. S. Altshuler 一开始就坚信发明问题的基本原理是客观存在的，这些原理不仅能被确认也能被整理而形成一种理论，掌握该理论的人不仅能提高发明的成功率、缩短发明的周期，而且能使发明问题具有可预见性。

在利用 TRIZ 解决问题的过程中，设计者首先将待设计的产品表达成为 TRIZ 问题；然后利用 TRIZ 中的工具，如发明原理、标准解等，求出该 TRIZ 问题的标准解或称模拟解（analogous solution）；最后设计者再应用标准解的方法解决特殊问题或冲突。

目前，TRIZ 被认为是可以帮助人们挖掘和开发自己的创造潜能、最全面系统地论述发明创造和实现技术创新的新理论，是许多现代企业创新的金钥匙，可以帮助企业从技术“跟随者”成为行业的“领跑者”，为企业赢得核心竞争力。

8.2　TRIZ 理论的核心思想

TRIZ 理论以其良好的可操作性、系统性和实用性在全球的创新和创造学研究领域占据着独特的地位。在经历了理论创建与理论体系的内部集成后，TRIZ 理论正处于其自身的进一步完善与发展，以及与其他先进创新理论方法的集成阶段。在 TRIZ 理论体系中，是否有一种核心思想贯穿其中呢？

让我们来看以下几个例子。

案例一：如何将玉米加工成美味可口的爆米花呢？如图 8-1 所示，早期的爆米花在加工时，是将玉米（许多谷物都可以）置于特殊的容器中加热，使得玉米处在高温高压的状态下，锅内的温度不断升高，且锅内气体的压强也不断增大。当温度升高到一定程度，米粒便会逐渐变软，米粒内的大部分水分变成水蒸气。由于温度较高，水蒸气的压强是很大的，使已变软的米粒膨胀。但此时米粒内外的压强是平衡的，所以米粒不会在锅内爆开。然后“砰”的一声巨响，机器盖子被打开，玉米被突然释放在常温常压下，锅内的气体迅速膨胀，压强很快减小，使得玉米粒内外压差变大，导致玉米粒内高压水蒸气也急剧膨胀，瞬时爆开玉米粒，即成了爆米花。

(a) 爆米花　(b) 老式爆米花机　(c) 气压差烹制爆米花

图 8-1　爆米花的加工

案例二：如何将干果去皮(壳)呢？如图 8-2 所示，可以将待去皮(壳)的干果放置在高压的环境中，使干果内部的压力升高，待干果内、外压力平衡后，迅速去除干果外部的压力，使它达到常压，干果即由于内外压力差而果皮(壳)爆裂，达到去皮(壳)的目的。该方法可适用于各类干果的去皮(壳)，生产效率高，可适用于工业性生产，所得果仁完整，果仁和皮(壳)分离彻底。

案例三：跳出食品加工领域，我们看这样一个专利，如何切割钻石，如图 8-3 所示。钻石的前身是金刚石，非常坚硬，最常见的用途就是用于切割，那么金刚石自身是如何被切割的呢？在金刚石的内部有很多细微的裂纹，压力的突然改变可使金刚石沿着其内部的裂纹裂开，轻松完成切割。

图 8-2　干果去皮

图 8-3　切割钻石

案例四：再看工业领域的一个专利，关于管道内部滤网的清洗。管道过滤网通常用于水、油、气管道等各种设备，是不可缺少的过滤装置。过滤网的作用是清除管内的杂质，维护各类阀门和水泵等设备的正常运转。但使用一段时间后，污物会牢固地聚集在过滤网的表面及网孔内，严重影响过滤效果。如何对过滤网进行清洗呢？直接将过滤网拿出很难清洗干净，因此采用的方法也是使管道内滤网内表面和外表面形成压力差。当压差达到预设值时，便启动自清洗循环过程，突然产生一股吸力强劲的反冲洗水将过滤网上的污物清洗干净，并直接排出。

虽然这几个案例来自不同的领域，有食品、加工、工业领域，解决的也是不同的问题，如去壳、切割、清洗等，但是他们应用的却是同一个原理——“瞬间压力差”。来自不同领域的不同问题，有时却可以用相同的原理去解决。

因此，TRIZ 的第一个核心思想就是：同样的原理在不同的领域可以重复使用。由于很多方法和原理在发明过程中是重复使用的，所以可以借助发明原理解决当前问题。某一领域的发明原理可以被其他领域采用，相同的问题模型具有相同的解决模型。

Altshuller 在研究专利的过程中，还有另外的一个发现和想法：他认为技术系统或产品的进化和发展不是随机的，而是遵循着一定的客观规律，这些规律是不以人的意志为转移的。也就是说，不论我们设计的产品是桌子、电冰箱还是切割工具，这些系统的改进和发展过程是类似的，如功能会越来越丰富、自动化程度会越来越高等。这也是为什么很多时候各个国家的发明家分别对某一产品进行改进的时候，最后会得到相同的改进方案，这正是因为产品的发展存在规律性。

于是 Altshuller 将技术系统进化和发展过程中遵循的规律和改进顺序进行了归类，集合成一条条进化法则和进化路线，每条法则代表技术系统在某一方面的发展趋势。这样工程师在设计产品时，可以根据这些法则来预测产品下一步的发展方向，依据路线的提示去进行产品的设计和改进。这些法则就是 TRIZ 中的技术系统进化法则。

例如，键盘的发展，最常用的键盘是一体化的键盘，后来有了折叠键盘，美国海军陆战队最早采用折叠键盘，因为它携带很方便。随后有了硅胶键盘，现在随处可以看到这种完全柔性的硅胶键盘，它可以卷起来储放。然后是触摸式液晶输入屏，由介于固体与液体之间的液晶分子组成，再就是应用场实现的键盘。2005 年在德国汉诺威展会上展出了一款以色列发明的键盘，整个键盘是由红外投影直接投射在桌面上，操作者可直接在虚拟键盘上进行输入。

由此可见，键盘的结构形态就是按照上述的进化路线不断发展和变化的。进化法则是预示产品发展方向的一个很有效的工具。

因此，TRIZ 的第二个核心思想就是：产品或技术系统的进化和发展并不是随机的，而是遵循着一定的客观规律发展变化，进化的动力是解决冲突。

发明原理和技术系统进化法则是 TRIZ 体系中最初形成的两项工具，体现了 TRIZ 的两条核心思想，也是 TRIZ 体系中所有工具的精髓所在。

8.3 TRIZ 理论体系

TRIZ 理论包含着许多系统、科学而又富有可操作性的创造性思维方法和发明问题的分析方法。经过 60 多年的发展，TRIZ 理论已经形成了一套解决产品开发实际问题的成熟的九大经典理论体系，如图 8-4 所示。

TRIZ 理论的九大经典理论体系主要包括以下内容。

8.3.1 最终理想解

TRIZ 理论在解决问题之初，首先抛开各种客观限制条件，通过理想化来定义问题的最终理想解(ideal final result，IFR)，以明确理想解所在的方向和位置，保证在问题解决

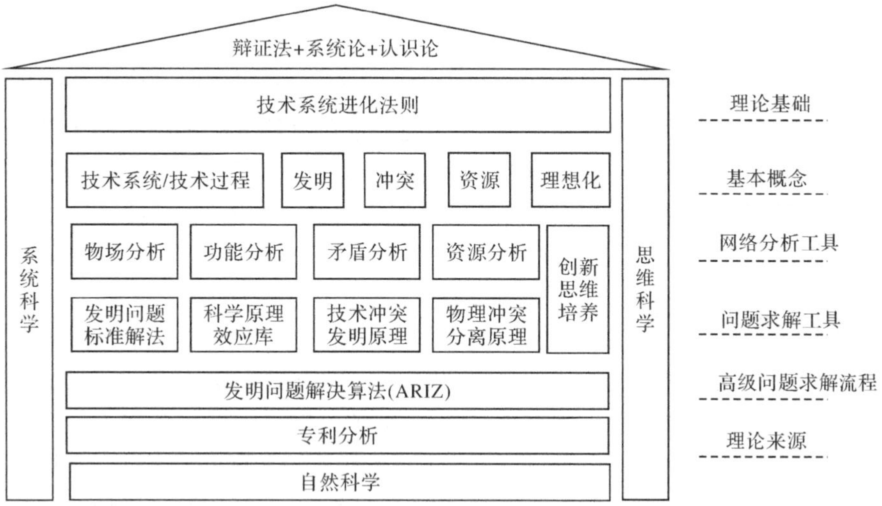

图 8-4　TRIZ 的理论体系

过程中沿着此目标前进并获得 IFR，从而避免了传统创新设计方法中缺乏目标的弊端，提升了创新设计的效率。如果将创造性解决问题的方法比喻成通向胜利的桥梁，那么 IFR 就是这座桥梁的桥墩。可了解到所有的技术都在沿着此路径进化，进化的速度取决于市场的认可和接受程度。

8.3.2　40 个发明原理

Altshuler 对大量的专利进行研究、分析和总结，提炼出 TRIZ 中最重要的、具有普遍用途的 40 个发明原理，指引发明的原理，可以让创造性思维得到扩张。目前发明原理的数量已由 40 个扩展至 77 个。

8.3.3　39 个通用技术参数及经典冲突矩阵

在对专利研究中 Altshuler 发现，有 39 个通用技术参数在彼此相对改善和恶化，而这些专利都是在不同的领域上解决这些通用技术参数的矛盾与冲突。通过对冲突的分析，在冲突表中找可能的解，解是由 40 个发明原理组成的。目前通用技术参数已扩展至 48 个。

8.3.4　物理冲突和四大分离原理

当一个技术系统的工程参数具有相反的需求时，就出现了物理冲突。相对于技术冲突，物理冲突是一种更尖锐的冲突，创新中需要加以解决。物理冲突所存在的子系统就是系统的关键子系统，系统或关键子系统应该具有为满足某个需求的参数特性，但另一个需求要求系统或关键子系统又不能具有这样的参数特性。分离原理是 Altshuler 针对物理冲突的解决而提出的，分离方法共有 11 种，归纳概括为四大分离原理，分别是空间分离、时间分离、整体与部分分离、条件分离。

8.3.5 物场模型分析

物场模型分析是 TRIZ 中进行问题描述和分析的一种简洁有效的方法。无论大系统、子系统还是微观层次，都具有功能，所有的功能都可分解为 2 种物质和 1 种场。物场模型分析是一种重要的问题描述和分析工具，用来建立与已存在的系统或新技术系统问题相联系的功能模型。可以通过物场分析法描述的问题一般称为标准问题，可以采用 76 个标准解进行求解。

8.3.6 发明问题的标准解

标准解是 Altshuler 于 1985 年创立的，共有 76 个，分成 5 级，各级中解的先后顺序也反映了技术系统必然的进化过程和进化方向，标准解可以将标准问题在一两步中快速地进行解决，标准解是 Altshuler 后期进行 TRIZ 理论研究的最重要的课题，同时也是 TRIZ 高级理论的精华。标准解也是解决非标准问题的基础，非标准问题主要应用 ARIZ 来进行解决，而 ARIZ 的主要思路是将非标准问题通过各种方法进行变化，转化为标准问题，然后应用标准解来获得解决方案。

8.3.7 发明问题解决算法

非标准问题主要应用 ARIZ 来解决。ARIZ 是基于技术系统进化法则的一套完整解决问题的程序，它的思路是将非标准问题通过各种方法进行变换，转化为标准问题，然后应用 76 个标准解来予以解决。ARIZ 的理论基础由以下三条原则构成：第一，ARIZ 是通过确定和解决引起问题的技术冲突，以进行发明问题转化的一套连续过程的程序；第二，问题解决者一旦采用 ARIZ 来解决问题，其惯性思维因素必须被加以控制；第三，ARIZ 不断地获得广泛的、最新的知识基础的支持。

8.3.8 技术系统八大进化法则

Altshuler 的技术系统进化论与自然科学中达尔文的生物进化论和斯本塞的社会进化论齐肩，被称为“三大进化论”。技术系统的八大进化法则可以应用于产生市场需求、定性技术预测、产生新技术、专利布局和选择企业战略制定的时机等。它可以用来解决难题、预测技术系统、产生并加强创造性问题的解决工具。

8.3.9 科学效应和现象知识库

科学原理，尤其是科学效应和现象的应用，对发明问题的解决具有超乎想象的、强有力的帮助，并为技术创新提供丰富的方案来源。效应指应用本领域特别是其他领域的有关定律解决涉及的问题，如采用数学、化学、生物和电子等领域中的原理解决机械设计中的创新问题。

此外，TRIZ 理论与其他方法相结合，以弥补 TRIZ 理论的不足，已经成为设计领域的重要研究方向。例如，将 QFD、TRIZ 和稳健设计集成，能形成从产品定义、概念设计到详细设计的强有力支持工具。因此，三者的有机集成已成为设计领域的重要研究方向。

8.4　最终理想解

8.4.1　理想化与理想度

TRIZ 理论自始至终强调运用积极的思维克服惯性思维的束缚。TRIZ 理论中克服思维惯性的方式有很多，如最终理想解(IFR)、九屏幕法、小人法、金鱼法等。本节将介绍 IFR。

IFR 的作用是指明通往解决方案的路，使问题尖锐化，不走折中之路。Altshuler 对 IFR 做这样的比喻："可以把最终理想解比作绳子，登山运动员只有抓住它才能沿着陡峭的山坡向上爬。绳子不会向上拉他，但是可以为他提供支撑，不让他滑下去。只要松开绳子，肯定会掉下来。"

理想化方法是科学研究中创造性思维的基本方法之一。它主要是在大脑中设立理想的模型，把对象简化、抽象，使其升华到理想状态，通过思想实验的方法来研究客体运动的规律。

例如，在一定条件下把物质看作质点，把实际位置看成数学上的点，忽略摩擦力的存在，就是理想化的结果。

科学历史上，很多科学家正是通过理想化获得划时代的科学发现，如伽利略的惯性原理、牛顿的抛体运动实验等。

就"理想化"而言，其所涉及的范围非常广泛，TRIZ 理论中，在问题解决之初，先抛开各种限制条件，设立各种理想模型，即最优的模型结构来分析问题，并以取得最终理想解作为终极追求目标。

理想化模型包含所要解决的问题中所涉及的所有要素，可以是理想系统、理想过程、理想资源、理想方法、理想机器、理想物质等。

理想系统就是既没有实体和物质，也不消耗能源，但是能实现所有需要的功能，而且不传递、不产生有害的作用(如废弃物，噪声等)；

理想过程就是只有过程的结果，无需过程的本身，从提出了需求后的一瞬间就获得了所需要的结果；

理想资源就是存在无穷无尽的资源，供随意使用，而且不必付费(如空气、重力、阳光、风、泥土、地热、地磁、潮汐等)；

理想方法就是不消耗能量和时间，但通过系统自身调节，能够获得所需的功能；

理想机器就是没有质量、体积，但能实现所需要的功能(类似理想系统)；

理想物质就是没有物质，但是功能得以实现。

理想化是系统的进化方向，不管是有意改变还是系统本身进化发展，系统都在朝着更理想的方向发展。系统的理想程度用理想度来进行衡量。

我们知道，技术系统是功能的实现，同一功能存在多种技术实现方式，任何系统在完成人们所期望的功能的同时，也会带来不希望的功能。TRIZ 中，用正反两面的功能比较来衡量系统的理想化水平。

理想度的表达式如下：

$$\text{Ideality} = \frac{\sum U_{\text{F}}}{\sum H_{\text{F}} + \sum C} \tag{8-1}$$

其中,Ideality 为理想度;$\sum U_{\text{F}}$ 为有用功能之和;$\sum H_{\text{F}}$ 为有害功能之和;$\sum C$ 为有用功能花费的所有。

这个公式比较好地反映了某种产品或技术系统的经济效益、社会效益以及成本等综合因素的作用情况。

由式(8-1)可以得出:技术系统的理想度与有用功能之和成正比;与有害功能之和成反比;理想度越高,产品的竞争能力越强。可以说,创新的过程就是提高系统理想度的过程。因此,在发明创新中,应以提高理想度的方向作为设计的目标。

根据式(8-1),提高理想度可以从以下 4 个方向来努力:

(1) 增大分子,减小分母,理想度显著提高;

(2) 增大分子,分母不变,理想度提高;

(3) 分子不变,分母减小,理想度提高;

(4) 分子、分母都增加,但分子增加的速率高于分母,理想度提高。

最终努力方向是让理想度 Ideality 趋于无穷大。那么,最理想的系统是什么样子的呢? 根据公式,应该为

$$\sum U_{\text{F}} \to \infty,\quad \sum H_{\text{F}}、\sum C \to 0$$

用语言来表述一个最理想的系统应该并不存在,却能执行所有功能。实际上,我们并不需要系统本身,而需要的是功能。举例来说,我们更需要一种运输手段,而并不是一辆汽车。我们期望的理想系统实际上并不难获得。

就提高某种产品或者某个技术系统的理想度而言,根据改进后的理想度衡量公式,可以从以下 6 个方向来努力:

(1) 通过增加新的、有用的功能,或从外部环境(最理想就是自然环境)获得功能;

(2) 提高有用功能的级别,把尽可能多的功能高效传输到工作元件上;

(3) 降低成本,充分利用内部或外部已存在的、可利用的资源,尤其是免费的理想资源;

(4) 减少有害功能的数量,尽量剔除那些无效、低效、产生副作用的功能;

(5) 降低有害功能的级别,预防和抑制有害功能产生,或者将有害功能转化为中性功能;

(6) 将有害功能移到外部环境中去,不再成为系统的有害功能。

总之,理想度是一个综合表述技术系统的成本、经济效益与社会效益的客观指标。它可以作为评估某项技术创新成果,评估某种引进技术,或者评估重大技术专项的重要评估指标。

8.4.2 IFR 的确定及其特征

1. IFR 的确定

TRIZ 的终极目标就是最终理想解。最终理想解既是产生冲突的根源,也是产品创新的动力。

产品创新的过程,就是产品设计不断迭代,理想化的水平不断由低级向高级演化的过

程，无限逼近理想状态。当设计人员不需要额外的花费就实现了产品的创新设计时，这种状况就称为最终理想解。

IFR的实现可以这样来表述：系统自己能够实现需要的动作，并且同时没有有害作用的参数。在表述IFR时希望使用"自己"这个词。

通常IFR的表述中需包含以下两个基本点：

(1) 系统自己实现这个功能。

(2) 没有利用额外的资源，而所需的功能实现了。

一个技术系统中，一定有某些不理想的、需要改进的元件。确认系统中非理想化状态的元件，并确认IFR是解决问题的关键所在。IFR的确定和实现可以按下面提出的6个问题，分6个步骤来进行：

(1) 设计的最终目的是什么？

(2) IFR是什么？

(3) 达到IFR的障碍是什么？

(4) 出现这种障碍的结果是什么？

(5) 不出现这种障碍的条件是什么？

(6) 创造这些条件时可用的资源是什么？

上述问题一旦被正确地理解并能描述出来，问题也就得到了解决。

2. IFR的特征

当确定了创新产品或技术系统的IFR后，要检查它们是否符合IFR的特点，并进行系统优化，直到确认达到或接近IFR为止。IFR同时具有以下4个特点：

(1) 保持了原系统的优点；

(2) 消除了原系统的不足；

(3) 没有使系统变得更复杂；

(4) 没有引入新的不足。

当确定了待设计产品或系统的最终理想解之后，可用这4个特点检查其有无不符合之处，并进行系统优化，以确认达到或接近IFR为止。

在用TRIZ进行创新设计，对于多种方案的比较选择时，根据式(8-1)计算各方案的理想化水平，将理想化水平值按照高低排序，作为方案选择的第一依据。

例如，割草机的改进。割草机在割草时，发出噪声、消耗能源、产生空气污染、高速飞出的草有时会伤害到操作者。现在的第一任务是改进已有的割草机，解决噪声问题。

传统设计中，为了达到降低噪声的目的，一般的设计者要为系统增加阻尼器、减震器等的子系统，这不仅增加了系统的复杂性，而且增加的子系统也降低了系统的可靠性。显然，这不符合IFR的4个特点中的后两个特点。

如果用IFR来分析问题，会得到截然不同的创新设计方案。

先确定客户需要什么，客户需要的是漂亮整洁的草坪，割草机并不是客户的最终需求，只是维护草坪的一个工具，割草机具有维护草坪整洁的一个有用功能，但是带来了大量的无用功能。

从割草机与草坪构成的系统看，其IFR为草坪上的草始终维持一个固定的高度，就诞生了“漂亮草种”(smart grass seed),这种草生长到一定高度就停止生长,割草机不再被需要,问题得到理想解决。

因此,设定了 IFR 就是设定了技术系统改进的方向。IFR 是解决问题的最终目标。即使理想的解决方案不能 100%地获得,但会引导你得到最巧妙和有效的解决方案。

8.4.3 IFR 的应用

1. 农场养兔子的难题

农场主有一大片农场,放养大量的兔子。兔子需要吃到新鲜的青草,农场主不希望兔子走得太远而照看不到,也不愿意花费大量的劳动割草运回来喂兔子。这难题如何解决?

应用上面的 6 步骤,分析提出 IFR,并找到实现的方法。

(1) 设计的最终目的是什么?

兔子能够吃到新鲜的青草。

(2) IFR 是什么?

兔子永远自己能吃到青草。

(3) 达到 IFR 的障碍是什么?

为防止兔子走得太远照看不到,农场主用笼子放养兔子,但放养兔子的笼子不能移动。

(4) 出现这种障碍的结果是什么?

由于笼子不能移动,兔子只能吃到笼子下面面积有限的草,短时间内,草就会被吃光。

(5) 不出现这种障碍的条件是什么?

笼子下的青草有限,草很快被吃光。

(6) 创造这些条件时可用的资源是什么?

兔子、笼子、草。

解决方案:给笼子装上轮子,兔子自己推着笼子移动,去不断地获得青草。这个解决方案完全符合 IFR 的 4 个特点。

这里解决问题的资源是兔子本身,它会自动找青草吃。

2. 防止矿渣变硬

炼铁时在高炉里生成矿渣以及熔化的镁、钙等氧化物的混合物。炽热的矿渣达到1000℃,倒进大的钢水包里,并在铁路平板车上运去加工。

但是,目前在开口的料斗里运送的矿渣,由于表面冷却产生硬的外壳。这样不仅损失原料部分,还意味着倒出矿渣困难。在工厂,为了捣碎矿渣,要用专门的设备敲击外壳。但有窟窿的硬壳同样阻挡矿渣,以至于移动起来特别费力。

在传统的产品改进思路中,设计者首先想到的就是要为料斗做隔热的盖子,这将使料斗特别沉重。盖上和提升盖子不得不使用吊车,这不仅增加子系统的复杂性,而且增加的子系统也降低了系统的可靠性。显然,这不符合 IFR 的 4 个特点中的后两个特点。那么理想的盖子是什么?应该是不存在盖子,却实现了盖子的功能,即将矿渣和空气隔绝。

如果用 IFR 来分析,会得到截然不同的创新设计方案。

(1) 设计的最终目的是什么?

矿渣不会冷却,能够很好地保温。

(2) IFR 是什么?

矿渣自己保温。

(3) 达到 IFR 的障碍是什么?

料斗周围有冷空气。

(4) 出现这种障碍的结果是什么?

矿渣变硬,不容易倒出。

(5) 不出现这种障碍的条件是什么?

矿渣上面有隔绝冷空气的物质。

(6) 创造这些条件可用的资源是什么?

矿渣、空气。

解决方案:在液体矿渣上洒冷水,泼上的水和热矿渣相互作用产生了矿渣泡沫,泡沫是很好的保温体和很好的盖子,而且很容易将液体矿渣倒出来。

这里解决问题的资源是矿渣本身,矿渣和冷水结合可以产生新的特性。

3. 测量金属的抗腐蚀性

实验室里,实验者需要研究酸液对多种金属的腐蚀作用,他们将大约 20 个各种金属的实验块摆放在容器底部,然后泼上酸液,关上容器的盖子并开始加热。实验持续约 2 周后,打开容器,取出实验块,在显微镜下观察表面的腐蚀程度。

实验人员发现实验的同时,酸液把容器壁也给腐蚀了。

一位实验员就提议:应该在容器壁加上一层耐腐蚀的材料,如金子或白金。但是这会让容器的成本大大提高,不符合 IFR 解决问题的思想。

按照 IFR 分析和解决的 6 个步骤来进行思考,寻找一个理想的答案:

(1) 设计的最终目的是什么?

准确测定酸液对金属的腐蚀作用。

(2) IFR 是什么?

不再使用容器(即没有容器)而达到测试的目的。

(3) 达到 IFR 的障碍是什么?

如果没有容器,酸液会无法保持在固定的位置而四处流淌。

(4) 出现障碍的结果是什么?

金属无法浸泡在酸液中,不能完成测试。

(5) 不出现这种障碍的条件是什么?

有一种物体代替容器起到盛装酸液的功能。

(6) 创造无障碍条件的可用资源是什么?

金属试样、酸液。

解决方案:把金属试块做成容器。从理想设计角度出发,容器是个辅助子系统,可以把这个子系统剪切掉。但是剪切掉了原有的容器后,酸液又无法盛装了。所以容器是必须要有的,关键是由谁来担任容器的角色。从理想化的几个方向看,容器功能可由实验用的金属试块自身来承担,将金属试块做成中空的像杯子形状,将酸液直接倒入其中,观察酸液对此杯壁的腐蚀,即可获得实验结果。整个系统变得如此简单。

这里解决问题的资源是实验用的金属试块本身。

4. 不会烫坏衣服的熨斗

平时衣服起了褶皱需要用熨斗来熨烫平整。但是使用熨斗一直有这样一个问题,假如在你熨衣服的时候突然来了电话,或者有人敲门等事情打扰,可能你会离开了熨衣板去处理这些事情,结果回来时发现熨斗就放在衣服上,衣服上已经被熨斗烧了一个大洞。

在这种情况下,你一定会想,如果熨斗能自行站立起来该有多好啊!这显然是熨斗设计的一个 IFR。

(1) 设计的最终目的是什么?

衣服不会被熨斗烫坏。

(2) IFR 是什么?

熨斗能自行保持站立状态。

(3) 达到 IFR 的障碍是什么?

熨斗无法自行站立,需要靠人来摆放成站立状态。

(4) 出现这种障碍的结果是什么?

如果人忘记把熨斗摆放成站立状态,熨斗长时间与衣服接触,衣服被烫坏。

(5) 不出现这种障碍的条件是什么?

有一个支撑力将熨斗从平行状态支起。

(6) 创造无障碍条件的可用资源是什么?

熨斗的自重、形状。

我们可以在大脑中思考有什么东西可以自行保持站立状态,小孩子也马上能够想到一种最常见的玩具:不倒翁。那么不倒翁是如何实现这种神奇的状态的呢?是不是相同的原理可以应用在熨斗的设计上呢?

解决方案:把熨斗的尾部设计成圆柱面或者球面,让重心移到尾部,因此熨斗像不倒翁一样,平时保持自动站立的姿态。使用时轻轻按倒即可;不使用时,只要你一松手,熨斗就自动站立起来,脱离了与衣服的接触。这样,你可以放心地去做别的事情了。

这里解决问题所使用的是不用花一分钱的资源:重力。

8.5 发明创造的等级划分

Altshuler 和他的同事通过对大量的专利进行分析后发现,各国不同的发明专利内部蕴涵的科学知识、技术水平都存在着很大的区别和差异。以往,在没有分析这些发明专利的具体内容时,很难区分出不同发明专利存在的知识含量、技术水平、应用范围、对人类的贡献大小等问题。明显的结论是:不同级别的发明专利来自不同水平的发明,二者互相对应。因此,把各种不同的发明专利,依据其对科学的贡献程度、技术的应用范围及为社会带来的经济效益等情况,划分一定的等级加以区别,就可以更好地应用和推广这些不同级别的专利。

在 TRIZ 理论中,把发明专利或发明创造划分为以下五个等级(水平)。

第一级，简单的设计问题，或对已有系统的简单改进。

这类问题的解决是凭借设计人员自身掌握的知识和经验，不需要创新，只是知识和经验的应用，如用厚隔热层减少建筑物墙体的热量损失，用承载量更大的重型卡车代替轻型卡车，以实现运输成本的降低。据统计，大约有 32%的发明专利属于第一级发明。

例如，不同的摆放方式使储物间存放更多的东西。

第二级，通过解决一个技术冲突对已有系统进行少量改进。

通过解决一个技术冲突对已有系统进行少量改进，经常采用组合、合并的方法。这类问题的解决主要采用公司内已有的理论、知识和经验即可实现。解决这类问题的传统方法是折中法，如在焊接装置上增加一个灭火器、可调整的方向盘，中空的斧头柄可以储藏钉子等。约 45%的发明专利属于第二级发明。

例如，带小手电的钥匙链。

第三级，对已有系统进行根本性改进。

这类问题的解决主要采用本行业内的已有方法和知识解决该问题，设计过程中要解决冲突，如汽车上用自动传动系统代替机械传动系统、电钻上安装离合器、登山自行车、计算机上用的鼠标等。约有 18%的发明专利属于第三级发明。

例如，圆珠笔的发明替代了老式钢笔。

第四级，采用全新的原理完成对已有系统基本功能的创新。

这类问题的解决主要是从科学的角度而不是从工程的角度出发，充分挖掘和利用科学知识、科学原理实现新的发明创造，如第一台内燃机的出现、集成电路的发明、充气轮胎、记忆合金制成锁、虚拟现实等。该类发明创造或发明专利占所有发明创造或发明专利总数的 4%左右。

例如，内燃机的发明替代了蒸汽机。

第五级，罕见的科学原理导致一种新系统的发明、发现。

这类问题的解决主要是依据自然规律的新发现或科学的新发现，如计算机、形状记忆合金、蒸汽机、激光、晶体管等的首次发现。该类发明创造或发明专利不足所有发明创造或发明专利总数的 1%。

以下发明均属于第五级：

轮子——产生了所有轮式交通工具及许多工业行业；

蒸汽机——许多热机的雏形系统；

飞机——航空业的起源。

照相机、收音机、核反应堆和激光也属于第五级发明。绝大多数发明属于第一、二和三级。而真正推动技术文明进步的发明是属于第五级发明的。但这一级的发明数量相当稀少，属于能够改变世界的发明。

发明创造的等级划分及知识领域见表 8-1。

表 8-1　发明创造的等级划分及知识领域

发明创造级别	创新的程度	比例/%	知识来源	参考解的数量
一	明确的解	32	个人的知识	10
二	少量的改进	45	公司内的知识	100
三	根本性的改进	18	行业内的知识	1000

续表

发明创造级别	创新的程度	比例/%	知识来源	参考解的数量
四	全新的概念	4	行业以外的知识	10000
五	发现	<1	所有已知的知识	100000

由表 8-1 可以发现：95%的发明专利是利用了行业内的知识；只有少于 5%的发明专利是利用了行业外及整个社会的知识。

在明确专利“发明等级”以后，就会对发明的水平、获得发明所需要的知识以及发明创造的难易程度等有了一个量化的概念。总体上讲，我们对“发明级别”有了以下几方面的认识。

(1) 发明的级别越高，完成该发明时所需的知识和资源就越多，这些知识和资源所涉及的领域就越宽，搜索所用知识和资源的时间就越多，因此就要投入更多、更大的研发力量。

(2) 随着社会的发展、人类的进步、科技水平的提高，已有“发明级别”也会随时间的变化而不断降低。因此，原来级别较高的发明，逐渐变成人们熟悉和容易掌握的东西。而新的社会需求又不断促使人们去做更多的发明，生成更多的专利。

(3) 对于某种核心技术，人们按照一定的方法论对该核心技术的所有专利按照年份、发明级别和数量做出分析以后，可以描绘出该核心技术的“S 曲线”。S 曲线对产品研发和技术的预测有重要的指导意义。

(4) 表 8-1 的统计表明，第一、二、三级发明占了人类发明总量的 95%，这些发明仅仅是利用了人类已有的、跨专业的知识体系。由此，也可以得出一个推论，即人们所面临的 95%的问题都可以利用已有的某学科内的知识体系来解决。

(5) 第四、五级发明只占人类发明总量的约 5%，却利用了整个社会的、跨学科领域的新知识。因此，跨学科领域的知识获取是非常有意义的工作。当人们遇到技术难题时，不仅要在本专业内寻找答案，也应当向专业外拓展，寻找其他行业和学科领域已有的、更为理想的解决方案，以求获得事半功倍的效果。人们从事创新，尤其是进行重大的发明时，就要充分挖掘和利用专业外的资源，正所谓“创新设计所依据的科学原理往往属于其他领域”。

因此，无论是研究发明本身，还是研究如何来进行发明，划分发明级别都具有很重要的意义。

8.6 小　结

TRIZ 理论也称发明问题解决理论，是由以苏联发明家 G. S. Altshuler 为首的研究团队通过对大量高水平发明专利进行分析和提炼之后总结出来的指导人们进行发明创新、解决工程问题的系统化的方法学体系。

TRIZ 的核心思想有两个：第一，很多方法和原理在发明的过程中是重复使用的，所以可以借助发明原理解决当前问题；某一领域的发明原理可以被其他领域采用，相同的问题模型具有相同的解决模型。第二，技术系统的进化和发展并不是随机的，而是遵循一定的客观规律,进化的动力是解决冲突。

IFR是科学研究中创造性思维的基本方法之一。通过理想化来定义问题的IFR,以明确理想解所在的方向和位置,保证在问题解决过程中沿着此目标前进并获得IFR,从而避免了传统创新设计方法中缺乏目标的弊端,提升了创新设计的效率。

TRIZ理论成功地揭示了创造发明的内在规律和原理,着力于澄清和强调系统中存在的冲突,其目标是完全解决冲突,获得IFR。它不是采取折中或妥协的做法,而是基于技术的发展演化规律研究整个设计与开发过程,不再是随机的行为。实践证明,运用TRIZ理论,可大大加快人们创造发明的进行而且能得到高质量的创新产品。

参考文献

曹福全. 2009. 创新思维与方法概论. 哈尔滨:黑龙江教育出版社.
陈光. 2011. 创新思维与方法——TRIZ的理论与应用. 北京:科学出版社.
创新方法研究会. 2012. 创新方法教程(初级). 北京:高等教育出版社.
林岳,谭培波,史晓凌,等. 2009. 技术创新实施方法论DAOV. 北京:中国科学技术出版社.
萨拉马托夫. 2006. 怎样成为发明家:50小时学创造. 王子羲,译. 北京:北京理工大学出版社.
杨清亮. 2006. 发明是这样诞生的:TRIZ理论全接触. 北京:机械工业出版社.
赵敏. 2009. TRIZ入门及实践. 北京:科学出版社.
赵新军. 2004. 技术创新理论(TRIZ)及应用. 北京:化学工业出版社.

第9章 冲突解决理论

9.1 概 述

产品是多种功能的复合体,为了实现这些功能,产品要由具有相互关系的多个零部件组成。为了提高产品的市场竞争力,需要不断根据市场的潜在需求对产品进行改进设计。当改变某个零部件的设计,即提高产品某方面的性能时,可能会影响到与这些被改进零部件相关联的零部件,结果可能使产品或系统的另一些方面的性能受到影响。如果这些影响是负面影响,则设计出现了冲突。

冲突普遍存在于各种产品的设计中。一般经常存在的是技术冲突。例如,在飞机制造行业中,为了增加飞机外壳的强度,很容易想到的方法是增加外壳的厚度,但是厚度的增加势必会造成重量的增加,而重量增加是飞机设计师不想见到的。

当冲突中欲改善的参数与被恶化的正、反两个工程参数是同一个参数时,这就属于另一类冲突,TRIZ 中称为物理冲突。例如,飞机在起飞和降落时,必须用到起落架。但在飞行过程中又不需要起落架,以免引起不必要的空气摩擦。这是两个相反的要求。

设计人员常常面对各种各样的工程冲突。按传统设计中的折中法,冲突并没有彻底解决,而是在冲突双方之间取得折中方案,或者说降低冲突的程度。

TRIZ 理论认为,产品创新的标志是解决或移走设计中的冲突,而产生新的有竞争力的解。发明问题的核心是发现冲突并解决冲突,未克服冲突的设计并不是创新设计。产品进化过程就是不断地解决产品所存在的冲突的过程,一个冲突解决后,产品进化过程处于停顿状态;之后的另一个冲突解决后,产品移到一个新的状态。设计人员在设计过程中不断地发现并解决冲突,是推动设计向理想化方向进化的动力。

这两类冲突如何解决呢? 本章将介绍冲突的定义与分类并剖析冲突问题的解决流程。

9.2 冲突的定义与分类

在唯物辩证法中,冲突就是对立统一。

TRIZ 中可以这样理解冲突,它是指内在要素、作用或主张彼此不一致或相反的情境。特别是指“双失”情况,即因为使用常规方法来改进当前问题情境,而产生无法忍受的后果。

TRIZ 理论将冲突分为三类,即管理冲突、物理冲突及技术冲突。

管理冲突是指为了避免某些现象或希望取得某些成果,需要做一些事情,但不知道如何去做。例如,希望提高产品质量,降低原材料的成本,但不知道方法。管理冲突本身具有暂时性,而无启发价值。因此,不能表现出问题的解的可能方向,不属于 TRIZ 的研究内容。

技术冲突和物理冲突是 TRIZ 的主要研究内容，本章将主要论述这两种冲突。

9.2.1　技术冲突

当我们想要改善技术系统中某一特性、某一参数时，常常会引起系统中另一特性或参数的恶化，于是技术冲突出现了。

技术冲突是我们最常见的冲突之一。例如，桌子强度增加，导致重量增加。在这个例子中，改善的参数是强度，强度就是我们希望提高的参数，而同时恶化的参数是重量，这是我们不希望看到的结果。所以强度和重量这两个参数就构成了技术冲突。又如，桌子面积增加，导致体积增大，面积和体积这两个参数构成了技术冲突。

技术冲突可以用以下几种情况加以描述。

第一，一个子系统中引入一种有用功能后，导致另一个子系统产生一种有害功能，或加强了已存在的一种有害功能。

第二，一种有害功能导致另一个子系统有用功能的变化。

第三，有用功能的加强或有害功能的减少使另一个子系统或系统变得更加复杂。

我们再看几个不同行业中的例子。

制造业：很多工业产品的表面需要进行抛光处理。有时候为了达到很高的光洁度，就需要花费大量的时间。这里面，改善的参数是光洁度，恶化的参数是时间。技术冲突是光洁度和时间两个参数之间的冲突。

电子业：显示器是很多电子设备需要配备的部件之一。一些情况下，显示器需要更高的亮度，但是一些说明书中常建议不要使用过高的亮度，否则容易造成显示器更快速地老化。这个系统中的技术冲突是亮度与时间两个参数的冲突。

能源业：随着人们对现有矿产的不断开采，矿产资源越来越匮乏，所以人们逐渐开采品质较低的矿产，但是这需要更复杂的流程和设备。所以技术冲突是改善了矿产资源的数量，但是导致系统复杂性的恶化。

农业：害虫是影响粮食产量的重要原因。所以为了保证农作物的正常成长，常用的做法是喷洒各种农药，但是农药会残留在农作物上，影响人和其他动物的健康。这里，改善的是害虫造成的农作物损失，恶化的参数是农药残留对人类和其他动物的健康的损害。

从上面的例子中，我们可以看出技术冲突描述的是两个参数的冲突。

定义技术冲突的步骤可以分为三步：

步骤一：问题是什么？

步骤二：现有解决方案是什么？

步骤三：现有解决方案的缺点是什么？

步骤一是对初始的实际问题进行分析，可以使用因果分析（如 12.3 节所述）或者功能分析（如 12.2 节所述）等方法，通过这些分析方法找到问题的切入点；

从步骤二中找出此技术系统的现有解决方案改善的参数 A；

从步骤三中找出现有的解决方案恶化的参数 B，A 与 B 构成了一对技术冲突。

案例：火箭喷嘴变形问题。

某火箭在发射多功能卫星时遭到失败。在进行因果分析时，考虑到火箭在燃烧燃料时产生的高温高压气体,通过喷嘴高速向后喷射产生巨大的反作用力,从而推动火箭高速飞行,其飞行速度可达到4000m/s。在火箭高速行进过程中,从其喷嘴中喷出的气体温度高达3000℃以上,这使得喷嘴的质量和材料磨损严重,降低了喷嘴的寿命,最终降低火箭飞行的稳定性。得到以下因果链的片段:

火箭的上升需要上升力—需要喷出高温高压气体—喷嘴变形—发射失败。

步骤一:问题是什么?

火箭的上升需要上升力。

步骤二:现有解决方案是什么?

采用高温高压空气提供升力。

步骤三:现有解决方案的缺点?

使得喷嘴变形。

从步骤二中找出此技术系统的现有解决方案改善的参数——"力";从步骤三中找出现有的解决方案恶化的参数——"形状","力"与"形状"构成了一对技术冲突。

9.2.2　物理冲突

当对一个系统的某个参数具有相反的要求时,就出现了物理冲突。例如,要求系统的某个参数既要出现又不存在,或既要高又要低,或既要大又要小等。相对于技术冲突,物理冲突是一种更尖锐的冲突,创新中需要加以解决。

例如,飞机的机翼应该尽量大,以便在起飞时获得更大的升力;飞机的机翼应该尽量小以减少在高速飞行时的阻力。钢笔的笔尖应该细,以使钢笔能够写出较细的文字;同时钢笔的笔尖应该粗,以避免锋利的笔尖将纸划破。飞机的起落装置在飞机起飞和降落时是必需的,但是在飞机飞行的过程中是不需要的。

物理冲突可以用以下几种情况加以描述。

第一,一个子系统中有害功能降低的同时导致该子系统中有用功能的降低;

第二,一个子系统中有用功能加强的同时导致该子系统中有害功能的加强。

上述的描述方法是最一般的方法,其他TRIZ研究人员对此给了更为详细的描述,Savransky在1982年提出了如下的物理冲突描述方法:

(1) 子系统A必须存在,A不能存在;

(2) 关键子系统A具有性能B,同时应具有性能－B,B与－B是相反的性能;

(3) A必须处于状态C及状态－C,C与－C是不同的状态;

(4) A不能随时间变化,A要随时间变化。

物理冲突反映的是唯物辩证法中的对立统一规律,冲突双方存在对立的关系和统一的关系。一方面,物理冲突讲的是相互排斥,即同一性质相互对立的状态,假定非此即彼;另一方面,物理冲突又要求所有相互排斥和对立状态的统一,即冲突的双方存在于同一客体中。

定义物理冲突的步骤,可以分为以下四步:

步骤一:进行技术系统的因果分析。

步骤二:从因果轴定义出技术冲突。

A＋,B－;

B+，A−。

步骤三：提取物理冲突。在这对技术冲突中找到一个参数，及其相反的两个要求。

C+；

C−。

步骤四：定义理想状态。提取技术系统在每个参数状态的优点，提出技术系统的理想状态。

工程系统中常常遇到各种问题。如何将一个问题转换成物理冲突是非常重要的。针对某种实际的问题情境，一般可以通过以上步骤逐步完成对其中物理冲突的准确描述，这里以制造汽车过程中的一个问题为例。

在制造汽车时，特别是制造重型卡车时，需要汽车非常坚固，并且能承载更多的货物。所以一般大型汽车、重型卡车需要运用大量的钢材来制造更大更厚实的车厢。但是这样会使汽车非常重，所以在行驶过程中需要耗费更多的燃油。

针对这样的实际问题，将它转换成物理冲突的时候，就需要找到某一个有对立要求的参数。我们按照以上步骤找到这个对立的参数。

那么，卡车车身这一实例中存在的技术冲突是：强度与运动物体的重量。

物理冲突则可以简单表述为：卡车车身的材料密度既要是高的，同时又要是低的。

9.3　技术冲突的解决

9.3.1　通用技术参数

Altshuler 在分析了大量的专利后发现，工程中存在大量的工程参数，每个行业、领域都有很多工程参数，为了方便定义技术冲突(矛盾)，Altshuler 通过对大量专利文献的分析后，陆续总结出来 39 个参数，把它们称为 39 个通用技术参数。他分析发现，利用 39 个通用技术参数就足以描述工程领域中出现的绝大部分技术冲突。可以说，39 个通用技术参数是连接具体问题与 TRIZ 的桥梁，是打开问题之门的第一把“金钥匙”。借助于 39 个通用技术参数可将一个具体的问题转化并表达为标准的 TRIZ 问题。

在实际问题分析过程中，为表述系统存在的问题，技术参数的选择是一个难度较大的工作，技术参数的选择不但需要拥有关于技术系统的全面的专业知识，而且也要拥有对 TRIZ 的 39 个通用技术参数的正确解释。39 个通用技术参数详见表 9-1。

表 9-1　39 个通用技术参数

1. 运动物体的重量	7. 运动物体的体积	13. 稳定性
2. 静止物体的重量	8. 静止物体的体积	14. 强度
3. 运动物体的长度	9. 速度	15. 运动物体的作用时间
4. 静止物体的长度	10. 力	16. 静止物体的作用时间
5. 运动物体的面积	11. 应力或压强	17. 温度
6. 静止物体的面积	12. 形状	18. 照度

续表

19. 运动物体的能量消耗	26. 物质或事物的数量	33. 操作流程的方便性
20. 静止物体的能量消耗	27. 可靠性	34. 可维修性
21. 功率	28. 测量精度	35. 适应性及通用性
22. 能量损失	29. 制造精度	36. 系统的复杂性
23. 物质损失	30. 作用于物体的有害因素	37. 控制和测量的复杂性
24. 信息损失	31. 物体产生的有害因素	38. 自动化程度
25. 时间损失	32. 可制造性	39. 生产率

39 个通用技术参数配对组合，产生了大约 1500 对标准的技术冲突。

现在以飞机的问题为例，来说明 39 个通用技术参数的作用。为了增加飞机外壳的强度，一种方法是增加飞机外壳的厚度，但是这样会造成飞机重量的增加。我们发现改善的参数是强度，在 39 个通用技术参数中对应的是 14 号参数；恶化的是重量。查询通用技术参数，发现有两个参数都包含重量，分别是“1. 运动物体的重量”和“2. 静止物体的重量”。经过判断，可以选择 1 号参数，即运动物体的重量。所以，这个问题转化成标准的技术冲突就是改善了强度，恶化了运动物体的重量。

2003 年，由美国科技人员在引入 TRIZ 理论的基础上，对 1500 万件专利加以分析、研究、总结、提炼和定义，在 39 个通用工程参数的基础上增加了 9 个通用工程参数，由 39 个变为 48 个。

增加的 9 个通用工程参数是：信息的数量、运行效率、噪声、有害的散发、兼容性、可连通性、安全性、易受伤性、美观和测量难度。扩展后的 48 个通用工程参数如表 9-2 所示。表中括号内编号为原 39 个通用工程参数的编号。

表 9-2　48 个通用技术参数的简明注释

编号	名称	解释
1	运动物体的重量	在重力场中运动物体所受到的重力
2	静止物体的重量	在重力场中静止物体所受到的重力
3	运动物体的长度	运动物体的任意线性尺寸，如长、宽、高、角度
4	静止物体的长度	静止物体的任意线性尺寸，如长、宽、高、角度
5	运动物体的面积	运动物体内部或外部的任意二维尺寸
6	静止物体的面积	静止物体内部或外部的任意二维尺寸
7	运动物体的体积	运动物体的三维尺寸
8	静止物体的体积	静止物体的三维尺寸
9	形状(12)	物体或系统的外貌或轮廓
10	物质或事物的数量(26)	制造一个物体(或系统)所需要的材料、部件或子系统等物质的数量，它们可以部分或全部、临时或永久地被改变
11	**信息的数量**	**一种(附属)系统的信息资源(资料)的数量**
12	运动物体的作用时间(15)	运动物体完成规定作用的时间、服务时间，以及耐久力等(即物体失去功能前的寿命)；两次故障之间的平均时间也是作用时间的一种度量

续表

编号	名称	解释
13	静止物体的作用时间(16)	静止物体完成规定作用的时间、服务时间，以及耐久力等(即物体失去功能前的寿命)；两次故障之间的时间也是作用时间的一种度量
14	速度(9)	运动物体的速度，单位时间物体的活动过程或作用
15	力(10)	两个物体(或系统)间相互作用的度量；试图改变物体状态的任何作用
16	运动物体的能量消耗(19)	运动物体在做功期间所耗费的能量；力学中能量指作用力与距离的乘积，包括消耗超系统提供的能量
17	静止物体的能量消耗(20)	静止物体在做功期间所耗费的能量；力学中能量指作用力与距离的乘积，包括消耗超系统提供的能量
18	功率(21)	单位时间内所做的功或消耗的能量，即利用能量的速度
19	张力/压力(应力或压强)(11)	作用在物体单位面积上的力
20	强度(14)	物体抵抗外力而使其本身不被破坏(分裂)的能力
21	稳定性(13)	系统的完整性及系统组成部分之间的关系。整个物体或系统受外在因素影响而维持不变的能力；磨损、化学分解及拆卸都会降低稳定性
22	温度(17)	物体或系统所处的热状态，包括其他热参数如影响改变温度变化速度的热容量
23	明亮度(照度)(18)	单位面积上的光通量，可以理解为物体的亮度、反光性、照明质量等
24	**运行效率**	**涉及一个物体或系统的主要有用功能或相关功能**
25	物质的浪费(损失)(23)	对系统或物体做无用功所消耗的物质
26	时间的浪费(损失)(25)	一项活动所延续的时间间隔；改进时间的浪费指减少一项活动所花费的时间
27	能量的浪费(损失)(22)	对系统或物体做无用功所消耗的能量
28	信息的遗漏(损失)(24)	资料或系统输入项目数据的丢失
29	**噪声**	**涉及物理噪声或噪声数据，如标准、频率和音色等的参数**
30	**有害的散发**	**一个系统或物体产生任何形式的污染物或向环境扩散**
31	有害的副作用(物体产生的有害因素)(31)	造成系统效应或完成功能质量降低的有害因素。这些有害因素由物体或系统操作的一部分而产生
32	适应性及通用性(35)	系统或物体应对外部变化的能力，或在各种外部影响下发挥功能的能力
33	**兼容性/可连通性**	**该系统和其他系统能够联合的程度**
34	操作流程的方便性(33)	物体或系统在使用或操作上的容易程度。要使操作过程中需要的人数越少、操作步骤越少，以及工具越少，代表方便性越高，同时还要确保有较高的产出
35	可靠性(27)	物体或系统能够正常执行其功能的能力，可理解为无故障操作概率或无故障运行时间
36	易维护性(可维修性)(34)	物体或系统发生故障或损坏后容易修护或恢复功能的程度。维修时间短、维修简单方便

续表

编号	名称	解释
37	**安全性**	**系统或物体保护自己的能力，免受未获准的进入、使用、窃取或其他不利影响**
38	**易受伤性**	**一个物体或系统保护自己或它的用户不受危害的能力；一个物体或系统抵抗外部损坏的能力**
39	**美观**	**一个物体或系统的外观是否漂亮**
40	外来有害因素（作用于物体的有害因素）(30)	物体对来自外部或环境中造成系统效率或质量降低的有害作用的影响力
41	可制造性(32)	物体或系统在制造过程中的方便或简易程度
42	制造的准确度（精度）(29)	制造产品的实际性能与设计所需性能或技术规范和标准所预定的性能之间存在的误差
43	自动化程度(38)	物体或系统在无人操作的情况下完成任务的能力
44	生产率(39)	在单位时间内，系统或物体所完成的功能或操作次数；或完成一个功能或操作所需的时间以及单位时间的输出、单位输出的成本等
45	系统的复杂性(36)	构成物体或系统的元件数量以及多样性
46	控制和测量的复杂性(37)	用于测量或操作系统所需的组件数量与多样性。一个系统复杂、成本高、需要较长时间建造及使用，或部件与部件之间关系复杂，都使得系统的监控与测试困难
47	**测量难度**	**测量工作复杂、昂贵、耗时，测量困难、精度高**
48	测量的准确度（精度）(28)	系统或物体性质所测量到的值与其实际值之间的误差。减少误差将提高测试精度

黑体字是新增加的通用技术参数。值得注意的是，1970 年与 2003 年冲突矩阵表上显示的技术特性的通用技术参数编码是不同的，使用时应注意分别对照使用，不宜混淆。

9.3.2 发明原理及实例

Altshuler 通过对大量的发明专利的研究发现，大约只有 20%左右的专利才称得上是真正的创新，许多宣称为专利的技术，其实早已经在其他的产业中出现并被应用过。所以，Altshuler 认为如果跨产业间的技术能够更充分地交流，一定可以更早开发出优化的技术。同时，Altshuler 也坚信发明问题的原理一定是客观存在的，如果掌握这些原理，不仅可以提高发明效率、缩短发明周期，而且能使发明问题更具有可预见性。如果一个发明原理融合了物理、化学等科学，那么此原理将超越领域的限制，可应用到其他行业中去。

为此，Altshuler 对大量的专利进行了研究、分析、总结，提炼出了 TRIZ 中最重要的、具有普遍用途的 40 个发明原理。40 个发明原理拉开了一道发明问题解决的天窗，将发明从“魔术”推向科学，让那些似乎只有天才才可以从事的发明工作成为一种人人都可以从事的职业，使原来认为不可能解决的问题可以获得突破性的解决。当前，40 个发明原理已经从传统的工程领域扩展到微电子、医学、管理、文化教育等当今社会的各个领域，40 个发明原理的广泛使用，产生了不计其数的发明专利。

下面是对 40 个发明原理的具体介绍，大部分发明原理包括几种具体的应用方法。

1. 分割

第一，将物体分成相互独立的部分：

（1） 为不同材料（如玻璃、纸、铁罐等）的再回收设计不同的回收箱。

（2） 电冰箱冷冻室的多个冷冻储藏盒。

（3） 将巨型载重汽车分解成卡车及拖车。

第二，将物体分成容易组装和拆卸的部分：

（1） 组合式家具。

（2） 消防器材中铅管可快速拆卸与连接。

（3） 路灯的灯柱太长，不容易运输，于是分成几段来运输，然后再组合起来使用。

第三，提高物体的可分性：

（1） 活动百叶窗替代整体窗帘。

（2） 拼图游戏将整幅图片分割成许多大小、形状相同的部分以增加拼接的难度。

（3） 在飞机的油箱里填一种微蜂窝孔状材料，这些蜂窝孔将分割成无数小的"间隔"，这种设计不影响油料流动且能防止油料膨胀起火燃烧。

2. 抽取

第一，从物体中抽出产生负影响的部分或属性：

（1） 避雷针可以在雷雨天遭受雷击时，将有害的闪电"抽取"出来导入地下。

（2） 在发生交通事故时，把容易引起爆炸的油箱扔掉。

（3） 保存食品的真空包装，它抽掉了可能使食物变质的空气，延长了食物保质期。

第二，从物体中抽出必要的部分或属性：

（1） 用狗叫声作为报警器的报警声，而不用养一条真正的狗。

（2） 用光纤或光波导分离主光源，以增加照明点。

（3） 在互联网上使用搜索引擎来抽取想要的信息。

3. 局部质量

第一，将物体、环境或外部作用的均匀结构变为不均匀的：

（1） 贵重实验仪器核心部分买好的，其余部分用普通的代替。

（2） 复合钢菜刀（好钢用在刀刃上）。

第二，让物体的不同部分各具不同功能：

（1） 瑞士军刀（带多种常用工具，如螺丝刀、启瓶器、小刀、剪刀等）。

（2） 具有多个隔层的餐盒，在不同隔层中放不同的食物。

（3） 多功能的工具，不同的部分可作为普通钳子、剥线钳、普通螺丝刀、十字螺丝刀和指甲修剪工具等使用。

第三，让物体的各部分处于执行各自功能的最佳状态：

（1） 根据保存食物时间长短的不同，把电冰箱分为不同局部温度（如冷冻室、保鲜室）。

（2） 班级劳动时，让男同学负责擦地，女同学负责擦玻璃。

4. 增加不对称性

第一,将物体的对称外形变为不对称的:

(1) 为增强混合功能,在对称容器中用不对称的搅拌装置(水泥搅拌车、蛋糕搅拌机)。

(2) 引入一个几何特性来防止元件不正确的使用(如电插头的接地棒)。

(3) 道路转弯处外侧路面高于内侧。

第二,增强不对称物体的不对称程度:

(1) 为增强防水保温性,建筑上采用多重坡屋顶。

(2) 将液化气罐底部设计成斜面,一旦燃气快用完时,燃气罐会自动发生倾斜。

(3) 按人体的形状做成的坐垫使人坐上去更加舒适。

5. 组合

第一,在空间上将相同物体或相关操作加以组合:

(1) 集成电路板上的多个电子芯片。

(2) 联合收割机,同时完成收割和脱粒。

(3) 为减少破损,将玻璃用油黏在一起作为"整体"来运输。

第二,在时间上将相同或相关操作进行合并:

(1) 混凝土搅拌机在运输途中进行搅拌。

(2) 冷热水混水器。

(3) 保健理疗仪能同时测出血压、血稠度等多种生理指标。

6. 多用性

使一个物体具有多项功能,消除了该功能在其他物体内存在的必要性(进而裁剪其他物体):

(1) MP4 播放器,既能看电影又能听歌,还可以当 U 盘使用。

(2) 多功能一体机(电话、传真、扫描、复印、打印)。

(3) 止咳糖浆的药瓶盖同时也是量杯。

7. 嵌套

第一,把一个物体嵌入另一物体,然后将这两个物体再嵌入到第三个物体,以此类推:

(1) 俄罗斯套娃。

(2) 套装式油罐,内罐装黏度较高的油,外罐装黏度较低的油。

第二,让某物体穿过另一物体的空腔:

(1) 伸缩变焦镜头。

(2) 伸缩鱼竿。

(3) 为节省空间,超市的购物车可互相套叠存放。

8. 重量补偿

第一，将某一物体与另一能提供升力的物体组合，以补偿其重量：

(1) 用氢气球悬挂广告条幅。

(2) 救生衣、游泳圈。

(3) 直升机。

第二，通过与环境(利用空气动力、流体动力或其他力等)的相互作用实现物体的重量补偿：

(1) 赛车的阻流板用来增加与地面摩擦力。

(2) 热气球、潜水艇、气垫船。

(3) 在月球车轮胎里设置球形重物，用以降低月球车的重心，保持月球车的稳定性。

9. 预先反作用

第一，预先施加反作用，来消除不利影响：

(1) 给树木刷渗透漆以阻止腐烂。

(2) 在溶液中加入缓冲剂来防止 pH 变化带来危害。

(3) 悬索桥利用钢索反向拉力来抵消桥面自重和车辆的重力。

第二，如果物体处于受拉伸状态，预先施加压力：

(1) 在灌注混凝土之前，对钢筋预加压应力。

(2) 汽车的悬挂系统。

(3) 拉伸包装——在常温下将弹性薄膜围绕。

10. 预先作用

第一，预先对物体(全部或至少部分)施加必要的改变：

(1) 邮票上预先打孔，方便撕下单张使用。

(2) 不干胶粘贴(只需揭开透明纸，即可用来粘贴)。

(3) 冬天在苗圃里种草皮，等到夏天像铺地毯一样把草皮铺上。

第二，预先安置物体，使其在最方便的位置开始发挥作用而不浪费运送时间：

(1) 建筑内通道里安置的灭火器。

(2) 在停车场安置的预付费系统。

(3) 道路上转弯、分岔或出口的预先提示牌。

11. 事先防范

采用事先准备好的应急措施，补偿物体相对较低的可靠性：

(1) 降落伞的备用伞包。

(2) 电闸盒中的保险丝。

(3) 汽车上的安全气囊。

12. 等势

改变操作条件，以减少物体提升或下降的需要：
(1) 工厂中与操作台同高的传送带。
(2) 三峡大坝的水闸。
(3) 无障碍通道，方便轮椅通行。

13. 反向作用

第一，用相反的动作代替问题定义中所规定的动作：
(1) 吸尘器的前身是吹尘器。
(2) 采用将内层物体冷冻的方法使两个套紧的物体分离，而不是加热外层物体。
(3) 制作酒心巧克力时，不是先制作巧克力外壳，而是先冰冻酒心，后蘸巧克力，从而大大简化工艺。
第二，让物体或环境可动部分不动，不动部分可动：
(1) 加工中心中变工具旋转为工件旋转。
(2) 健身器材中的跑步机。
(3) 训练飞行员的模拟飞行器，以场景的运动来代替飞机的飞行。
第三，将物体上下颠倒或内外翻转：
(1) 钻井火箭是把升空火箭倒转180°，朝地下发射。
(2) 通过把杯子倒置从下边喷水来进行清洗。
(3) 滚梯和助步扶梯。

14. 曲面化

第一，将物体的直线、平面部分用曲线或球面代替，变平行六面体或立方体为球形结构：
(1) 将车身做成流线型以减小空气阻力。
(2) 在建筑中采用拱形或圆形屋顶来增加强度。
(3) 古代打仗时，士兵用的盾多是球面的，可增加强度。
第二，使用滚筒、球、螺旋结构：
(1) 圆珠笔的球状笔尖使得书写流利。
(2) 滚珠轴承利用滚珠来减小阻力和磨损。
(3) 转椅底部做成转轴，椅脚安装滚轮，方便转动和移动。
第三，改直线运动为旋转运动，应用离心力：
(1) 离心机利用离心力分离液体与固体颗粒或液体与液体的混合物中的各组分。
(2) 洗衣机的甩干筒用离心运动代替原来拧干的方法。
(3) 中国古代人们用绳索的一端系住陶罐，手握绳索的另一端，旋转甩动陶罐，产生离心力挤压出陶罐中的蜂蜜，这是离心分离原理的早期应用。

15. 动态特性

第一，调整物体或环境的性能，使其在工作的各阶段达到最优状态：
(1) 汽车的可调节式方向盘(或可调节式座位、后视镜等)。
(2) 形状记忆合金。
(3) 医院的可调节病床。
第二，分割物体，使其各部分可以改变相对位置：
(1) 可折叠桌子、椅子。
(2) 笔记本电脑。
(3) 拖拉机的车头和车身用钢轴连接以适应崎岖的山路。
第三，一个物体整体是静止的，使其部分移动或可动：
(1) 可弯曲的饮用管。
(2) 医疗检查所用的柔性结肠镜。
(3) 淋浴用的连接热水器和喷头的水管。

16. 未达到或超过的作用

如果所期望的效果难以百分之百实现，稍微超过或稍微小于期望效果，会使问题大大简化：
(1) 印刷时，喷过多的油墨，然后再去掉多余的，字迹更清晰。
(2) 注射器抽药液时，先抽取较多的药液，再排出至需要的剂量。
(3) 安装玻璃时，要多填一些腻子，然后刮平。

17. 空间维数变化

第一，将一维线性运动变为二维平面运动，或三维空间运动：
(1) 螺旋梯可以减少所占用的房屋面积。
(2) 立体停车场。
(3) 五轴铣床可准确完成三维复杂曲面的切割过程。
第二，单层排列的物体变为多层排列：
(1) 北方建筑使用双层玻璃来保温。
(2) 多碟 CD 机可以丰富音乐选择。
(3) 计算机主板采用多层电路板。
第三，将物体倾斜或侧向放置：
(1) 自动垃圾卸载车。
(2) 焊接电子元件时使元件倾斜以降低高度或增加密度。
第四，利用给定表面的反面：
(1) 在集成电路板的两面都安装电子元件。
(2) 双面胶。
(3) 可以两面穿的衣服。

18. 机械振动

第一,使物体处于振动状态:
(1) 电动剃须刀。
(2) 用筛子筛米。
(3) 手机中安装扁平马达获得振动提示。
第二,如果已处于振动状态,提高振动频率(甚至超声振动):
(1) 超声波清洗。
(2) 振动送料器。
(3) 运用涡旋和低频振动减少烹调时间。
第三,利用共振频率:
(1) 许多乐器都利用共鸣箱的共振来增加声音。
(2) 面粉厂的共振筛利用共振原理来提高筛除杂物的效率。
(3) 微波炉利用微波使水分子共振来加热。
第四,用压电振动代替机械振动:石英晶体振荡驱动高精度钟表。
第五,将超声波振动和电磁场结合:
(1) 超声波振动和电磁场共用,在电熔炉中混合金属,使混合均匀。
(2) 在高频炉里混合合金,使混合均匀。

19. 周期性作用

第一,用周期性动作或脉冲动作代替连续动作:
(1) 警车所用警笛改为周期性鸣叫,避免产生刺耳的声音。
(2) 松开生锈的螺母时,用间歇性猛力比持续拧力有效。
(3) 田间的自动灌溉喷头在内部结构的控制下,做周期性的回旋运动。
第二,如果周期性动作正在进行,改变其运动频率:
(1) 用频率调音代替摩尔电码。
(2) 手机利用不同的频段来实现漫游通话。
(3) 计算机用提高时钟频率的方法来提高运算速度。
第三,利用脉冲周期中的暂停来执行另一有用动作:
(1) 用电视信号传递的间隙传递数字图文信息。
(2) 医用的呼吸机系统为:每五次胸廓运动,进行一次心肺呼吸。

20. 有效作用的连续性

第一,物体的各个部分同时满载持续工作,以提供持续可靠的性能:
(1) 汽车在路口停车时,飞轮(或液压系统)储存能量,使发动机运转平稳(电动汽车)。
(2) 在工厂里,使处于瓶颈地位的工序持续地运行,达到最好的生产步调。
第二,消除空闲和间歇性动作:
(1) 打印机在回程也执行打印动作,如点阵打印机、喷墨打印机。

(2) 切割机在切割的同时,用砂轮将刀片磨锋利。
(3) 半波整流电路变成全波整流电路。

21. 减少有害作用的时间

将危险或有害的流程或步骤在高速下进行:
(1) 发动机快速跃过共振转速范围。
(2) 为了保持菜的色香味又不造成营养破坏过多,厨师通常都采用急火快勺来炒菜。
(3) 牙医使用高速电钻,避免烫伤口腔组织。

22. 变害为利

第一,利用有害的因素(特别是环境中的有害效应),得到有益的结果:
(1) 利用废弃热能发电。
(2) 打疫苗就是利用少量灭活的病毒激发人体对该病毒自身的免疫力。
(3) 生活垃圾、人畜粪便、秸秆等放在沼气池里发酵生成沼气来使用。
第二,将两个有害的因素相结合进而消除它们:
(1) 潜水中用氮氧混合气体,以避免单独使用纯氧造成昏迷或中毒。
(2)"以毒攻毒"。
第三,增大有害因素的幅度直至有害性消失:森林灭火时用逆火灭火(在森林灭火时,为熄灭或控制即将到来的野火蔓延,燃起另一堆火将即将到来的野火的通道区域烧光)。

23. 反馈

第一,在系统中引入反馈:
(1) 声控喷泉。
(2) 驾驶室里的各种状态仪表。
(3) 利用声呐来发现鱼群、暗礁或潜艇。
第二,如果已引入反馈,改变其大小或作用:
(1) 在5千米航程范围内,改变导航系数的敏感区域。
(2) 将管理评价方式由考虑预算差变异为提高用户满意度。
(3) 电饭煲根据食物的成熟度来自动加温或断电。

24. 借助中介物

第一,使用中介物实现所需动作:
(1) 用拨子弹月琴。
(2) 用刷子涂眼影和腮红。
(3) 木匠的冲钉器,用在榔头和钉子之间。
第二,把一物体与另一容易去除的物体暂时结合:
(1) 饭店上菜的托盘。
(2) 茶杯下面的茶托。
(3) 化学反应中的催化剂。

25. 自服务

第一,让物体通过执行辅助或维护功能为自身服务:
(1) 带超声波除尘功能的数码相机。
(2) 带自身清理功能的热水器。
(3) 自动换水鱼缸。
第二,利用废弃的能量与物质:
(1) 利用热电厂余热供暖。
(2) 用实物、草等有机废物做肥料。
(3) 枪弹退壳系统。

26. 复制

第一,用经过简化的廉价复制品代替复杂的、昂贵的、不方便的、易碎的物体:
(1) 虚拟现实系统,如虚拟训练飞行员系统。
(2) 远程教学系统"复制"课堂,节省教育资源。
(3) 视频会议可避免因参会人员不在同一地理位置而延误,同时也节省了费用。
第二,用光学复制品(图像)代替实物或实物系统,可以按一定比例扩大或缩小图像:
(1) 测量一栋摩天大厦有多高,可以通过测量其照片来测量对象。
(2) 产生声谱图来评估胎儿的健康状况,而不冒险采用直接测试的方法。
(3) 医院采用胶片影像诊断疾病。
第三,如果已使用了可见光复制品,用红外线或紫外线复制品代替:
(1) 利用紫外线诱杀蚊虫。
(2) 制作集成电路的紫外重复曝光照相机。
(3) 用红外图像来检测热源,如对农作物疾病,或者安保系统中的入侵者。

27. 廉价替代品

用若干便宜的物体代替昂贵的物体,同时降低某些质量要求(如工作寿命):
(1) 用一次性的物品(如一次性的纸杯),可节省重复使用物品的清洗、储存等费用。
(2) 火柴/打火机。
(3) 假发。

28. 机械系统的替代

第一,用光学/视觉系统、声学/听觉系统、电磁系统、味觉系统或嗅觉系统代替机械系统:
(1) 用声音栅栏替代实物栅栏(如用光电传感器控制小动物进出房间)。
(2) 电视机用红外遥控器代替原来的机械调整方式。
(3) 感应开关水龙头。
第二,使用与物体相互作用的电场、磁场、电磁场:
(1) 用磁力搅拌器代替机械搅拌。

(2) 静电除尘器。

(3) 为了混合两种粉末,用电磁场代替机械振动使粉末混合均匀。

第三,用运动场代替静止场,时变场代替恒定场,结构化场代替非结构化场:早期的通信系统用全方位检测,现在用特定发射方式的天线。

第四,利用场与铁磁粒子的联合使用:铁磁催化剂,用感应的磁场加热含磁粒子的物质,当温度超过居里点时,物质变成顺磁,不再吸收热量,达到恒温的目的。

29. 气压和液压结构

将物体的固体部分用气体或流体代替,如充气结构、充液结构、气垫、液体静力结构和流体动力结构:

(1) 木工使用的气动钉枪(压缩空气驱动)。

(2) 用气垫运动鞋减少运动对足底的冲击。

(3) 运输易损物品时,经常使用发泡材料保护。

30. 柔性壳体或薄膜

第一,使用柔性壳体或薄膜代替标准结构:

(1) 在网球场地上采用充气薄膜结构作为冬季保护措施。

(2) 农业使用塑料大棚种菜。

(3) 充气儿童城堡。

第二,使用柔性壳体或薄膜,将物体与环境隔离:

(1) 在蓄水池表面浮一层双极材料的薄膜,上表面为亲水性,下表面为疏水性,减少水的蒸发。

(2) 保存新鲜蔬菜和水果用的保鲜袋、保鲜膜。

(3) 使用膨胀的薄膜结构作为冬天里网球场上空的遮盖。

31. 多孔材料

第一,使物体变为多孔性或加入多孔物体(如多孔嵌入物或覆盖物):

(1) 为减轻物体重量或降低柔韧度,在物体上钻孔,或使用多孔性材料。

(2) 机翼用的泡沫金属。

(3) 海绵床垫。

第二,如果物体是多孔结构,在小孔中事先填入某种物质:

(1) 活性炭可以用来吸收有害物质,用来净化环境。

(2) 脱脂棉具有很好的吸附药液作用。

(3) 用多孔的金属网吸走接缝处多余的焊料。

32. 颜色改变

第一,改变物体或环境的颜色:

(1) 公路养护工的服装具有鲜艳的荧光色彩,用以警示过往车辆。

(2) 使用周围温度改变颜色室温漆来测量室温。

(3) 在冲洗照片的暗房中使用暗红色安全灯,避免相纸曝光。

第二,改变物体或环境的透明度:

(1) 用酸碱度测试纸(pH 试纸)测量 pH。

(2) 感光玻璃随光线改变其透明度。

(3) 在半导体的处理过程中,采用照相平版印刷术将透明材料改成实心遮光板。

第三,在难以看清的物体中使用有色添加剂或发光物质:

(1) 紫外光笔辨别伪钞。

(2) 研究水流试验中,给水加入颜料。

(3) 交通标志牌涂料中含有玻璃微珠,可以定向反光,在晚上车灯照射下十分醒目。

第四,通过辐射加热改变物体的热辐射性:在太阳能电池板上使用抛物面镜来提高能量收集。

33. 均质性

存在相互作用的物体用相同材料或特性相近的材料制成:

(1) 为减少化学反应,尽量使物体及外包装材质一致。

(2) 用旧轮胎修补破损的轮胎。

(3) 使用可吸收缝合线缝合伤口。

34. 抛弃或再生

第一,采用溶解、蒸发等手段抛弃系统中已完成功能的多余部分,或在系统运行过程中直接修改它们:

(1) 用冰来做射击靶碟。

(2) 火箭发动机采用分级方式,燃料用完的发动机自动分离抛弃。

(3) 冰灯在春季到来时不用清除,自己会融化。

第二,在工作过程中迅速补充系统或物体中消耗的部分:

(1) 自动铅笔。

(2) 自动磨快割草机的刀片。

35. 物理或化学参数改变

第一,改变聚焦态(物态):

(1) 酒心巧克力,先将酒心冷冻,然后在热巧克力中蘸一下。

(2) 将气体液化,以减小体积便于运输。

(3) 固体胶水更容易携带和使用。

第二,改变浓度或密度:用液态的洗手液代替固态的肥皂,前者比后者浓度高,可以定量控制使用,减少浪费。

第三,改变系统的柔性:硫化橡胶改变了橡胶的柔性和耐用性。

第四,改变温度或体积等参数:

(1) 烹饪食品,利用温度变化改变食物的色香味。

(2) 降低医用标本保存温度,以备后期解剖。

(3) 新鲜蔬菜和水果用低温法保鲜。

36. 相变

利用物质相变时产生的某种现象，如体积改变、吸热或放热：

(1) 加湿器利用水蒸发来增加室内的湿度。

(2) 热导管，利用热源将工作流体气化，其热传导效率比普通的纯铜管高百倍。

(3) 日光灯在灯管中的电极上利用了液态汞的蒸气。

37. 热膨胀

第一，使用材料的热膨胀或热收缩特性：

(1) 装配钢双环时，可使内环冷却收缩，外环升温膨胀，再将两环装配，常温时就紧密装配在一起了。

(2) 用水银或酒精、煤油热胀冷缩特性制作温度计。

(3) 宾馆起火时，自动喷淋系统顶端的乙醚会因受热而膨胀，让水自动喷出。

第二，组合使用不同热膨胀系数的几种材料：

(1) 记忆合金，在一定温度下恢复到原来状态。

(2) 双金属片传感器，使用两种不同膨胀系数的金属材料并连接在一起，当温度变化时，双金属片会发生弯曲。

38. 强氧化剂

第一，用富氧空气代替普通空气：

(1) 为持久在水下呼吸，在呼吸器中储存浓缩空气。

(2) 用乙炔-氧代替乙炔-空气切割金属。

(3) 缺氧人群可以使用吸氧机。

第二，用纯氧代替富氧空气：

(1) 用高压纯氧杀灭伤口厌氧细菌。

(2) 用高压氧舱治疗煤气中毒。

(3) 使用纯氧-乙炔法进行更高温度的切割。

第三，将空气或氧气用电离放射线处理，产生离子化氧气：

(1) 空气过滤器通过电离空气来捕获污染物。

(2) 离子化氧气可作为化学反应的催化剂。

第四，用臭氧代替离子化氧气：

(1) 臭氧溶于水中去除船体上的有机污染物。

(2) 臭氧消毒机。

(3) 新式洗衣机可以不用洗衣粉，而用超声波和臭氧发生装置来清洗衣物。

39. 惰性环境

第一，用惰性环境代替通常环境：

(1) 用各种惰性气体做成的五颜六色的霓虹灯。

(2) 用氮气等惰性气体填充灯泡,防止发热的金属灯丝氧化。

第二,使用真空环境:

(1) 钨丝灯泡内部抽成真空。

(2) 真空包装食品,延长存储期。

(3) 利用真空原理来制作吸尘器。

第三,在物体中添加惰性或中性添加剂:添加泡沫吸收声振动——高保真音响。

40. 复合材料

用复合材料代替均质材料:

(1) 用玻璃纤维制成的冲浪板比木质板更轻,运动方向可灵活控制,也易于制成各种形状。

(2) 使用铝塑复合管来作为暖气管道,具有足够的强度又防锈。

(3) 复合的环氧树脂/碳素高尔夫球杆更轻,强度更好,而且比金属更具有柔韧性。

同样,2003 年,美国科技人员在引入 TRIZ 理论的基础上,对 1500 万件专利加以分析、研究、总结、提炼和定义,在 40 个发明原理的基础上增加了 37 个发明原理,由 40 个变为 77 个。

新增加的 37 个发明原理,尚未列入 2003 年冲突矩阵表,有待进一步研究和完善。

以下是新增加的 37 个发明原理:

No. 41 减少单个零件重量、尺寸。

No. 42 零部件分成重(大)与轻(小)。

No. 43 运用支撑。

No. 44 运输形状可变的物体。

No. 45 改变运输与存储工况。

No. 46 利用对抗平衡。

No. 47 导入一种储藏能量因素。

No. 48 局部/部分预先作用。

No. 49 集中能量。

No. 50 场的取代。

No. 51 建立比较的标准。

No. 52 保留某些信息供以后利用。

No. 53 集成进化为多系统。

No. 54 专门化。

No. 55 减少分散。

No. 56 补偿或利用损失。

No. 57 减少能量转移的阶段。

No. 58 推迟作用。

No. 59 场的变换。

No. 60 导入第二个场。

No. 61 使工具适应于人。

No. 62 为增加强度变换形状。

No. 63 转换物体的微观结构。

No. 64 隔绝/绝缘。

No. 65 对抗一种不希望的作用。

No. 66 改变一种不希望的作用。

No. 67 去除或修改有害源。

No. 68 修改或替代系统。

No. 69 增强或替代系统。

No. 70 并行恢复。

No. 71 部分/局部弱化有害影响。

No. 72 掩盖缺陷。

No. 73 实施探测。

No. 74 降低污染。

No. 75 创造一种适合于预期磨损的形状。

No. 76 减少人为误差。

No. 77 避开危险的作用。

9.3.3　经典冲突矩阵

Altshuler 通过对大量专利的研究、分析、比较、统计，归纳出了当 39 个通用技术参数中的任意两个参数产生冲突时，化解该冲突所使用的发明原理，这些发明原理就是 9.3.2 节中所介绍的 40 个发明原理，Altshuler 还将通用技术参数的冲突与发明原理建立了对应关系，整理成一个 39×39 的矩阵，以便使用者查找。这个矩阵称为 Altshuler 经典冲突矩阵。Altshuler 经典冲突矩阵是浓缩了对巨量专利研究所取得的成果，矩阵的构成非常紧密而且自成体系。

经典冲突矩阵使问题解决者可以根据系统中产生冲突的两个技术参数，从矩阵表中直接查找化解该冲突的发明原理，并使用这些原理来解决问题。该矩阵将技术参数的冲突和 40 条发明原理有机地联系起来。经典冲突矩阵外形如图 9-1 所示。

冲突矩阵采用的是矩阵表格的形式。冲突矩阵第一行和第一列都是按序号排列的 39 个通用技术参数。不同的是，第一列代表的是改善的参数，第一行代表的是恶化的参数。39×39 的通用技术参数从行、列两个维度构成矩阵的方格共 1521 个，其中 1263 个方格中，每个方格中有几个数字，这几个数字就是 TRIZ 所推荐的解决对应工程冲突的发明原理的编号。也就是说，冲突矩阵建议优先采用这些发明原理来解决相应的技术冲突。

例 9-1　为了改善系统的温度，导致系统生产率降低。利用冲突矩阵解决温度与生产率这一对技术冲突的步骤是：在冲突矩阵的第一列改善的参数中找出温度这个参数，在第一行恶化的参数中找出生产率这个参数，温度所在的行与生产率所在的列有一个交叉的单元格。单元格内有三个数字 15、28、35。也就是说，15 号、28 号、35 号发明原理常用来解决温度与生产率之间的技术冲突。

45°对角线的方格，是同一名称的通用技术参数所对应的方格，构成的冲突不是技术冲突，而是物理冲突，所以相同参数行和列的交叉单元格内没有数字。物理冲突及其解决

恶化的参数 / 希望改善的参数	1 运动物体的重量	2 静止物体的重量	3 运动物体的长度	4 静止物体的长度	5 运动物体的面积	22 能量损失	30 作用于物体的有害因素	39 生产率
1 运动物体的重量			15,8 29,34		29,37 38,34	6,12 34,19	22,21 18,27	35,3 24,37
2 静止物体的重量				10,1 29,35		18,19 28,15	2,19 22,7	1,28 15,35
3 运动物体的长度	8,15 29,34				15,17 4	7 35,9	1,15 17,24	14,4 28,29
4 静止物体的长度		35,28 40,29				6,28	1,18	30,14 7,26
5 运动物体的面积	2,17 29,4		14,15 18,4			15,17 30,26	22,23 28,1	10,26 34,2
33 操作性	25,2 15,13	6,13 1,25	1,17 13,12		1,17 13,16	2 19,13	2,25 28,39	15,1 28
39 生产率	35,26 24,37	28,27 15,3	18,4 28,38	30,7 14,26	10,26 34,31	28,10 29,5	22,35 13,24	

图 9-1　经典冲突矩阵

注：希望改善的参数和恶化的参数的项目均有 39 项，具体项目见下面说明：

1. 运动物体的重量；2. 静止物体的重量；3. 运动物体的长度；4. 静止物体的长度；5. 运动物体的面积；6. 静止物体的面积；7. 运动物体的体积；8. 静止物体的体积；9. 速度；10. 力；11. 应力或压强；12. 形状；13. 稳定性；14. 强度；15. 运动物体的作用时间；16. 静止物体的作用时间；17. 温度；18. 照度；19. 运动物体的能量消耗；20. 静止物体的能量消耗；21. 功率；22. 能量损失；23. 物质损失；24. 信息损失；25. 时间损失；26. 物质或事物的数量；27. 可靠性；28. 测量精度；29. 制造精度；30. 作用于物体的有害因素；31. 物体产生的有害因素；32. 可制造性；33. 操作流程的方便性；34. 可维修性；35. 适应性及通用性；36. 系统的复杂性；37. 控制和测量的复杂性；38. 自动化程度；39. 生产率

方法将在 9.4 节中进行详细介绍。

9.3.4　技术冲突的解决流程

在实际工程设计中，改进了系统的一个参数，引起另一参数的恶化，即技术冲突。传统方法解决技术冲突问题是在多个要求间寻求“折中”，也就是“优化设计”，但每个参数都不能达到最佳值。

TRIZ 则努力寻求突破性方法消除冲突，即“无折中设计”。

冲突矩阵表有机地构建了 39 个通用技术参数和 40 条发明原理之间的对应关系。利用冲突矩阵表就能找出组成双方内部性能的某两个冲突，并能得到趋于理想化的标准解。

利用 TRIZ 理论解决技术冲突的三个关键步骤如图 9-2 所示。

首先将待解决的实际问题转化为通用冲突问题模型，也就是提取出实际问题中的技术冲突——改善某一参数却导致另一参数恶化。

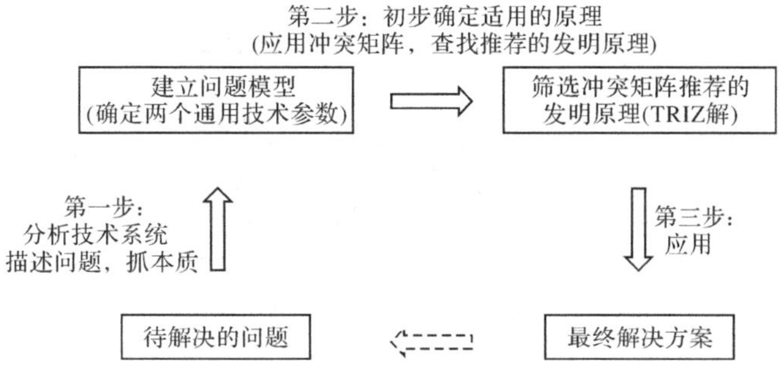

图 9-2 技术冲突的解决流程

然后利用 TRIZ 中相应的中间工具查询经典冲突矩阵，得到 TRIZ 的解决方案模型——发明原理。

根据发明原理，得到最终方案。如图 9-2 虚线箭头所示，若得到的最终解决方案不满意，则可返回第一步待解决的问题，重新对问题进行分析。

例 9-2 解一元二次方程的基本方法如图 9-3 所示。

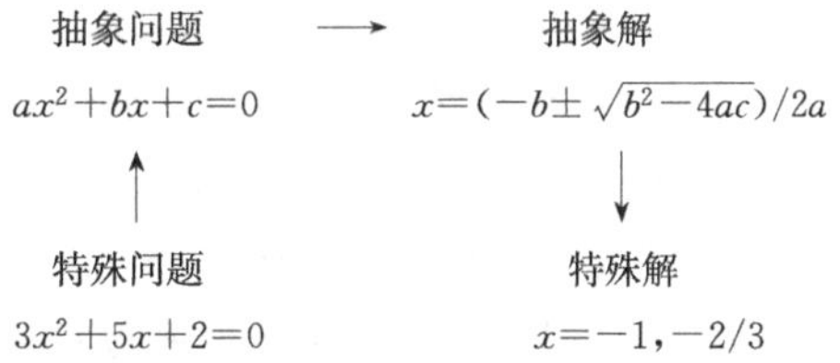

图 9-3 解一元二次方程的基本方法

例 9-3 需要设计一台旋转式切削机器。该机器需要具备低转速(100r/min)、高动力以取代一般高转速(3600r/min)的交流电动机。具体的分析解决该问题的框图如图 9-4 所示。

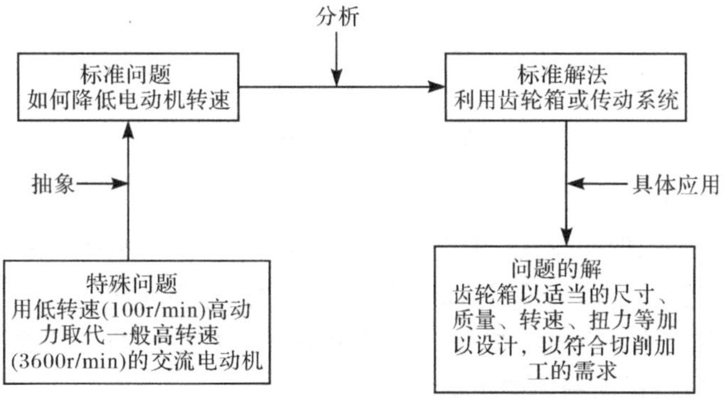

图 9-4 设计低转速高动力机器的分析框图

如果由经典冲突矩阵所有给出的原理都完全不能应用，则需重新进行问题情景分析，定义创新问题和技术冲突，再做一遍，直到找出可操作的解决方案，如图 9-5 所示。

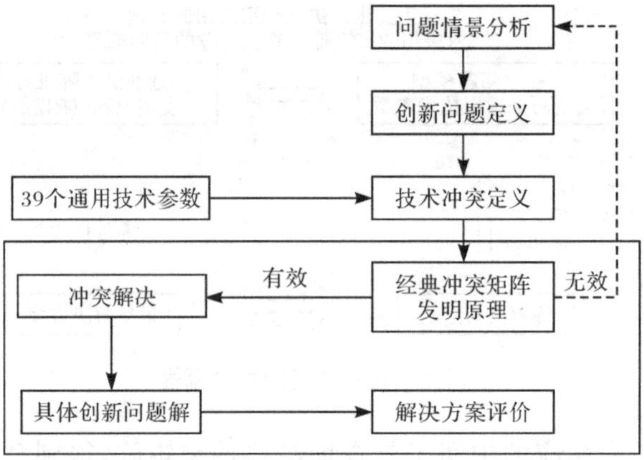

图 9-5　经典冲突矩阵及发明原理模块

9.3.5　技术冲突问题的解决实例

1. 增大拖车的摩擦力

初始问题描述:日本一家企业生产一种安装有焊接吹管或切割吹管的拖车,要求能非常精确地在大型钢板结构工件上往复运行。工件为钢板结构。拖车通过程序控制,从而自行推进。为了能自行沿预定轨道运动,拖车不能在工件上发生滑动,这就要求车轮与工件之间存在很大的摩擦力。我们很容易想到的方案是通过增加拖车的重量来提高摩擦力。但是,这样会增大拖车的体积,不便于操作。因此,有必要在不增大拖车重量的前提下,增大拖车轮与工件之间的摩擦力。图 9-6 为拖车实例问题示意图。

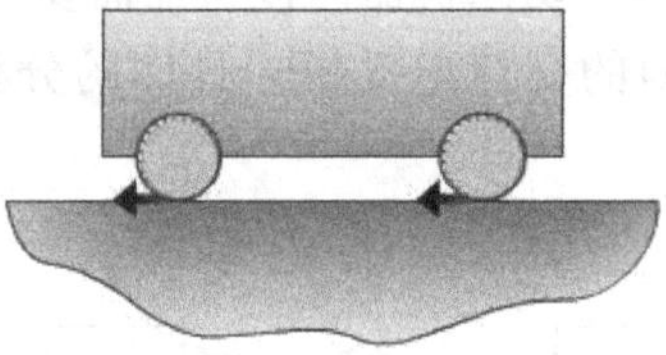

图 9-6　拖车实例问题示意图

1）定义技术冲突

首先需要把这个问题转化成 TRIZ 的一种问题模型——技术冲突。这个例子中,技术冲突是为了改善运动物体的重量,却导致了运动物体体积的增加。

我们可以将以上冲突情境归结为 39 个通用技术参数中的两个参数:

希望改善的参数:运动物体的重量。

导致恶化的参数:运动物体的体积。

2）查询冲突矩阵

下一步就是利用冲突矩阵这种工具。它是一个按统计规律总结出的表格。

查找 1 号运动物体的重量与 7 号运动物体的体积参数,图 9-7 是查询冲突矩阵的结果。

希望改善的参数 \ 恶化的参数	1.运动物体的重量	2.静止物体的重量	3.运动物体的长度	4.静止物体的长度	5.运动物体的面积	7.运动物体的体积	30.作用于物体的有害因素	39.生产率
1.运动物体的重量			15,8 29,34		29,37 38,34	29,2 40,28	22,21 18,27	35,3 24,37
2.静止物体的重量				10,1 29,35			2,19 22,7	1,28 15,35
3.运动物体的长度	8,15 29,34				15,17 4	7,17 4,35	1,15 17,24	14,4 28,29
4.静止物体的长度		35,28 40,29					1,18	30,14 7,26
5.运动物体的面积	2,17 29,4		14,15 18,4			7,14 17,4	22,23 28,1	10,26 34,2
33.操作性	25,2 15,13	6,13 1,25	1,17 13,12		1,17 13,16	1,16 35,15	2,25 28,39	15,1 28
39.生产率	35,26 24,37	28,27 15,3	18,4 28,38	30,7 14,26	10,26 34,31	2,6 34,10	22,35 13,24	

发明原理

图 9-7　拖车实例——冲突矩阵查找

注：希望改善的参数和恶化的参数的项目均有 39 项，具体项目见下面说明：
1. 运动物体的重量；2. 静止物体的重量；3. 运动物体的长度；4. 静止物体的长度；5. 运动物体的面积；
6. 静止物体的面积；7. 运动物体的体积；8. 静止物体的体积；9. 速度；10. 力；11. 应力或压强；12. 形状；
13. 稳定性；14. 强度；15. 运动物体的作用时间；16. 静止物体的作用时间；17. 温度；18. 照度；
19. 运动物体的能量消耗；20. 静止物体的能量消耗；21. 功率；22. 能量损失；23. 物体损失；24. 信息损失；
25. 时间损失；26. 物质或事物的数量；27. 可靠性；28. 测量精度；29. 制造精度；30. 作用于物体的有害因素；
31. 物体产生的有害因素；32. 可制造性；33. 操作流程的方便性；34. 可维修性；35. 适应性及通用性；
36. 系统的复杂性；37. 控制和测量的复杂性；38. 自动化程度；39. 生产率

TRIZ 理论建议使用的发明原理：

29 号发明原理——用气压与液压结构。

2 号发明原理——抽取。

40 号发明原理——复合材料。

28 号发明原理——机械系统替代。

3）应用发明原理

我们选择 28 号发明原理，即机械系统替代原理。此发明原理的意思是如果现有的技术是利用了机械场方式，就建议采用其他的场，如化学场、热场、磁场等。

最终我们可以应用磁场，具体的方案如图 9-8 所示，在拖车内加一个永久性磁铁，磁铁进行垂直运动，拖车位于工件上。在关闭状态下，磁铁位于工件的上方，并且不对工件产生作用。拖车运行之前，磁铁直接落到钢制工件上。产生的吸引力会使拖车压紧工件。

根据库仑定律，压力增大，摩擦力也会增加。因此，内置的磁铁可以增大拖车车轮的摩擦力。

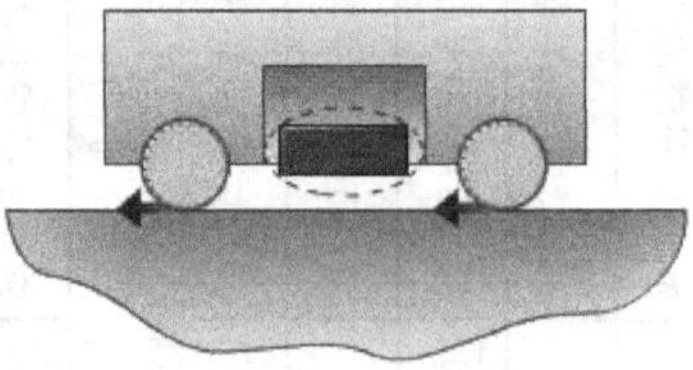

图 9-8　拖车实例方案示意图

2. 坦克的装甲问题

图 9-9 为法国“雷诺 FT-17”式坦克，战斗全重为 7 吨，装甲 22 毫米；图 9-10为德国“虎Ⅱ”式重型坦克，战斗全重 69.8 吨，炮塔前部装甲 185 毫米。

图 9-9　法国“雷诺 FT-17”式坦克

图 9-10　德国“虎Ⅱ”式重型坦克

要提高装甲的抗打击能力，则必须增加装甲厚度，随着装甲厚度的增加，战斗全重也会相应增大。然而，整车重量增加将引起一系列后果，如坦克的机动性能降低、坦克的耗油量增加等。因此，强度和运动物体的重量构成了一对技术冲突。

1) 定义冲突

这个例子中，技术冲突是为了改善强度，却导致运动物体重量增加。

我们可以将以上冲突情境归结为 39 个通用技术参数中的两个参数：

希望改善的参数：强度。

导致恶化的参数：运动物体的重量。

2) 查询冲突矩阵

查找 14 号强度与 1 号运动物体的重量参数，得到 TRIZ 理论建议使用的发明原理：

1 号发明原理——分割。

8 号发明原理——重量补偿。

40 号发明原理——复合材料。

15 号发明原理——动态特性。

3) 应用发明原理

应用 1 号分割原理、40 号复合材料原理和 15 号动态特性原理，得到复合装甲：①陶瓷复合装甲(“乔巴姆”装甲)；②贫铀装甲；③缝隙装甲，如图 9-11 所示。

将改进方案予以应用，得到美国“M60A1”坦克，如图 9-12 所示，战斗全重 52 吨，车体正面 110 毫米。

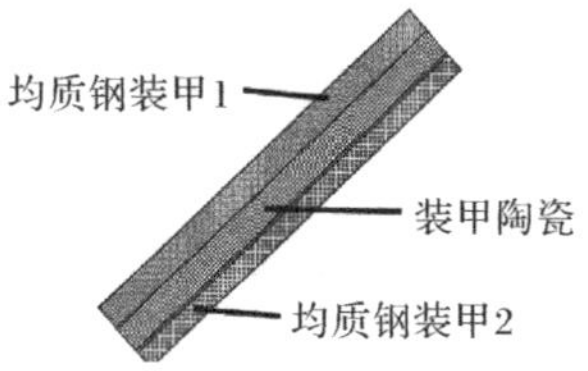

图 9-11　装甲改进方案

图 9-12　美国“M60A1”坦克

3. 螺母问题

生活和工程实践中经常需要用扳手松动或者拧紧螺栓或者螺母。但实际应用中经常会有这样的麻烦，标准的六角形螺母常常会因为拧紧时用力过大或者使用时间过长、螺母的六角形外表面被腐蚀使表面遭到破坏。螺母被破坏后，使用普通的传统型扳手往往不能再松动螺母，有时甚至会使情况更加恶化，也就是说螺母外缘的六角形在扳手作用下破坏更加严重，扳手更加无法作用于螺母。

传统型扳手之所以会损坏螺母，原因主要体现在三个方面，一是扳手作用在螺母上的力主要集中于六角形螺母的某两个棱角上，如图 9-13 所示；二是为了松动螺母而在扳手上施加较大的作用力，结果导致棱角受损；三是没有有效的措施保证施加的力既能松动螺母，又能不损坏螺母棱角。

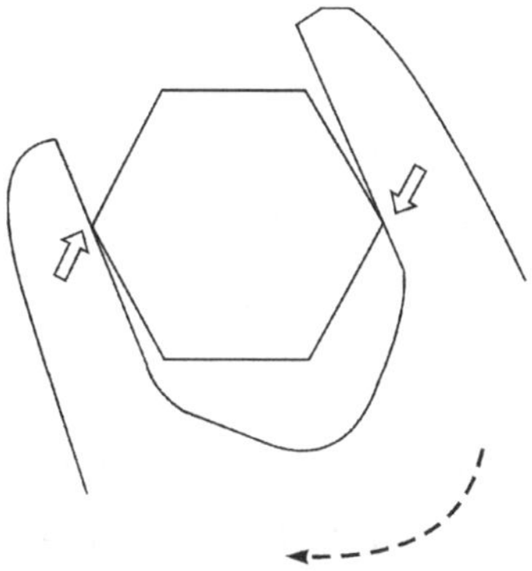

图 9-13　传统扳手存在的问题

对于第一种情况，即扳手作用力作用在棱角上的情境，需要一种新型的扳手来解决这一问题。

我们针对第一个方面利用技术冲突解决。

1）定义技术冲突

我们的目的是要方便地拧紧或者松动螺母或螺栓但不损坏螺母或螺栓，一般做法是通过减小扳手卡口和螺栓的配合间隙，增加受力面来减少对棱角的磨损，但这样需要提升制造精度，提高制造成本。

我们可以将以上冲突情境归结为 39 个通用技术参数中的两个参数：

希望改善的参数：物体产生的有害因素。

导致恶化的参数：制造精度。

2）查询冲突矩阵

查找31号物体产生的有害因素和29号制造精度参数，得到TRIZ理论建议使用的发明原理：

4号发明原理——增加不对称性。

17号发明原理——一维变多维。

34号发明原理——抛弃或再生。

26号发明原理——复制。

3）应用发明原理

采用17号一维变多维原理可得到如图9-14所示的方案，即在扳手卡口内侧壁开几个弧，则此时扳手的作用力是作用在螺母的棱面上，有效地保护了棱角。图9-14就是基于该原理开发的实际产品，它已经获得美国专利(5406868)。

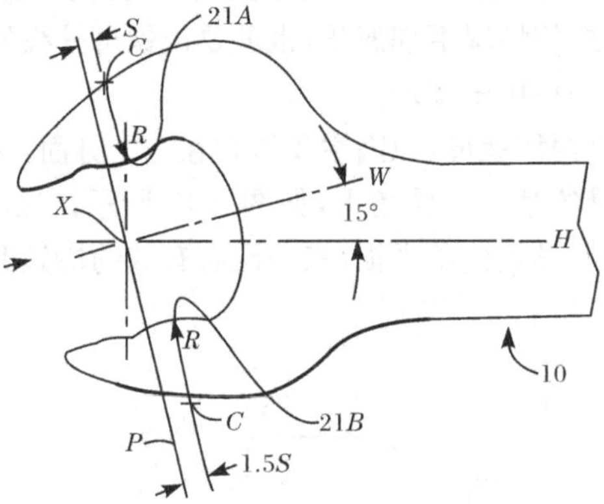

图9-14　新型扳手设计方案

4. 安全便捷的信封设计

现实生活中我们遇到这样的麻烦，即拆信时不小心损坏了里面的文件或者资料，或者为了保护里面的文件需要用辅助工具，如剪刀等，这样麻烦费时。那么对于这样一个问题，我们想是否有方便快捷同时又安全可靠的拆信方式呢？即如何用最少的时间安全地取出信封内的文件或资料？

应用技术冲突的解决流程解决这个问题。

1）定义技术冲突

通过分析我们会发现关键问题在信封的设计上，即寻求设计一种快捷方便安全的信封。那么现在对主要的拆信方式先进行分析：

最快拆信方式：直接撕开。

缺点：损坏内部文件。

存在的冲突：想节约时间，结果却降低了拆信的可靠性。

最可靠拆信方式：用辅助器具，如剪刀、拆信刀，往往需要摇晃信封。

优点：信封保持漂亮，不损坏文件。

缺点：麻烦，费时。

存在的冲突:改善拆信的可靠性,结果却导致拆信方便性降低。

现在就存在这样两种冲突:

冲突一:

希望改善的参数:时间损失。

导致恶化的参数:可靠性。

冲突二:

希望改善的参数:可靠性。

导致恶化的参数:操作流程的方便性。

2) 查询冲突矩阵

将这两个参数输入冲突矩阵中就能得到相应的发明原理。

对技术冲突一,得到30号柔性壳体或薄膜、10号预先作用和4号增加不对称性。

对技术冲突二,得到27号廉价替代品、17号一维变多维和40号复合材料。

3) 应用发明原理

得到相应的发明原理可以应用到实际中。例如,对技术冲突一,可以得到30号原理(柔性壳体或薄膜)、10号原理(预先作用)和4号原理(增加不对称性)等原理;对技术冲突二,就可以得到27号原理(廉价替代品)、17号原理(一维变多维)和40号原理(复合材料)等原理。基于这些原理,就可以寻求最佳的解决方案。经分析后得到如图9-15所示的快捷安全的拆信方案,即设计一种带有撕带的信封。拆信时只要轻轻一拉就能很轻松地拆开信封,同时不损坏内部文件资料,也可以保持信封的整洁。

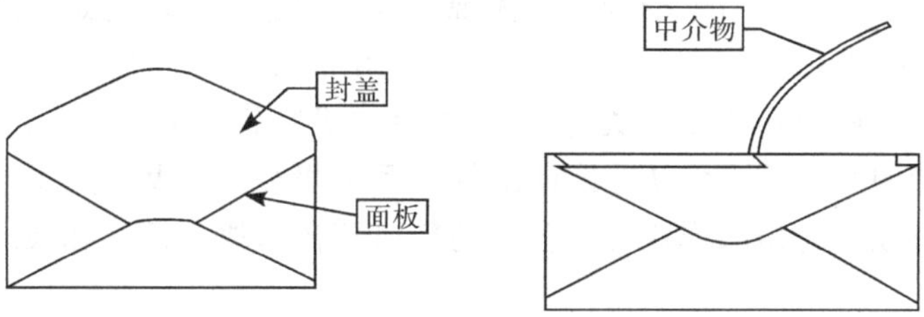

图9-15　安全便捷的信封设计

5. 飞机机翼的进化

早期的飞机机翼都是平直的,而且为了增加升力而采用双翼和三翼。但显然这样会给飞机带来阻力,严重影响了飞机的飞行速度,于是出现了单翼飞机。随着飞机进入喷气式时代,其飞行速度迅速提高,很快接近音速。机翼上出现"激波",使机翼表面的空气压力发生变化。同时,飞机的阻力骤然剧增,比低速飞行时大十几倍甚至几十倍。这就是所谓的"音障"。为了突破"音障",许多国家都在研制新型机翼。德国人发现,把机翼做成向后掠的形式,像燕子的翅膀一样,可以延迟"激波"的产生,缓和飞机接近音速时的不稳定现象。但是,向后掠的机翼比不向后掠的平直机翼,在同样的条件下产生的升力小,这对飞机的起飞、着陆和巡航都带来了不利的影响,浪费了很多不必要的燃料。能否设计一种适应飞机的各种飞行速度,具有快慢兼顾特点的机翼呢?这成为当时航空界面临的最大难题。

可以利用解决技术冲突的方法来解决这个问题。

1）定义技术冲突

现在的问题是一方面传统的固定翼不适合高速飞行，在突破音障时产生非常大的阻力，消耗的能量相应加大，而且容易使飞机在空中解体；另一方面三角翼不适合低速飞行，而且起飞与降落以及巡航时在相同推力条件下产生的升力小，能量消耗又相应地加大了。也就是说，系统中的冲突集中体现在速度与能量消耗之间。

希望改善的参数：速度。

导致恶化的参数：运动物体的能量消耗。

2）查询冲突矩阵

查阅技术冲突解决矩阵，根据 9 号速度和 19 号运动物体的能量消耗技术参数，得到以下四条发明原理：

8 号发明原理——重量补偿。

15 号发明原理——动态性。

35 号发明原理——物理或化学状态变化。

38 号发明原理——强氧化剂。

3）应用发明原理

综合考虑 15 号原理(动态性)和 35 号原理(物理或化学状态变化)这两条发明原理。通过对机翼的改造，使其成为活动部件，形成了目前的可变式后掠翼，即在飞行时有效地控制机翼的形态，使之能够在比较大的范围内改变“后掠角”，使飞机从平直翼转变为三角翼来获得从低速到高速不同的飞行状态，表现出很强的适应性。例如，美国的 F111 战斗轰炸机就采用了这种机翼。这是世界上第一架应用可变后掠翼设计思想的飞机，开创了新一代超音速战斗机的新纪元。从此以后，世界战机家族又多了“可变后掠翼战斗机”这个新成员。如图 9-16 所示，以后设计出的一系列可变后掠翼战斗机，如英国、德国、意大利三国联合成立的帕那维亚飞机公司的狂风超音速战斗机等都采用了这种新的设计思想。

图 9-16　可变后掠翼狂风超音速战斗机

这种机翼可谓是飞机设计界一个大胆的创新，一举突破了传统的固定翼设计理念，在飞行器设计领域开辟了一片新天地。反观传统的妥协设计，只能在速度与能耗之间做取舍。而采用 TRIZ 技术冲突矩阵给出的发明原理则避免了传统的折中设计，从一个全新的角度很好地解决了速度与能量这对技术冲突。TRIZ 理论与折中设计的不同之处在这里得到了体现。

9.4 物理冲突的解决

9.4.1 物理冲突的解决原理

物理冲突的解决方法一直是TRIZ研究的重要内容，Altshuler在20世纪70年代提出了11种解决方法，80年代Glazunov提出了30种方法，90年代Savransky提出了14种方法。Altshuler提出的11种方法分别是：①冲突特性的空间分离；②冲突特性的时间分离；③不同系统或元件与一超系统相连；④将系统改为反系统，或将系统与反系统相结合；⑤系统作为一个整体具有特性B，其子系统具有特性－B；⑥以微观操作为核心的系统；⑦系统中的一部分物质的状态交替变化；⑧工作条件变化使系统从一种状态向另一种状态过渡；⑨利用状态变化所伴随的现象；⑩利用两相的物质代替单相的物质；⑪通过物理作用及化学反应使物质从一种状态过渡到另一种状态。

现代TRIZ在总结物理冲突解决的各种研究方法的基础上，提出了采用分离原理解决物理冲突的方法，分离原理包括四种方法，空间分离、时间分离、基于条件的分离、整体与部分的分离。下面将一一论述这四种原理。

1. 空间分离原理

空间分离原理是将冲突双方在不同的空间分离，以降低解决问题的难度。当关键子系统冲突双方在某一空间只出现一方时，空间分离是可能的。应用该原理时，首先应回答如下的问题。

冲突一方在整个空间中是否有“正向”或“负向”变化？

在空间中的某一处，冲突的一方是否可以不按一个方向变化？

如果冲突的一方可不按一个方向变化，利用空间分离原理解决冲突是可能的。

例9-4 电容器。在DRAM设备中，信息储存在MOS集成电路板的半导体电容器里。

物理矛盾：目前随着设备尺寸的不断减小，电容器容量受到了限制。需要寻找一种方法，能在缩小电容器尺寸的同时，提高其电容量。

解决方案：可以在电容器的两个电极间按一定的间隔排列一些比电容器尺寸小得多的凹槽和突起。这样就大大增加了电极表面积，所以电容量会大大增加，而且不会多占用半导体的空间，如图9-17所示。

例9-5 多孔弹性材料减震坐垫。减震坐垫用来保护驾驶员免受振动和冲击载荷。这种坐垫用多孔弹性材料制成，如橡胶海绵。椅垫是驾驶员座位的一部分，它有助于减少对脊柱的振动和冲击载荷。

物理矛盾：用多孔弹性材料制成的坐垫可以有效地吸收振动载荷，却不能有效地防止冲击载荷。

解决方案：液体固态垫嵌入坐垫内。该垫采用注有液体的封孔泡沫塑料制成。这种垫固定在驾驶员座椅上的两层多孔弹性材料之间。

在机车运行过程中，冲击载荷通常直接从下面垂直传递到座椅的表面。注有液体的封孔泡沫塑料能够将冲击载荷从接收载荷的坐垫平面上垂直移走，如图9-18所示。

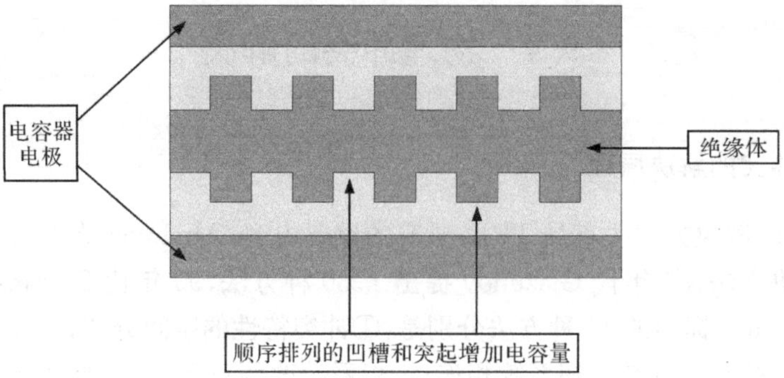

图 9-17　电容器内部结构示意图

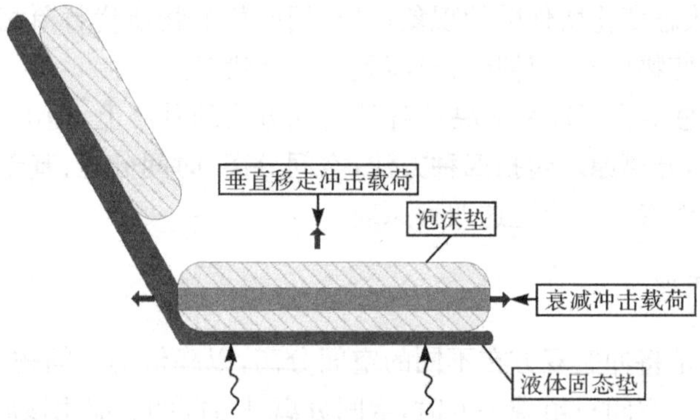

图 9-18　多孔弹性材料减震坐垫示意图

例 9-6　火炬燃烧系统。火炬在传递过程中要求不能熄灭，而且不论刮风还是下雨，都必须保持火炬燃烧的状态。尽管大家过去也都想了很多方法，但是在奥运会历史上还是经常出现意外。例如，第 28 届雅典奥运会在火炬传递的两个最重要的仪式上都曾出现熄火现象。与此不同，在悉尼奥运会上，奥运火炬首次实现在海底传递。

物理矛盾：对于一般的奥运火炬来说，要保证火焰不灭，那么必须要能够始终足够地产生大量的热才能在各种极端情况下维持火焰，相应地要求气体燃料足够多，燃烧室中产生火焰热量足够大才能抵御各种情况。这样势必要求燃烧系统所占的体积很大，相应火炬的质量也会增加。但是对于奥运火炬传递手来说，从安全的角度考虑，不希望火焰的热量过大，同时为了使用方便，也不希望火炬的体积和质量过大。

解决方案：将整个燃烧系统分为预燃室和主燃室，如图 9-19 所示。

整个火炬燃烧系统的工作方式是：当稳压阀打开以后，燃气以气态形式从气罐里出来，然后经过稳压阀。气体从稳压阀出来后，会经过回热管，到达阀门后气体“兵分两路”，一路流到燃烧器的预燃室，另外一路流到主燃室。到达预燃室的气体与空气形成预混火焰；到达主燃室的气体将进行空气的补燃，形成饱满的火焰。火炬内的预燃室保持一个比较小但十分稳定的火焰，如果出现极端情况，主燃室火焰熄灭，预燃室仍然能保持燃烧，保证火炬不熄灭。另外，火炬的燃气罐和稳压阀是连接在一起的。稳压阀的作用是使从气罐里出来的气体经过稳压阀后，保持一定的压力。如果气体压力稳定，在各种气候变化

图 9-19　火炬燃烧系统示意图

下，火炬的火焰都能保持一定高度。

例 9-7　交叉路口的交通。在交叉路口，不同方向行驶的车辆会因混乱而影响通行效率甚至造成交通事故。

解决方案：空间分离，利用桥梁或隧洞把道路分成不同的层面。这里占主导地位的是空间资源。当然，将道路分成不同车道(右侧通行或左侧通行、快慢车道或非机动车与人行道)也是应用了这一原理，如图 9-20 所示。

图 9-20　立交桥

例 9-8　自行车采用链轮与链条传动是一个采用空间分离原理的例子。在链轮与链条发明前，自行车存在两个物理冲突，其一为了高速行走需要一个直径大的车轮，为了乘坐舒适，需要一个小的车轮，车轮既要大又要小形成了物理冲突；其二骑车人既要快蹬以提高速度，又要慢蹬以感觉舒适。链条、链轮、飞轮的发明解决了这两组物理冲突。首先，链条在空间上将链轮的运动传递给飞轮，飞轮驱动自行车后轮旋转；其次，链轮直径大于飞轮，链轮以较慢的速度旋转将导致飞轮较快的旋转速度。因此，骑车人将以较慢的速度驱动脚蹬，自行车后轮将以较快的速度旋转，自行车车轮直径也可以较小。

例 9-9　为了使煎锅很好地加热食品，要求煎锅是热的良导体，而为了避免从火上取下煎锅时烫手，又要求煎锅是热的不良导体。为了解决这一矛盾，设计了带手柄的煎锅，把对导热的不同要求分隔在锅的不同空间。这是空间分离原理的体现。

例 9-10　炮管直径必须足够大以使炮弹容易射出，但同时又必须足够小以免火药爆炸推力的泄漏。

解决方案：空间分离，将炮管内径分为两部分，将后部的爆炸室做成锥形，让球形的炮弹与锥形的爆炸室总可以形成封闭的空间。

2. 时间分离原理

时间分离原理是将冲突双方在不同的时间段分离，以降低解决问题的难度。当关键子系统冲突双方在某一时间段只出现一方时，时间分离是可能的。应用该原理时，首先应回答如下问题：

冲突一方在整个时间段中是否有“正向”或“负向”变化？

在时间段中冲突的一方是否可不按一个方向变化？

如果冲突的一方可不按一个方向变化，利用时间分离原理是可能的。

例 9-11　一加工中心用快速夹紧机构，在机床上加工一批零件时，夹紧机构首先在一个较大的行程内作适应性调整，加工每一个零件时要在短行程内快速夹紧与快速松开以提高工作效率。同一子系统既要求快速又要求慢速，出现了物理冲突。

因为在较大的行程内适应性调整与在之后的短行程快速夹紧与松开发生在不同的时间段，所以可直接应用时间分离原理来解决冲突。

例 9-12　交叉路口的交通。解决交叉路口交通问题最传统的方法是通过交警的指挥在时间上分流车辆。普遍使用的是交通信号灯(图 9-21)按设定的程序将通行时间分成交替循环的时间段，使车辆按顺序通过。显然，在这里占主导地位的是时间资源。

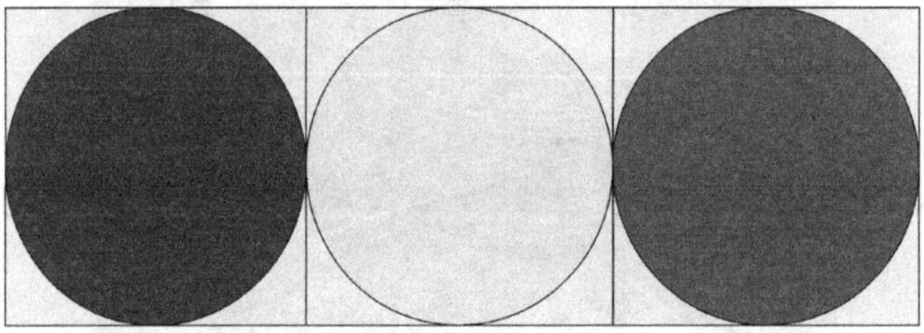

图 9-21　交通信号灯

例 9-13　折叠式自行车(图 9-22)在行走时体积较大，在存储时因已折叠体积较小。行走与存储发生在不同的时间段，因此采用了时间分离原理。

例 9-14　计算机的多任务操作。计算机及计算机网络的工作原理都是典型的时间分离原理的应用。例如，计算机的 CPU 在单位时间(一个时钟频率)内只能进行一项运算。当我们需要计算机同时执行多个任务时，如在播放音乐的同时编辑文件，还要执行打印，其原理简单地说就是将“时间片”一次分给不同的任务，如此往复循环。由于“时间片”足够小，以至于人们根本无法感知任务的“间歇”，看起来就像是几个任务同时在执行一样。

例 9-15　在香皂成型过程中，香皂温度要低，以便节约成型时间，但同时香皂要温度高，状态够软，以便填满整个模具空间。解决方案：预先制造小粒香皂，与液态香皂混合后一起注入模具。

图 9-22　折叠式自行车

例 9-16　飞机机翼在起飞、降落与在某一高度正常飞行时几何形状发生变化，这种变化采用了时间分离原理。

3. 条件分离原理

条件分离原理是将冲突双方在不同的条件下分离，以降低解决问题的难度。当关键子系统冲突双方在某一条件下只出现一方时，基于条件分离是可能的。应用该原理时，首先应回答如下问题：

冲突一方在所有的条件下是否都要求“正向”或“负向”变化？

在某些条件下，冲突的一方是否可不按一个方向变化？

如果冲突的一方可不按一个方向变化，利用基于条件的分离原理是可能的。

例 9-17　在水与跳水运动员所组成的系统中，水既是硬物质，又是软物质，这取决于运动员入水时的相对速度。相对速度高，水是硬物质，反之是软物质。如图 9-23 所示，水流速度高，水变成高压水射流，即水刀，可用于加工工件，水是硬物质；如图 9-24 所示，水流速度低，人通过淋浴花洒，感受水的流动，水是软物质。

图 9-23　高压水切割

图 9-24　淋浴花洒

例 9-18 防止跳水运动员视网膜受损。如果运动员入水时,水直接拍打到眼睛上,那受损害的程度会很大,甚至有队员因此而视网膜脱落以致几乎失明。

现在跳水训练馆中已增设了灌气设备,往水池中注气,使水面出现很多小气泡,这就减弱了水压对运动员眼睛的冲击。如图 9-25 所示。

图 9-25 跳水

例 9-19 自抛光防污涂层保护船体。

物理矛盾:含有防污剂的不溶解涂层可以用来保护船体。当这些涂层暴露在水中时,由于受到水的侵蚀会使船体的表面变得凹凸不平,这种凹凸不平的表面增加了船体表面与水的摩擦并形成涡流。另外在涂层受到侵蚀后,船体就丧失了避免受海洋生物污染的能力,因此船体将很容易被损坏。所以,需要一种方法能够形成更有效的涂层对船体进行有效的保护。

解决方案:采用自抛光防污涂层来对船体进行有效地保护。自抛光防污涂层含有可水解成分和防污剂,可水解成分是通过二价金属不饱和脂肪酸的皂化反应生产的,将防污剂添加到可水解成分中,通过皂化的脂肪酸与环境空气中的氧气之间相互作用产生可水解的薄膜,该薄膜覆在船体上从而形成了自抛光涂层。在海水中该涂层可以逐渐水解,水解的过程中,涂层不断地产生光滑更新的表面,即进行自抛光处理。自抛光涂层不会受水的侵蚀,并同时防止船体表面与海水接触,对船体进行保护。另外,涂层中含有的防污剂可以防止船体被污损。如果船体的表面达到了防污保护的效果,船体和水之间的摩擦就能最大限度地减小。因此,自抛光防污涂层可以有效地对船体进行保护,如图 9-26 所示。

例 9-20 彩虹门。在节日或庆典时,美丽壮观的彩虹门装点了喜庆的气氛。问题是,体积很大的彩虹门在不使用时不方便存放。矛盾是,彩虹门应该大,这是庆典时需要的(图 9-27);同时彩虹门应该小,为了存放方便。应用基于条件的分离原理,在充气的条件下,彩虹门是大的,而在不充气时,它是小的。当然,也可以描述为时间上的分离,彩虹门在使用时应该是大的,而在存放时应该是小的,但重要的是如何变大和变小。

例 9-21 输水管路冬季如果水结冰管路将被冻裂。采用弹塑性好的材料制造的管路可解决该问题。

4. 整体与部分的分离原理

整体与部分的分离原理是将冲突双方在不同的层次分离,以降低解决问题的难度。当冲突双方在关键子系统层次只出现一方,而该方在子系统、系统或超系统层次内不出现

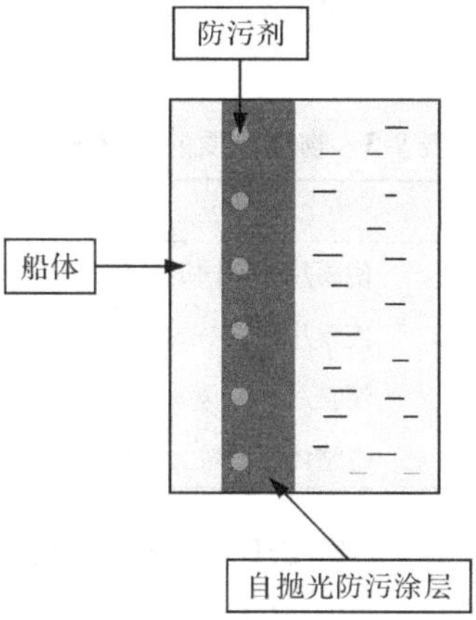

图 9-26　条件分离方案示意图

图 9-27　彩虹门

时，整体与部分的分离是可能的。

例 9-22　定值器的膜片。定值器是边缘位置控制系统的重要组成部件，是高精度的气动减压阀，其作用是将 0.13～0.19MPa 的输入压力降到 0.02～0.03MPa 的气动传感器的检测信号，且要求输出压力波动不大于最大输出压力的 1%，如图 9-28 所示。因此，定值器应有较高的调压特性和稳压精度，而这两个特性取决于膜片的受压面积与阀通口面积的比值及溢流孔的溢流作用。这就要求加大膜片的面积，而加大膜片的面积意味着增大定值器的体积。

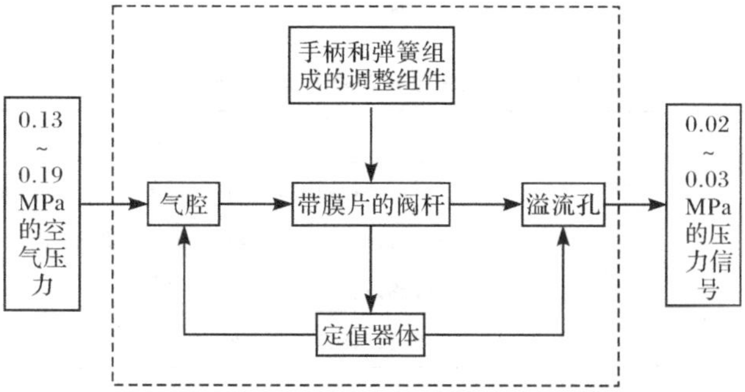

图 9-28　定值器系统的结构图

膜片面积既要大又要小是定值器的物理矛盾。表 9-3 是采用物理矛盾解决方法消除物理矛盾的总结。

表 9-3　物理矛盾的消除方案

物理矛盾的分离原理	消除物理矛盾的方法
将两个矛盾特性在时间上分离	使膜片在不同的时间具有不同的面积
将两个矛盾特性在空间上分离	使膜片在某一气腔具有较大的面积，而在另一气腔具有较小的面积
将两个矛盾特性根据条件分离	使膜片在工作条件下与静止条件下具有不同的面积
将两个矛盾特性进行整体与部分的分离	将整体面积较大的膜片用局部面积比较小的膜片来取代

例 9-23　自行车链条。自行车的链条应该是柔性的，以便精确地环绕在传动轮上；它又应该是刚性的，以便在传动轮之间传递相当大的作用力，如图 9-29 所示。

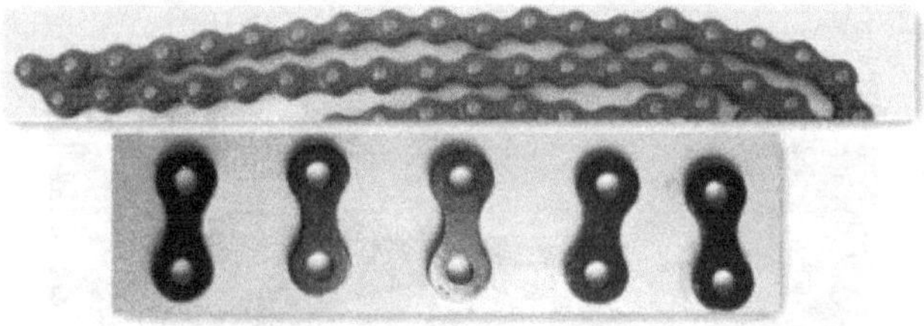

图 9-29　自行车的链条

应用整体与部分分离原理，系统的各部分(链条上的各环)是刚性的，但系统在整体上(链条)是柔性的。

例 9-24　自动装配生产线与零部件供应的批量化之间存在冲突。自动生产线要求零部件连续供应，但零部件从自身的加工车间或供应商运到装配车间时要求批量运输。专用转换装置接受批量零部件，但连续地将零部件输送给自动装配生产线。

9.4.2　分离原理与发明原理的关系

技术系统存在物理冲突时，主要通过四大分离原理来解决。

近年来，英国 Bath 大学的 Mann 通过研究提出，解决物理冲突的分离原理与解决技术冲突的发明原理之间存在关系，对于一条分离原理，可以有多条发明原理与之对应，如表 9-4 所示。40 条发明原理可为物理冲突提供更广阔的解决思路，从而更好、更快捷地获得问题解决方案。

表 9-4　分离原理和发明原理的对应关系

分离原理	发明原理
空间分离	1,2,3,4,7,13,17,24,26,30
时间分离	9,10,11,15,16,18,19,20,21,29,34,37
整体与部分分离	12,28,31,32,35,36,38,39,40
条件分离	1,5,6,7,8,13,14, 22,23,25,27,33,35

同时，很多的工程冲突通过分解细化，最终都可以转化为物理冲突，用分离原理来进行解决，这样，40 条发明原理和分离原理便可获得综合的应用。

只要能够确定物理冲突及分离原理的类型，40 条发明原理及发明原理的工程实例可帮助设计者尽快确定新的设计概念。

例 9-25　远视加近视的眼镜。视力不良的人需要一种眼镜，因为既近视又远视，所以问题比较复杂，解决起来有一定的难度。

如果利用四大分离原理，可以得到以下系列解决方案。

空间分离：两套镜片占用不同面积；

时间分离：两副眼镜，不同时间轮流使用；

条件分离：胶质可变焦距眼镜；

整体与部分的分离：自动变焦眼镜。

9.4.3　物理冲突的解决流程

解决物理冲突的核心思想是实现冲突双方的分离。因此，应用上述四大分离原理，时间分离、空间分离、整体与部分的分离、条件分离，将物理冲突的冲突双方分离。

物理冲突问题的解决流程大致分为三步：

首先，将待解决的实际问题转化为通用冲突问题模型，也就是提取出实际问题中的技术冲突，提取出实际问题中的物理冲突——对某一参数的两种相反的要求；

然后，利用 TRIZ 中相应的中间工具，根据实际情况使用四种分离原理中的一种，得到 TRIZ 的解决方案模型——发明原理。

最后，根据发明原理，得到最终方案。

整个过程的流程如图 9-30 所示。

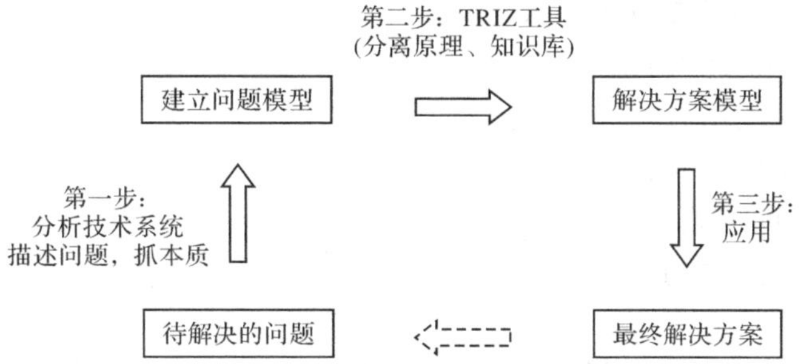

图 9-30　物理冲突的解决流程

冲突问题的解决流程是一个间接迂回的过程。构建冲突问题模型，利用中间工具得到解决方案的模型，最后将方案模型应用于实际问题，得到最终的解决方案。这种三步流程相对于传统创新方法直接去寻求初始问题的方案效率会大大提高，得到最终方案的质量也更高。它就像架起了一座桥，建立了从初始问题到解决方案之间的快速通道。

9.4.4 物理冲突问题解决实例

1. 安全气囊的充气压力

安全气囊如何在汽车发生碰撞的情况下，最大限度地保护驾驶员和乘客的安全？

安全气囊充气压力不足，对乘客不能起到有效的保护作用；安全气囊的充气压力过大，则又会因压力过大，而对乘客造成伤害，如图 9-31 所示。

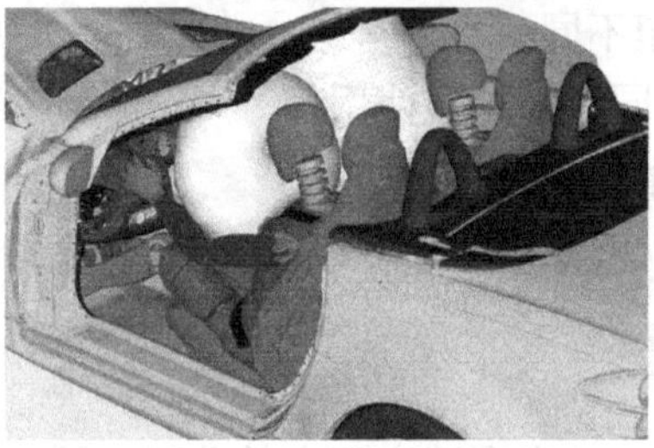

图 9-31　安全气囊

理想状态：安全气囊在发生碰撞时，能恰好将气囊充到合适的压力，以保护乘客的安全。

应用时间分离的步骤如下。

第一步：定义物理冲突。

参数：压力。

要求 1：大。

要求 2：小(不能太大)。

第二步：什么时间需要满足什么要求。

时间 1：达到一定压力前。

时间 2：达到一定压力后。

第三步：以上两个时间段是否交叉。

否，则应用时间分离。

是，则尝试其他分离方法。

选择发明原理：

发明原理 16：未达到或超过的作用。当所期望的效果难以百分之百实现时，稍微超过或稍微小于期望效果会使问题简化。

具体方案：

首先可以迅速使气囊膨胀到一定的压力值，可以保证在最短的时间内达到保护乘客的气压。在气囊上面开一些微小的孔，当气囊压力超过阈值后，气囊上的微小孔会张开，使气囊的压力不再升高。从而很好地解决了气囊的膨胀速度既要快，又不能快的冲突，如图 9-32 所示。

2. 荧光灯设计

为保证荧光灯(图 9-33)亮度的稳定性，需要增加水银的量，减少水银蒸气的量，这有

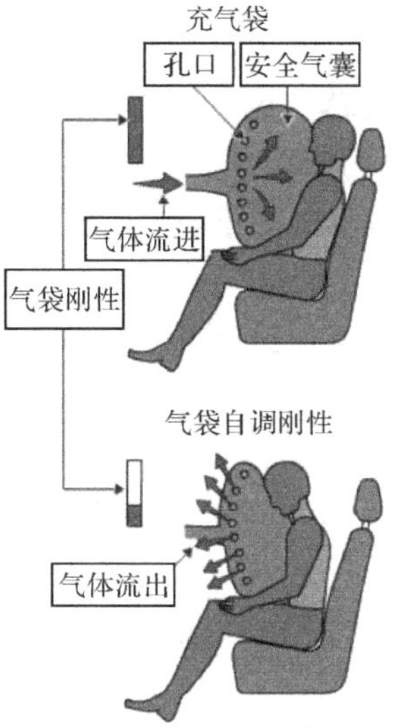

图 9-32　安全气囊改进方案

利于环境保护,但降低了荧光灯工作的可靠性及增加能量消耗。如何解决这一物理冲突呢?

图 9-33　荧光灯

理想状态:使用期间水银量尽可能多,以保证荧光灯的可靠性和减少能量损耗,但使用后要尽可能少,以减少对人的损害和对环境的污染。

应用时间分离的步骤如下。

第一步:定义物理冲突。

参数:水银量。

要求 1:大。

要求 2:小(不能太大)。

第二步:什么时间需要满足什么要求。

时间 1:使用期间。

时间 2:使用过后。

第三步:以上两个时间段是否交叉。

否,则应用时间分离。

是，则尝试其他分离方法。

将物理冲突转化为技术冲突：

第一组技术冲突：减少水银蒸气的量（物质或事物的数量），但需要消耗更多的电能（能量的浪费）；

第二组技术冲突：减少水银蒸气的量（物质或事物的数量），但荧光灯工作的可靠性降低（可靠性）；

第三组技术冲突：有利于环境保护（作用于物体的坏的因素），但荧光灯使用的能量增加了（静止物体使用的能量）。

选择发明原理：

第一组技术冲突：减少水银蒸气的量（物质或事物的数量），但需要消耗更多的电能（能量的浪费）。

希望改善的参数：26 物质或事物的数量。

导致恶化的参数：22 能量损失。

发明原理 7：嵌套。在真空管的里面嵌套一个玻璃囊。

发明原理 18：机械振动。

发明原理 25：自服务。

第二组技术冲突：减少水银蒸气的量（物质或事物的数量），但荧光灯工作的可靠性降低（可靠性）。

希望改善的参数：26 物质或事物的数量。

导致恶化的参数：27 可靠性。

发明原理 18：机械振动。

发明原理 3：局部质量。

发明原理 28：机械系统的替代。用高频的电磁场来打破这个玻璃囊。

发明原理 40：复合材料。

第三组技术冲突：有利于环境保护（作用于物体的坏的因素），但荧光灯使用的能量增加了（静止物体使用的能量）。

希望改善的参数：30 作用于物体的有害因素。

导致恶化的参数：20 静止物体的能量消耗。

发明原理 10：预先作用。

发明原理 2：抽取。

发明原理 22：变害为利。利用金属线和玻璃囊的热膨胀系数的不同释放水银蒸气。

发明原理 37：热膨胀。

最终方案：

经过计算满足性能要求的最小剂量的水银蒸气被密封在玻璃囊中。在玻璃囊的内壁嵌着金属线圈。该玻璃囊被内嵌在真空管的一端。荧光灯被制造出来后，通过一个高频的电磁场来加热玻璃囊。由于玻璃囊和金属线圈的热膨胀系数不一样，金属线圈能够切断玻璃囊，释放出水银蒸气。同一般的荧光管制造技术相比，用这种新的制造技术至少可以减少 75％的水银含量，减少了对环境的污染。

3. 咖啡壶的设计

当设计一个便携式咖啡杯时，就会面临冷热物理冲突，我们希望咖啡在杯子里时尽可能热以便能保温较长时间，同时，我们希望咖啡温度适中，以便饮用时不致烫伤，如图 9-34所示。

(a) 加热前

(b) 加热后

图 9-34　咖啡壶

空间分离：把咖啡壶分成冷区和热区两部分，在冷区加强对流换热，在热区改善保温效果。

系统级别分离：设计与咖啡壶配套的能迅速制冷的咖啡杯，咖啡壶只需具备保温功能，当咖啡倒入咖啡杯时，可使其迅速降温。用超系统部分来解决问题。

4. 转发器载体

通信技术领域目前就如何覆盖范围更广、开支更少的解决方案进行着探索。其中的一个问题便是以最小的通信服务成本覆盖最大可能的范围。传统的解决方案是用天线塔或卫星转发器。天线塔不允许架设得很高，对于架设不高的天线塔，就有必要在适当的区域内集中进行布置，但这种情况将占用大量昂贵的土地。依靠大量天线塔进行通信将使开支过分增大。另一种可能的解决方案是利用卫星，卫星转发器可覆盖很大的范围，但其发射、维护及更新成本经常是很高的，如图 9-35 所示。

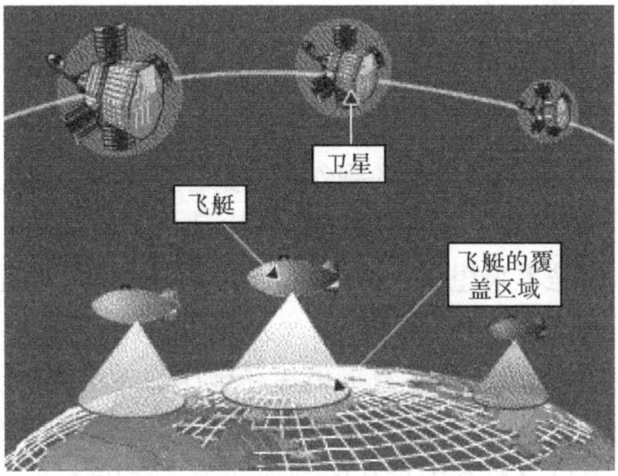

图 9-35　卫星可服务很大的区域但昂贵

转发器载体的高度便成为了物理冲突。转发器载体必须定位很高以使其覆盖的服务面积最大，并可避免用于土地的开支，同时定位也应低些以避免发射、维护及更新成本过高。

对转发器载体高度的物理冲突简单表述为：转发器载体应定位高些（卫星因素），同时也应定位低些（非卫星因素）。

将卫星换成飞艇便解决了这一物理冲突，飞艇是比空气轻的像气球一样的空中飞行器。但和气球也有不同之处，飞艇是雪茄形的，并装备了电动机和推进器，用于水平飞行的控制。

壳体上部的太阳能电池或蓄电池为电机提供动力，和一个卫星运行在 100km 以上高度不同的是，若干个飞艇将被发射到 20km 的高度，每个飞艇服务的区域组合在一起便是所要求提供服务的整个区域。

从解决物理冲突的角度出发，飞艇高度应低些，可避免过高的发射、维护及更新成本，同时它也应处在足够的高度，可提供大范围的通信。

因此，用飞艇作为转发器载体的好处之一便是可节约发射、维护及更新成本。除此之外，由于能够校正发动机的运行，转发器飞艇可持续飘浮在一单个区域上空，为该区域提供连续的服务。

5. 空中加油机授油探头喷嘴的设计

加油机在高空中给授油机进行加油时，授油探头在高空中要进入授油机的油箱中。由于加油机和授油机在高空中存在相对位移，会使授油探头振动。轻微的振动不会影响加油的正常进行；但是在突发情况下，剧烈的振动会使授油机的授油探头喷嘴断裂，使加油机的结构受损，甚至会造成整个加油机机毁人亡的事故。因此，要求在剧烈的振动下，授油探头喷嘴可以折断，使加油机和授油机分离。这便产生了物理冲突，要求授油机授油探头喷嘴的强度既要强，以保证加油过程的顺利进行；又要弱，以便在突发情况下，使加油机和受油机分离。

采用条件分离方法，使用一些螺栓紧固授油探头喷嘴，螺栓具有一定的强度，可以保证轻微振动下授油探头喷嘴加油的正常进行；当振动超过一定值后，授油探头喷嘴的紧固螺栓的强度不足，授油探头喷嘴自动断裂，从而使得加油机和授油机分离。

9.5 小　结

技术冲突的本质是产生了不想要的副作用，描述了试图通过常规方法来改进问题情境时想要的问题情境特征得到了改进，但同时导致另一问题情境特征发生无法忍受的恶化的情况。简而言之，就是本来想做一件好事，最终好事做了，但是同时一个不太好的结果也产生了。

物理冲突是对技术系统的同一参数提出相互排斥的需求的物理状态。无论对于技术系统宏观参数，如长度、电导率及摩擦系数，还是对于描述微观量的参数，如粒子浓度、离子电荷及电子速度等，都可以对其中存在的物理冲突进行描述。

物理冲突反映的是唯物辩证法中的对立统一规律，冲突双方存在两种关系：对立的关系及统一的关系。一方面,物理冲突是相互排斥,即同一性质相互对立的状态,假定非此即彼;另一方面,物理冲突又要求所有相互排斥和对立状态的统一,即冲突的双方存在于同一客体中。

物理冲突和技术冲突是有相互联系的,可以相互转化。在很多时候,技术冲突是更显而易见的冲突,而物理冲突是隐藏得更深入的冲突。

参考文献

曹福全. 2009. 创新思维与方法概论. 哈尔滨:黑龙江教育出版社.
陈光. 2011. 创新思维与方法——TRIZ 的理论与应用. 北京:科学出版社.
创新方法研究会. 2012. 创新方法教程(初级). 北京:高等教育出版社.
根里奇·阿奇舒勒. 2008. 实现技术创新的 TRIZ 诀窍. 林岳,译. 哈尔滨:黑龙江科学技术出版社.
侯智,张根保,余德忠,等. 2002. 基于 TRIZ 的计算机辅助矛盾解决系统. 计算机应用,22(12):71-73.
贾方俊,张晓礼. 2011. 利用技术矛盾矩阵解决焦罐盖支撑点对位问题. 梅山科技,(3):47-49.
林岳,谭培波,史晓凌,等. 2009. 技术创新实施方法论 DAOV. 北京:中国科学技术出版社.
沈萌红. 2012. TRIZ 理论及机械创新实践. 北京:机械工业出版社.
孙连英,张德政,钮文良. 2005. 创新理论原理及其扩展应用. 北京联合大学学报,19(2):11-14.
王传友. 2010. TRIZ 新编创新 40 法及技术矛盾与物理矛盾. 西安:西北工业大学出版社.
杨清亮. 2001. 发明是这样诞生的:TRIZ 理论全接触. 北京:机械工业出版社.
张付英,刘卉,张林静. 2006. 基于 TRIZ 矛盾解决原理的液压缸活塞密封技术研究. 润滑与密封,(8):30-33.
赵敏. 2009. TRIZ 入门及实践. 北京:科学出版社.
赵新军. 2004. 技术创新理论(TRIZ)及应用. 北京:化学工业出版社.

第 10 章　物场模型分析方法

10.1　概　　述

物场模型分析是 TRIZ 理论中的一种重要的问题描述和分析工具，用来建立与已存在的系统或新技术系统问题相联系的功能模型，在问题的解决过程中，可以根据物场模型所描述的问题，来查找相对应的一般解和标准解。

作为 TRIZ 的基础，Altshuller 通过研究发现了如下三条定律：所有的功能都可分解为三个基本要素；一个存在的功能必定由三个基本要素构成；将相互作用的三个基本要素有机组合将产生一个功能。

为方便表示，功能用一个三角形来进行模型化，三角形的下边两个角是两个物体（或称为物质），上角是作用或效应（或称为场）。物质可以是工件或工具，场是能量形式。通常，任何一个完整的系统功能，都可以用一个完整的物场三角形进行模型化，称为物场模型，如图 10-1 所示。如果是一个复杂的系统，可以用多个物场三角形来进行模型化。理想的功能是场（field，F）通过物质（substance 2，S2）作用于物质（substance 1，S1）并改变 S1。

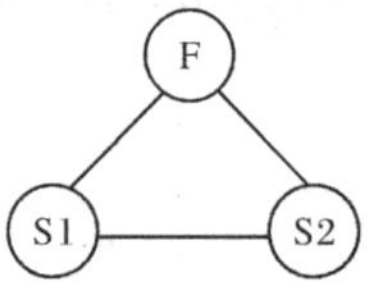

图 10-1　物场分析模型

其中，物质（S1 和 S2）的定义取决于每个具体的应用。参与相互作用的物质 S1 和 S2 可以是任何东西，如材料、工具、零件、人或者环境等。

物质具有级别的层次性，单元素和复杂系统。单元素的物质，如螺钉、别针、杯子；复杂系统，如汽车、太空船、大型计算机。

物质的状态具有多样性，包括典型的物理状态以及中间态和化合态。典型的物理状态，如真空、等离子体、气体、液体和固体；中间态和化合态，如气溶胶、液溶胶、固溶胶、泡沫、粉末、凝胶体、多孔物质。

物质还包括有特殊性质（如热性质、电性质、磁性质、光学性质等）的材料。

一般地，S1 表示工件（作用承受者），S2 表示工具（作用发出者）。

场就是物质之间的相互作用（或称为物质之间的效应）。

基本物理场有重力场、电磁场、强作用场、弱作用场。物理学中的这四种场可以解释自然界中的所有过程，但是对于工程系统来说，这样的分类并不足够，需要更细化的分类方法，甚至是用相互作用的名称作为场的名称，像粘贴力，实际上它是一种机械场。

其他的相互作用包括机械场、热场、化学场、电场、磁场、电磁场、放射场、生物场、嗅觉场、声场等。

下面举例来熟悉一下物场模型。

例 10-1　吸尘器清洁地毯。

S1——地毯(工件);

S2——吸尘器(工具);

F——清洁(机械场)。

例 10-2　人用油漆刷墙。

S1——墙(工件);

S2——人(工具);

F——刷油漆(机械场)。

例 10-3　锤子的工作系统。

S1——钉子;

S2——锤子;

F——钉钉子(机械场)。

10.2　物场模型的建立

10.2.1　符号系统

物场模型有助于使问题聚焦于关键子系统上并确定问题所在的特别“模型组”,事实上,任何物场模型中的异常表现,都来自这些模型组中所存在的问题,见表 10-1。

表 10-1　常见的物场异常情况

异常情况	举例
期望的效应没有产生	过热火炉的炉瓦没有进行冷却
有害效应产生	过热火炉的炉瓦变得火热
期望的效应不足或无效	对炉瓦的冷却低效,因此加强冷却是可能的

为建立针对以上 3 种异常情况的图形化模型描述,要用到系列表达效应的几何符号,常见的效应图形表示符号如表 10-2 所示。

表 10-2　常用的效应图形表示符号

符号	意义	符号	意义
	期望的作用或效应		有害的作用或效应
	不足的作用或效应	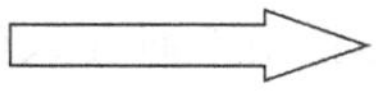	改变了的模型

10.2.2　功能分类及其模型

物场模型可以用来描述系统中出现的问题,主要有 4 种类型:

(1) 有用并且充分的相互作用；

(2) 有用但不充分的相互作用；

(3) 有用但过度的相互作用；

(4) 有害的相互作用。

针对不同的问题类型，可以用 4 种不同的物场模型来描述，如图 10-2 所示。

(1) 有效完整功能(图 10-2(a))。系统中的三元件都存在，且都有效，能实现设计者追求的效应。

(2) 不完整功能(图 10-2(b))。系统的三元件中部分元件不存在，需要增加元件来实现有效完整功能，或者用一种新功能代替。

(3) 非有效完整功能(图 10-2(c))。系统中的三元件都存在，但设计者所追求的效应未能完全实现，如产生的力不够大、温度不够高等。为了实现预期的效应，需要改进系统。

(4) 有害完整功能(图 10-2(d))。系统中的三元件都存在，但产生与设计者追求的效应相冲突的效应。创新的过程中要消除有害效应。

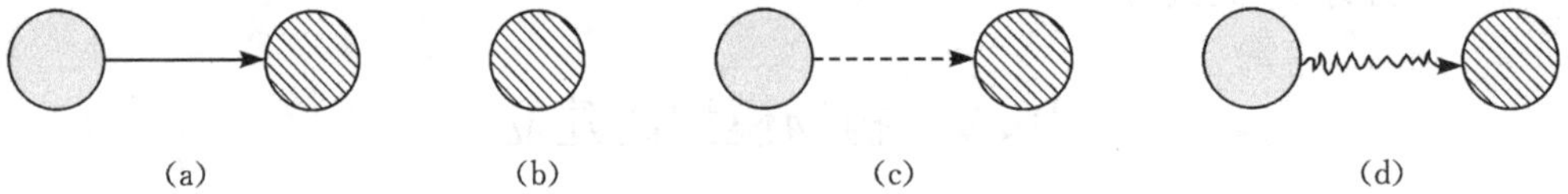

图 10-2 各种功能模型

10.2.3 构建物场模型

场本身就是某种形式的能量，所以它可以给系统提供能量，促使系统发生反应，从而实现某种效应。这种效应可以作用在 S1 上，或作用在场信息的输出物上。场是一个很广泛的概念，包括物理方面的场(电磁场、重力场等)和其他的场(包括热能、化学能、机械能、声场、光等)。

两种物质就可以组成一个完整的系统、子系统或者一个独立的物体。

一个完整的模型是两种物质和一种场的三元有机组合。创新问题被转化成这种模型，目的是阐明两物质和场之间的相互关系。通常构造模型有以下四步，如图 10-3 所示。

第一步：识别元件。场或作用在两物质上，或和物质 S2 组合成一个系统。

第二步：构建模型。对系统的完整性、有效性进行评价，如果缺少组成系统的某元件，那么要尽快确定它。

第三步：从 76 个标准解中选择一个最恰当的解。

第四步：进一步发展这个解(新概念)，以支持获得解决方案。

在第三和四步中，就要充分挖掘和利用其他知识性工具。

图 10-3 的流程图明确地指出了研究人员如何运用物场模型实现创新。这个循环过程不断地在第三和四步之间往复进行，直到建立一个完整的模型。第三步使研究人员的思维有了重大的突破。

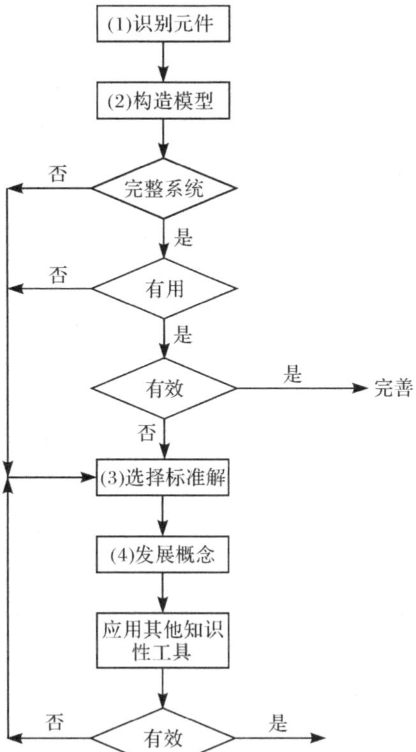

图 10-3　物场模型解决问题流程

10.2.4　物场模型分类

物场模型可以分为 4 类。

(1) 有效完整模型。系统中的三元件都存在，且都有效，能实现设计者追求的效应，如图 10-4 所示。

(2) 不完整模型。系统的三元件中部分元件不存在，需要增加元件来实现有效完整功能，或者用一种新功能代替，如图 10-5 所示。

(3) 非有效完整模型。系统中的三元件都存在，但设计者所追求的效应未能完全实现，如产生的力不够大、温度不够高等。为了实现预期的效应，需要改进系统，如图10-6 所示。

(4) 有害完整模型。系统中的三元件都存在，但产生与设计者追求的效应相冲突的效应。创新的过程中要消除有害效应，如图 10-7 所示。

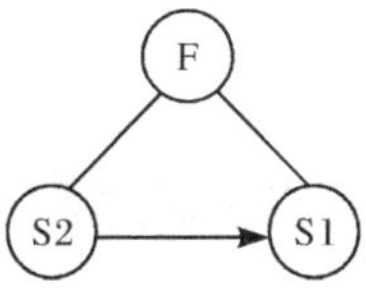

图 10-4　有效完整模型

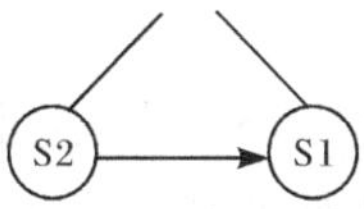

图 10-5　不完整模型

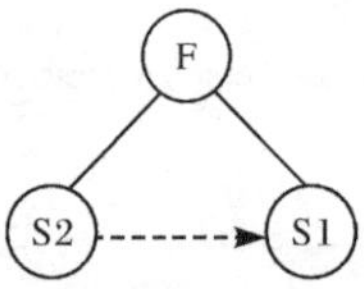

图 10-6　非有效完整模型

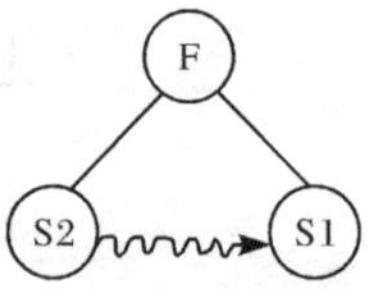

图 10-7　有害完整模型

如果三元件中的任何一个元件缺失，则表明该模型需要完善，同时也就为发明创造、创新性思维指明了方向。

如果具备所需的三元件，则物场模型分析就可以为我们提供改进系统的方法，从而使系统更好地完成功能。

TRIZ 中关注了 3 种非正常模型：不完整模型、非有效完整模型、有害完整模型，并提出了物场模型的一般解法和 76 个标准解法，本节将介绍物场模型的一般解法。10.3 节将专门介绍物场模型的 76 个标准解。

10.2.5　物场分析的一般解法

针对物场模型的类型，TRIZ 提出了对应的一般解法。物场分析的一般解法共 6 个，下面逐一进行阐述。

1. 不完整模型

一般解法 1：

(1) 补齐所缺失的元素，增加场 F 或工具 S2，如图 10-8 所示。

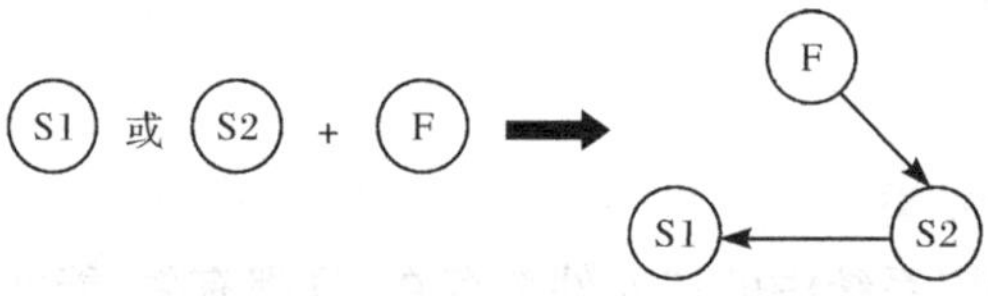

图 10-8　补充元素

(2) 系统地研究各种能量场，机械能—热能—化学能—电能—磁能。

例 10-4　取出小球。如图 10-9 所示，小球掉到了弯曲窄槽的底部，如何将小球取出来呢？进行物场分析，补齐缺失元素，增加 S2(水)，即增加了 F1(浮力)，形成完整的物场模型，借由浮力，小球浮上水面，即可轻松取出。

2. 有害完整模型

有害完整模型中元素齐全，但 S1 和 S2 之间的相互作用的结果是有害的或不希望得到的，因此场 F 是有害的。

一般解法 2：

加入第 3 种物质 S3，S3 用来阻止有害作用。S3 可以是通过 S1 或 S2 改变而来，或者是 S1、S2 共同改变而来，如图 10-10 所示。

例 10-5　办公室的玻璃。正午或下午时分，办公室中靠窗的位置常常有强烈的阳光直射进来，不但影响了靠窗位置人们的视线、屏幕清晰度，而且影响了人们的隐私。将窗

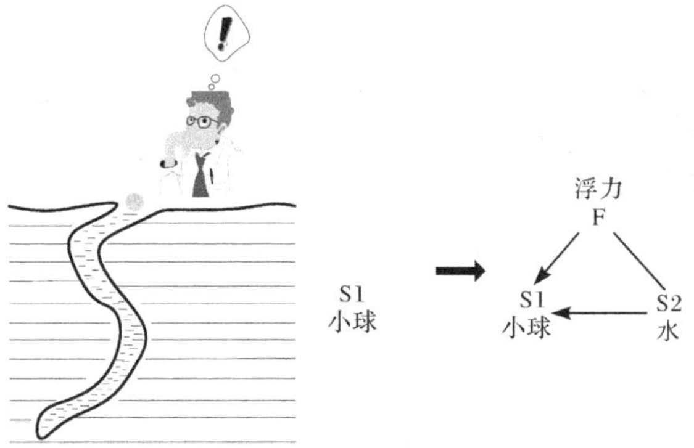

图 10-9　小球问题的物场分析

户玻璃进行磨砂处理，或贴上半透明的胶贴，则可以解决这一问题。对其进行物场分析，如图 10-11 所示。

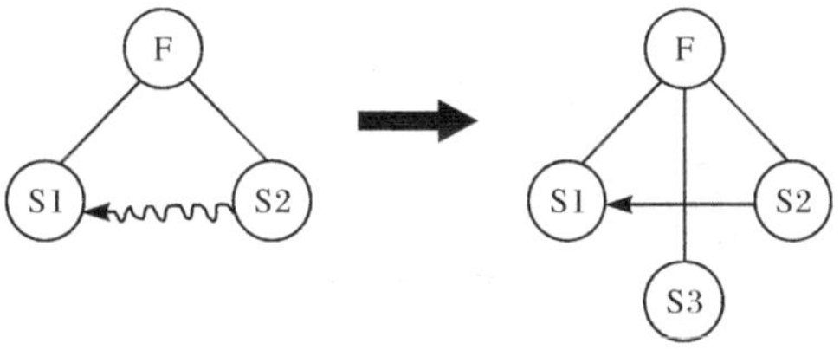

图 10-10　加入 S3 阻止有害作用

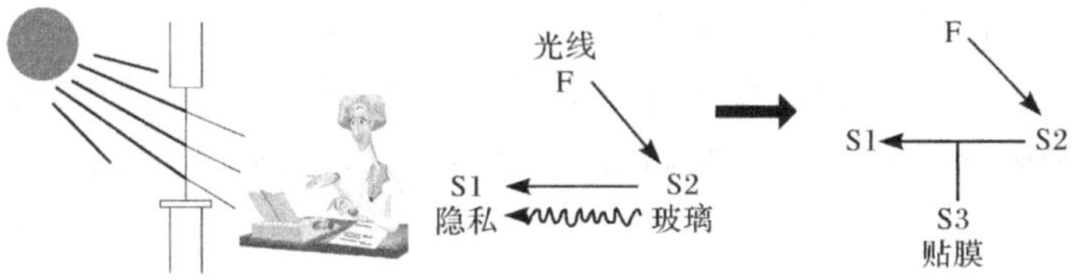

图 10-11　办公室玻璃问题的物场分析

一般解法 3：

(1) 增加另外一个场 F2 来抵消原来有害场 F1 的效应，如图 10-12 所示。

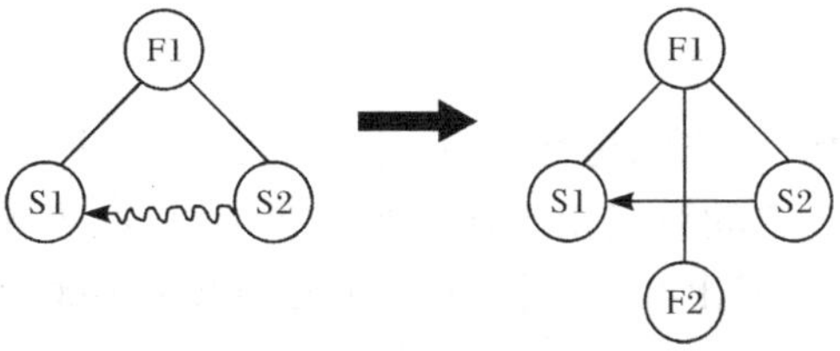

图 10-12　加入 F2 消除有害效应

例 10-6　电视护眼灯。晚上，在漆黑的环境中看电视，会对眼睛造成一定程度的伤害。打开一盏灯，适当照亮环境，则可以起到保护眼睛的作用。物场分析如图 10-13

所示。

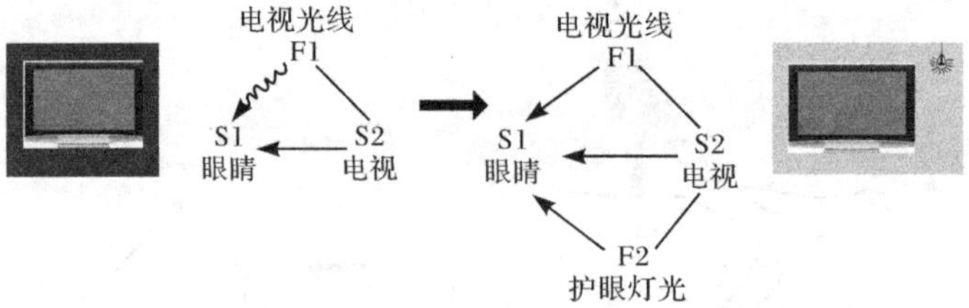

图 10-13 电视护眼灯

(2) 系统地研究各种能量场,机械能—热能—化学能—电能—磁能。

3. 非有效完整模型

效应不足的模型是指构成物场模型的元素是完整的,但有用的场 F 效应不足,如太弱、太慢等。

一般解法 4:

用另一个场 F2(或者 F2 和 S3 一起)代替原来的场 F1(或者 F1 或 S2),如图 10-14 所示。

图 10-14 用 F2(S3)代替 F1(S2)

例 10-7 搅拌的效率。在化学实验中,为了加速溶液配置的效率,可以使用玻璃棒手工对反应溶液进行持续搅拌,效率有所提高,但是提高的程度严重受限。利用磁力搅拌代替手工搅拌来配置溶液,能大大提高溶液配置效率,如图 10-15 所示。

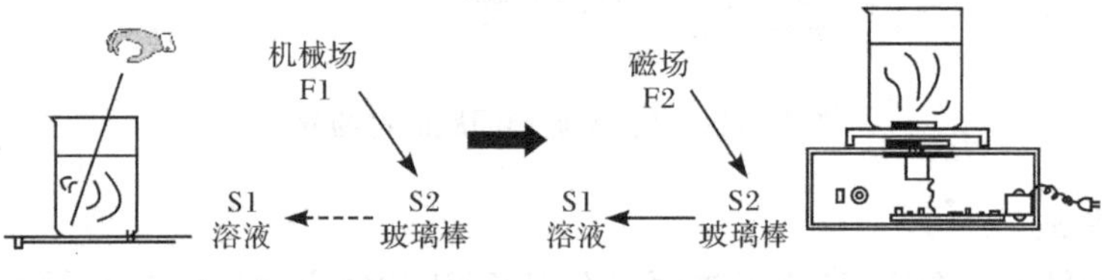

图 10-15 用磁力搅拌代替手工搅拌

一般解法 5:

(1) 增加另外一个场 F2 来强化有用的效应,如图 10-16 所示。

例 10-8 辅助对焦。自动对焦相机在弱光下摄影时,由于环境光线不足,自动系统无法工作,此时相机会自动发出红外线脉冲(F2),以帮助自动对焦系统完成对焦工作,如图 10-17 所示。

在拍摄的瞬间,闪光灯的强闪光补充了环境光线的不足,如图 10-18 所示。

(2) 系统地研究各种能量场,机械能—热能—化学能—电能—磁能。

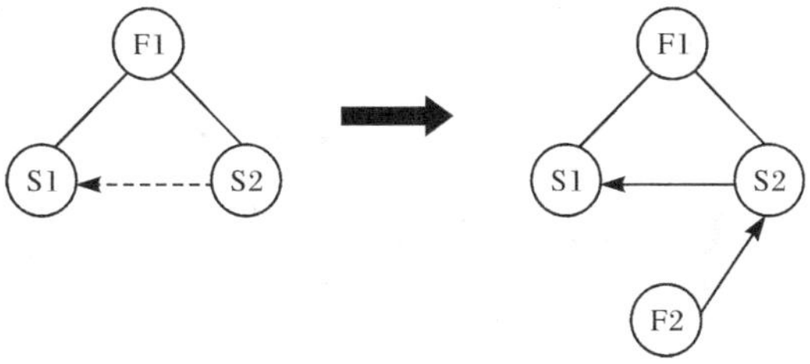

图 10-16　另加入场 F2

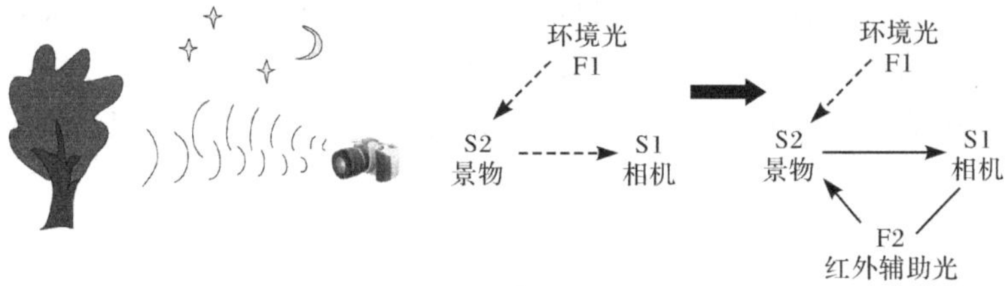

图 10-17　红外辅助对焦

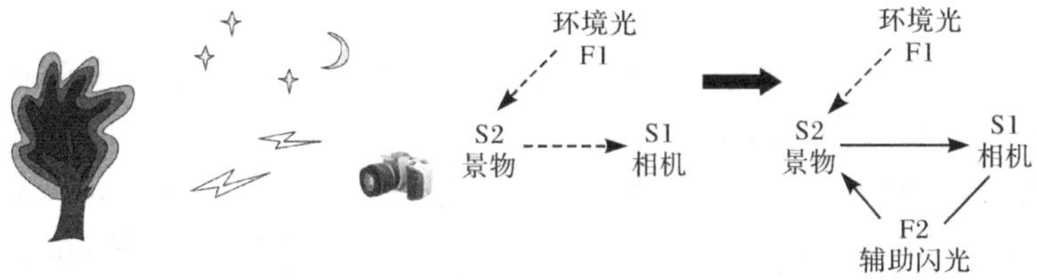

图 10-18　闪光补充光线强度

一般解法 6：

(1) 加入一个物质 S3 并引入另一个场 F2 来提高有用效应，如图 10-19 所示。

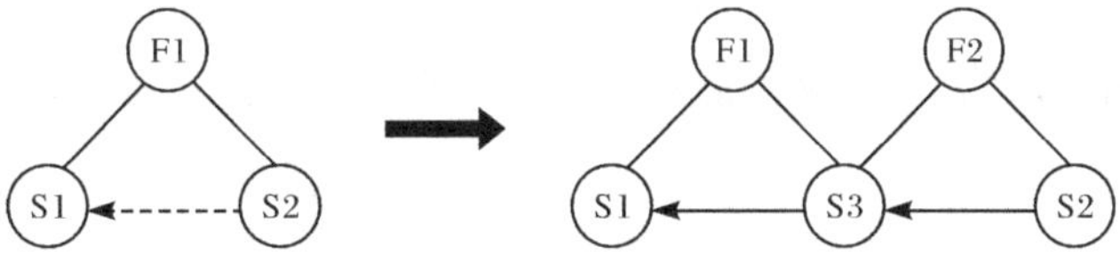

图 10-19　加入 S3 和 F2

例 10-9　遥控电视。老式电视机用手直接调换频道，费时费力。现在的电视机加上一个遥控器，用红外方式控制，用起来轻松方便，如图 10-20 所示。

(2) 系统地研究各种能量场，机械能—热能—化学能—电能—磁能。

进行物场分析时，物场模型的 6 个一般解法，如果能够结合在一起应用，可以更有效地解决问题。建议按以下步骤进行：①确定相关元素。首先根据问题所存在的区域和问题的表现，确定造成问题的相关元素，以缩小问题分析的范围。②联系问题情形，确定并完成物场模型的绘制。根据问题情形，表述相关元素间的作用，确定作用的程度，绘制出问题所在的物场模型，模型反映的问题与实际问题应该是一致的。③选择物场模型的一

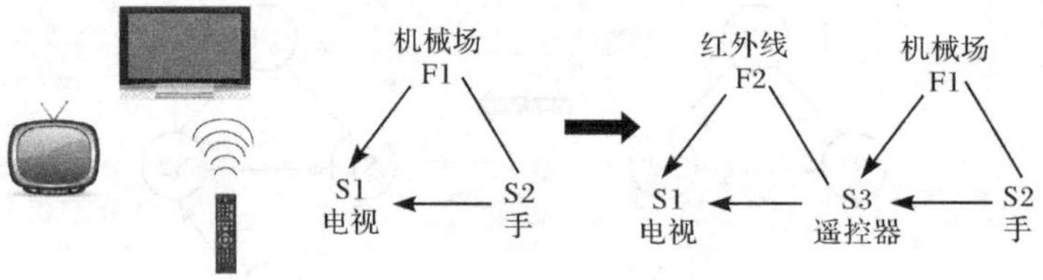

图 10-20 手控电视与遥控电视

般解法。按照物场模型所表现出的问题，查找此类物场模型的一般解法，如果有多个，则逐个进行对照，寻找最佳解法。④开发设计概念。将一般解法与实际问题相对照，并考虑各种限制条件下的实现方式，在设计中加以应用，从而形成产品的解决方案。

本节所介绍的 6 个一般解法只是物场分析的一个初步应用，而更全面的解法如10.3节所述。

10.3 76 个标准解

10.3.1 概述

TRIZ 通过对大量专利库的分析研究发现，发明问题共分为两类：标准问题和非标准问题。可以通过物场分析法描述的问题一般称为标准问题，可以采用 76 个标准解进行求解。标准问题可以快速获得解决，因为基于技术系统进化路径的法则可以确定该系统改进的方向和解决问题的方法。这些针对标准问题的解决法则被称为发明问题的标准解。

Altshuller 经过分析大量的专利后发现：如果专利所解决问题的物场模型相同，那最终解决方案的物场模型也相同。将这些变化形式相同的物场模型归纳总结就形成了发明问题的标准解。发明问题的标准解可以用来解决系统内的冲突，同时也可以根据用户的需求进行全新的产品设计。

例如，如果一种物质 S2 对另外一种物质 S1 产生了有害作用，则经常引入第三种物质——S1 或 S2 的变形物质 S3 来消除有害作用，问题和解决方案的物场模型如图 10-21 所示。

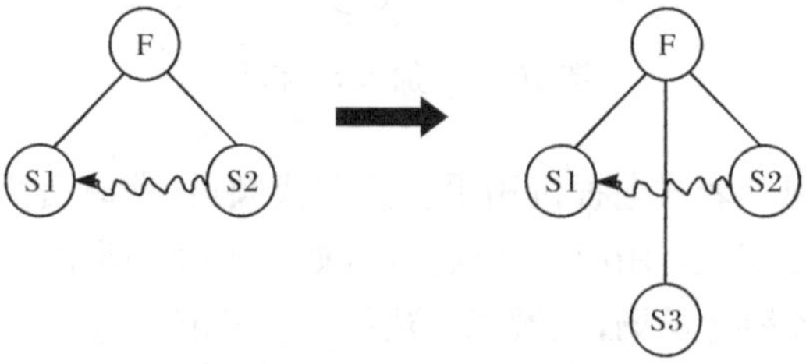

图 10-21 消除有害作用的标准解

Altshuller 一共发现了 76 种这样的解规则，这 76 种标准解构成了标准解系统。

Altshuller 把这 76 种标准解，按所解决问题的类型分为 5 类，建立起了标准解系统，详见表 10-3。

表 10-3　76 个标准解的分布情况

级别	子级	标准解法
第 1 类 建立或破坏物场模型 子系统数 2 标准解数 13	S1.1 建立物场模型	S1.1.1 建立物场模型 S1.1.2 内部合成物场模型 S1.1.3 外部合成物场模型 S1.1.4 与环境一起的外部物场模型 S1.1.5 与环境和添加物一起的物场模型 S1.1.6 最小模式 S1.1.7 最大模式 S1.1.8 选择性最大模式
	S1.2 破坏物场模型	S1.2.1 引入 S3 消除有害作用 S1.2.2 引入改进的 S1 或(和)S2 来消除有害作用 S1.2.3 排除有害作用 S1.2.4 用 F2 来抵消有害作用 S1.2.5 切断磁影响
第 2 类 增强物场模型 子系统数 4 标准解数 23	S2.1 转化成复杂的物场模型	S2.1.1 链式物场模型 S2.1.2 双物场模型
	S2.2 加强物场模型	S2.2.1 使用更可控制的场 S2.2.2 S2 的分裂 S2.2.3 使用毛细管和多孔的物质 S2.2.4 动态性 S2.2.5 构造场 S2.2.6 构造物质
	S2.3 频率的协调	S2.3.1 匹配 F、S1、S2 的节奏 S2.3.2 匹配场 F1 和 F2 的节奏 S2.3.3 匹配冲突或预先独立的动作
	S2.4 利用磁场和铁磁材料	S2.4.1 预-铁-场模型 S2.4.2 铁-场模型 S2.4.3 磁性液体 S2.4.4 在铁-场模型中应用毛细管结构 S2.4.5 合成铁-场模型 S2.4.6 与环境一起的铁-场模型 S2.4.7 应用自然现象和作用 S2.4.8 应用动态性 S2.4.9 构造 S2.4.10 在铁-场模型中匹配节奏 S2.4.11 电-场模型 S2.4.12 流变学的液体

续表

级别	子级	标准解法
第3类 向超系统或微观级转化 子系统数2 标准解数6	S3.1 转换成双系统或多系统	S3.1.1 系统转化1a:创建双、多系统 S3.1.2 加强双、多系统内的链接 S3.1.3 系统转化1b:加大元素间的差异 S3.1.4 双、多系统的简化 S3.1.5 系统转化1c:系统整体或部分的相反特征
	S3.2 向微观级转化	S3.2.1 系统转化2:向微观级转化
第4类 检测和测量的标准解 子系统数5 标准解数17	S4.1 间接方法	S4.1.1 以系统的变化代替探测或测量 S4.1.2 应用复制 S4.1.3 测量当成二次连续检测
	S4.2 建立测量的物场模型	S4.2.1 测量的物场模型 S4.2.2 合成测量的物场模型 S4.2.3 与环境一起的测量的物场模型 S4.2.4 从环境中获得添加物
	S4.3 加强测量物场模型	S4.3.1 应用物理作用和现象 S4.3.2 应用样本的谐振 S4.3.3 应用加入物体的谐振
	S4.4 测量铁磁场	S4.4.1 测量的预-铁-场模型 S4.4.2 测量的铁-场模型 S4.4.3 合成测量的铁-场模型 S4.4.4 与环境一起的测量的铁-场模型 S4.4.5 应用物理作用和现象
	S4.5 测量系统的进化方向	S4.5.1 向双系统和多系统转化 S4.5.2 进化方向
第5类 应用标准解的标准 子系统数5 标准解数17	S5.1 引入物质	S5.1.1 间接方法 S5.1.2 分裂物质 S5.1.3 物质的“自消失” S5.1.4 大量引入物质
	S5.2 引入场	S5.2.1 可用场的综合使用 S5.2.2 从环境中引入场 S5.2.3 利用物质可能创造的场
	S5.3 相变	S5.3.1 相变1:变换状态 S5.3.2 相变2:动态化相态 S5.3.3 相变3:利用伴随的现象 S5.3.4 相变4:向双相态转化 S5.3.5 状态间作用
	S5.4 运用自然现象	S5.4.1 自我控制的转化 S5.4.2 放大输出场
	S5.5 产生物质的高级和低级方法	S5.5.1 通过降解获得物质粒子 S5.5.2 通过结合获得物质粒子 S5.5.3 综合应用标准解法S5.5.1及标准解法S5.5.2

第 1 类中的解聚焦于建立和破坏物场模型，包括创建需要的效应或消除不希望出现的效应的系列法则，每条法则的选择和应用将取决于具体的约束条件。

第 2 类由直接进行效应不足的物场模型的改善，以及提升系统性能但实际不增加系统复杂性的方法所组成。

第 3 类包括向超系统和微观级转化的法则。这些法则继续朝着(第 2 类中开始的)系统改善的方向前进。第 2 和 3 类中的各种标准解均基于以下技术系统进化路径：增加集成度再进行简化的法则；增加动态性和可控性进化法则；向微观级和增加场应用的进化法则；子系统协调性进化法则等。

第 4 类专注于解决涉及测量和探测的专项问题。虽然测量系统的进化方向主要服从于共同的一般进化路径，但这里的专项问题有其特性。尽管如此，第 4 类的标准解与第 1、2、3 类中的标准解有很多是相似的。

第 5 类包含标准解的应用和有效获得解决方案的重要法则。一般情况下，应用第 1～4类中的标准解会导致系统复杂性的增加，因为给系统引入了另外的物质和效应是极有可能的。第 5 类中的标准解将引导大家如何给系统引入新的物质又不会增加任何新的东西。换句话说，这些解专注于对系统的简化。

在这五类中，每类又分为数量不等的多个子类，共有 18 个子类，每个子类代表着一个可选的问题解决方向。在应用前，需要对问题进行详细的分析，建立问题所在系统或子系统的物场模型；然后根据物场模型所表述的问题，先选择类再选择子类，最后使用子类下的几个标准解来获得问题的解。

10.3.2　第 1 类：建立或破坏物场模型

S1.1　建立物场模型

S1.1.1　建立物场模型

如果特定的物体对要求的变化没有反应(或几乎没有反应)，而且问题描述中没有对引入物质或场的具体限制，则问题可以通过引入缺失的元素来解决，进而构成完整的物场模型，如图 10-22 所示。建立物场模型有助于解决薄的、易碎的、易变形的物体的加工问题。将这些物体暂时与第三种物质结合起来，以在加工过程中形成所需要的强度或硬度，加工完成后，第三种物质通过挥发、分解等方式消失。

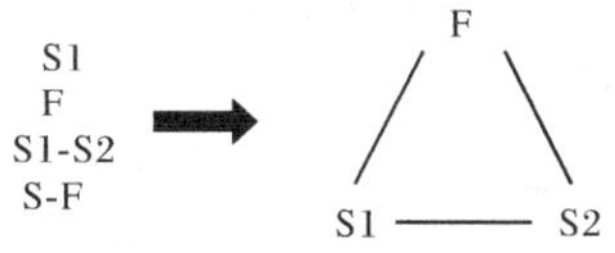

图 10-22　建立物场模型

例 10-10　固定地板的钉子，时间长了会松动突出，于是在钉钉子前把钉子泡在乙酸(F)中，这样钉子(S1)容易锈死在地板(S2)中，长时间不会松动。对应的物场模型如图 10-23所示。

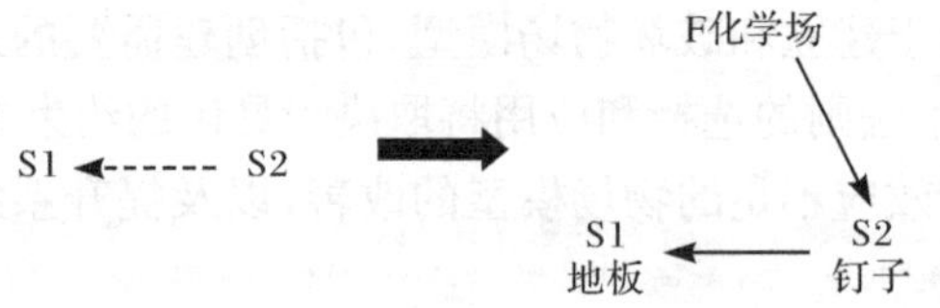

图 10-23　钉子锈死在地板中的物场模型

S1.1.2　内部合成物场模型

如果特定的物体对要求的变化没有反应(或几乎没有反应),而且问题描述中没有包含对引入物质或场的限制,则问题可以通过永久或暂时向内部合成物场模型转化来解决。例如,引入S1或S2的合成(S3)来增加可控性,或给予物场模型以要求的特性,如图10-24所示。

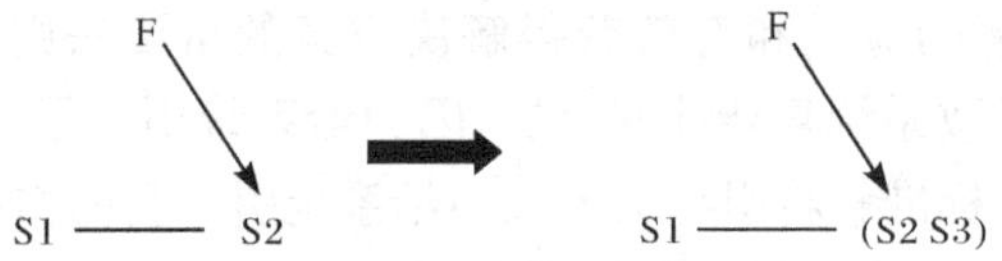

图 10-24　内部合成物场模型

例 10-11　为防止相机抖动造成影像模糊,在相机内加装防抖动系统,如图 10-25 所示。

图 10-25　相机防抖物场模型

注:

(1) 有时,问题描述包括两种物质微弱地相互作用或根本没有场。从形式上看,因为所有的3个元素都在适当的位置,所以物场模型是完整的,然而,这些元素不能变形为一个工作着的物场模型。在这种情况下,最简单的"迂回"方法是引入附加物,给一种物质混合内部附加物或一种物质的外部附加物。

(2) 有时,同一个解法可用于建立物场模型或创立合成物场模型。

S1.1.3　外部合成物场模型

如果特定的物体对要求的变化没有反应(或几乎没有反应),而且问题描述中已经有作用和引入已存在物质的S1或S2的添加物,则问题可以通过永久或暂时向外部合成物场模型转化来解决。把S1或S2与外部物质S3联系,以增加可控性,或给予物场模型以要求的特性,如图10-26所示。

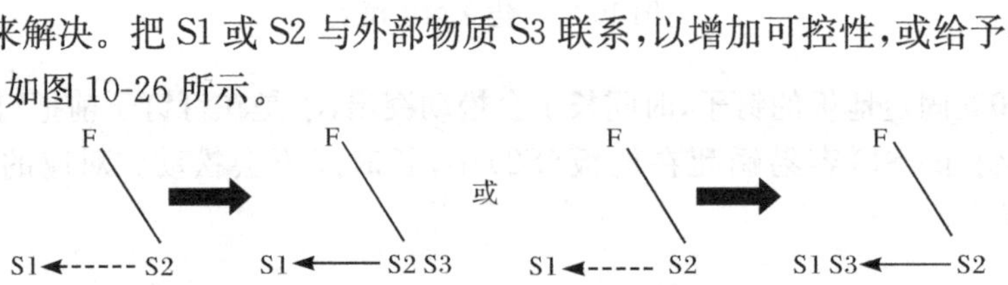

图 10-26　外部合成物场模型

例 10-12　用长焦镜头或慢门摄影时为防止相机抖动造成影像模糊，将相机固定在三脚架上，如图 10-27 所示。

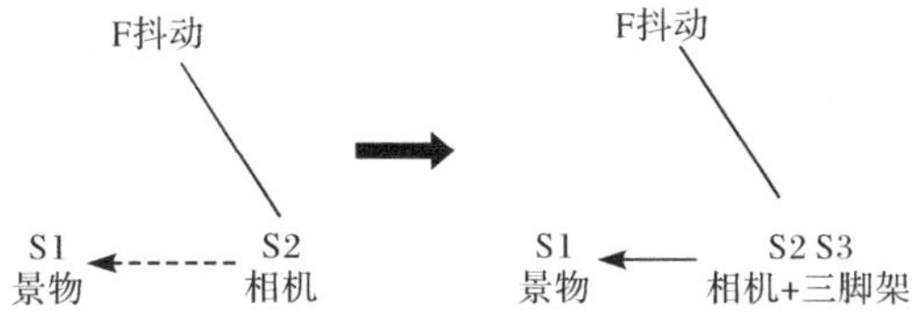

图 10-27　用三脚架防止相机抖动

S1. 1. 4　与环境一起的外部物场模型

如果特定的物体对要求的变化没有反应(或几乎没有反应)，而且问题描述中已经有效应和引入已存在物质 S1 和 S2 的添加物以及外部物质 S3，则问题可以通过建立以环境为添加物的物场模型来解决，如图 10-28 所示。

图 10-28　与环境一起的外部物场模型

例 10-13　为了提高自动复位船在完成倾斜或回转的角度后恢复到原始位置的可能性，轮船装备了龙骨压载箱，龙骨必须重但又禁止重。解决方案是：用水做龙骨。龙骨在水中没有重量；当船翻覆时，龙骨会暴露到空气中，水就显示了重量。由于水不可能即刻流出，龙骨将使船自动恢复到原始位置。

特别地，如果改变移动物体的重量是可能的，但却禁止对其加以改变，物体可使用“翅膀”的形状，通过改变迎角来获得外加的升降定向力。

S1. 1. 5　与环境和添加物一起的物场模型

如果依据标准解法 S1. 1. 4，在环境中没有需要的物质来建立物场模型，这种物质可以通过环境取代、分解、引入添加物等方法来获得，如图 10-29 所示。

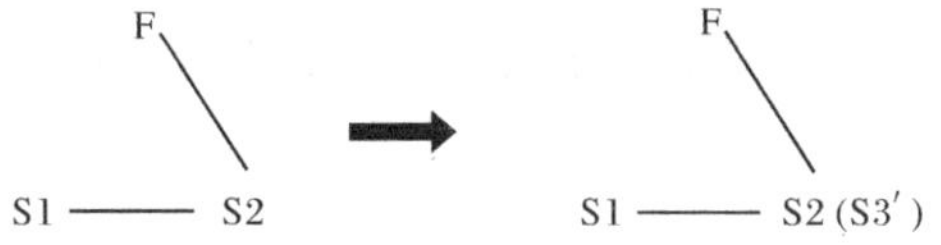

图 10-29　与环境和添加物一起的外部物场模型

例 10-14　办公室中的计算机设备发热量较大，造成室温增加，因此可以在办公室内加上空调，较好地调节室温。

例 10-15　在对猪进行疫苗接种时，如果使用注射器逐一注射会很麻烦。在德国，猪被赶到一个圈里关半小时，它们在那里呼吸饱和牛痘疫苗气雾。

S1. 1. 6　最小模式

如果要求的是作用的最小模式(也就是标准的、最佳的)，但难以或不可能提供，推荐先应用最大模式，随后再消除过剩。过剩的场可以用物质来消除或者过剩的物质用场来消除，如图 10-30 所示。

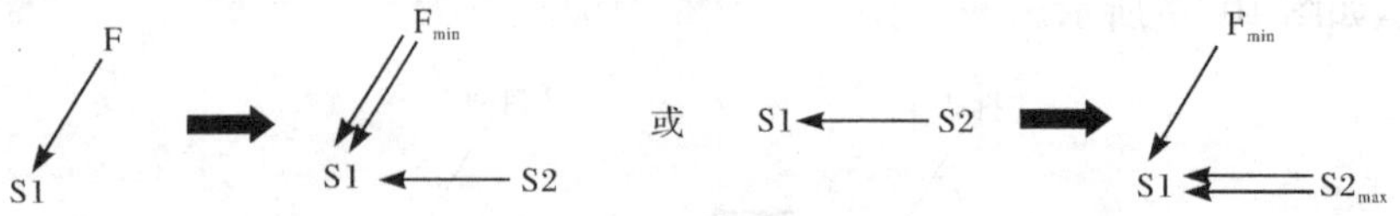

图 10-30　最小模式

例 10-16　人们在一个方框中倒入混凝土，很难用抹子直接做出一个很平的表面。如果把混凝土加满方框并超出一部分，那么在去掉多余部分的过程中，人们就不难抹出一个比较理想的平面来了。

例 10-17　为了使发生火灾时高层建筑的钢骨架不被烧热而失去稳固性，在空心柱子及其他空心构件中注水，使水在钢骨架中循环流动。当水沸腾后，蒸汽带走了大量的热。

S1.1.7　最大模式

如果要求对物质(S1)应用最大模式，而条件不允许，最大作用可以被保留，但是直接作用在与原物质相连接的另外一个物质(S2)上而保留下来，如图 10-31 所示。

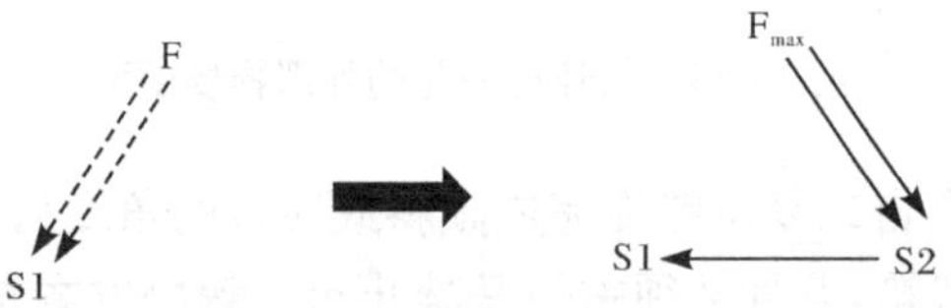

图 10-31　最大模式

例 10-18　蒸锅不能直接放到火焰上来蒸煮食物，但是可以在蒸锅里加水，利用火焰来加热蒸锅里的水，然后通过水再把热量传递给食物。因为加热食物的温度不可能超过水的沸点，所以不会烧焦食物。

S1.1.8　选择性最大模式

如果要求一个选择性最大模式(在选定区域最大模式，在另一个区域最小模式)，则场应该是：如果场的作用是最大，那么就往需要最小作用的区域引入防护物质(图 10-32(a))；如果场的作用是最小，那么就往需要最大作用的区域引入防护物质，用于生成局部的强化场(图 10-32(b))。

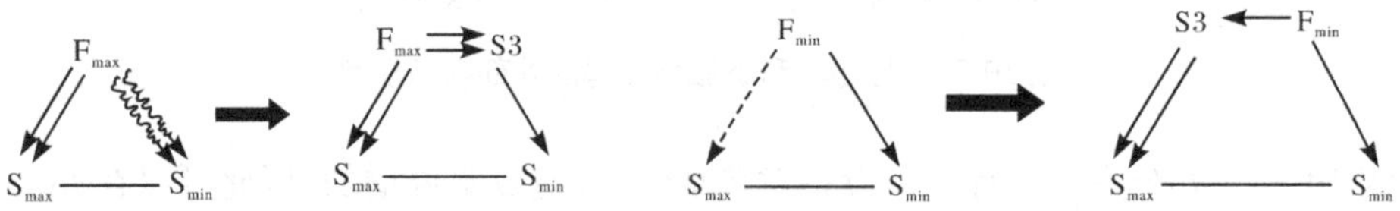

(a) 最大作用场　　　　　　(b) 最小作用场

图 10-32　选择性最大模式

例 10-19　用火焰给小玻璃药瓶封口，因为火焰的热量很高，所以会使药瓶内的药物分解。但是，如果将药瓶盛药物的部分放在水里，就可以使药保持在安全温度之内，免受破坏。

例 10-20　焊接金属零件时，为了加强热作用，将发热混合料放入零件间的缝隙，可在焊接时释放出高热量完成焊接。

S1.2　破坏物场模型

S1.2.1　引入 S3 消除有害作用

如果在物场模型的两个物质间同时存在着有用和有害作用，而且物质间不要求紧密相邻，则可以通过在这两种物质间引入无成本的第三种物质 S3 来解决问题，如图 10-33 所示。

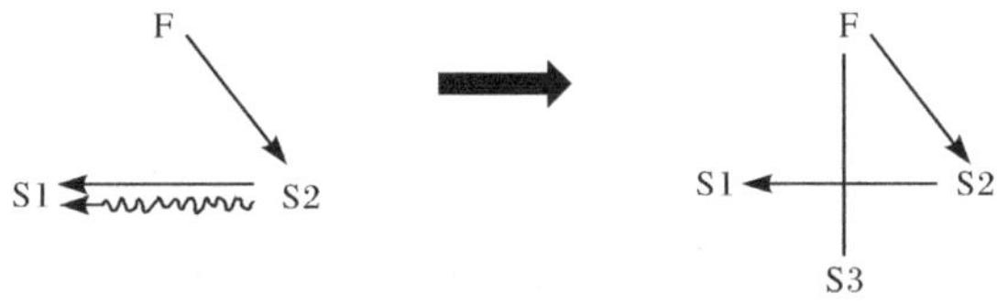

图 10-33　引入 S3 消除有害作用

例 10-21　医生需要用手在患者身体上做外科手术时，手有可能对患者的身体带来细菌感染，而带上一双无菌手套就可以消除细菌带来的有害作用。

例 10-22　工件在特殊介质中经受塑性变形后，经常需要用超声波来进行清洗。在变形加工之前，在工件表面覆盖一层比特殊介质更容易用清洗液去除的物质，以提高清洗效果。

S1.2.2　引入改进的 S1 或(和)S2 来消除有害作用

如果物场模型中的两个物质间同时存在着有用和有害作用，而且物质间的直接接触不是必需的，可是问题的描述中又包含了对外部物质引入的限制，则可以通过引入 S1 或 S2 的变形体(S1′或 S2′)来解决问题。如图 10-34 所示。

图 10-34　引入改进的 S1′或 S2′

例 10-23　冰鞋(S1)在冰面(S2)上滑冰时，冰表面坚硬(F1)有助于冰鞋的平滑运动；冰鞋与冰面之间的摩擦(F2)妨碍了连续滑动。但摩擦使冰发热，产生水(S2′)，水大幅度降低了摩擦并有利于滑动。

例 10-24　当纸浆通过管道传送时，会对管道壁产生磨损。减少磨损的方式是冷冻管道，在管道内壁产生一层冷冻的纸浆保护层。

S1.2.3　排除有害作用

如果消除一个场对物质的有害作用是可能的，则引入第 3 种物质来排除有害作用以解决问题，如图 10-35 所示。

例 10-25　为了消除来自太阳和电磁辐射对人体的有害作用(紫外线灼伤或者生长

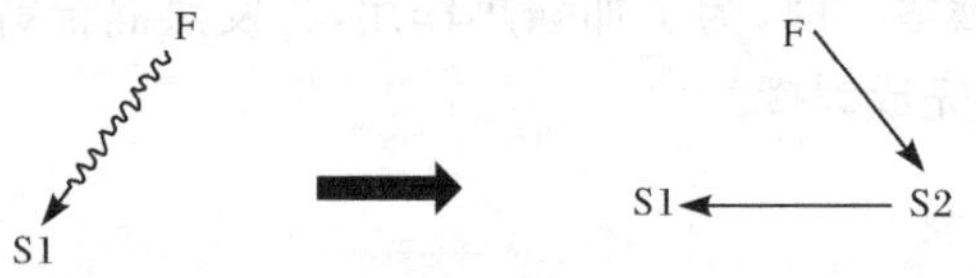

图 10-35　排除有害作用

皮肤癌)，可在皮肤的暴露部分涂上防晒霜。

例 10-26　北方的冬天，花坛内的土壤结冻膨胀后会将花坛壁胀裂。解决办法是，入冬前沿花坛内壁挖一条沟，使坛壁与土壤隔开。同样的，低温会导致地面开裂，进而损坏地下电缆。为保护电缆，可以与电缆并排挖一系列窄条长沟。

S1.2.4　用场 F2 来抵消有害作用

如果物场模型中的两个物质间同时存在着有用和有害作用，而且物质间不同于标准解法 S1.2.1 和 S1.2.3 那样，而是要求直接相邻，则可以通过建立双物场模型来解决问题，有用作用通过场 F1 实现，而第二个场 F2 用来中和有害作用或将有害作用转化为另一个有用功能，在这两种物质间引入对已存在的物质改变后的第三种物质(S3)来解决问题，如图 10-36 所示。

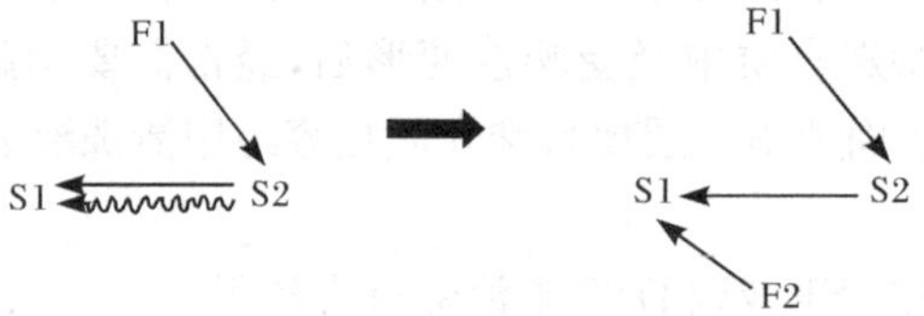

图 10-36　用场 F2 来抵消有害作用

例 10-27　在脚腱拉伤后必须固定起来。绷带(S2)作用于脚(S1)起到固定的作用(机械场 F1)。如果肌肉长期不用将会萎缩，造成有害作用。为防止肌肉的萎缩，在物理治疗阶段向肌肉加入一个脉冲电场 F2。

例 10-28　使用强气流来实现花的人工授粉，但是强风会使花瓣闭合而影响授粉。可使用静电离子的气流，让花瓣相互排斥以保持开放状态。

S1.2.5　切断磁影响

如果以磁场来破坏物场模型是可能的，则可以应用切断物体铁磁特性的现象来解决问题，如图 10-37 所示。例如，应用冲击或加热到居里温度以上的退磁现象。

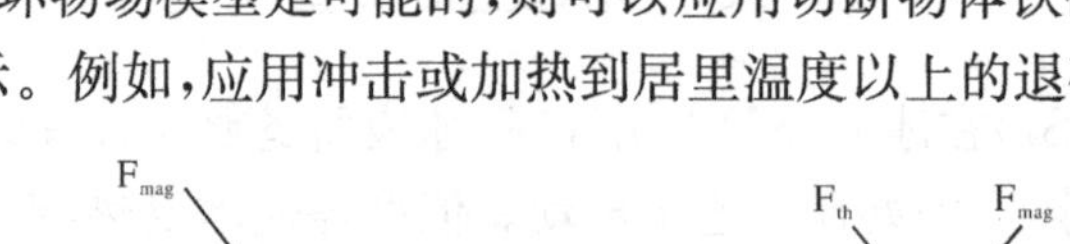

图 10-37　切断磁影响

例 10-29　让带铁磁介质的研磨颗粒，在旋转磁场的作用下打磨工件的内表面。如果是铁磁材料的工件，其本身对磁场的响应会影响加工过程。解决方案是提前将工件加热到居里温度以上。

例 10-30　铁磁粉末的焊接很困难，因为焊接电流产生的磁场会将粉末从工作区域

“推开”。为克服这个缺点，预先将粉末加热到居里温度以上再焊接。

10.3.3　第 2 类：增强物场模型

S2.1　向合成物场模型转化

S2.1.1　链式物场模型

如果必须强化物场模型，可以通过将物场模型中的一个元素转化为一个独立控制的完整模型，形成链式物场模型来解决问题，如图 10-38(a)所示。

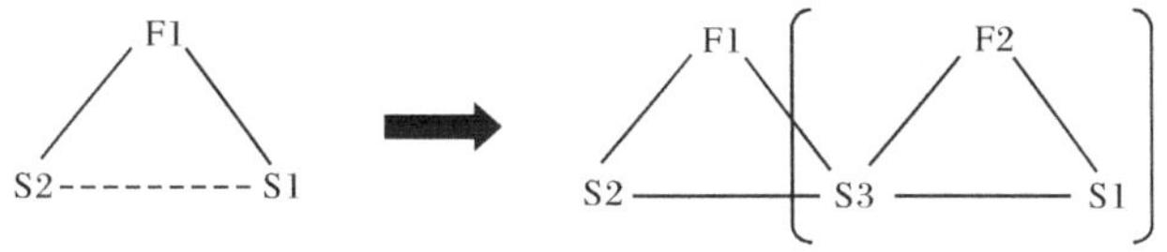

(a) 链式物场模型 1——将物质扩展为物-场

(b) 链式物场模型 2——扩展物-场中的联系

图 10-38　链式物场模型

例 10-31　一种装饰灯的发明，可以随气压的变化改变发光的颜色。在常见光源中，滤光器只有一个而且是固定不变的。在新的发明里，一系列滤光器固定在真空波纹管上，波纹管随着气压的变化改变自身体积，从而移动相应颜色的滤光器进行滤光。

特别地，如果一个技术系统包含一个在重力作用下绕轴运动的物体，而且必须控制这个运动，问题可以通过给物体引入一种以控制的方式在物体内运动的物质来移动物体的重心进行解决。

例 10-32　内部有可以自由移动的水银的空心锤。当锤子抬起时，水银进入锤柄，减轻锤头重量节省体力；当锤子落下时，水银进入锤头，利于敲击。

链式物场模型可以通过将链接转化为完整物场模型来建立。在这种情况下，将元素 F2-S3 引入 S1-S2 的链接中，如图 10-38(b)所示。

例 10-33　联轴器由电磁铁环绕的内外转子组成。两个转子缝隙中装有在磁场下会变硬的磁性液体。如果关上电磁场，转子独立转动；如果开通电磁场，液体变硬后连接转子一起转动以传递转矩。

S2.1.2　双物场模型

如果需要强化一个难以控制的物场模型，而且禁止替换元素，可以通过加入第二个易控制的场，建立一个双物场模型来解决问题，如图 10-39 所示。

例 10-34　用电镀法生产铜片，在铜片表面会残留少量的电解液。用水清洗时，不能有效地除掉这些电解液。解决方案是：增加一个场，在清洗时，加入机械振动或者在超声波清洗池中清洗铜片。

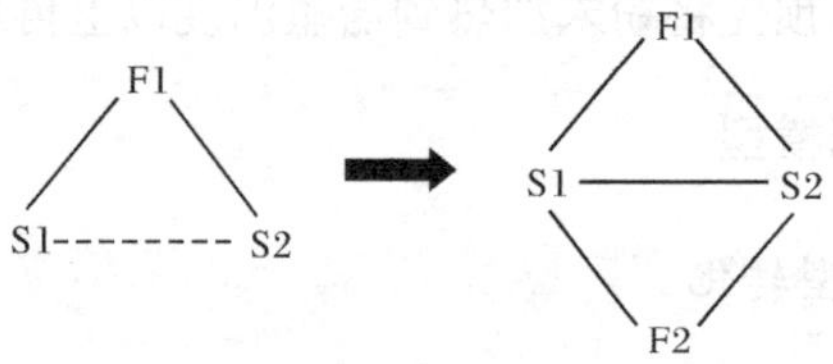

图 10-39　双物场模型

例 10-35　为了提高轮胎与地面的附着度，不仅利用了汽车的自重，还获得了特殊胎面花纹的帮助。气体从胎面花纹的凹陷处挤出，借助已经形成的真空，外胎就像粘在了地面上一样。

S2.2　加强物场模型

S2.2.1　使用更可控的场

物场模型可以通过使用更易控制的场来替换不能控制或难以控制的场而得到加强，如用机械场替换重力的作用，用电场替换机械作用，如图 10-40 所示。

图 10-40　使用更可控的场

例 10-36　在一些外科手术中，最好采用对组织施加热作用的激光手术刀取代对组织施加机械作用的钢刀片式手术刀。

例 10-37　为测量液体表面的张力，将液体放入管子中并给一头加压直至另一头液滴出现。为增加这种方法的准确性，压力是由离心力产生的，并测量液滴出现瞬间的旋转速度。

S2.2.2　物质 S2 的分裂

通过加大物质 S2(工具)的分裂程度，可以加强物场模型，如图 10-41 所示。

图 10-41　物质 S2 的分裂

例 10-38　标准的钢筋混凝土由钢筋加混凝土组合而成。用一系列钢丝段代替较粗的钢筋可以制造出“针式”混凝土。采用这种材料可以增强结构能力。

例 10-39　在隧道盾构设计中，使用细杆束来代替横梁。未来的进化线路也非常明晰地表明：从杆形束到线形束。

S2.2.3　使用毛细管和多孔的物质

一种特别的物质分裂形式是从固体物质转化到毛细管和多孔物质。将根据以下所列的路径进行转化：

固体→一个洞的固体→多个洞的固体(或穿孔物质)→毛细管和多孔物质→有特殊结

构、尺寸毛孔的毛细管和多孔物质

随着物质根据这些路径的发展，将液体放入孔或毛孔中的可能性也在增长，也可以应用自然现象，如图 10-42 所示。

图 10-42　使用毛细管和多孔物质

例 10-40　一种防火护罩设计成充满颗粒的格栅状，为增加防护的有效性，这种颗粒用易熔化的材料制成，而且颗粒芯中填满了灭火材料。

例 10-41　喷墨打印机墨盒中用海绵物体来吸附墨水，以防止非工作状态下墨水溢出。

S2.2.4　动态性

通过动态性水平来加强物场模型，即让系统结构更具柔性和更易变化，如图 10-43 所示。

图 10-43　动态性

例 10-42　给风力发电站的风轮机安装铰链结构，有助于风轮机在风的作用下随时保持顺风方向。

例 10-43　为了旅客在旅途中能更好地休息，长途客车座椅的靠背被设计成活动的，可以放开到半躺的姿势。

注：

(1) S2 的动态性最常见的是分裂到两个铰链部分。随后动态性沿着以下路径进行：单铰链—多铰链—柔性的 S2。

(2) F 动态化最容易的途径是将 F 与 S2 一起的持续作用以脉冲作用模式来代替。

特别地，系统动态化可通过应用一级相变或二级相变来达到有效提升。

S2.2.5　构造场

通过使用异质场、持续场或可调节立体结构替代同质场或无组织场，以加强物场模型，如图 10-44 所示。

图 10-44　构造场

例 10-44　给各种粉末颗粒分别带上相反的电荷并放置在非均匀电场轮换层中，从而增加多种粉末均匀的混合效果。

特别地，如果需给一个物质赋予特殊的立体结构，且不能合并物场模型，可利用一个对应需求的物质结构的场予以实现。

例 10-45 为形成直径沿轴向呈正弦曲线状变化的杆，可以应用超声波振动和塑性变形，先将杆的材料加热到呈现塑性，然后迫使杆随着超声波频率振动形成沿杆长度方向所需要的驻波。

如果需要重新分配能量以达到聚焦能量或创建不能应用场的区域，建议选用驻波。

本标准解法 S2.2.5 经常与 S1.2.5(切断磁影响)一起使用。

S2.2.6 构造物质

通过使用异质物质、固定物质或可调节立体结构代替同质物质或无组织物质，以加强物场模型，如图 10-45 所示。

图 10-45 构造物质

例 10-46 为制作有定向多孔的耐火材料，将耐火材料沿着丝绸线径成型，随后将丝绸线烧掉。

特别地，如果需要在系统指定的地方、点、线上获得强热，推荐引入发热物质。

S2.3 通过匹配节奏加强物场模型

S2.3.1 匹配 F、S1、S2 的节奏

物场模型中的场作用可以与工具或工件的自然频率匹配(或故意不匹配)。

例 10-47 振动破碎机的振动频率必须与被破碎材料的固有频率一致。

例 10-48 与心跳同步的按摩机。人在浴盆中，连在浴盆壁内的振动膜依据入浴者身上传感器传来的心跳信号来产生浴盆内液体或浴液的压推力。

例 10-49 部队过桥时，要求随意走过，而不是整齐的步伐，以防止步伐的频率与桥固有频率相同产生共振损坏桥梁。

S2.3.2 匹配场 F1 和 F2 的节奏

合成物场模型中所使用的场的节奏，可进行匹配(或故意不匹配)。

例 10-50 拔河比赛时通过旗手的号子来协调己方运动员的节奏和破坏对方的节奏。

例 10-51 为有效分离颗粒，坚硬磁矿石同时在连续磁场和振动下进行分离，连续磁场与振动频率是同步的。

S2.3.3 匹配冲突或预先独立的动作

如果两个动作是冲突的，如生产和测量，一个动作必须在另一个动作停止时进行。一般而言，这个停止间歇可以用另一个有用动作来填补。

例 10-52 零件的电化学工艺必须连同电流感应热一起使用脉冲电流。为提高生产率，在脉冲电流的间隙形成热。

例 10-53 接触式电焊的自动热循环控制是基于测量热电动势来完成的。为改进高频脉冲焊接中的控制精度，热电动势的测量是在焊接电流的两个脉冲之间完成的。

S2.4　铁磁-场模型(合成加强物场模型)

S2.4.1　预-铁-场模型

同时利用铁磁物质和磁场加强物场模型,如图 10-46 所示。

图 10-46　预-铁-场模型

例 10-54　安装排水系统的一种方法中,同时包括挖沟、安装水管、用填充料密封接口、回填土等工程,为避免水管间产生错位,事先用磁化的铁磁物质覆盖排水管的端面和填充料。

注:

(1) 本标准解法涉及的铁磁物质是固体,所以只能以预-铁-场模型作为铁-场模型的中间步骤。

(2) 本标准解法可以用于合成物场模型,也可以用于与环境一起的物场模型。

S2.4.2　铁-场模型

为加强系统的可控性,建议用铁-场模型取代物场模型或预-铁-场模型。铁磁颗粒可以替换(或加入)模型中的一种物质,且可以应用磁场或电磁场。碎片、颗粒、细粒等都可以视为铁磁颗粒。控制效率将随着铁磁颗粒分裂程度的加剧而增加。因此,铁-场模型的进化遵循以下路径:颗粒→粉末→铁磁微粒。控制效率也沿着与铁粒子包含的物质相关的路径增加:固体物质→颗粒粉末→液体。铁-场模型如图 10-47 所示。

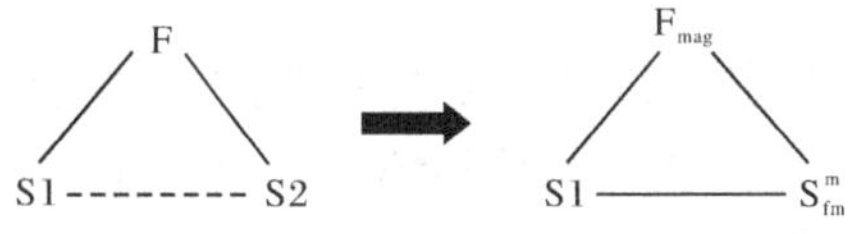

图 10-47　铁-场模型

例 10-55　为防止鱼塘结冰,鱼塘表面覆盖一层用防水颗粒、热隔离的、比水轻的材料制成的抗热层。为增加可靠性,即防止水流冲走抗热层颗粒,用金属隔离铁磁材料制作,抗热层放在反向的磁场之间。

例 10-56　箭靶是用干铁磁材料填充而成的平面的、圆形的电磁体。

例 10-57　一种碎石的方法是通过使用包含铁磁颗粒的液体,连同电磁场一起实现的。

注:

(1) 铁-场模型的转化可当成以下两个标准解法的接合点:标准解法 S2.4.1 预-铁-场模型、标准解法 S2.2.2 物质 S2 的分裂。

(2) 物场模型转换到铁-场模型,从一个新的水平上重复了进化的完整周期,使得铁-场模型更为可控和有效。子级 S2.4 中所有标准解法可看成子级 S2.1～S2.3 标准解法正常顺序的修改。将铁-场模型放在一个单独组,至少可以由这些解决问题模型的关键重要性来证明该标准解法系列在进化的这个阶段是恰当的。此外,铁-场模型的进化次序是一个分析物场模型进化正常顺序和预测其未来发展的方便的研究工具。

S2.4.3　磁性液体

利用磁性液体可以加强铁-场模型。磁性液体是一种有铁磁颗粒的胶质溶液，如煤油、硅胶、水等。标准解 S2.4.3 可认为是标准解 S2.4.2 进化的终极状态。

例 10-58　在弹性囊中填充磁性液体，内部有导线通过，可以用来制作任何形状的水泥型框和可变几何形状的水坝。

例 10-59　为减小管道中的压强，在贴近管壁处形成一层低黏度液体。为降低黏度液体的消耗，应用磁性液体，并沿管道放置磁铁。

S2.4.4　在铁-场模型中应用毛细管结构

铁-场模型的加强，可通过利用这种模型很多内部的毛细管和多孔结构实现。

例 10-60　在过滤器的过滤网中填充铁磁颗粒，形成毛细多孔一体材料。利用磁场，可以控制过滤器内部的结构。

例 10-61　波动焊接装置由覆盖了一层铁磁颗粒的圆柱体制成，主要目的是消除过度焊接。圆柱体是有孔的以实现从内孔来供应助焊剂。

S2.4.5　合成铁-场模型

如果系统可控性可以通过转化到铁-场模型得到加强，而且禁止使用铁磁颗粒代替物质，转换可通过给一个物质引入附加物、创建内部或外部的合成铁-场模型来实现，如图 10-48所示。

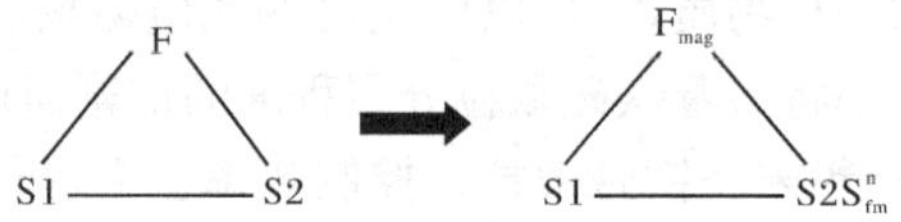

图 10-48　合成铁-场模型

例 10-62　为了让药物分子到达身体需要的部位，在药物分子上附加铁磁微粒。并且，在外界磁场的作用下，引导药物分子转移到特定的位置。

例 10-63　用电磁铁可传送零件。为传送无磁性零件，事先将零件覆盖上易流动的、磁性的物质。

S2.4.6　与环境一起的铁-场模型

如果系统可控性可以通过转化到铁-场模型得到加强，而且禁止使用铁磁颗粒代替物质又禁止引入附加物，可将铁磁颗粒引入环境。系统控制通过应用磁场改变环境参数得以实现(参照标准解法 S2.4.3)，如图 10-49 所示。

图 10-49　与环境一起的铁-场模型

例 10-64　将一个内部有磁性颗粒物质的橡胶垫摆放在汽车的上方。这个垫子可以保证在修车时，工具能被吸附住而随手可得。这样就不需要人们在汽车外壳内填入防止工具滑落的铁磁物质了。

特别地，如果一个系统利用了漂浮物（或者系统零件是漂浮物），可以在液体中引入铁磁粒子，通过改变磁场来控制其“虚拟密度”。另一个控制办法是让电流通过液体并且使用电磁场。

例 10-65　焊接装置包括一个旋转工作台和一个盛放液体的与工作台连接的浮动装置。为增加工作台的移动速度，液体中混合了铁磁混合物并且容器上环绕着电磁线圈。

S2.4.7　应用自然现象和作用

铁-场模型的可控性可以通过利用某些自然现象和作用来加强。

例 10-66　为提高磁放大器的测量灵敏性，放大器的磁芯是加热的。为降低磁干扰，磁芯的绝对温度保持在其居里点 0.92～0.99，以利用霍普金斯作用。

S2.4.8　动态性

铁-场模型可以通过动态性来加强，即通过转向柔性的、可更改的系统结构来加强，如图10-50所示。

图 10-50　动态性

例 10-67　将表面有磁性微粒的弹性球体放在一个不规则空心物体内部来测量其壁厚，通过放在外部的感应器来控制这个“磁性球”，使其与待测空心物体的内壁紧紧地贴合在一起，从而实现精确测量的目的。

例 10-68　测量无磁性产品表面空洞壁厚的设备，包括作为测量仪器的感应换能器和放在洞壁两侧的铁磁零件。为增加测量的准确性，铁磁零件做成覆盖铁磁薄膜的可膨胀弹性壳状。

S2.4.9　构造

通过使用异质的或结构化的场代替同质的松散的场，以加强铁-场模型，如图10-51所示。

图 10-51　构造

例 10-69　可以在聚合物中掺杂传导材料来提高其传导率。如果材料是磁性的，就可以通过磁场来排列材料的内部结构，这样使用材料很少，而传导率更高。

特别地，如果一种物质可以在空间上构造成（或可变成）铁-场模型的一部分，构造可在相应结构的场中得以实现，如图 10-52 所示。

例 10-70　为在塑料表面形成突起，需要对塑性表面层进行加热、拉伸、冷却。为改善此工艺的生产率和可控性，将铁磁颗粒引入塑料表层，此层随后熔化，通过使用电磁场吸收铁磁颗粒来获得延伸的突起。

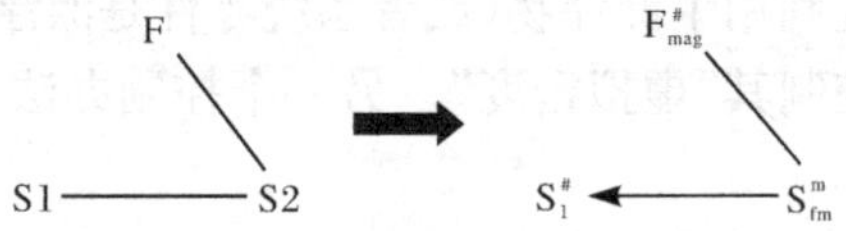

图 10-52　构造的特例

S2.4.10　在铁-场模型中匹配节奏

通过匹配系统元素的节奏来强化预-铁-场或铁-场模型。

例 10-71　磁场中的振动被用来分离混合物。为降低粒子间的黏附和改善分离效率,磁场的使用是与振动反向的。

S2.4.11　电-场模型

如果引入铁磁粒子或磁化一个物体是困难的,可以利用外部电磁场与电流的作用,或者两个电流之间的作用。电流可以由于电源的电接触产生,或者由电磁感应产生。

例 10-72　为改善从金属中抓去无磁性部分的可靠性,将其放置在一个磁场中,并且使用一个电场从垂直于磁场的方向穿过。

注:

(1) 铁-场模型是一个有铁磁粒子的系统模型,将其放置在一个磁场中,并且使用一个电场从垂直于磁场的方向穿过。

(2) 电-场模型及铁-场模型的进化,遵循的一般路径是:简单的→合成的→与环境共同的→动态的→构成的→匹配的电-场模型。在关于电-场模型的信息积累后,需要进行一个分析,如果有理由可分解出一个描述铁-场模型应用的一组特殊标准解。

S2.4.12　流变学的液体

一种特别的电-场模型是用电场控制黏度的电-流变学的液体,如甲苯与细石英粉的混合物。如果磁性液体不能使用,可应用电-流变学的液体。

例 10-73　一种用电场控制黏度的电-流变学的液体,被用作阻尼器。

10.3.4　第 3 类:向超系统和微观级系统进化

S3.1　向双系统和多系统转化

S3.1.1　系统转化 1a:创建双、多系统

处于任意进化阶段的系统性能可通过系统转化 1a,即系统与另外一个系统组合,从而建立一个更复杂的双、多系统来得到加强。

注:

(1) 建立双、多系统最简单的途径是组合两个或多个物质 S1 或 S2,建立一个双物质或多物质的物场模型。

(2) 标准解法 S2.2.1 也可以当成向多系统的转化,虽然它更适合当成增加多系统的级别,这是"冲突统一规律"一个很好的例证,既分解又合成通向双、多系统的建立。

例 10-74　在薄玻璃上打孔是很困难的事情,因为即使很小心,也很容易把薄薄的玻璃弄碎。我们可以用油作临时的粘贴物质,将薄玻璃堆砌在一起,变成一块"厚玻璃",就便于加工了。

多系统的主要特征是，当创建多系统时，也创建一个具有性能特征的特别内部物质。

双、多系统的另一个特征是多级处理。

例 10-75　为提高涡轮的旋转速度，同时保持工作液体允许的流动速度，涡轮由多部分制成，第 1 部分的转轴与第 2 部分的机体相连等，结果，角速度从第 1 部分到随后的部分得到逐级加速。

注：

(1) 创立双、多场系统，也有可能创立具有多重的场和物质的系统。有时，物场模型对是增加的；有时，整个物场模型是增加的。

(2) 以前，向超系统的转化被认为是系统的最终进化阶段，设想系统潜能首先在自己的水平上消耗殆尽，然后转换到超系统去。可是，据掌握到的很多信息表明，这个转化可在进化的任意阶段发生。此外，未来的进化遵循两条路径：建立的超系统在进化，原系统也在进化中。化学中的某些事物可看成相似的：一个更复杂的化学元素既通过新的电子轨道的产生而形成，也可通过不完整内部轨道的填充而获得。

S3. 1. 2　加强双、多系统内的链接

双、多系统可以通过进一步强化元素间的链接来加强。

注：最新的创建双、多系统经常有一个所谓的“零的链接”，也就是说，它们呈现一堆没有链接的元素。强化元素间的链接是一个进化趋势；另外，最新创建系统中的元素有时通过刚性链接进行连接，在这种情况下，进化的趋势遵循链接的动态性。

例 10-76　面对复杂的交通状况，应在十字路口的交通指挥灯系统里实时地输入一些当前交通流量的信息，更好地控制各种复杂的交通情况。

例 10-77　多个安装工一起来移动沉重的东西，但难以同步他们的工作。将他们的手用刚性装置连接起来。

S3. 1. 3　系统转化 1b：加大元素间的差异

双、多系统可通过加大元素间的差异来加强，从同样的元素(如一组铅笔)到变动特性(如一组多色铅笔)、到一组不同元素(如一盒绘图仪器)、到反向特性组合或“元素和反元素”(如有橡皮头的铅笔)。

例 10-78　在多头订书机的各头内，人们装入不同种类的订书钉。如果在订书机上增加一个起钉器，订书机的作用就会更加丰富。

例 10-79　电声传感器的有源元件是用组合设计来制造的，为提高电、声参数的耐热性，多对相邻的部件是用与变化的压电系数相关的、具有正负相反特性的导热系数的材料制造的。

S3. 1. 4　双、多系统的简化

双、多系统可通过简化系统得到加强，是通过牺牲辅助零件来获得的。例如，双管猎枪只有一杆枪柄。完全地简化双、多系统又称为一个单一系统，而且在一个新的水平上再重复整个循环。

例 10-80　冷冻装(如消防员穿的衣服)的保护能力受制于其重量。将冷冻和呼吸系统进行组合的保护衣。在此系统中，一种单冷物质(氧)完成两种功能：(液态)氧先形成冷冻，一旦蒸发成氧气，又可用来呼吸。沉重的吸收设备不再需要，冷冻物质可以携带得更多些。

S3.1.5　系统转化 1c:系统整体或部分的相反特征

双、多系统可通过在系统整体或部分间分解冲突特性来加强。结果,系统在两个水平上获得应用,与整个系统一起具有特性"F",其部分或粒子具有相反的特性"－F"。

例 10-81　自行车的链条是刚性的,但是总体上是柔性的。

例 10-82　用于夹紧零件的老虎钳的工件零件,具有由系列相连的钢衬套组成的复杂形状。每个零件(衬套)是刚性的同时,工作零件又是柔性的。

S3.2　向微观级转化

S3.2.1　系统转化 2:向微观级转化

系统可在进化的任何阶段通过系统转化 2 得到加强:从宏观级向微观级。系统或零件可用在场的影响下完成要求作用的物质替代。

例 10-83　可控泵由多重的、反向绕线的鼓形转子和定子所组成。为获得经由温度变化的更准确控制,定子和转子使用不同热膨胀系数的材料制造。

例 10-84　为提高切断圆木的效率、生产率和质量,锯条的前沿两边是锋利的并使用磁性高密度材料制成,然后应用一个可调节的电磁场来振动锯条。

注:

(1) 以前认为向微系统的转化只适合在系统耗尽资源的时候。现在的观点是,向微系统的转化在系统进化的任何阶段都是可能发生的。

(2) 从宏观级向微观级的转化是个通用概念,很多微观水平:群、分子、原子等,都有很多向微观级转化的可能性,也有从一种微观级转化到另一个微观级的可能性。关于这些转化的信息正在积累中,并期待标准解法 S3.2 的下一级子级的出现。

10.3.5　第 4 类:检测和测量

检测和测量的区别:检测是二元的,也就是检查发生或者没有发生,有或者没有的问题;测量是多元的,很多时候是需要进行定量和精确结果的。

S4.1　间接方法

S4.1.1　以系统的变化代替检测或测量

如果遇到检测和测量问题,适当改变一下系统来进行补偿,以解决历史问题的需求是适当的。

例 10-85　加热系统的自动调节装置可以应用一个双金属片的热电偶制成。

例 10-86　用电磁感应对金属零件进行热处理,为提供要求的温度且不必进行测量,在感应器和零件间的空间填满化学盐,盐的熔化温度就等于需要的温度。

S4.1.2　应用拷贝

如果遇到检测和测量问题,不可能使用标准解法 S4.1.1,使用物体的复制品或图片来代替物体本身是合适的。

例 10-87　测量金字塔的高度是可以通过阴影测量。

例 10-88　因为壳体是很难缠的结构零件,所以直接测量壳体的变形是比较困难的。可在壳体变形前后分别制作模型,测量模型间的差异来获得壳体的变形量。

特别地，如果物体必须与标准件进行比较（为获得检测区别的目的），问题可以通过图像与标准件的重叠来获得解决，而且，物体的图像与标准件或标准件的图像颜色要相反。只要标准件或标准图像是存在的，这样的方案就可用来解决测量问题。

例 10-89　为检查金属板上的钻孔，其黄色的图像与标准样品的蓝色图像相结合。在屏幕上出现黄色的地方，所要求的孔是缺少了的；蓝色出现的地方，金属板有多余的孔。

S4. 1. 3　测量当成二次连续检测

如果遇到检测和测量问题，不可能使用标准解法 S4. 1. 1 和 S4. 1. 2，将问题转化成两次连续的、变化的检测是合适的。

例 10-90　柔韧物体的直径应该实时地进行测量，从而看它是否和相互作用对象之间匹配完好。但是实时测量不容易进行，可以测量它的最大直径和最小直径，确定变化的范围。

S4. 2　建立测量的物场模型

S4. 2. 1　测量的物场模型

如果一个不完整的物场模型难以进行测量和检测，则问题可以通过完成一个合格的，或输出具有场的双物场模型来得到解决，如图 10-53 所示。

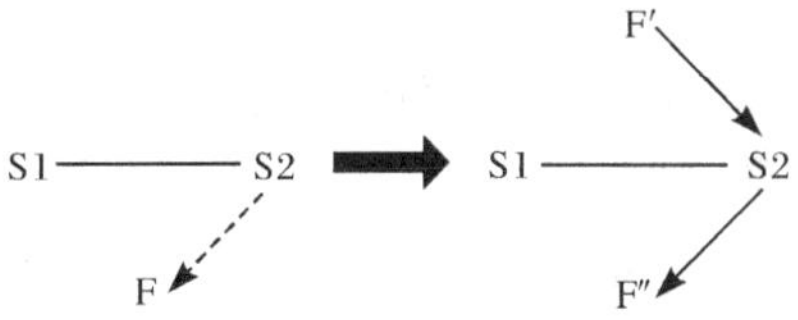

图 10-53　测量的物场模型

例 10-91　为检测液体开始沸腾的瞬间，也就是液体中开始出现气泡 S2 的时候，让电流通过液体，因为气泡开始出现时电阻会有相应的增加。

注：如图 10-54 所示的物场模型是解决测量和检测问题的典型模型。

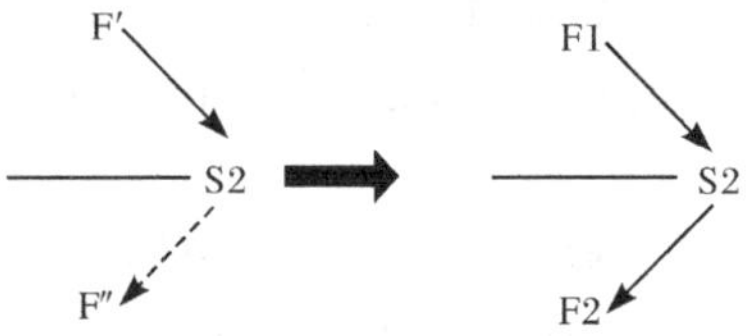

图 10-54　典型的测量和检测物场模型

S4. 2. 2　合成测量的物场模型

如果一个系统或零件难以进行测量和检测，则问题可以通过与易检测附加物合成转化到内部或外部的合成物场模型来解决，如图 10-55 所示。

例 10-92　生物样品很难通过显微镜观察，可以通过加入化学染色剂来观察其结构。

例 10-93　为测量两个零件的接触面贴合面积，一个面上事先涂上发光染料，然后将两个面进行贴合再分开，另一个面上被染上染料的面积就显示了两个面的贴合面积。

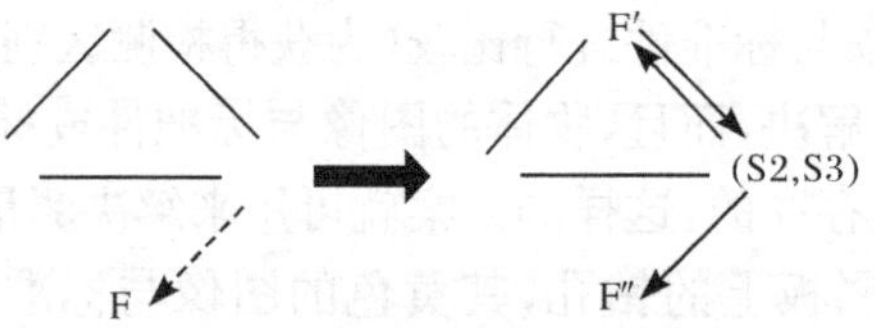

图 10-55　合成测量的物场模型

S4.2.3　与环境一起测量的物场模型

如果一个系统难以在时间上的某些时刻进行测量和检测，而且不可能引入附加物和产生易检测场的附加物，则可以引入环境，环境状态的改变可提供系统中所需要改变的信息，如图 10-56 所示。

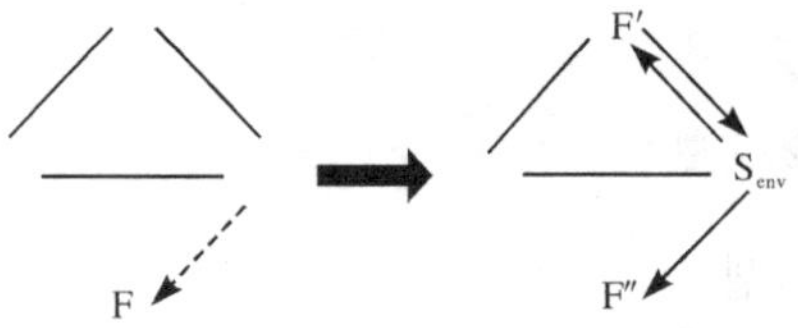

图 10-56　与环境一起测量的物场模型

例 10-94　GPS 的应用。

例 10-95　为检查内燃机的磨损，需要测量磨损掉的金属数量。磨损下来的金属颗粒是混在发动机的润滑油中的，油可以看成一个环境。在油中加入发光粉，金属颗粒会扑灭这些发光，从而获得磨损的颗粒量。

S4.2.4　从环境中获得添加物

如果根据标准解法 S4.2.3 不可能在环境中引入附加物，则附加物可以在环境中产生，如通过拆解或改变相态。特别地，经常使用电解、气穴现象或其他方法来获得气体或水蒸气泡沫。

例 10-96　云室可以用来研究亚原子颗粒的性质。在云室内，液氢保持在适当的压力和温度下，以便液氢正好处于沸点附近。当外界的能量粒子穿过液氢时，液氢就会局部沸腾，从而形成一个由气泡组成的路径。此路径可用来拍照。通过这种方法来研究粒子的动态性能。

例 10-97　通过从管道外引入附加物来测量管中的流速是不可能的。使用气穴现象来产生“标记”，标记是一群小的、稳定的、可视的气泡。

S4.3　加强测量物场模型

S4.3.1　应用物理作用和现象

测量和检测物场模型的有效性可以通过利用物理现象来加强。

例 10-98　通过测量导电液体电导率的变化来测量温度。

例 10-99　为增加水气检测的灵敏度，通过应用在少量水气前熄灭发光体发光的现象来测量。

特别地，在已存在的物质中生成热电偶，从而不花费成本获得所需求的系统信息。通过感应也可获得信号。

例 10-100 具有逆摩擦轴承套(绝缘套)的轴承,用一个热电偶与保护装置相连接。轴承套放在与电传导外壳相连接的电传导铁环里。为使保护装置能够快速动作,热电偶是由环铁和外壳组成的。

S4.3.2 应用样本的谐振

如果不能直接探测和测量一个系统的变化,而且不可能用场来穿过系统,则通过产生系统整体或者部分的谐振来解决问题。谐振频率上的变差就提供了系统的变化信息,如图 10-57 所示。

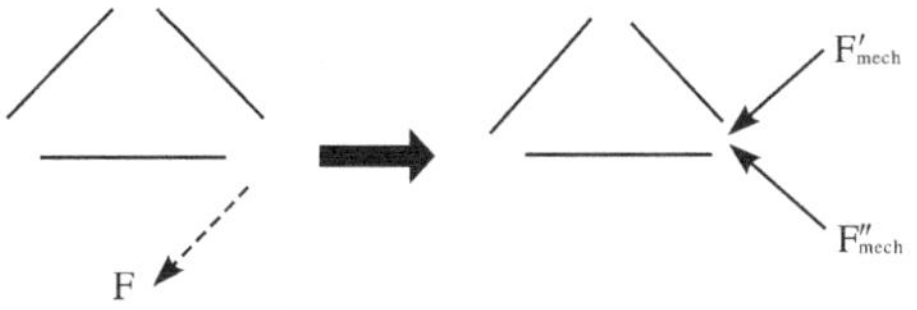

图 10-57 应用样本的谐振

例 10-101 应用音叉来调节钢琴。调节琴弦,音叉和其频率协调,发生共振进行协调。

例 10-102 为增加容器中物质质量测量的准确性和可靠性,产生系统“容器物质”的谐振,测量这个振动的频率来计算物质的质量。

S4.3.3 应用加入物体的谐振

如果不能应用标准解法 S4.3.2,系统状态的信息可以通过加入与系统相连的环境中物体的自由振荡来获得。

例 10-103 不直接测量电容。将未知电容的物体插入已知感应系数的回路中。然后改变电压的频率,寻找到复合回路的共振频率,据此计算出电容。

例 10-104 为提高测量处于沸腾层的物质数量的准确性,通过测量沸腾层上面的气体自由振荡的振幅变化来计算其数量。

S4.4 向铁-场模型转化

S4.4.1 测量的预-铁-场模型

无磁场的物场模型倾向于转化成包含磁性物质和磁场的预-铁-场模型。

例 10-105 交通管制中应用交通灯进行管制。如果想知道车辆需要等候多久或者想知道车辆已经排了多长队伍,可以在主要路面下铺设一个环形线圈,从而轻易地检测车辆的铁磁成分,转换得出测量结果。

例 10-106 为加快探测船体中空洞的速度,将一个场方向与船体外表面呈垂直的永久磁铁放入其中一个孔中。使用磁力计现实磁场的局部最大值来探测到船体中的空洞。

S4.4.2 测量的铁-场模型

物场模型或预-铁-场模型的测量或探测有效性,可以通过应用铁磁粒子代替其中的一个物质或加入铁磁粒子从而转化到铁-场模型得到加强。通过磁场的探测或测量可得到需求的信息,如图 10-58 所示。

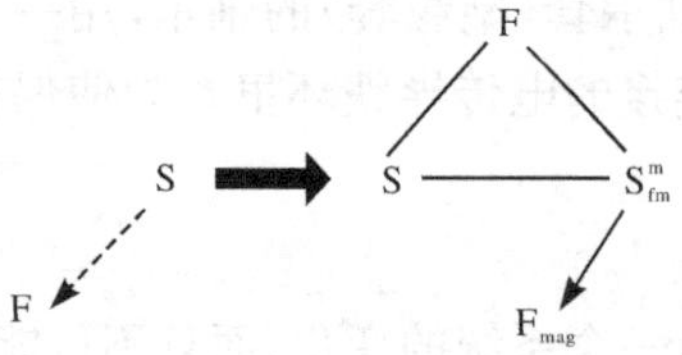

图 10-58 测量的铁-场模型

例 10-107 通过在流量中引入铁磁颗粒提高测量的准确度。

例 10-108 为探测塑料的硬化或软化程度，在塑料中混合铁磁粉，测量导磁系数的结果就可以提供所需要的信息。

S4.4.3 合成测量的铁-场模型

如果测量或探测的有效性可以通过转化到铁-场模型得到加强，但不允许用铁磁粒子代替物质，则可以通过给一个物质引入附加物合成铁-场模型来完成转换，如图 10-59 所示。

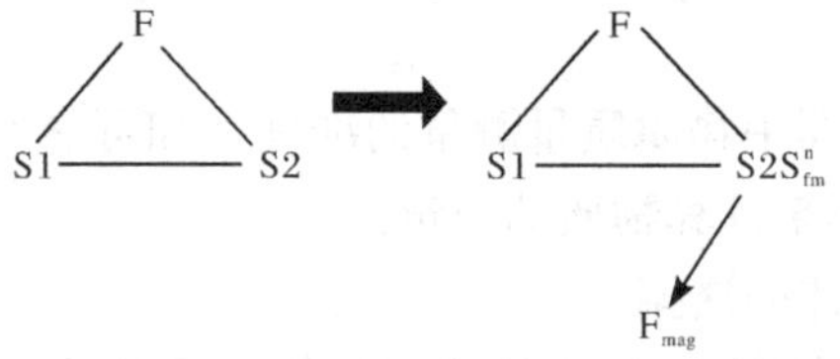

图 10-59 合成测量的铁-场模型

例 10-109 通过在非磁性物体表面涂敷含有磁性材料和表面活化剂细小颗粒的流体，检测该物体的表面裂纹。

例 10-110 用加压液体可以拆解底层。在液体中加入铁磁粉以实现对这种液体的控制。

S4.4.4 与环境一起测量的铁-场模型

如果测量或探测的有效性可以通过转化到铁-场模型得到加强，但不允许引入铁磁粒子，则铁磁粒子可以被引入到环境中。

例 10-111 船的模型在水上移动的时候会出现波浪。为了研究波浪的形成特性，可以将铁磁微粒添加到水中辅助测量。

S4.4.5 应用物理作用和现象

物场模型或预-铁-场模型的测量或探测有效性，可以通过应用物理现象和作用得到加强，如居里作用、霍普金森作用、巴克豪森作用、霍尔作用、磁滞现象、超导性等。

例 10-112 磁共振成像。

例 10-113 液位探测仪放置在一个无磁室内，由室内磁铁和室外磁敏接点组成。为增加探测仪的可靠性，将磁铁拧紧在磁敏接点的平面上，并用居里点低于液体温度的磁性材料覆盖。

S4.5 测量系统的进化方向

S4.5.1 向双系统和多系统转化

物场模型、预-铁-场模型的测量或探测有效性，在某些进化阶段，可以通过建立双系统和多系统得到加强。

例 10-114　为了测量视力，验光师使用一系列的设备来测量人眼对某物体的聚焦能力。

例 10-115　测量滑水者跳跃距离的装置，包含两个麦克风，水面和水下各放置一个。麦克风接受信号的时间间隔与滑水者的跳跃距离成比例。

S4.5.2　进化方向

测量和检测系统沿着以下方向进化：

(1) 测量一个功能；

(2) 测量功能的一阶导数；

(3) 测量功能的二阶导数。

通过测量一阶或二阶导数代替直接的参数测量，如测量速度和加速度来代替位置的测量。

例 10-116　测量速度或加速度，而不是测量距离。

例 10-117　以前，山脉的地震张力是通过测量岩石的电导率来得到的。现在，测量的是电导率的变化速度。

10.3.6　第5类：应用标准解的标准

S5.1　引入物质

S5.1.1　间接方法

如果工作状况不允许给系统引入物质，可以利用下面的间接方式：

(1) 用“虚无(空地、空间)”代替实物。

例 10-118　透明范本内的张力公制格栅是通过成型时放置进线格栅来形成的。可是，这些线格栅在范本内会因为扭曲而形成实际张力。为避免这种变形，线格栅在成型后需要从范本中去掉，形成空“管”。如果线格栅是用纯铜制成的，则可以用酸将其溶解掉。

(2) 引入一个场来代替物质。

例 10-119　为测量移动细丝的伸展，通过给其加上电荷，测量线性电荷密度而获得。

(3) 应用外加物代替内部物。

例 10-120　为测量陶罐的壁厚，通过给罐里装上导电性液体，测量液体和放置在罐外的电极之间的电阻来获得壁厚。

(4) 引入少量极活性添加物。

例 10-121　为降低一种用于拉伸管道润滑剂的液动压，在润滑剂中加入了0.2%～0.8%的聚甲基丙乙烯酸酯。

(5) 只在特别位置引入少量浓缩的添加物。

例 10-122　为使塑料材料导电，在塑料混合物中加入导电粒子，混合物可在磁场中变硬。这导致粒子沿着磁力线排列并呈现纤维状，以提供所需要的方向的传导性。

(6) 临时引入添加物。

例 10-123　为了获得无磁空心零件的遥控磁性取向，事先在零件里边放入铁磁粒子。

(7) 利用模型或复制品代替实物，允许引入添加物。

例 10-124　为增加立体研究的准确性，通过使用放在物体透明模型内部的一个液体水平面来获得三维体的平面复制品。模型的空间位置可以很容易进行改变。

(8) 通过引入化学品的分解得到所需要的添加物。

例 10-125　木头可以用氨水来进行塑化。为塑化处理平面，用加工中摩擦热所分解出的盐类来浸透木材。

(9) 通过电解或相变，从环境或物体本身分解得到所需要的添加物。

例 10-126　为加强精确电-化学加工工序中电解生成物的移动，使用了电解液中的空气泡。这些气泡是通过在工作区域的电解液电解来获得的。

S5.1.2　分裂物质

如果系统不可被改变，又不允许改变工具，也禁止引入附加物，则利用工件间的相互作用部分来代替工具。

例 10-127　为扑灭能流，将其分成几个流，再旋转每个流，然后将这些流结合起来。为改善扑灭的有效性，将一个流放到另一个流中，让它们朝相反的方向旋转。

特别地，如果系统包含微粒流而且可以改善其控制性，微粒流可分成同样的和不同样的两部分电荷，如果整流只需要一种电荷，相反的电荷可应用到系统的零件上去。

例 10-128　为凝结灰尘黏质(浮质)，气流分成两个，分别带上相反电荷，然后彼此对准。

S5.1.3　物质的“自消失”

在完成工作后，引入的物质在系统或环境中消失或变成与已存在物质相同了。

例 10-129　为提供高纯度氧化铝的感应熔化，必须引入导体(只在熔融时让氧化物有传导性)。提出的解决方案是引入纯铝。这就给电磁场提供了灵敏度来熔化氧化物。当获得高温时，纯铝将燃烧并变成氧化铝。

S5.1.4　大量引入物质

如果工作状况不允许大量物质的引入，应用膨胀结构或泡沫的“虚无”来代替物质。

例 10-130　空难后要移走飞机，将充气结构放在机翼下面。充气以后，就将飞机抬了起来，运输车可以放到充气结构的下面去。

注：标准解法 S5.1.4 常与其他标准解法一同使用。

S5.2　引入场

S5.2.1　可用场的综合使用

如果可以给物场模型引入场，首先应用物质所含有的载体中已存在的场。

例 10-131　想要从液态氧流中分离出气体，现系统中所包含的两种物质都可用机械场。通过流体的旋转来改变物质的运动，可足以获得分离，离心力将液体抛向管壁，而气体则积聚在管轴附近。

S5.2.2　从环境中引入场

如果可以给物场模型引入场，但是又不能依据标准解法 S5.2.1 去做，则尝试应用环境中所存在的场。

例 10-132　用抽吸系统从桥上排水。在桥横跨河流时，通过将一个大罐子的一端放入河流、另一端放到桥面来形成吸水。河流形成“排出作用”，以提供从桥上持续吸水的场。

S5.2.3　利用物质可能创造的场

例 10-133　一个系统零件(切削工具)用来创建一个用于测量切削温度的热电偶。

特别地，如果系统包含铁磁物质而且只被机械地使用，它们的磁性也可被用来获得附加作用。例如，改善组件间的交互作用，获得系统的相关信息等。

例 10-134　间歇工作轮(一种间歇运动机构的形式，将连续转动转化为间歇性转动)包含一个主动轮和从动轮(马耳他十字形齿轮)。为增加机构的可靠性，主动轮包含的零件用钢制造，从动轮包含的零件用永久磁铁制造。

S5.3　相变

S5.3.1　变换状态

物质的应用有效性(不引入其他物质)可以通过相变 1 来改进，即通过一个已存在物质的状态转换。

例 10-135　为在矿井中提供风力系统，使用液化气体代替压缩气体。

S5.3.2　动态化相变

物质的双特性可以通过相变 2 来实现，即利用物质依赖工作环境来改变相态。

例 10-136　可控电容器由两块金属片、中间夹一层绝缘材料和绝缘温度控制装置组成。为加大电容变化范围，绝缘体由两层组成：一层具有与温度无关的绝缘渗透性；另一层由具有“金属绝缘”相变的材料制成。

S5.3.3　利用伴随的现象

系统可用相变 3 来加强，即利用相变时伴随的现象。

例 10-137　用来运输冰冻重物的装置，使用冰来制作支撑件。融化的冰可起到润滑作用，从而有效地减少摩擦阻力。

S5.3.4　向双相态转化

系统的双特性可以通过相变 4 来实现，即用双相态来代替单一相态。

例 10-138　为减少噪声，捕获切削过程中产生的气泡和碎片，用泡沫盖住加工区，工具可以穿过泡沫，但噪声和气泡却不可以穿过去。

S5.3.5　状态间作用

系统的有效性可以应用相变 4 来加强，即通过在零件或系统的相态间建立交互作用。

例 10-139　在液体输送管系统中，电源线路中使用的工作介质是由这样的一种化学相互反应的物质制成的：当受热时分解，导致热吸收降低、相对分子质量减小；冷却时再结合，恢复到原始状态。

S5.4　应用物理作用和现象的特性

S5.4.1　自我控制的转化

如果物体必须周期性地在不同的物理状态中存在，这种转化可以通过利用物体本身可逆的物理转化来实现，如电离-再结合、分解-组合等。

例 10-140 自动关闭阀，由阀体和一个热敏性组件组成。为改进可靠性和简化设计，防水壁与阀相连，阀由两片形状记忆合金制成的弯曲金属片组成。

S5.4.2 放大输出场

如果要求弱感应下的强作用，物质转换器需接近临界状态。能量聚集在物质中，感应就像“扣扳机”一样来工作。

例 10-141 测试密封物体密封性的一个方法是，将物体浸在液体中，同时保持液体上的压力小于物体中的压力，气泡会显现在密封破裂的地方。为增加测试的可见性，可将液体加热。

S5.5 根据实验的标准解法

S5.5.1 通过分解获得物质粒子

如果需要一种物质粒子(如离子)以实现解决方案，但又不能直接得到，则可以通过分解更高结构级的物质(如分子)来得到。

例 10-142 在高压下制造氢气，将含有氢气的混合物放在密闭的容器中并通过电解产生氢气。

S5.5.2 通过结合获得物质粒子

如果需要一种物质粒子(如分子)以实现解决方案，但不能直接得到，又不能使用标准解法 S5.5.1，则可以通过完善或组合更低结构级的物质(如离子)来得到。

例 10-143 为减少轮船的流体动阻力，利用高分子混合物来应用 Shoms 作用，然而，这将伴随着大量聚合体的浪费。建议在电磁场下来生成水分子的联合体。

S5.5.3 应用标准解法 S5.5.1 和标准解法 S5.5.2

应用标准解法 S5.5.1 的最简单方式是拆解最高“完整的”或“过分的”水平；应用标准解法 S5.5.2 的最简单方式是完整最低“不完整的”水平。

例 10-144 利用避雷针保护天线，无论如何将妨碍天线预期功能的实现能力。为解决这个问题，避雷针以低压下的空气做电介质的方式制成。当避雷针静止时担当电介质因而不妨碍天线机能。当雷击时，空气变成离子，避雷针变成电传导以保护天线。通过气体分子分解生成解决方案所要求的离子，通过离子和电子的再结合而形成中性的分子。

10.4 标准解的应用过程

发明问题标准解有 76 种之多，似乎内容复杂、头绪较多，使用起来不是很容易和方便。其实，在对其不断的使用和实践的过程中，人们已经总结出来了一整套的使用流程，让发明问题标准解的使用能够循序渐进，变得比较容易操作。

物场模型的进化趋势如图 10-60 所示，首先是由不完整的物场模型转换为完整的物场模型，其次是由完整的物场模型进化为复杂的物场模型，然后是将复杂的物场模型进化为增强的物场模型，最后是将增强的物场模型进化为复杂增强的物场模型。在上述进化的每个阶段物场都有向超系统和微观级系统跃迁的趋势。

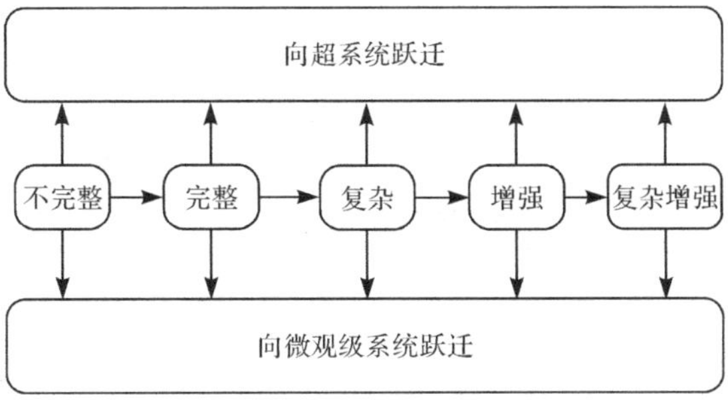

图 10-60　物场模型的进化趋势

应用标准解来解决问题，可以遵照下列四个步骤来进行。

第一，确定所面临的问题类型。首先要确定所面临的问题是属于哪类问题，是要求对系统进行改进，还是要求对某件物体有测量或探测的需求。问题的确定过程是一个复杂的过程，建议按照下列顺序进行：

(1) 问题工作状况描述，最好有图片或示意图配合问题状况的陈述；

(2) 将产品或系统的工作过程进行分析，尤其是物流过程需要表述清楚；

(3) 零件模型分析包括系统、子系统、超系统 3 个层面的零件，以确定可用资源；

(4) 功能结构模型分析是将各个元素间的相互作用表述清楚，用物场模型的作用符号进行标记；

(5) 确定问题所在的区域和零件，划分出相关的元素，作为下一步工作的核心。

第二，如果面临的问题是要求对系统进行改进。则：

(1) 建立现有系统或情况的物场模型；

(2) 如果是不完整物场模型，应用标准解 S1.1 中的 8 个标准解；

(3) 如果是有害完整模型，应用标准解 S1.2 中的 5 个标准解；

(4) 如果是非有效完整模型，应用标准解第 2 类中的 23 个标准解和标准解第 3 类中的 6 个标准解。

第三，如果问题是对某件东西有测量或探测的需求，应用标准解第 4 类中的 17 个标准解。

第四，当获得了对应的标准解和解决方案，检查模型(实际是系统)是否可以应用标准解第 5 类中的 17 个标准解来进行简化。标准解第 5 类也可以被考虑为是否有强大的约束限制着新物质的引入和交互作用。

根据以上 76 个标准解的应用步骤，用流程图来表达，如图 10-61 所示。

在应用标准解的过程中，必须紧紧围绕系统所存在问题的最终理想解，并考虑系统的实际限制条件进行灵活应用，并追求最优化的解决方案。很多情况下，综合应用多个标准解对问题的解决彻底程度具有积极意义，尤其是第 5 类的 17 个标准解。

综上所述，对 76 个标准解的应用过程归纳如下：

首先是对问题的类型进行判断，确定问题属于需要改进系统的问题还是测量和检测问题。然后针对不同的问题建立物场模型，如果是检测和测量问题，直接使用第 4 类标准解进行分析；如果是需要改进系统的问题，根据模型的类型分为：不完整物场模型的问题、

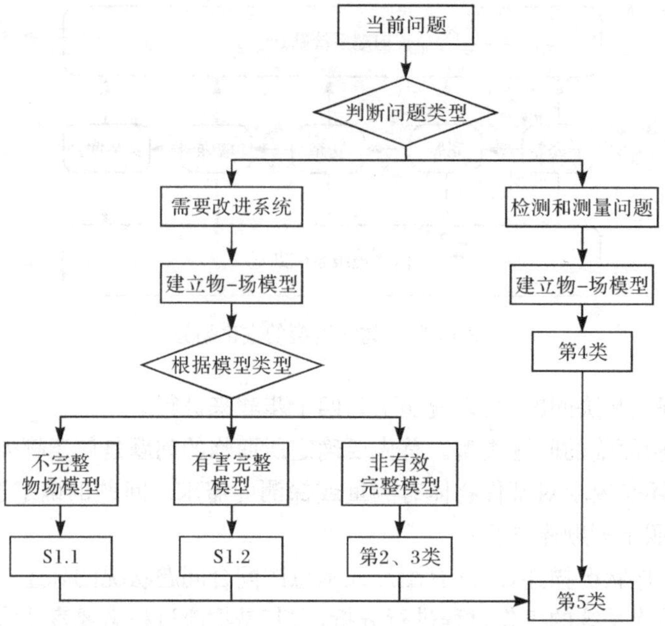

图 10-61　76 个标准解的应用流程

有害完整模型的问题和非有效完整模型的问题，针对这三类问题，分别使用相应的标准解进行解决。

10.5　工程实例

10.5.1　粉尘过滤

粉尘收集过滤装置是一种用于过滤含粉尘干燥气体的工业用环保设备。设备中采用了大排量、低噪声风机等。工作时，风机旋转使机箱内产生负压，含有粉尘的空气从进气口被吸入箱内，经专用滤袋过滤，粉尘被阻挡在滤袋内，干净的空气通过滤袋后经风机送出机箱外。现在的问题是滤袋的粉尘结聚到一定厚度后，过滤能力会有所降低，那么如何能提高该装置的过滤能力？

(1) 根据标准解的使用过程，首先判断该问题属于“需要改进系统”，而不属于“检测和测量问题”。

(2) 根据第 9 章的物场分析步骤，判断问题出现的原因是滤袋上的粉尘堵塞了滤袋，致使整个装置过滤能力降低。粉尘过滤问题的物场模型如图 10-62 所示。

(3) 显然，问题的物场模型属于产生了有害作用的类型，应该应用 S1.2 的标准解。

(4) 该解建议：当问题的物场模型属于产生了有害作用时，可以插入第三种新物质，或者另外一种场，来消除有害作用。

解决方案的物场模型如图 10-63、图 10-64 所示。

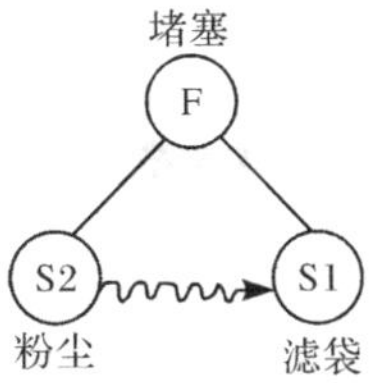

图 10-62　粉尘过滤问题的物场模型

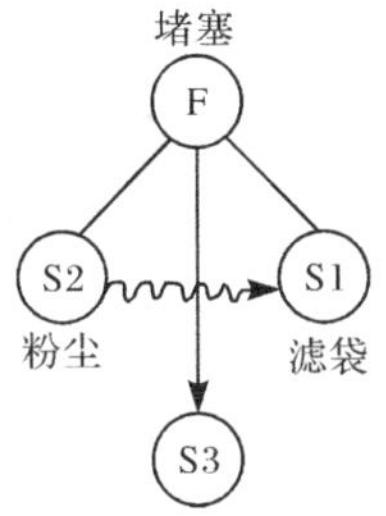

图 10-63　解决方案的物场模型一：插入新物质

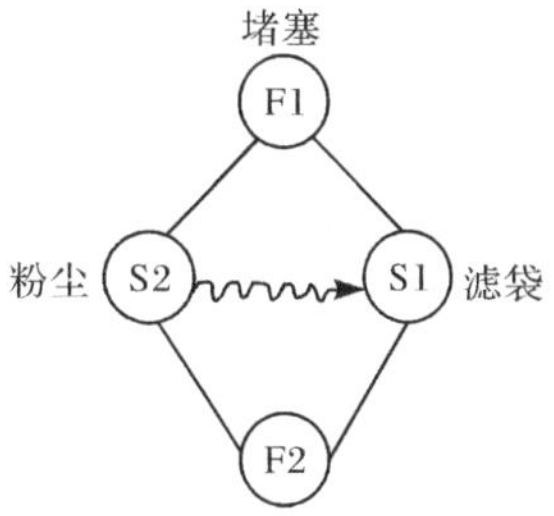

图 10-64　解决方案的物场模型二：插入另外一种场

(5) 现在需要考虑的是：如果插入一种新物质，那么这种新物质会是什么？如果加入一种场，那么又是什么场？

(6) 解决方案一：加入一种机械场——振动。滤袋振动，将结聚在袋壁上的粉尘抖落下来，使滤袋的过滤能力得到再生。落下的粉尘集中在箱内下部的集尘盒中，可以定期打开箱门拉出集尘盒倒掉其中的粉尘。

解决方案二：反方向吹空气，将粉尘吹落。

10.5.2　树皮和木片的分离问题

把弯曲的树干和树枝砍成碎片，树皮和木片混在一起。如果它们的密度及其他特性都差不多，怎样才能把树皮和木片分开呢？

为了解决这一问题，各国申请了很多专利。发明家都一味地试图利用树皮与木片在密度上的微小差别把两者分开，成功者少。他们做了几百次实验，然而谁也没能克服心理障碍，走上新的正确的解决途径。

(1) 根据标准解的使用过程，首先判断该问题属于“需要改进系统”，而不属于“检测和测量问题”。

(2) 根据物场分析步骤，系统中只有两个物质，即树皮和木片，没有场。建立问题的物场模型，如图 10-65 所示。

(3) 显然，问题的物场模型属于不完整物场模型，应该应用 S1.1 的标准解。

(4) 该解建议：当问题的物场模型属于不完整物场模型时，可以增加场 F 或工具 S2，完整模型。

(5) 现在需要考虑的是：如果加入一种场，那么是什么场？

实质上，由于强作用场与弱作用场只能使本问题的解决复杂化，所以仅剩下两个场，即电磁场与引力场可供选择了。考虑到树皮和木片在密度上差别不大，所以也可放弃引

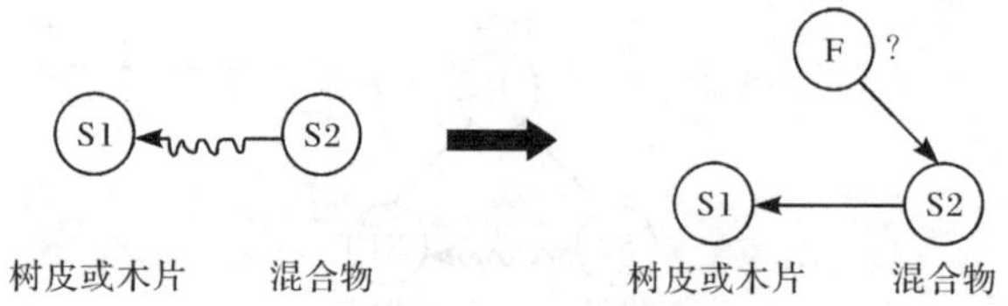

图 10-65 树皮和木片分开系统物场模型的构建

力场。这样只剩下电磁场了。

(6) 解决方案一:加入电场。因为磁场不发生作用于木片和树皮,所以必须进行“木片和树皮在电场中的行为表现实验”。实验结果表明,在电场中树皮的微粒带负电,木片的微粒带正电。根据这一物理现象制造了分选机,把木片与树皮准确无误地分开,具体的物场模型如图 10-66 所示。

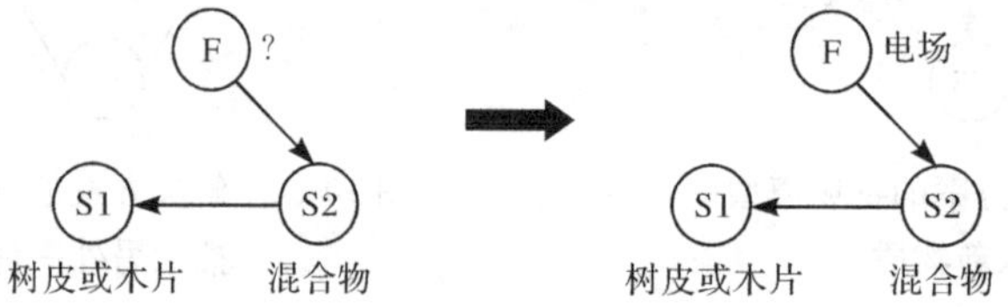

图 10-66 利用电场使树皮与木片分开

解决方案二:加入磁场。假如说木片不带电,怎么办呢?在这种情况下,物场构建规则也有效。这时可以不考虑木片,可以认为该课题已给出一种可以分选的物质,只需要补构物场就可以了,即给该系统增添一对“物与场”。例如,在劈碎树干和树枝之前,往树皮上撒上铁磁颗粒,在劈碎后利用磁场分选。这就不需要实验了,因为磁场显然能够把“带磁的”树皮分选出来。该物场模型如图 10-67 所示。

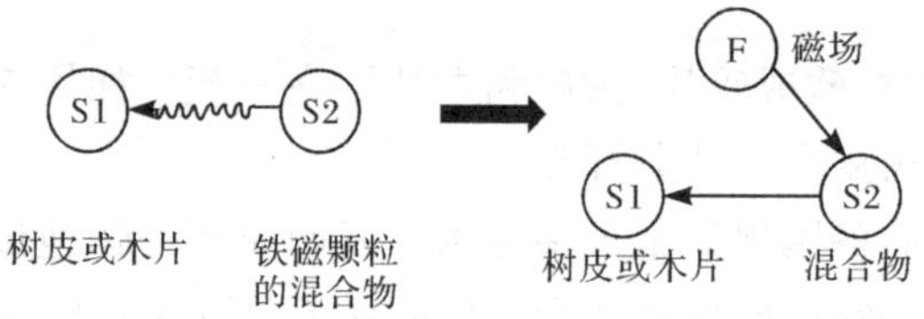

图 10-67 “带磁的”树皮分选系统物场模型

10.5.3 纯铜板的清洗

在纯铜电解生产过程中,少量的电解液会残留在铜板表面的微孔中,在铜板存储过程中,这些残留的电解液会挥发出来而形成氧化斑点,从而影响铜板表面质量并降低其价值。为避免这种损失,在存储之前先清洗铜板,以去除铜板表面微孔中的残留电解液。但是,由于微孔非常小,微孔中的电解液很难能够得到彻底清洗。该如何改进纯铜的清洗呢?

(1) 确定相关的元素。根据原来的水洗工艺,确定相关的元素为:S1 电解液;S2 水;F 机械冲击力(清洗)。

(2) 联系问题情形,确定并完成物场模型的绘制。本问题属于第 3 类模型,是非有效完整模型,对应的模型如图 10-68 所示。

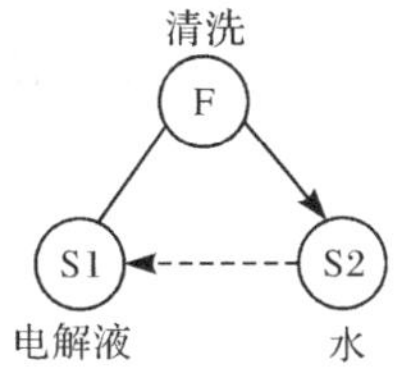

图 10-68　铜清洗工序物场模型

(3) 选择物场模型的一般解法。第 3 类模型,非有效完整模型,有三个一般解法:4、5、6。本问题选择的一般解法是 5 和 6。

(4) 开发设计概念。应用一般解法 5,增加另外一个场 F2 来强化有用效应,如图 10-69所示。通过系统地研究各种能量场来选择可用的场形式。

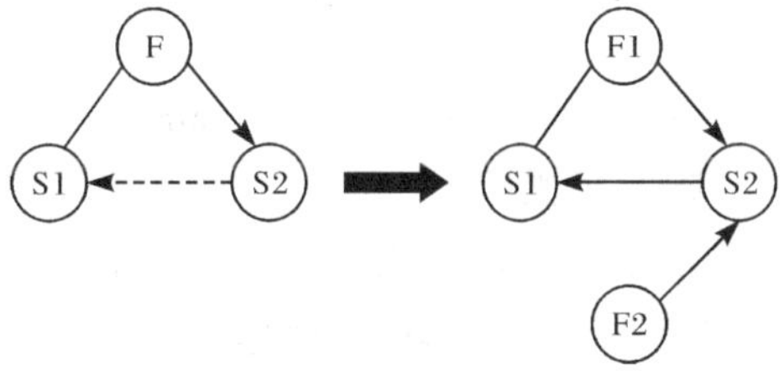

图 10-69　增加场 F2

图 10-69 中,F2 可以为机械冲击力,使用超声波清洗;F2 可以为热冲击力,用热水清洗;F2 也可以为化学冲击力,使用表面活性剂溶解来加强残留电解液的移动;F2 还可以为磁冲击力,将水磁化以加强清洗。

以上各种能量形式对改善清洗效果都是有效的,但效果似乎没有达到最终理想解,TRIZ 要求对问题彻底解决,追求获得最终理想解。

应用一般解法 6,加入一个物质 S3 并引入另一个场 F2 来提高有用效应,如图 10-70 所示。

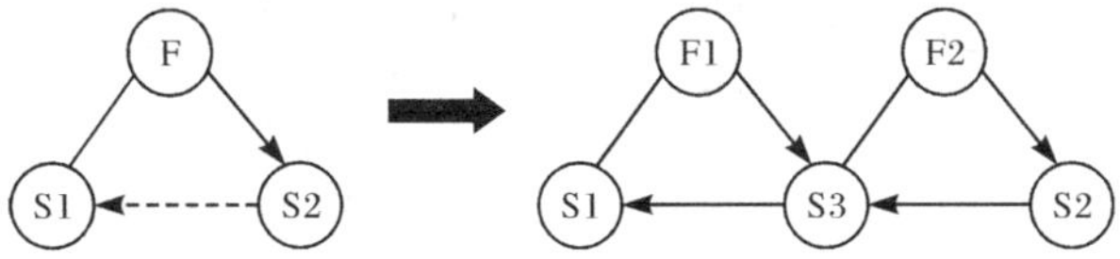

图 10-70　增加 S3 及 F2

图 10-70 中,S3 为蒸汽;F2 为压力。

解决方案:使用过热水(100℃以上)且与高压力结合。过热的水蒸气可达到微孔内,穿进并充满微孔,形成对残留电解液的强烈爆炸冲击并强制将其彻底排出微孔。

10.5.4 钢丸发送机弯管部分磨损问题

工程上使用管道运送钢丸(金属颗粒),将钢丸从管道的一端用高速空气送入管道,钢丸在管道中被空气另一端送出,如图 10-71 所示。但是,在管道的转弯处,钢丸可以频繁撞击管道壁,管道容易损坏,而在弯管部分添加保护层的效果是有限的,该如何解决这个问题?

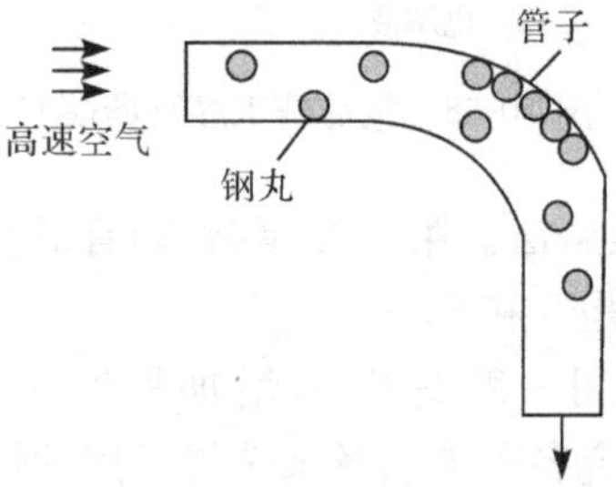

图 10-71　弯管部分是强烈磨损区

(1) 对上述问题进行物场分析可知:系统需要实现的功能是输送钢丸;相关的元素有物质 S1 管道,物质 S2 钢丸,场 F 机械场。

(2) 构造物场模型:钢丸在机械场的作用下经管道被输送,是有用功能,但对转弯部分的管道壁造成了磨损,是有害功能。可见需要解决的问题属于一个有害效应的完整功能模型。

(3) 确定一般解法:对有害效应的完整功能模型,相应的解法为一般解法 2(加入第三种物质 S3)和一般解法 3(引入另一个场 F2)。

(4) 结合具体问题,得到解决方案:引入 S3,使 S2 与 S1 不直接接触,即钢丸不与管壁发生碰撞,即可消除有害作用。

物场模型的构建过程如图 10-72 所示。

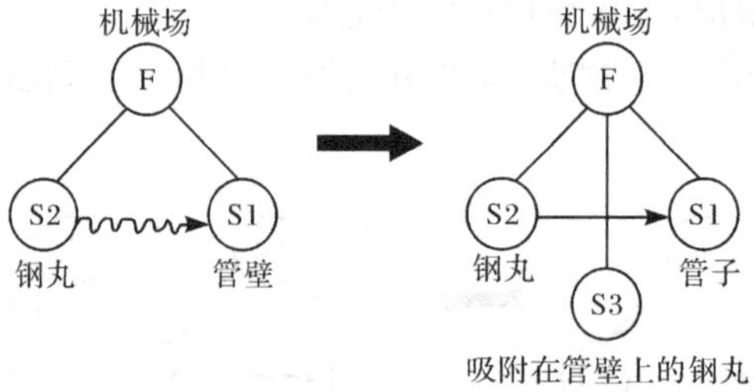

图 10-72　物场模型的构建过程

具体实施办法:在弯管外放置磁铁,将飞行中的钢丸吸附在弯管的内壁,形成保护层,即 S3=S2,如图 10-73 所示。这里所加入的第三种物质 S3 是通过 S2 改变而来的。

由此可见,如果物场结构中两物质间既有好的作用又有坏的作用,而没有必要保持两物质的直接联系,且不希望或不允许引入新的物质,则将两物质加以修正,组合成第三个物质使问题得以解决。

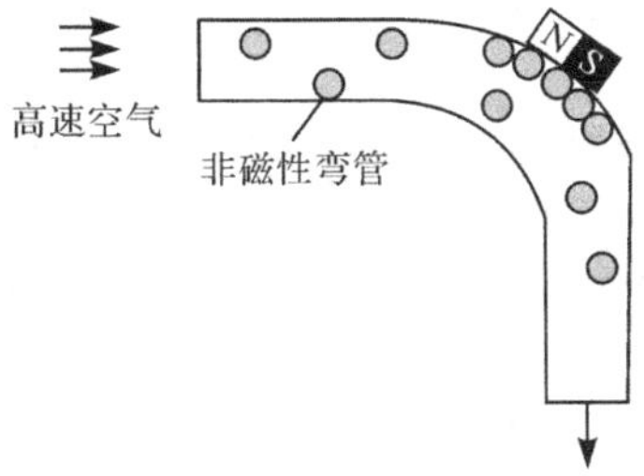

图 10-73　用钢丸自身保护弯管部分

10.6　小　　结

总结来看,物场模型可以概括为“1、2、3、4”。

“1”是一个最小的技术系统;“2”是两种组成成分——物质和场;“3”是三个基本要素;“4”是四个作用关系——有效完整作用、不完整作用、非有效完整作用、有害完整作用。目的就是追求一种和谐,三种元素之间的协调及有效。

在 76 个标准解中包含了不同的问题状况:有害完整作用、不完整作用、非有效完整作用等。不同的问题状况我们使用 76 种标准解中不同的解。76 种标准解就像一本手册,当遇到问题时,首先明确问题发生的部位,然后将这部分建立成物场模型,接下来从手册中查询适用于这种模型的解,得到解的模型。与发明原理相比,这种模型要更接近于解决方案,可以给出很多具体的建议。

参 考 文 献

曹福全. 2009. 创新思维与方法概论. 哈尔滨:黑龙江教育出版社.

陈光. 2011. 创新思维与方法——TRIZ 的理论与应用. 北京:科学出版社.

付敏,王述洋. 2008. 基于 TRIZ(发明问题解决理论)的林木生物质粉碎机安全设计. 中国安全科学学报, 18(11):97-103.

黄鑫云. 2011. 基于 TRIZ 理论的验光仪瞳距测量系统改进设计. 机械制造与研究,40(2):57-59.

林发明,李翔龙,李彦,等. 2009. 基于 TRIZ 的压敏电阻拔脚机送料系统方案设计. 机械设计与制造,(9):7-9.

林岳,谭培波,史晓凌,等. 2009. 技术创新实施方法论 DAOV. 北京:中国科学技术出版社.

刘思平,刘树武. 1998. 创造方法学. 哈尔滨:哈尔滨工业大学出版社.

龙继涛,王莹澈. 2009. 物场分析法在引信化学电池密封设计中的应用. 探测与控制学报,31(6):55-59.

潘启明,孙嘉燕,刘明刚. 2010. 基于 TRIZ 理论的杨树苗扦插装备的设计. 农业化研究,(7):101-104.

孙国强,唐润庚,韩继群. 2009. 应用物场分析方法解决坑井的安全作业问题. 第二届海峡两岸创新方法(TRIZ)研讨会.

孙平,王谊. 1998. 产品创新. 成都:西南财经大学出版社.

王妍玮,王述洋,景果仙,等. 2009. 基于 TRIZ 的新型厢式烘干机设计. 机电产品开发与创新,22(2):49-50.

杨清亮. 2001. 发明是这样诞生的:TRIZ 理论全接触. 北京:机械工业出版社.

臧德江,张明勤,石海龙,等. 2009. 基于 TRIZ 物场分析法的立体车库概念设计. 超重运输机械,(6):9-11.
张付英,徐燕申,刘卉. 2005. 基于 TRIZ 物场变换法的液压活塞杆密封技术研究. 润滑与密封,(5):57-61.
赵殿华. 2010. 基于物-场分析的滑管式多油道液压缸的设计. 工程机械,(41):48.
赵弘,郭继丰. 1998. 知识经济呼唤中国. 北京:改革出版社.
赵敏. 2009. TRIZ 入门及实践. 北京:科学出版社.
赵新军. 2004. 技术创新理论(TRIZ)及应用. 北京:化学工业出版社.

第 11 章　技术进化理论

11.1　概　　述

技术系统由多个子系统组成，并通过子系统之间的相互作用实现一定的功能，简称系统。子系统本身也是系统，是由元件和操作构成的。系统的更高级系统称为超系统，技术系统的构成关系可以用图 11-1 来描述。

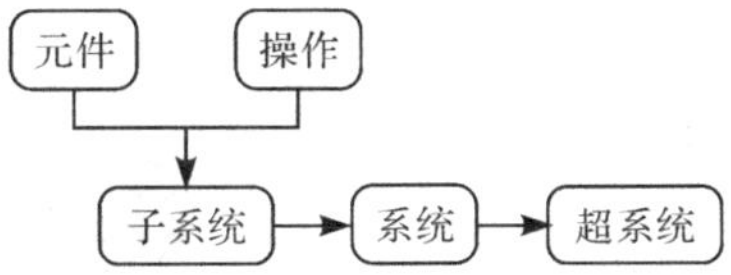

图 11-1　技术系统的构成关系

如图 11-2 所示，汽车作为一个技术系统，轮胎、发动机、方向盘等是汽车的子系统。而每个汽车都是整个交通系统的组成部分，因此对于汽车而言，交通系统就是汽车的超系统。

图 11-2　汽车系统

如图 11-3 所示，分析电冰箱这一技术系统，压缩机、散热板、拉门等是电冰箱的子系统。而电冰箱所处的环境，如房间，就可以称为电冰箱这一技术系统的超系统。

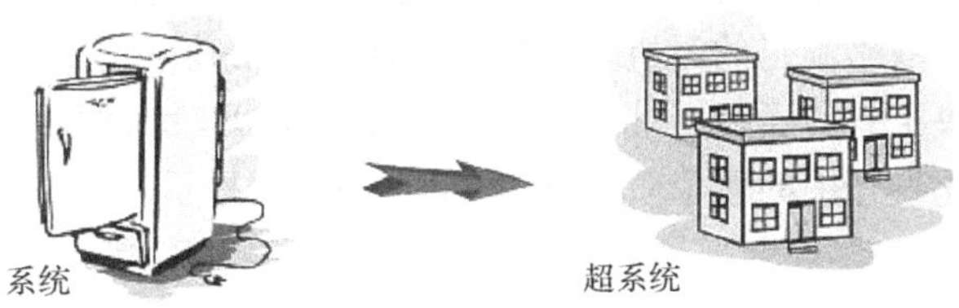

图 11-3　电冰箱系统

技术系统进化指实现系统功能的技术从低级向高级变化的过程。对于一个具体的技术系统来说，对其子系统或元件进行不断地改进，以提高整个系统的性能，就是技术系统的进化过程。

例 11-1　黑白电视机向彩色电视机的进化(图 11-4)。

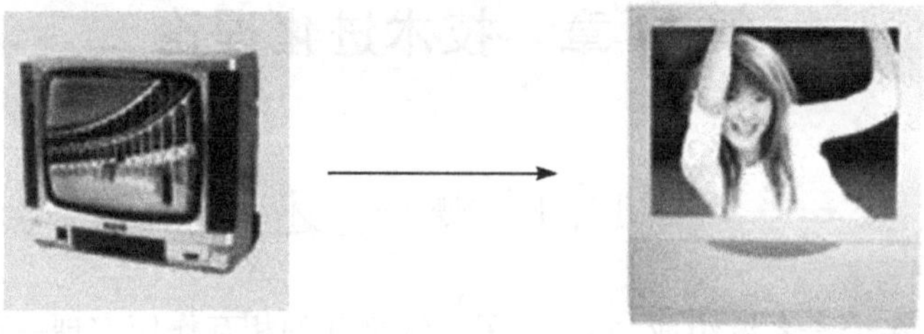

图 11-4　电视机进化

例 11-2　木船向轮船的进化(图 11-5)。

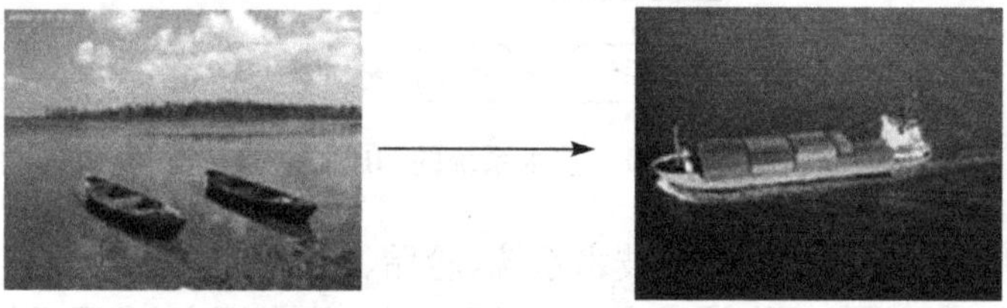

图 11-5　木船向轮船的进化

任何一种产品、工艺或技术都在随着时间朝着更高级的方向发展和进化,并且它们的进化过程都会经历相同的几个阶段。

Altshuller 通过对大量专利的研究和分析发现,技术系统的进化和生物系统一样,是按照一定规律在发展和进化的,他将这些规律进行总结,就形成了 TRIZ 理论中的 S 曲线和技术系统进化法则。

技术系统进化法则的内容主要体现了产品在实现其相应功能的过程中改进和发展的趋势。经典 TRIZ 理论中有八大类的技术系统进化法则,分别是完备性法则、能量传递法则、动态性进化法则、提高理想度法则、子系统不均衡进化法则、向超系统进化法则、向微观级进化法则、协调性进化法则。

技术系统的这八大进化法则可以应用于产生市场需求、定性技术预测、产生新技术、专利布局和选择企业战略制定的时机等。它可以用来解决难题,预测技术系统,产生并加强创造性问题的解决工具。通过 S 曲线和这些法则的运用,我们可以判断出当前研发产品处于技术系统进化过程中的哪个阶段;然后基于法则的提示,可以更好地预测出产品未来的发展方向。

11.2　S 曲　线

通过大量的专利分析,Altshulletr 发现:任何系统或产品都按生物进化的模式进化,同一代产品进化分为婴儿期、成长期、成熟期、衰退期四个阶段。图 11-6 分别给出了 S 曲线和分段 S 曲线，可以明显看出两个 S 曲线趋近于一条直线，该直线是由技术的自然属性所决定的性能极限。

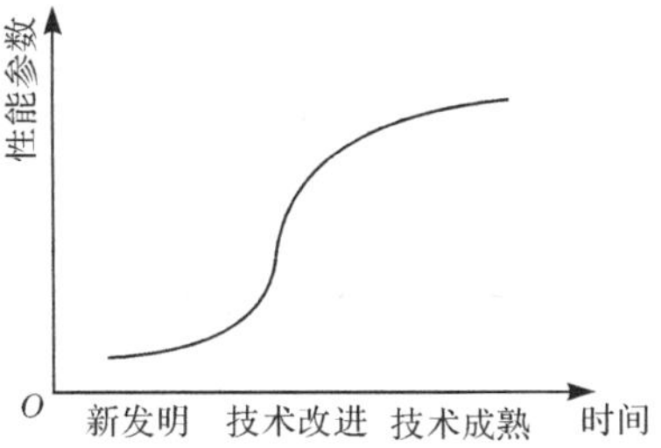

(a) S 曲线

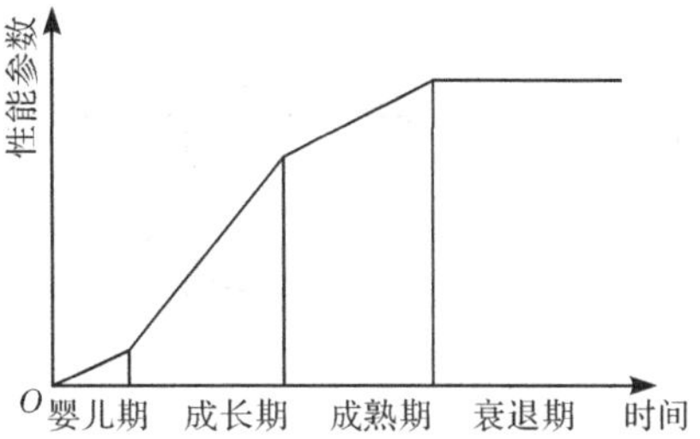

(b) 分段 S 曲线

图 11-6　产品的 S 曲线和分段 S 曲线

S 曲线完整地描述了一个技术系统从孕育、成长、成熟到衰退的变化规律曲线。更进一步地说，S 曲线描述的是一个技术系统中的诸多性能参数的发展变化规律。图中横坐标为时间，纵坐标为产品的性能参数。沿横坐标可以将产品或技术分为新发明、技术改进、技术成熟 3 个阶段或者婴儿期、成长期、成熟期、衰退期 4 个阶段。

(1) 婴儿期。在这一阶段，新的技术系统刚刚诞生。虽然，它能提供一些前所未有的功能或技术性能的改进，但是系统本身还存在着效率低、可靠性低等一系列待解决的问题。同时，由于大多数人对系统的未来发展并没有什么信心，而缺乏对其人力和物力的投入。因此，在这一阶段系统的发展十分缓慢。

(2) 成长期。在这一阶段，人类社会已经认识到新系统的价值和市场潜力，乐于为系统的发展投入较多的人力、物力和财力。因此，系统中存在的各种问题，逐一被很好地解决，效率和性能都有很大程度提高。由于技术系统的市场前景看好，因此能吸引更多的投资，这更加促进了系统的高速发展。

(3) 成熟期。技术系统发展到这一阶段，由于大量人力和财力的不断投入，使其变得日趋完善，性能水平达到最高，所获的利润达到最大并有下降的趋势。实际上，此时大量投入所产生的研究成果多是一些较低水平的系统优化和性能改进。

(4) 衰退期。在这一阶段，应用于技术系统的各项技术已经发展到极限，很难得到进一步的突破。该技术系统可能不再有更大的需求或者即将被新开发出来的技术系统所取代。此时，新的技术系统将开始其更加耀眼的生命周期，呈现在世人面前。

当一个技术系统的进化完成以上各个阶段后，必然会出现一个新的技术系统来替代它，如此不断地替代。技术系统进化不同阶段的特征如图 11-7 所示。

TRIZ 技术进化理论采用时间与性能参数，时间与专利数量，时间与发明级别，时间与经济收益四组曲线综合评价产品在图 11-7 的位置，从而为产品的研发决策提供依据。各曲线的形状如图 11-7 所示。收集当前产品的有关数据建立这四条曲线，所建立曲线的形状与这四条曲线的形状比较，就可确定产品的技术成熟度。

当一条新的自然规律被科学家揭示后，设计人员依据该规律提出产品实现的工作原理，并使之实现。这种实现是一项级别较高的发明，该发明所依据的工作原理是这一代产品的核心技术。一代产品可有多种系列产品构成，虽然产品要不断完善，不断推陈出新，

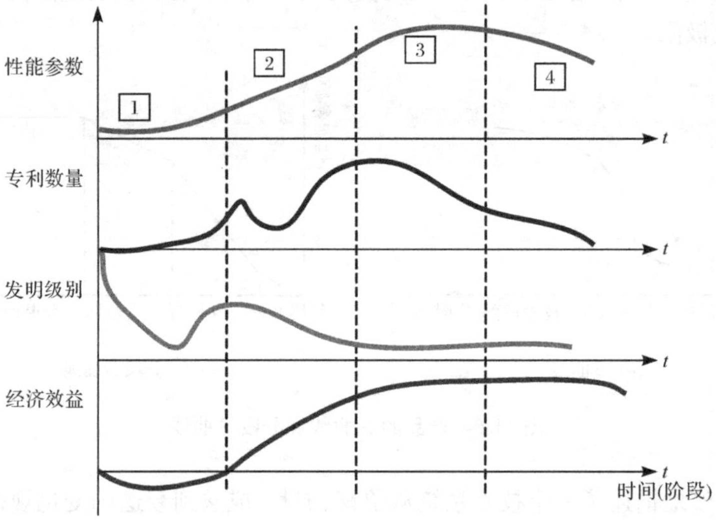

图 11-7　技术成熟度预测曲线

但作为同一代产品的核心技术是不变的。

图 11-7 中的时间-性能参数曲线表明，随着时间的延续，产品性能不断增加，但到了衰退期后，其性能很难再有所增加。

图 11-7 中的时间-专利数量曲线表示专利数量随时间的变化。开始时，专利数较少，在性能曲线的第三个拐点处出现最大值。在此之前，很多企业都为此产品的不断改进而投入，但此时产品已到了退出期，企业进一步增加投入已没有什么回报。因此，专利数减少。

一代产品的第一个专利是一个高级别的专利，如图 11-7 中的时间-发明级别曲线所示。后续的专利级别逐步降低。但当产品由婴儿期向成熟期过渡时，有一些高级别的专利出现，正是这些专利的出现，推动产品从婴儿期过渡到成长期。

图 11-7 中的时间-经济效益曲线表明：开始阶段，企业仅仅是投入并没有赢利。到成长期，产品虽然还有待于进一步完善，但产品已出现利润。之后，利润逐年增加，到成熟期的某一时间达到最大，之后开始降低。

如果能收集到产品的有关数据，绘出上述 4 条曲线，通过曲线的形状，可以判断出产品在 S 曲线上所处的位置。从而，可对其技术成熟度进行预测。

S 曲线描述了技术系统的完整生命周期，描述了技术系统一般的发展规律；帮助创造者确定系统的发展阶段；指导产品或技术设计和研发的方向；指导创造者在产品的各个阶段制定决策；引导人们在各个领域预见并解决新的任务。

11.3　技术系统进化法则

Altshuler 于 1946 年开始创立 TRIZ 理论，技术系统进化论也是重要理论之一。Altshuler 技术系统进化论的主要观点是技术系统的进化并非是随机的，而是遵循着一定的客观的进化规律，所有的系统都是向“最终理想化”进化的，系统进化的模式可以在过去的专利发明中发现，并可以应用于新系统的开发，从而避免盲目的尝试和浪费时间。

Altshuler 的技术系统进化论主要有八大进化法则，这些法则可以用来解决难题，预测技术系统，产生并加强创造性问题的解决工具。这八大法则是：

(1) 完备性法则。

(2) 能量传递法则。

(3) 动态性进化法则。

(4) 提高理想度法则。

(5) 子系统不均衡进化法则。

(6) 向超系统进化法则。

(7) 向微观级进化法则。

(8) 协调性进化法则。

运用这些法则，我们可以判断出当前研发的产品处于技术系统进化模式中的哪个位置；然后，基于法则的提示，就可以更好地预测出技术系统未来的发展方向。由于技术系统总是处于不断的发展与进化过程中，因而解决技术系统进化过程中存在的冲突，是促使技术系统进化的推动力。

下面将详细介绍 Altshuler 技术系统的八大进化法则。

11.3.1　完备性法则

技术系统完备性法则告诉我们，技术系统要实现某项功能的必要条件是，在整个技术系统中，一定要包含四个相互关联的基本子系统，即动力装置、传输装置、执行装置和控制装置。

从实现功能的角度来说，技术系统被划分为两类：改变物体参数的系统和测量物体参数的系统。其中，改变物体参数的系统是执行技术系统；测量物体参数的系统是测量技术系统。

最小执行技术系统的结构如图 11-8 所示。整个系统需要从能量源接收能量；再由动力装置将能量转化成技术系统所需要的使用形式；传输装置将能量传输到执行装置，按照执行装置的特性进行调整，最终作用于产品上。考虑到技术系统和环境之间的相互作用，以及各子系统之间的相互作用，控制装置负责系统各部分之间的协同操作。为实现对系统的控制，它必须至少有一个部分是可控的。

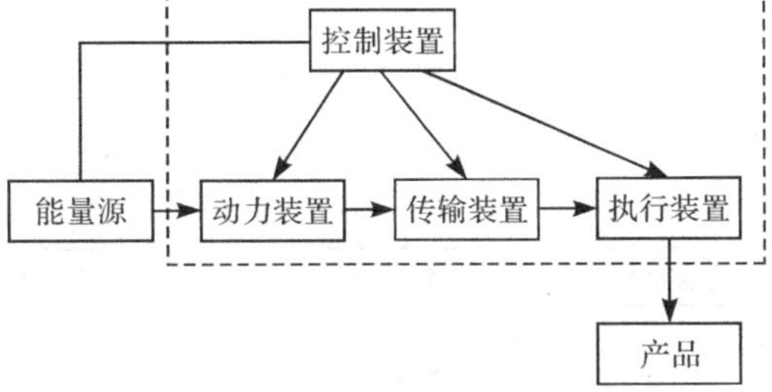

图 11-8　最小执行技术系统的结构

最小测量技术系统的结构如图 11-9 所示。在测量系统中,能量从产品流向执行装置——传感器。传感器将来自产品的能量转换成适合于在转换器中使用的形式,由传输装置传递到转换器;转换器将来自传感器的能量转换成某种适合与相应标准进行比较和易于识别的形式,然后,将比较结果作为测量结果,被送往控制装置;控制装置对技术系统的各个元件产生控制作用。需要注意的是,系统测量的不仅是技术系统的产品,也有可能是技术系统的任何部分。

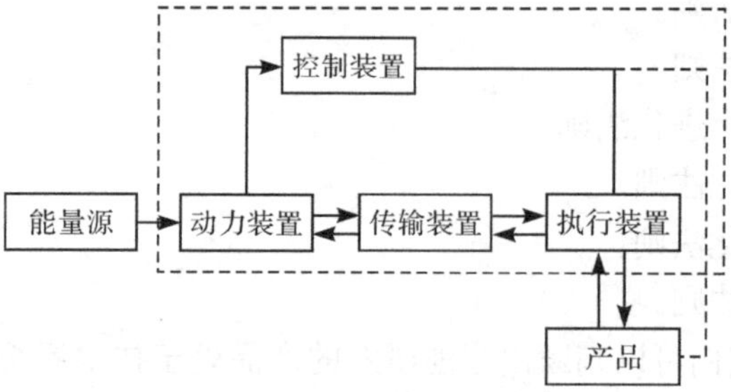

图 11-9 最小测量技术系统的结构

掌握技术系统完备性法则,基于该法则去分析技术系统,有助于在设计技术系统时确定实现所需技术功能的方法,并达到节约资源的目的。因为,该法则可以帮助我们发现并消除整个系统中效率低下的某个子系统。

11. 3. 2 能量传递法则

技术系统能量传递法则告诉我们,技术系统实现其基本功能的必要条件之一是:能量能够从能量源流向技术系统的所有元件。如果技术系统的某个元件接收不到能量,它就不能产生效用。那么整个技术系统就不能执行其有用功能,或者所实现的有用功能不足,如图 11-10 所示。

另外,需要注意的一点是,要使技术系统的某元件具有可控性,必须在该元件和控制装置之间提供能量传递的通路。

汽车中的收音机在金属屏蔽的环境中无法接受到高质量的广播信号。尽管收音机的各个子系统工作都正常,但电台传导的能量源(作为系统的组成部分)传导不畅,使得整个汽车的收音机系统不能正常工作。如果在汽车外边加一根天线,问题就解决了,如图 11-11所示。

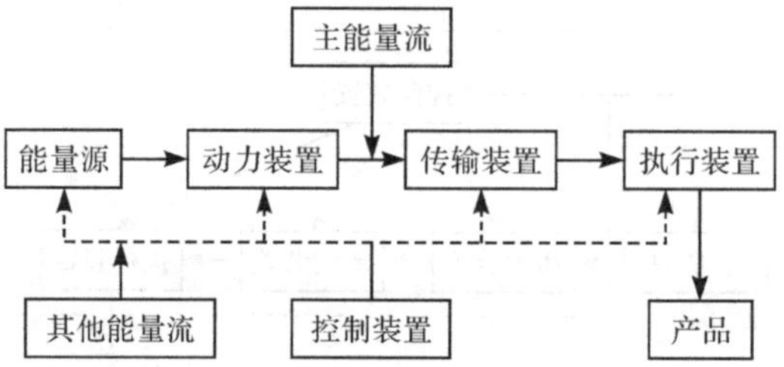

(a) 执行技术系统

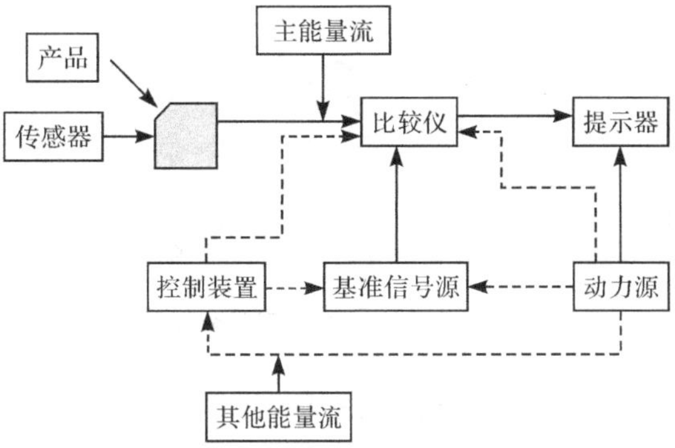

(b) 测试技术系统

图 11-10 执行和测量技术系统中的能量流

图 11-11 收音机的能量传递

又如图 11-12 所示，用手摇绞肉机代替菜刀剁肉馅。用刀片旋转运动代替刀的垂直运动，能量传递路径缩短，能量损失减少，同时提高了效率。

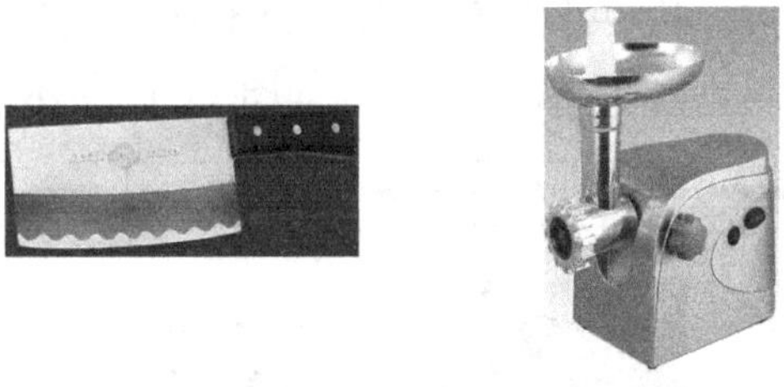

图 11-12 从菜刀到绞肉机

学习了能量传递法则后，在设计和改进系统时，首先就要确保能量可以流向系统的各个元件；然后，通过缩短能量传递路径，以提高能量的传递效率。这样，使得系统的各个元件，都能为技术系统的正常工作提供最高的效率。

11.3.3 动态性进化法则

动态性进化法则提出以下几个方面的进化趋势：技术系统会向提高其柔性、可移动性和可控性的方向进化。

1. 提高柔性子法则

提高技术系统柔性的进化过程，技术系统将会从刚性体逐步进化到单铰链、多铰链、柔性体、液体/气体，最终进化到场的状态，如图 11-13 所示。

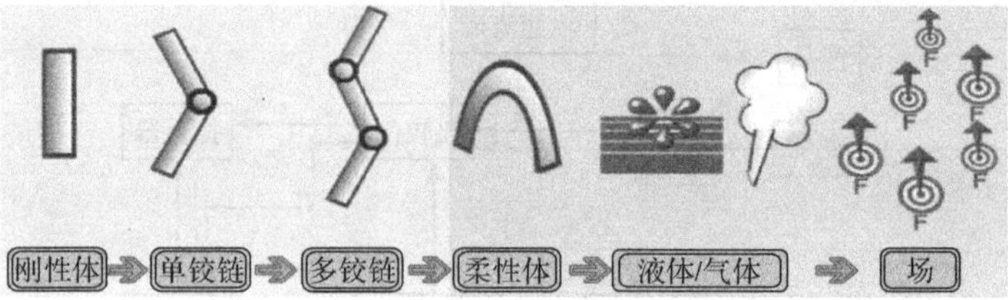

图 11-13　提高系统柔性的进化过程

又如散热工具的进化，由扇子逐步进化到折扇、电风扇，最终进化到空调，如图 11-14 所示。

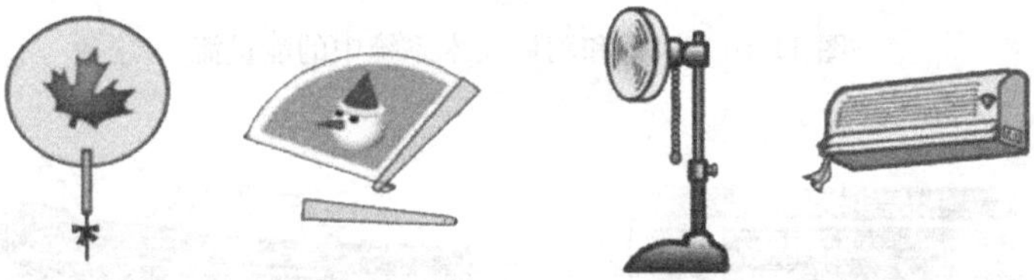

图 11-14　散热工具的进化

2. 提高可移动性子法则

提高可移动性子法则指出，技术系统的进化，应该沿着技术系统整体可移动性增强的方向发展。这条法则很容易理解，在日常生活中，有很多这样的实例。

例如，清扫工具的发展。从扫帚至吸尘器，再到遥控清扫机。又如，座椅的发展，从四腿椅，摇椅，转椅，至滚轮椅。再如，电话的进化，如图 11-15 所示。

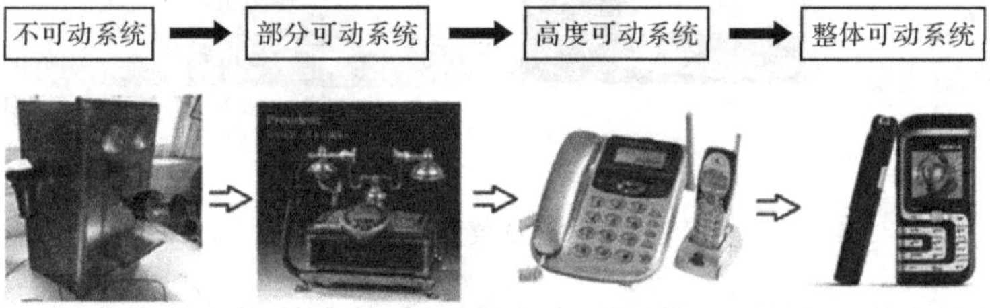

图 11-15　电话的进化

3. 提高可控性子法则

提高可控性子法则指出，技术系统的进化应该沿着增加系统内各部件可控性的方向发展。

可控性进化的过程如图 11-16 所示。

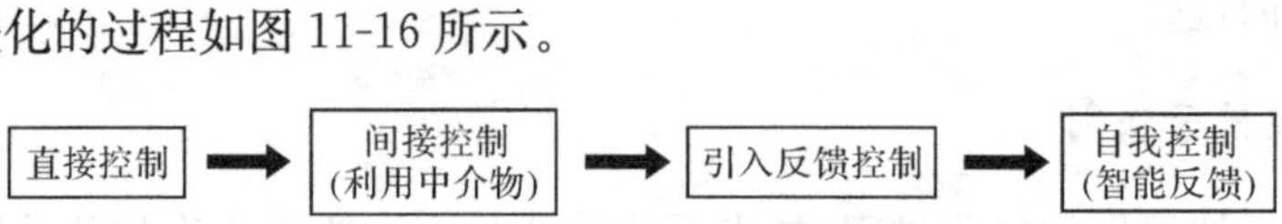

图 11-16　可控性进化的过程

在自我控制系统中，自动控制系统和各种物理、化学效应的应用提供了自我可控性。反馈装置是技术系统实现自我可控性的一个必要条件。

例如，路灯分别开闭、总控开闭、自动感应开闭、自动感应开闭并自调亮度。

直接控制——每个路灯都有开关，有专人负责定时分别开闭；

间接控制——用总电闸控制整条线路的路灯；

引入反馈控制——通过感应光亮度的装置，控制路灯的开闭；

自我控制——通过感应光亮度的装置，根据环境明暗自动开闭并调节亮度。

又如，温室天窗，其进化过程如图 11-17 所示。

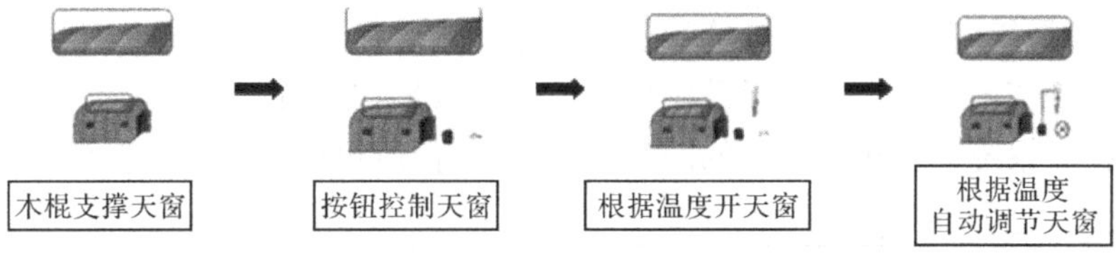

图 11-17 温室天窗的进化

11.3.4 提高理想度法则

技术系统的发展方向是提高其理想度。理想化是推动系统进化的主要动力。例如，手机的进化、计算机的进化。最理想的技术系统应该是并不存在物理实体，也不消耗任何的资源，但是却能够实现所有必要的功能，即物理实体趋于零，功能无穷大。简单地说，就是“功能俱在，结构全无”。

任何技术系统在其生命周期之中，是沿着提高其理想度向最理想系统的方向进化的，提高理想度法则代表着所有技术系统进化法则的最终方向。技术系统提高理想度法则包括以下几方面的含义：

(1) 一个系统在实现功能的同时必然有两方面的作用：有用功能和有害功能；

(2) 理想度是指有用作用和有害作用的比值；

(3) 系统改进的一般方向是最大化理想度比值；

(4) 在建立和选择发明解法的同时，需要努力提升理想度水平。

提高系统理想度有三个基本的方向：

第一，提高有益参数。例如，提高数码相机分辨率使其能拍摄出更大尺寸的照片；计算机的硬盘在几十年里其大小事实上没有改变，但容量却由百兆字节扩大到千亿兆字节。

第二，降低有害参数。例如，早期电冰箱的制冷剂氟利昂，后来发现它对臭氧层有严重的破坏作用，所以现代电冰箱均采用无氟制冷剂；普通计算器最初具有很大的外形尺寸并用市电供电，而后尺寸变得小一些，利用小电池组供电，然后尺寸变得更小，用光电池供电，最后计算器变成了手机的一个组件。

第三，提高有益参数的同时降低有害参数。大多数系统是按照这个方向以扇形发展的。例如，与盒式录音机相比，MP3 播放器的体积和能耗更小，但具有比盒式录音机更多的功能且可以存储更多的音频资料；再如，电话、电视机、计算机等。

例 11-3　汽车仪表盘如图 11-18 所示。

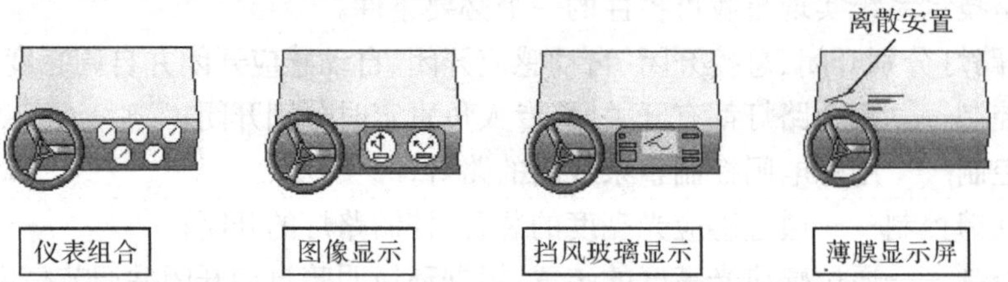

图 11-18　汽车仪表盘

对于复杂系统，理想度的提高依赖于两个相反的过程。

展开：通过使系统复杂化来提升所执行功能的数量和品质。

收缩：在对系统进行相对简化的同时，提升（保持）所执行功能的数量和品质。

11.3.5　子系统不均衡进化法则

技术系统子系统不均衡进化法则指出，任何技术系统各子系统的进化都不是均衡一致的。这个法则，在技术系统发展和进化的各个阶段都适用。

我们知道，技术系统的每一个子系统以及每个组成元件都有自身的 S 曲线。不同的子系统/元件一般都是沿着自身的进化模式来演变的。同样的，不同的系统元件达到自身固有的自然极限所需的次数是不同的。

很多时候，人们需要对技术系统的某一特定参数进行改进。这就要求实现这一参数对应的子系统更加完善。在这种情况下，这个子系统的进化就会比其他的子系统要迅速。实际上，某个子系统的进化对其他子系统具有直接或间接的影响。发展到一定程度以后，首先达到自然极限的子系统就“抑制”了整个技术系统的发展，它将成为系统中最薄弱的环节（最不理想的子系统）。在这个（或这些）薄弱环节得到改进之前，整个系统的改进也将会受到限制。

如图 11-19 所示，技术系统由子系统 1 和子系统 2 组成，子系统 1 制约了系统的整体性能。当子系统 1 的 S 曲线跃迁到子系统 1′时，系统的整体性能（虚线）也就随之发生了跃迁。

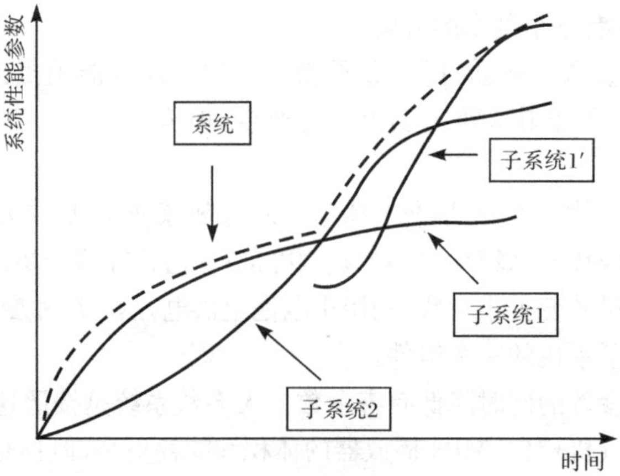

图 11-19　子系统不均衡进化法则

该法则提示我们，技术系统整体进化的进度，取决于该技术系统中最不理想子系统的进化速度。利用这一法则的知识，可以帮助设计人员及时发现技术系统中不理想的子系统，并改进或以较先进的子系统代替这些不理想的子系统。从而，使我们能够以最小成本实现对这一特定参数的改进。

例如，自行车的进化。早在 19 世纪中期，自行车还没有链条传动系统，脚蹬直接安装在前轮上。此时，自行车的速度与前轮直径成正比。因此，为了提高速度，人们采用增加前轮直径的方法，但是一味地增加前轮直径，会使前后轮尺寸相差太大，从而导致自行车在前进中的稳定性很差，很容易摔倒。

后来，人们开始研究自行车的传动系统，在自行车上安装了链条和链轮，用后轮的转动来推动车子的前进，且前后轮大小相同，以保持自行车的平衡和稳定。自行车的进化如图 11-20 所示。

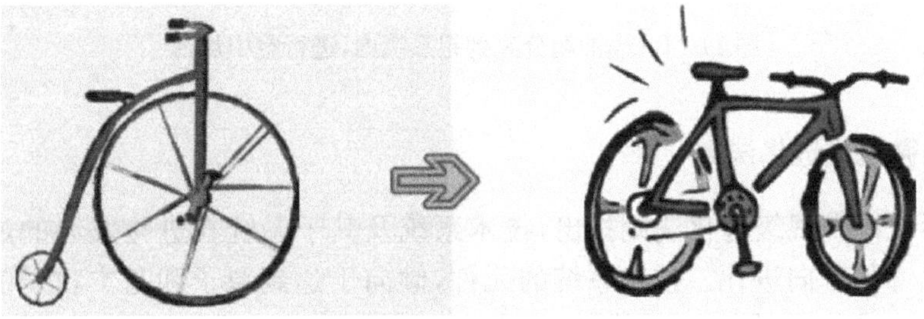

图 11-20　自行车的进化

11.3.6　向超系统进化法则

首先回顾一下什么是超系统。所谓超系统，广义上讲，应该是超出这个系统之外的其他系统。技术系统在进化的过程中，可以和超系统的资源结合在一起，或者将原有技术系统中的某个子系统，分离到某个超系统中。这样，就能够使该子系统摆脱自身在进化过程中遇到的限制要求，让其更好地实现原来的功能。所以，向超系统进化有两种方式：一是使技术系统和超系统的资源组合；二是让系统的某子系统被容纳到超系统中。向超系统进化的过程可以发生在技术系统进化的任何阶段。技术系统向超系统进化法则是技术系统进化的一种方式。该法则与其他技术系统进化法则结合起来很适用于预测技术系统的整体进化。

例如，飞机空中加油系统。为了进行长距离飞行，一些飞机需要在飞行中完成加油。原来飞机是要携带一个副油箱，在飞行的过程中补充燃油，这个燃油箱是飞机的一个子系统。现在由空中加油机在空中执行加油任务。空中加油机在本质上是一个飞行的燃油箱。也就是，副油箱被分离到一个超系统内。这样飞机不需要再装载数百吨的燃油，随机携带的油量很少，它有了专用的燃油箱，即空中加油机负责给受油机供给燃油。如图 11-21所示。

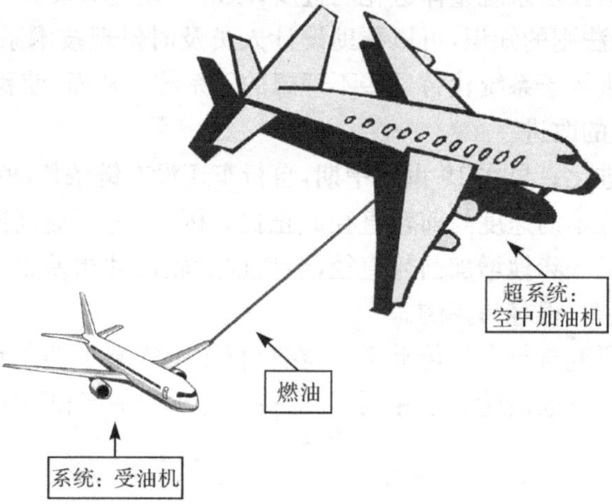

图 11-21　燃油箱分离到超系统内，进行空中加油

11.3.7　向微观级进化法则

技术系统向微观级进化法则指出，技术系统及其子系统在进化发展的过程中朝着减小它们尺寸的方向进化。技术系统的元件，倾向于达到原子和基本粒子的尺度。进化的终点意味着技术系统的元件已经不作为实体存在，而是通过场来实现其必要的功能。

我们可以看出，动态性进化法则中的提高柔性子法则里面指出的那条技术系统进化路线也是符合向微观级进化法则的。

例如，电子元件的进化，如图 11-22 所示。从真空管开始，向晶体管进化，最后进化成集成电路。

图 11-22　电子元件的进化

又如，螺旋桨的进化，如图 11-23 所示。

其实，不仅电子元件和螺旋桨，其他很多产品的发展都是沿着这条路线不断进化的。例如轴承，它从开始的单排球轴承，发展到多排球轴承，又发展到微球轴承，再发展到液体、气体支撑轴承，直到磁悬浮轴承；又如，切割技术，从原始的锯条，发展到砂轮片，再发展到高压水射流，直到激光切割等。它们在本质上，基本都是沿着向微观级进化的演变路线不断发展的。伴随着进化的过程，技术系统组件的体积和尺寸不断减小，所实现的功能也更加方便、有效。

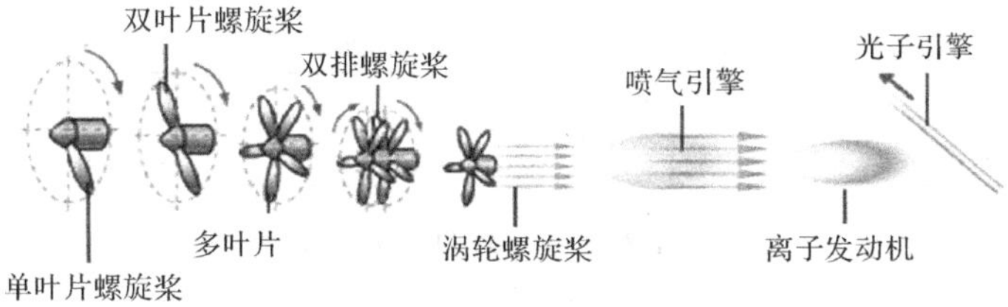

图 11-23　螺旋桨的进化

11.3.8　协调性进化法则

技术系统协调性进化法则指出，技术系统朝着其子系统各参数协调、系统参数与超系统各参数相协调的方向发展进化。进化到高级阶段技术系统的特征是，子系统为充分发挥其功能，各参数之间要有目的地相互协调或反协调，能够实现动态调整和配合。

子系统各参数之间的协调包括材料性质、几何结构和尺寸、质量上的相互协调。

1. 形状协调进化曲线

例如，耳机与耳机插孔之间的协调；电话话筒手柄的弧度与人脸形状的协调；汽车车门与车身的协调；由早期的只能摞、搭接的积木玩具，进化到可以自由插合、拼接的玩具。这些就属于结构形状、尺寸上的协调。

2. 材料协调进化曲线(图 11-24)

相同材料 ⇨ 相似材料 ⇨ 惰性材料 ⇨ 可变特性的材料 ⇨ 相反特性的材料

图 11-24　材料协调进化曲线

例如，牙刷柄的进化，如图 11-25 所示。

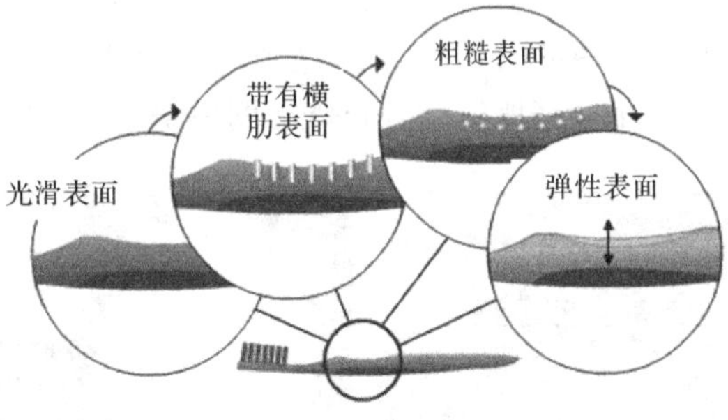

图 11-25　牙刷柄的进化

3. 频率协调进化曲线(图 11-26)

在实际中，还经常碰到合适的频率、各子系统工作节奏上的相互协调。

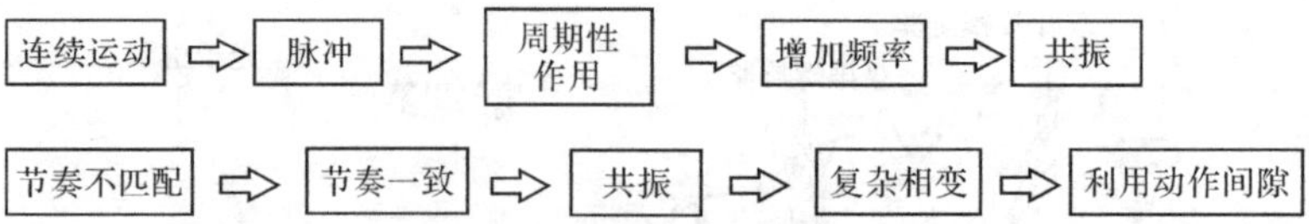

图 11-26　频率协调进化曲线

例如，在生产流水线上，各个操作设备必须协调，只有这样才能相互配合，完成整个的加工流程；建筑工人在浇筑混凝土施工中，为了提高浇筑质量，总是一面浇灌混凝土，一面用振捣器对混凝土进行振荡，消除其内部可能产生的气泡和缝隙，以使其变得更紧密，凝固后强度更高。

11.4　技术系统进化的应用

例 11-4　用去除双重元件的方法增加系统理想化水平，即如果系统包含双重元件（子系统），那么考虑将其用一个综合的元件取代。这种系统就会得到简化。

煤矿救生员的工作制服上有一个冷却系统，这个冷却系统重 20kg。除此之外，每个救生员还要携带一个重 20kg 的呼吸器。这些重物在很大程度上妨碍了救生员的工作。为了减轻重量，冷却系统和呼吸器可以合并成一个系统，这个新的系统使用液态氧。当液态氧蒸发时，就会产生所需要的制冷效果，而氧气还可以用来呼吸。改进后的设备质量才 20kg。

例 11-5　为了增加系统的动态性，应该尽力将系统的固定元件更换为可动元件。

坐在邮递车上的邮递员把信从路边固定的邮箱拿出来，这样会对邮递车造成一定损伤。不过邮箱可以设计成可伸缩型邮箱。只要邮递车发出一种红外线信号，接到信号后，邮箱就会自动滑向邮递车，这就是自动化的邮箱。

例 11-6　通过引入一个控制场（力、效应或动作）可以更有效地控制一个系统或过程。

火焰是含有被电离气体的等离子体，所以它可以被电场所控制。例如，电场可以用来控制燃烧液体或固体燃料熔炉的火焰。使用这个电场可以将熔炉的效率提高 10%～30%，而且能减少污染。这个电场既能增强也能减弱燃烧过程，如图 11-27 所示。

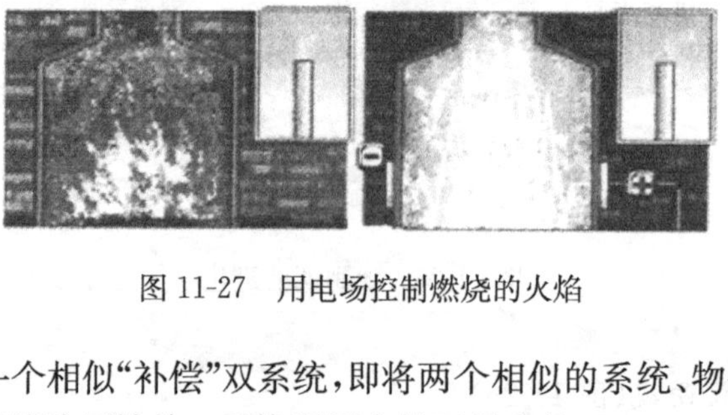

图 11-27　用电场控制燃烧的火焰

例 11-7　建立一个相似"补偿"双系统，即将两个相似的系统、物体、过程组合成一个新系统。这样就可能消除原始单一系统所固有的不足之处。

雾气给飞机场带来了很多问题，如班机的延迟，安全性问题等。那么如何才能消除雾气?

解决方案:可以"以毒攻毒"。在雾区喷射人工雾,这种人工雾里渗透了气雾剂的小颗粒。天然雾气所含的水汽滴和人工雾所含的水汽滴结合起来就会产生雨。

11.5 小 结

技术系统处于不断的发展与进化过程中,而解决技术系统中存在的冲突是系统进化的推动力。

技术系统进化法则的内容主要体现了产品在实现其相应功能的过程中改进和发展的趋势。运用 S 曲线和这些法则,可以判断出当前研发的产品处于技术系统进化过程中的哪个阶段,然后基于法则的提示,可以更好地预测出产品未来的发展方向。

参考文献

曹福全. 2009. 创新思维与方法概论. 哈尔滨:黑龙江教育出版社.
陈光. 2011. 创新思维与方法——TRIZ 的理论与应用. 北京:科学出版社.
郭道劝. 2010. 基于 TRL 的技术成熟度模型及评估研究. 长沙:国防科学技术大学硕士学位论文.
林岳,谭培波,史晓凌,等. 2009. 技术创新实施方法论 DAOV. 北京:中国科学技术出版社.
檀润华. 2010. TRIZ 及应用技术创新过程与方法. 北京:高等教育出版社.
杨清亮. 2006. 发明是这样诞生的:TRIZ 理论全接触. 北京:机械工业出版社.
赵敏. 2009. TRIZ 入门及实践. 北京:科学出版社.
赵新军. 2004. 技术创新理论(TRIZ)及应用. 北京:化学工业出版社.
Shpakovsky N. 2010. 进化树. 郭越红,译. 北京:中国科学技术出版社.

第 12 章　系统化分析工具

12.1　概　　述

在产品创新设计中，各种创新思维与方法重点是为创新主体提供思维激励和思维引导，从而促使创新主体找到适合问题解决或者创意生成的方案。在具体的实施过程中，创新主体需要借助一定的分析工具来实现创新，提高创新的效率和质量。

本章重点介绍了三种常用的系统化分析工具——功能分析、因果分析和资源分析。功能分析是将抽象的系统转化为具体的图表以便于设计者了解产品所需达到的作用与特征；因果分析常用于发现问题产生的原因，寻找解决问题的突破点，从而促使问题的有效解决；资源分析是从系统的角度研究分析资源，挖掘系统的隐性资源，关注系统资源间的有机联系，合理地组合、配置、优化资源结构，提升系统资源的应用价值或理想度。

12.2　功 能 分 析

19 世纪 40 年代，美国通用电气公司的工程师迈尔斯首先提出功能(function)的概念，并把它作为价值工程研究的核心问题。他将功能定义为"起作用的特性"，顾客买的不是产品本身，而是产品的功能。关于功能的定义还有很多种，如"功能是对象满足某种需求的一种属性"、"功能是产品能够提供的活动机会"、"功能是向顾客表明产品在使用过程中的物质运动形态"等。由上述定义可以看出，功能是对产品具体效用的抽象描述，它体现了顾客的某种需要，应当是产品开发时首先考虑的因素。

从技术实现的角度来看，功能是系统或子系统输入/输出时，参数或状态变化的一种抽象描述。对于一个技术系统或产品而言，功能表现为系统具有的转化能量、物料、信息或其他物理量的特性，即技术系统输入量和输出量之间的关系。图 12-1 为技术系统功能示意图。

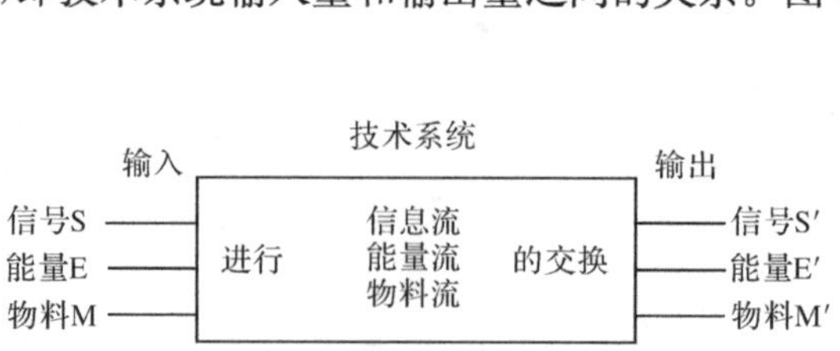

图 12-1　技术系统功能示意图

12.2.1　功能分析方法

在设计过程中，为了便于寻求满足产品总功能的方案，通常采用自上而下或自下而上的功能分析方法，自上而下的功能分析方法将比较复杂的产品总功能分解成比较简单的分功能，并描述产品的功能和功能间的相互联系，按照逻辑和优先顺序分解排列产品的功能，便于理解功能之间的从属关系，同时可以分析增加产品价值的功能，主要分析方法有功能分析系统技术(functional analysis system technique，FAST)、功能方法树、FBS功能分解法等；自下而上的功能分析方法从系统的底端开始，寻找系统内部各组件的相互关系，最终建立系统的功能，主要分析方法有基于组件的功能分析等。

12.2.2 基于FAST的功能分析

FAST功能分析方法最早由Bytheway应用在价值工程的基础上提出，后经许多学者的研究和发展，逐渐形成的比较成熟的功能分解方法。它可以用来定义、分析和理解产品的功能及各功能之间的联系，以及哪些功能需要改善以增加产品的价值，并把功能按照逻辑顺序和优先次序排列以测试它们的从属关系，如图12-2所示，从而使设计人员充分了解产品的功能原理，分析产品设计目标和进一步确定改进设计方案。

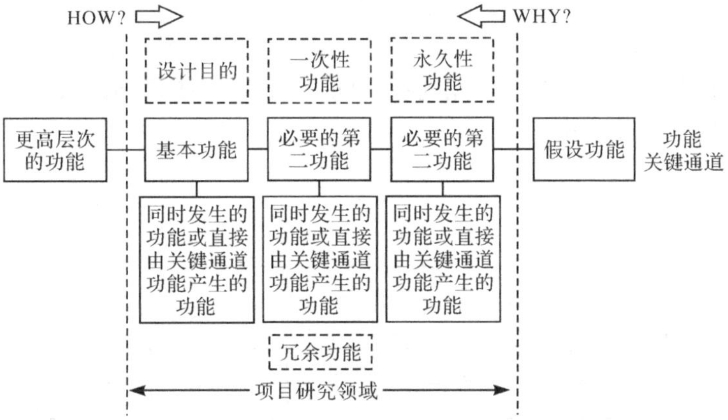

图12-2　FAST图

首先，要通过各种方法确定所有的产品功能。在确定功能的过程中，选出最重要的功能作为总功能(有时也称为基本功能)，则其他的从属于基本功能且对基本功能提供支持和辅助作用的功能为第二功能。确定了基本功能和第二功能后，根据这些功能来建立功能树。从基本功能开始，对每个功能提问“HOW”的问题，即“如何实现这个功能?”，其答案一般是一个或几个第二功能。将基本功能列在FAST图的左上角，从“HOW”问题中得出的第二功能列在基本功能的右边，从而形成了产品功能的基本骨架，这条实现产品功能的功能链称为“关键通道”。关键通道的右侧的功能回答了左侧功能“HOW”的问题，而左侧的功能回答了右侧功能“WHY”(为什么这个功能出现在产品中)的问题。在关键通道最右边的功能是由外界提供的，即假设功能。当达到该功能时，关键通道即完成，同时系统的边界也确定了下来。由于实现第二功能会引入不良的副作用，所以要使用新的功能来降低这些影响。将这些非关键通道的功能(副作用及新引入的功能)列在产生它们的关键通道功能之下。至此，产品功能树的建立完成。

其次，还有一些不属于关键通道的功能，这些功能可以分为“永久性功能”和“一次性功能”。“永久性功能”指在产品生命周期中一直存在的支持性功能，如产品底座“支持负载”的功能。“一次性功能”是指为某个目的而一次性使用的功能，如用包装材料实现“在运输过程中保护产品”的功能，这些功能列在 FAST 图的顶端。但其中“永久性功能”列在最右边，“一次性功能”列在中间。在 FAST 图顶端的最左边，则列出设计所要实现的目标。

至此，功能分解工作全部完成。从分解过程可以看出，该方法是一个自顶向下的功能分解方法，设计者在功能分解过程中，从基本功能开始，逐步将产品的各功能展开后再合并，从而搭建起系统的功能模型。该模型可以清楚地反映出产品功能间的因果关系和层次关系，有利于设计者充分了解产品机理和需要改进的部分，适用于对已有产品的改进或反求工程中的概念设计。

下面利用 FAST 方法创建一个磨咖啡机的功能树。如图 12-3 所示，磨咖啡机的基本功能是切咖啡豆，因此一旦基本功能确定下来，其他功能都可以看做其子功能。这些子功能对基本功能具有至关重要的辅助作用，也就是说，它们是基本功能能够正常发挥作用的直接原因。其余的非关键通道的功能(如容纳咖啡豆、传送扭矩等)列在产生它们的关键通道功能之下；底座承受负载、外观产生美观效果等永久性功能列在右上方；使整个系统更为紧凑的设计要求作为一次性功能列在中间；在 FAST 图顶端的最左边，则列出设计所要实现的目标——减小噪声。

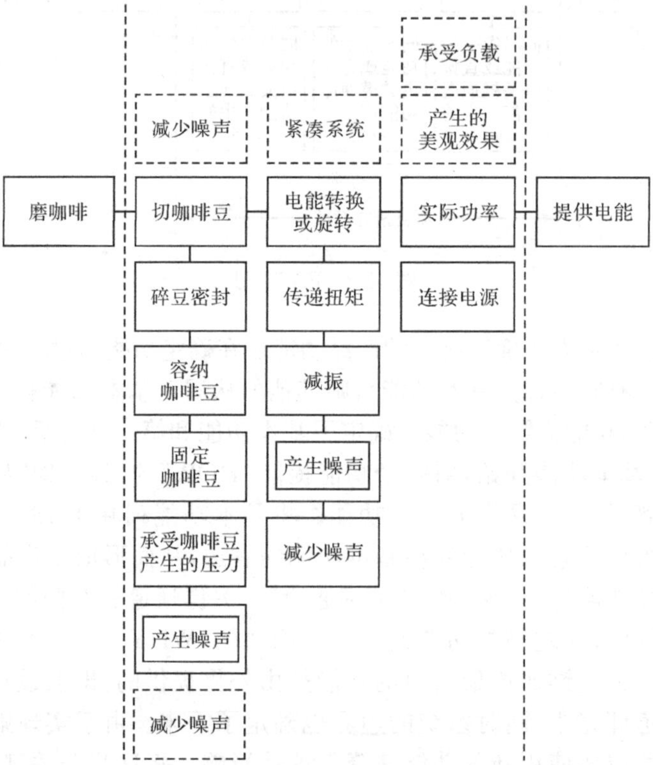

图 12-3 磨咖啡机的 FAST 图

在利用 FAST 对磨咖啡机进行功能分解时，就可以针对减少噪声的设计目标，分析出噪声产生的根源有两处：咖啡豆受压时与容器壁摩擦产生的噪声以及传送扭矩的装置产生的噪声；而进一步的分析又可以发现，前者所产生的噪声并非噪声的主要原因，因此现有产品中减少咖啡豆与容器壁间的噪声的装置是冗余功能，可以去除掉以降低产品成本，同时应当改善传动系统的降噪功能。

从 FAST 的功能分解过程中可以看出，这种方法需要根据已有产品的零部件确定每一部分的功能，功能分解过程依赖于已存在的产品，会将产品中原有的可能缺陷或不必要的限制引入功能分解中，从而限制设计人员的创新思维。该方法只适用于对已有产品的改进或反求工程中的概念设计，不适合用于新产品设计中。

12.2.3　基于组件的功能分析

基于组件的功能分析对系统进行分解，得到标准、不足、过剩、有害功能，帮助设计人员更详细地理解工程系统中部件之间的相互作用。通过优化技术系统功能并减少实现功能的消耗，使技术系统以很小的代价获得更大的价值，从而提高系统的理想度。

由设计的观点看，任何系统内的组件必有其存在的目的，即提供功能。运用功能分析，可以重新发现系统元件的目的和其性能表现，进而发现问题的症结，并运用其他方法进一步加以改进。因此，功能分析需要以一个基础产品来作为设计的出发点。利用功能分析，将基础产品建立成基础功能模型，来进行后续设计工作。基于组件的功能分析过程分为三步。

(1) 建立组件模型：描述技术系统的组成和各系统组件的层次。回答技术系统是由哪些组件组成的，包括系统作用对象、技术系统组件、子系统组件，以及和系统组件发生相互作用的超系统组件。

(2) 建立组件结构模型：描述组件模型中各组件之间的相互作用关系，并检查每对组件之间的关系。

(3) 建立功能模型：功能模型基于结构模型，采用规范化的功能描述方式表述组件对之间的相互作用关系。

组件：为所设计系统之组成分子。如同一个产品的组成零件，小到齿轮、螺母，大至一个由许多零件组成的系统，都可以认为是一个组件。

超系统：为影响整个分析系统的要素，但设计者不能针对该类要素改进。具有以下特点：

(1) 超系统不能删除或重新设计。

(2) 超系统可能使工程系统出现问题。

(3) 超系统可以作为工程系统的资源，也可以作为解决问题的工具，只有当超系统对系统有影响时才列入。例如，在公共汽车系统中，发动机、轮子、车身、底盘等为元件，人为制品、路面为超系统。

产品或系统处于环境之中，与环境存在能量、物质及信息的交换。相对于系统，环境由多个超系统组成，每个超系统与系统都存在输入或输出关系。系统对环境的输出称为制品，制品是系统存在及运行的目的。系统是由功能元件及作用组成的功能网络，该网络与超系统及制品共同构成产品功能模型。

12.2.4　工程实例

医院里重症患者经常要在手术床、B超检查床、CT机床及病床等之间转换床位。目前在实际操作时仍依靠人力搬运，往往需要4名以上医护人员进行搬抬，这样不但容易造成患者的损伤，而且降低了搬抬效率，占用大量医护人员。

本技术系统中包含的组件有：患者、护士、移动板、床单、病床、车轮和空气等，其中既有技术系统组件也有超系统组件，通过分析各组件间的关系，包含有效功能、有害功能和不足功能等，建立起该技术系统的功能系统模型。按照三步分析法构建功能模型，结果依次如图12-4～图12-6所示。

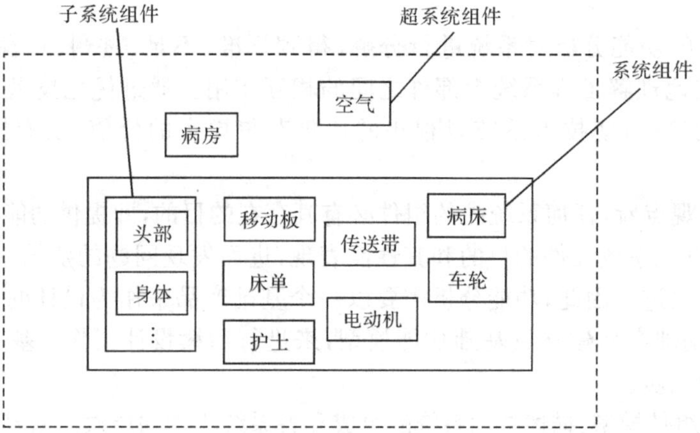

图12-4　组件模型

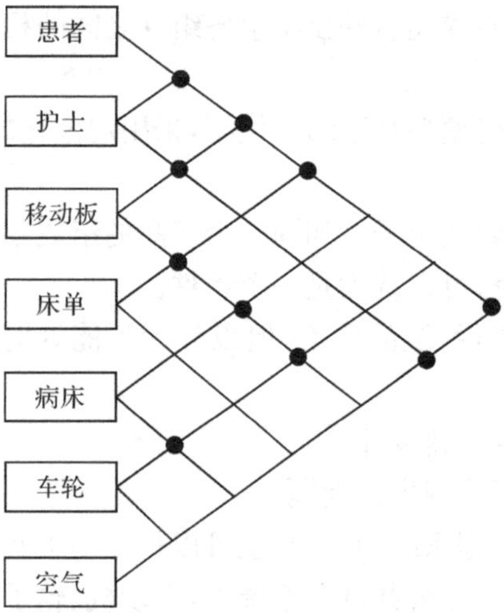

图12-5　组件结构模型

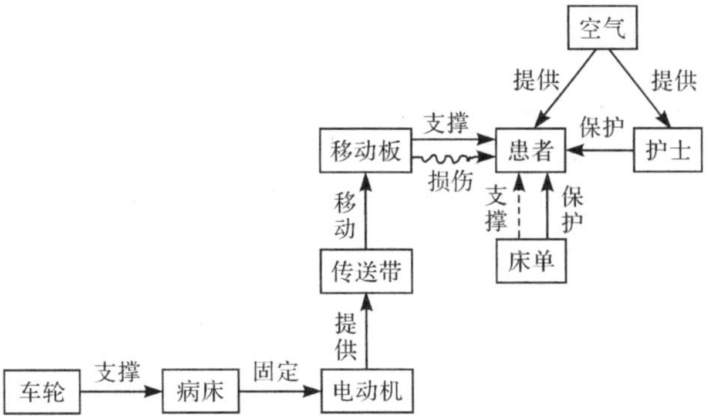

图 12-6　功能模型

12.3 因果分析

12.3.1 因果分析的定义与分类

因果分析是为了确定引起某一现象变化原因的分析,主要解决"为什么"的问题。因果分析就是在研究对象的先行情况中,把作为其原因的现象与其他非原因的现象区别开来;或者是在研究对象的后行情况中,把作为其结果的现象与其他的现象区别开来。因果联系是普遍和必然的联系,没有一个现象不是由一定的原因引发的;而当原因和一切必要条件都存在时,结果就必然产生。

在因果分析过程中,常见的原因种类如下。

(1) 主要原因和次要原因:根据各种原因、材料反映的主要问题之间的关系,着重分析主要原因,对其他次要原因,应根据它们所起的作用以及与主要问题的关系区别对待,对比较重要的次要原因作简要分析,不重要的原因提示一下即可。另外,在分析过程中也要分清内因、外因,这对于分析问题产生的根本原因非常重要。

(2) 直接原因、间接原因和根本原因:原因是多层的,在原因的背后,还有产生原因的原因。这种多重原因的问题,如果工程师只停留于一个层面,就不能把问题分析透彻。因此,遇到这种情况,就应该一层一层地追究下去,直到找到根本原因,通过层层推理,深入追究,发现问题产生的根本原因。

(3) 异因同果、同因异果和互为因果:有时,几种现象之间互相分离、互相排斥或互相对立,表面上是互不相干的原因和结果,但如果用联系的眼光看问题,深入分析下去,就可以发现在它们的背后存在着某种共同之处,这时也就从表面看到了问题的本质。同因异果也是事物之间常见的相互联系。同样的原因,在不同的条件下,可能会产生不同的结果。这种现象在现实中也是很常见的。所以,在运用因果分析时,有时就必须分析同因异果的联系,才能分析出引发问题的根本原因。

12.3.2 因果分析的方法

常见的因果分析方法有:五个"为什么"、鱼骨图分析、失效模式与影响分析等。

1. 五个“为什么”

该方法是由丰田公司在改善流程中运用的分析方法，是丰田的成功秘诀之一，把每次错误视为学习的机会，不断反思和持续改善，精益求精。在解决问题时必须找到问题的根本原因，根本原因经常隐藏在问题的背后。因此，需要通过深入挖掘，得出问题何以发生，先问第一个“为什么”，获得答案后，再问为何发生，以此类推，问五次“为什么”。从而识别因果关系链。该方法的使用前提是对问题的信息充分了解。

例如，林肯纪念堂的外墙由花岗岩制成，脱落和破损严重，通过五个“为什么”方法分析解决问题。

墙壁容易发生脱落和破损，为什么？

墙壁每天需要清洗，导致墙壁受到酸蚀损害，为什么？

墙壁每天被大量的鸟粪弄脏，为什么？

墙上有许多燕子爱吃的蜘蛛，为什么？

墙上有蜘蛛最爱吃的飞虫，为什么？

这里的尘埃最适合飞虫繁殖，为什么？

由于是玻璃幕墙，阳光充足，温度适宜，刺激了飞虫的繁殖。

解决方案：拉上窗帘。

2. 鱼骨图分析

鱼骨图是由日本管理大师石川馨先生发展起来的，故又名石川图。鱼骨图是一种发现问题“根本原因”的方法，它也可以称为“因果图”。鱼骨图原本用于质量管理。问题的特性总是受到一些因素的影响，我们首先找出这些因素，并将它们与特性值一起，按相互关联性整理而成的层次分明、条理清楚，并标出重要因素的图形就称为特性要因图。因其形状如鱼骨，所以又称为鱼骨图，它是一种透过现象看本质的分析方法，又称为因果分析图。

在鱼骨图的制作过程中，主要包括分析问题原因/结构和绘制鱼骨图两个步骤。

1）分析问题原因/结构

（1）针对问题点，选择层别方法。

（2）按头脑风暴分别对各层别、类别找出所有可能的原因（因素）。

（3）将找出的各要素进行归类、整理，明确其从属关系。

（4）分析选取重要因素。

（5）检查各要素的描述方法，确保语法简明，意思明确。

在分析过程中，要把握以下要点：①确定大要因（大骨）时，现场作业一般从“人机料法环”着手，管理类问题一般从“人事时地物”层别，应视具体情况决定。②大要因必须用中性词描述（不说明好坏），中、小要因必须使用价值判断（如……不良）。③脑力激荡时，应尽可能多而全地找出所有可能的原因，而不仅限于自己能完全掌控或正在执行的内容。对人的原因，宜从行动而非思想态度面着手分析。④中要因跟特性值、小要因跟中要因间有直接的原因-问题关系，小要因应分析至可以直接下对策。⑤如果某种原因可同时归属于两种或两种以上因素，以关联性最强者为准。

2）绘制鱼骨图

(1) 由问题的负责人召集与问题有关的人员组成一个工作组，该组成员必须对问题有一定深度的了解。

(2) 问题的负责人将拟找出原因的问题写在黑板或白纸右边的一个三角形的框内，并在其尾部引出一条水平直线，该线称为鱼脊。

(3) 工作组成员在鱼脊上画出与鱼脊成 45°角的直线，并在其上标出引起问题的主要原因，这些成 45°角的直线称为大骨。

(4) 对引起问题的原因进一步细化，画出中骨、小骨……尽可能列出所有原因。

(5) 对鱼骨图进行优化整理。

(6) 根据鱼骨图进行讨论。完整的鱼骨图如图 12-7 所示，由于鱼骨图不以数值来表示和处理问题，而是通过整理问题与其原因的层次来表明关系，因此，能很好地描述定性问题。鱼骨图的实施要求工作组负责人有丰富的指导经验，整个过程负责人尽可能为工作组成员创造友好、平等、宽松的讨论环境，使每个成员的意见都能完全表达，同时保证鱼骨图能够正确做出，即防止工作组成员将原因、现象、对策互相混淆，同时保证鱼骨图层次清晰。

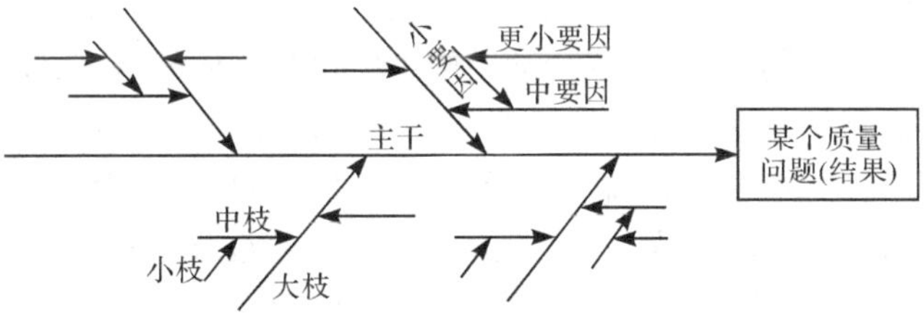

图 12-7　因果分析图的基本形式

在鱼骨图绘制完成后，需要根据具体问题使用鱼骨图，首先查找要解决的问题，把问题写在鱼骨的头上，召集同事共同讨论问题出现的可能原因，尽可能多地找出问题，把相同的问题分组，在鱼骨上标出；根据不同问题征求大家的意见，总结出正确的原因；拿出任何一个问题，研究为什么会产生这样的问题，针对问题的答案再问为什么，这样至少深入 5 个层次(连续问五个问题)；当深入到第 5 个层次后，认为无法继续进行时，列出这些问题的原因，而后列出至少 20 种解决方法。

3. 失效模式与影响分析

失效模式与影响分析(failure mode and effects analysis，FMEA)是一种操作规程，旨在对系统范围内潜在的失效模式加以分析，以便按照严重程度加以分类，或者确定失效对该系统的影响。

在 FMEA 应用中，首先要对当前系统及其功能加以描述，透彻的理解将会简化进一步的分析工作。接下来，需要为系统创建一幅框图，用于概括描述主要组件或过程步骤以及它们之间是如何彼此关联起来的。在开始进行实际的 FMEA 之前，还需要创建一份工作表，其中包含的是有关当前系统的重要信息，如修订日期或组件名称，在这张工作表中，应当依据上述框图，按合乎逻辑的方式，列出分析对象的所有项目或功能。

步骤 1:依据功能需求及其影响来确定所有的失效模式。建立系统功能模型,分析其有害功能和不足功能,以功能分析为基础,确定系统主要的失效模式,对于每种失效模式,均应当采用技术术语,并按功能列出。然后,需要进一步考虑每种失效模式的最终影响,即失效模式对于系统功能产生影响的结果。

步骤 2:确定 FMEA 分析参数。首先,对每种失效影响分别都赋予一个取值为 1(无危险)到 10(危重)的严重程度值,辅助设计人员确定失效模式及其影响的轻重缓急次序。其次,需要考虑失效的原因以及它所出现的频数,为每种失效模式赋予一个取值为 1～10 的概率值。最后,设计人员采取相应的控制措施防止失效模式发生,根据这些控制措施,设计人员可以了解某种失效问题能够得以识别或发现的可能性到底有多大。

步骤 3:计算风险优先级数(risk priority numbers,RPN)。在确定了 FMEA 的参数之后,计算风险优先级数。在对严重程度、出现频度和易发现性进行分级之后,只需把这三个数值相乘,就可以得到 RPN:

$$\mathrm{RPN}=S\cdot O\cdot D$$

其中,S 为严重程度;O 为概率值;D 为发现指数。

对于整个过程或设计而言,严重程度值最高的失效模式并不一定就应当首先加以处理。首先应当处理的可能是那些严重程度相对较低,但更常发生且不太易于发现的失效问题,根据失效发生的不同情形,采取行动措施可以包括具体的检查、测试或质量程序、重新设计(如选择新的组件)、增加更多的冗余以及限制环境压力或工作范围。一旦在设计过程中实施了这些行动措施之后,就应当检查新的 RPN,以便确认改善情况。为了便于可视化,往往会把这些测试呈现为图形。无论何时,只要设计或过程发生了变化,就应当对 FMEA 加以更新。FMEA 的应用流程如图 12-8 所示。

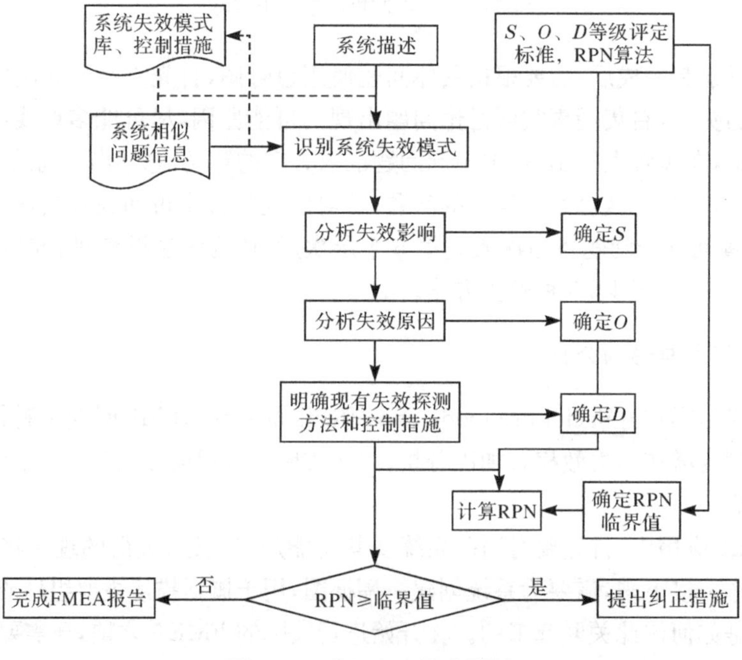

图 12-8　FMEA 应用流程图

12.4 资源分析

12.4.1 资源的定义与分类

资源是指系统及其环境中的各种要素，能反映诸如系统作用、功能、组分、组分间的联系结构、信息能量流、物质、形态、空间分布、功能的时间参数、效能以及其他有关功能质量的个别参数。

资源有很多不同的分类方式。例如，从资源的存在形态角度出发将资源分为宏观资源和微观资源；从分析资源角度出发将资源分为显性资源和隐性资源；从资源与 TRIZ 理论中其他概念结合的角度出发将资源分为发明资源、进化资源、效应资源；从资源使用的角度出发将资源分为现成资源和派生资源。在 TRIZ 理论中资源也通常从物质、能量、时间、空间、功能、信息等角度来划分。下面以 TRIZ 理论中的分类方式来介绍资源的类型及其含义。

(1) 物质资源：物质资源是系统内及超系统的任何材料或物质。例如，原材料、产品、组件、废料等，或水、空气、砂子等免费或廉价的物质。

(2) 能量资源：能量资源是指系统中存在或能产生的场或能量流。例如，机械资源(旋转、压强、气压、水压等)、热力资源(蒸汽能、加热、冷却等)、化学资源(化学反应)、电力资源、磁力资源、电磁资源。

(3) 信息资源：信息资源是指系统中累积的知识、信息和技能。信息作为反映客观世界各种事物的特征和变化结合的新知识已成为一种重要的资源，在人类自身的划时代改造中产生重要的作用，其信息流将成为决定生产发展规模、速度和方向的重要力量。

(4) 时间资源：在系统的各种流程、操作过程中，利用一些时间提供有用作用。可以通过利用作用之间的停顿时间、同时进行两种或多种作用、利用预先作用、利用作用之后的时间等方式实现时间资源的利用。

(5) 空间资源：空间资源是指系统本身及超系统的可利用空间。为了节省空间或者当空间有限时，任何系统中或周围的空闲空间都可用于放置额外的作用对象。

(6) 功能资源：功能资源是指利用系统的已有组件，挖掘系统的隐性功能或产生新的功能。建议挖掘系统组件的多用性。

上面介绍了系统资源的分类，相对于系统资源而言，还有很多容易被忽视，或者没有意识到的资源，这些资源通常都是由系统资源派生或由多种资源组合而来的。充分挖掘出所有的资源，是解决问题的良好保证。对现有资源的巧妙灵活的改造、组合都能产生新的资源。

12.4.2 资源应用原则

系统资源的利用一般遵循由实物资源到虚物资源的原则，实物资源主要是物质资源，虚物资源包括能量资源、信息资源、时间资源、空间资源和功能资源等。

(1) 物质资源应用时，通常可以分别从系统内部到系统外部、直接资源到派生资源、静态资源到动态资源等途径寻找物质资源。

(2) 能量资源应用时，主要通过各种能量资源的场实现，考虑使用场和能响应场的物质添加剂。例如，在磁场中添加铁磁材料，在紫外线中添加荧光粉，在热场中添加形状记忆合金等。另外，可考虑使用场的更替变化实现能量资源的应用。

(3) 信息资源应用时，主要通过搜索相关信息、分析类似的问题如何解决，为问题的解决提供参考。可考虑用不同的方法、自然现象、科学效应来解决问题。

(4) 时间资源应用时，主要通过利用系统启动之前、工作中以及工作之后的可利用时间。

(5) 空间资源应用时，可分别从系统内部和系统外部两个方面考虑，优先考虑系统内部的可利用空间。

(6) 功能资源应用时，需要考虑系统的每一个特征，以实施新的功能。可从系统的内部特征到外部特征、直接特征到派生特征、静态特征到动态特征多角度考察。

12.4.3 资源分析的方法与步骤

资源分析就是从系统的高度研究分析资源，挖掘系统的隐性资源，关注系统资源间的有机联系，合理地组合、配置、优化资源结构，提升系统资源的应用价值或理想度。资源分析可以帮助我们寻找到解决问题所需要的资源。资源分析的步骤分为以下四步。

第一步：发现及寻找资源。

可以使用的工具有：九屏幕法、组件分析法、物场分析法。

(1) 九屏幕法是一种系统思维的方法，按照时间和系统层次两个维度对情境进行系统地思考。不仅考虑当前，也要考虑过去和未来；不仅考虑本系统，还要考虑相关的其他系统和系统内部。它强调的是系统地、动态地、联系地看待事物。

(2) 组件分析法是指从构成系统的组件入手，建立组件之间的联系，明确组件之间的功能关系，构建系统功能模型的过程。此工具强调从功能的角度寻找资源。

(3) 物场分析法是指以物质和场的形式描述技术系统中不同元素之间发生的不足的、有害的、过度的和不需要的相互作用。在建立物场模型的过程中，有助于弄清物质及场的现状，针对问题挖掘隐性资源。

第二步：挖掘及探究资源。

挖掘就是向纵深获取更多有效的、新颖的、潜在的、有用的资源；探索就是针对资源进行分类，针对系统进行聚集，以问题为中心寻找更深层级的资源及派生资源。

第一，派生资源可以通过改变物质资源的形态而得到：

(1) 改变物质的物理状态（相态之间的变化）：

物理参数的变化：如形状、大小、温度、密度、重量。

机械结构的变化：直接相关（材料、形状、精度）、间接相关（位置、运动）。

(2) 改变物质的化学状态：

物质分解的产物。

燃烧或合成物质的产物。

第二，派生资源可以通过以下规则得到：

(1) 如果按照问题的描述无法直接得到需要的物质粒子，可以通过分解更高一级的结构而得到。

(2) 如果按照问题的描述无法直接得到需要的物质粒子，可以通过构造或者集成更低一级的结构而得到。

(3) 应用规则(1)的最简单方法，是分解最近一级“全部的”或者“过量的”高级物质；应用规则(2)的最简单方法，是完善最近一级“不完整的”结构。

第三步：整合及组合资源。

资源整合是指设计人员对不同资源进行识别与选择、汲取与配置、激活并有机融合，使其具有较强的系统性、适应性、条理性和应用性，并创造出新的资源的一个复杂的动态过程。资源整合包括资源的整理与组合，常采用关联图法，目的就是把资源同问题联系起来。资源组合采用关联图法和矩阵图法，目的就是把同解决问题相关的资源组合起来。

1) 关联图法

关联图用来分析事物之间“原因与结果”、“目的与手段”等复杂关系，它能帮助人们从事物间的逻辑关系中找出解决问题的资源和方法。关联图由圆圈(或方框)和箭头组成，如图 12-9 所示。圆圈内是文字说明，力求简短、内容确切、易于理解；箭头由原因指向结果，由手段指向目的；主要原因(重要资源)及问题用双线圆圈或双线方框表示。

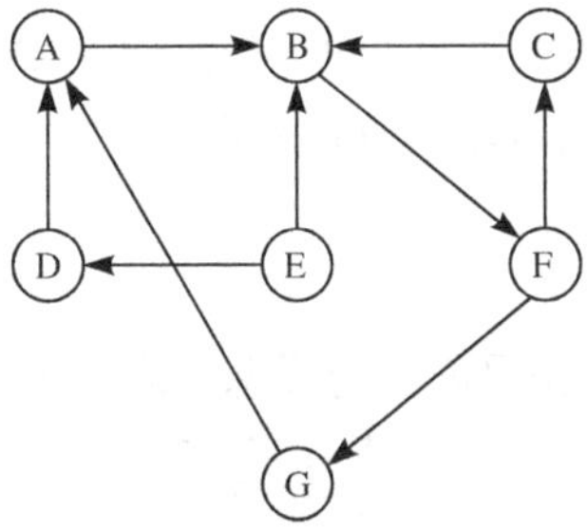

图 12-9　关联图法

关联图法适用于多因素交织在一起的复杂问题的分析和整理，它将众多因素和资源以一种较简单的图形来表示，从而迅速解决问题。其具体绘制方法如下：

(1) 提出认为与问题有关的所有因素或资源。

(2) 用灵活的语言简明扼要地表达它。

(3) 把因素或资源之间的关系用箭头符号做出逻辑上的连接。

(4) 抓住全貌。

(5) 找出重点。

关联图法先把存在的问题和因素转化为短文或语言的形式，再用圆圈(或方框)将它们圈起来，然后再用箭头符号表示其内在关系，借此来进行决策、解决问题。

2) 矩阵图法

矩阵图法是从多维问题的事件中找出成对的因素，排列成矩阵图来分析问题，确定关键点的一种方法，它是一种通过多因素综合思考，探索问题的方法。矩阵图的形式如

图 12-10所示，A 为某一个因素群，a1，a2，a3，a4，…是属于 A 这个因素群的具体因素，将它们排列成行；B 为另一个因素群，b1，b2，b3，b4，…是属于 B 这个因素群的具体因素，将它们排列成列；行和列的交点表示 A 和 B 各因素之间的关系，按照交点上行和列因素是否相关联及其关联程度的大小，可以探索问题的所在和问题的形态，也可以从中得到解决问题的启示。

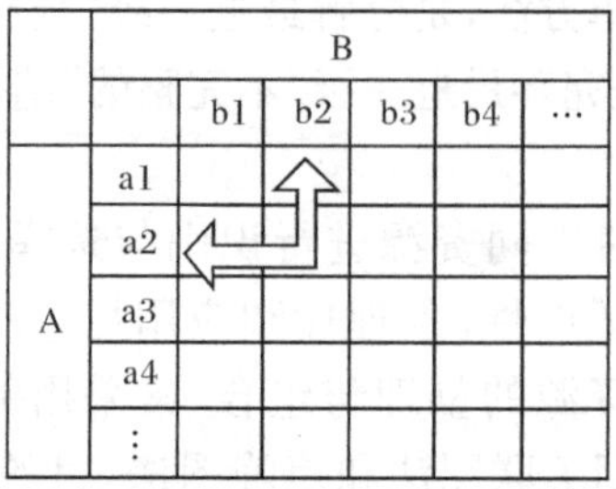

图 12-10　矩阵图

矩阵图的优点在于寻找对应元素的交点很方便，而且不会遗漏，显示对应元素的关系也很清楚。制作矩阵图一般要遵循以下几个步骤：

(1) 列出资源因素；

(2) 把成对资源排列成行和列，表示其对应关系；

(3) 选择合适的矩阵图类型；

(4) 在成对资源交点处表示其关联程度：◎密切、○较密切、△一般、(空格)无关；

(5) 根据关系程度确定问题所需的重点资源；

(6) 针对重点资源做出方案。

第四步：评价及配置资源。

在解决方案的过程中，最佳利用资源的理念与理想度的概念紧密相关。

$$\text{Ideality}=\frac{\text{所有有用功能}}{\text{所有有害功能}+\text{成本}}\rightarrow\infty$$

对于资源的遴选，可以从资源评估(表 12-1)和资源可用性(表 12-2)两个角度评价，从而找出更加适于问题求解、使技术系统理想度更高的资源。

表 12-1　资源评估表

资源评估	
数量	不足
	充分
	无限
质量	有用的
	中性
	有害的

表 12-2 资源可用性表

资源可用性	
对于应用的准备情况	现成的
	派生的(derivative)
	特定的(differential)
范围	操作区域内(in an operative zone)
	操作时段内(in an operative period)
	技术系统内(in the technique)
	子系统中(in subsystems)
	超系统中(in the super-system)
价格	昂贵(expensive)
	便宜(cheap)
	免费(free)

12.5 小　　结

本章介绍了系统功能分析、因果分析和资源分析三种系统化分析工具，在功能分析中，介绍了基于 FAST 功能分析和基于组件功能分析的方法，并通过实例介绍了功能分析的工程应用；在因果分析中，重点介绍了五个“为什么”、鱼骨图分析、失效模式与影响分析三种因果分析方法；在资源分析中，介绍了资源应用的原则、方法和步骤。通过三种系统分析工具的介绍，辅助设计者开展创新设计，提升产品设计能力。

参考文献

曹福全. 2009. 创新方法与思维概论——TRIZ 理论与应用. 哈尔滨：黑龙江教育出版社.

创新方法研究会. 2012. 创新方法教程(初级). 北京：高等教育出版社.

龚京忠，李国喜，邱静，2006. 基于功能-行为-结构的产品概念模块设计研究. 计算机集成制造系统，12(12)：1921-1927.

王子平，冯百侠，徐静珍. 2001. 资源论. 石家庄：河北科学技术出版社.

赵廷弟. 2001. 故障模式影响分析专家系统. 北京航空航天大学学报，25(5)：611-614.

Bytheway C W. 1971. The creative-aspect of FAST diagram. Proc. SAVE Conf. on Advanced Course of Instruction for the Value Engineers.

Otto K N，Wood K L. 2004. 产品设计. 齐春萍，宫晓东，张帆，等译. 北京：电子工业出版社.

Pahl G，Beitz W. 2000. Engineering Design－A Systematic Approach. London：Springer-Verlag.

Suh N P. 1990. The Principle of Design. New York：Oxford University Press.

Suh N P. 2001. Axiomatic Design：Advances and Application. New York：Oxford University Press.

Vermass P E，Dorst K. 2007. On the conceptual framework of John Gero's FBS-Model and the prescriptive aims of design methodology. Design Studies，(28)：133-157.

第13章 系统裁剪

13.1 概　　述

我们小时候看的皮影戏是通过在光源和屏幕之间放置一个可动的图形来得到图像的。

随着技术的向前发展，对光线图像系统进行裁剪，产生了电影，它不使用实际的图形来得到图像，而是通过将可更换的照片图像或者印在透明薄膜上的光学拷贝，放置在光源和屏幕之间得到。

将投影系统中的胶片去掉以后，就可以得到进一步裁剪后的系统，即激光投影仪，它使用激光光束在屏幕上画出图像。这时候承载的已经不是图像的物质上的载体了，而是其电子版本。西门子公司研制的Mini-beamer型手机是一个很有前景的发明。这是一个小小的投影机，真正的掌上投影机，可用于进行即兴式的展示。只需要将房间内的灯光关闭，并用一张白纸当屏幕就可以使用了。

光影图像的进一步发展即投影式电视机，它将光线图像系统中的组件进一步裁剪，把所有的部件都整合在一个壳体内，而通过镜面系统将图像投放到屏幕上(图13-1)。

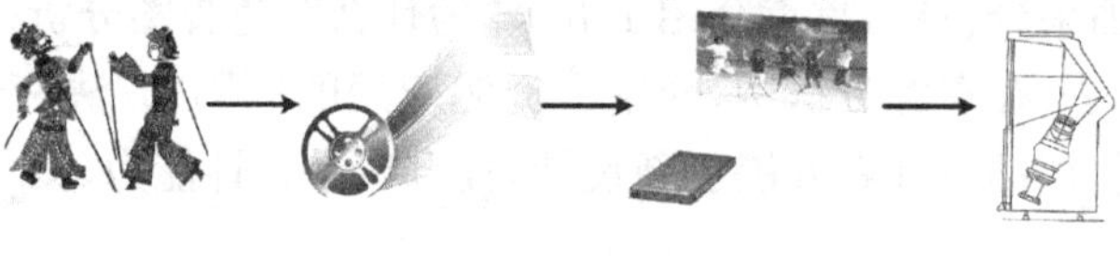

图13-1 “光线图像系统”进化路线

通过“光线图像系统”进化路线，我们可以看出其中一直秉承着这样一条原则，就是应用简单的结构实现强大的功能，那么遵循什么样的方法呢？就是裁剪。

13.2 系统裁剪及方法

13.2.1 裁剪原理及定义

系统裁剪法，顾名思义，就是把系统进行裁剪、修整，使其更加简洁、方便或者提高功效，或者使其更加理想化。在TRIZ理论中，对其这样定义：通过裁剪系统的某个组件，把该组件提供的有用功能重新分配到其他剩余的组件及超系统组件上，来改善技术系统。

裁剪是一种用删除元件来解决问题或改善系统的方法。99%的工程习惯上使用“+”或“换”的方法解决问题，借由将元件添加到现有的系统或替换元件的方式解决问题。系统裁剪法则使用“一”的方法来解决问题，从系统中删除元件以解决问题，而没有任何功能损失。

在实际生产中,生产商往往纠结于是要把产品成本还是把产品功能放在第一位,理想的结果是,鱼和熊掌兼得,既不增加成本,又能保留甚至增加功能。同样的,在技术系统中,理想的功能组件应该是无成本、无消耗,但功能完备(图 13-2)。

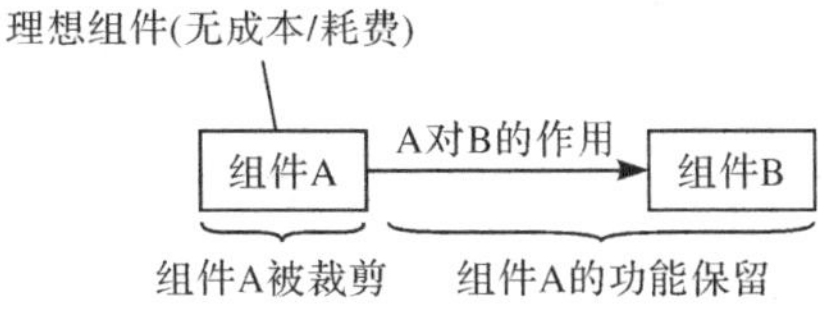

图 13-2 技术系统理想功能组件模型

例如,为了画彩画需要一个复杂的系统,即一整套彩色铅笔。每根木质铅笔都含有某种颜色的笔芯。由于铅笔很多,因此需要一个专门的盒子来储存。为了使系统简化,需要从系统组成中去掉那些没有它们也可以的元素。

例如,拿一个铅笔外壳,将其和多种笔芯配套使用,即一根自动的彩色铅笔。这样的铅笔与单根普通铅笔相比结构要复杂些,但是和一盒铅笔相比,就简单多了。

系统最大程度裁剪的方案将会是有一根多彩笔芯的铅笔。外表上,它与普通的铅笔没有任何区别,但是其笔芯由四到六个不同颜色的小段组成。在绘画时转动铅笔,就可以得到需要的颜色。

裁剪总是在保留其完成有益功能质量的条件下对技术系统进行简化。裁剪的特点在于,在从系统中去掉元素时,需要保证剩下的元素能够完成被裁剪元素的功能。有时候会出现这样的情况,即可以从系统中去掉其所有的元素,同时保证其功能被完成,如通过另外一个在附近工作的系统来完成。这种情况下可以认为,被裁剪掉的系统转换成了所谓的"理想系统"。

裁剪是一个手段,针对的是组件。相对于功能而言,强调的是优化,通过裁剪的方法达到功能优化的目的。系统裁剪的目的如下:

(1) 精简组件数量,降低系统成本;

(2) 优化功能结构,合理布局系统架构;

(3) 体现功能价值,规避竞争对手专利;

(4) 消除过度、有害、重复等功能,提高系统理想化程度。

13.2.2 裁剪对象选择

功能分析建立产品功能模型后,当设计者要开始删除元件时,可利用不同的方法来决定元件的删除顺序,从裁剪工具的角度来说,因果链分析、有害功能分析、成本分析是最重要的方法,因为这三种方法可以最快速达到修剪工具的目的,其他方法可以作为辅助方法帮助其确定裁剪顺序。其中优先删除的元件具有以下特性。

(1) 关键负面因素:由因果链分析可以得知,可直接删除系统最底层的根本有害因素,进而删除其他相关较高阶层的有害因素。因果链分析的主要作用是找出工程系统中最关键的负面因素。其方法为从目标因素往回推找到产生问题的有害因素,直至找到最根本的原因。一般来说,因果链分析一般能找到大量的有害因素,但大部分有害因素都源于几个少数的根本有害因素。根本有害因素排除后其后面的有害因素也就自然而然地被排除。综上所述,因果链分析最重要的目的就是找到最根本的有害因素,其示意图如图13-3 所示。

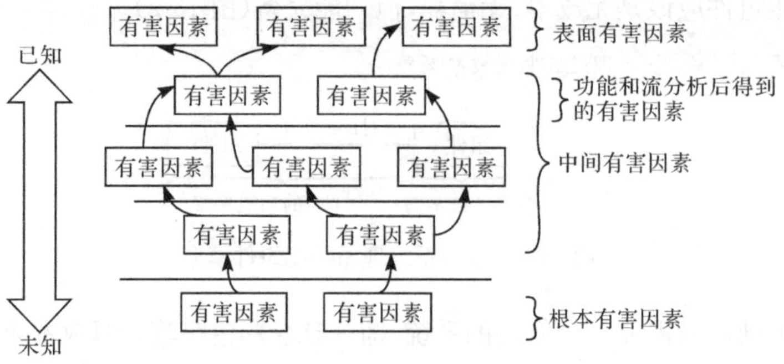

图 13-3　工程系统有害因素链接图

(2) 最低功能价值:经由功能参数分析,可删除功能参数最低的元件;元件的功能价值可以由元件价值分析进行评估。在创新设计软件 TechOptimizer 中,评估功能元件价值的参数有三个:功能等级(function rank)、问题严重性(problem significance)和成本(cost)。若针对产品设计初期进行概念设计,在功能价值评估过程中可以不考虑成本的问题。

(3) 最有害功能:可通过对元件进行有害功能分析得到,可删除系统中有害功能最多的那个元件,增加系统的运作效率。有害功能分析是依据元件的有害功能数量的多少以及有害作用的加权数值来进行的,其中加权者为产品设计人员。

(4) 最昂贵的元件:利用成本分析可删除成本最昂贵且价值不大的元件,这样可以大幅降低系统的制造成本。成本分析是将系统元件的成本做一个比较,成本越高的删除的优先级别就越高。

13.2.3　系统裁剪的实施方法

实施裁剪法工作前,需要构建组件模型,进行组件评价。分析时从功能入手;裁剪时从组件入手。系统裁剪的实施方法有以下四种。

(1) 若没有组件 B,也就不需要组件 A 的作用,那么组件 A 可以裁剪掉,如图 13-4 所示。

图 13-4　系统裁剪的实施方法(1)

例如,盒式助听器,其组件分为主机、导线、耳塞,若没有盒子,把主机的功能放在耳塞里完成,导线也可以被裁剪掉,这样,主机里的电池也可以被裁剪掉,助听器的功能同样也可以完成,而且空间也可大大减小(图 13-5)。

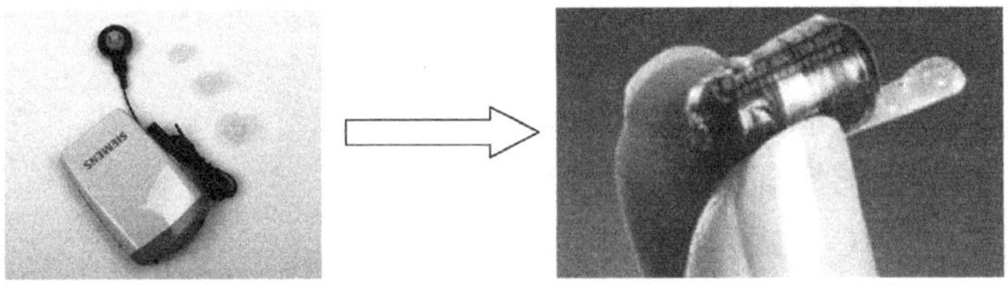

图 13-5　盒式助听器发展成为耳塞式助听器

(2) 组件 B 能自我完成组件 A 的功能，组件 A 可被裁剪掉，如图 13-6 所示。

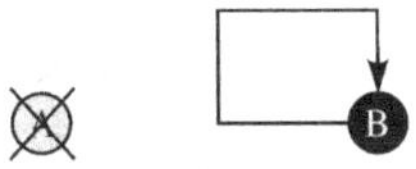

图 13-6　系统裁剪的实施方法(2)

例如，某公司的一个节能减排项目。在发电厂循环水部分，将循环水冷却塔冷却风机里的电动机改为水轮机，利用冷却水回水压力带动水轮机，由水轮机带动风机运行。改造之前，电力带动电机，电机带动风机；改造后，冷却水回水压力带动水轮机，水轮机带动风机，如此，电力部分可被裁剪掉。通过技术改造，每台风机每小时可节约用电 55kW・h，公司每年可节约用电 248 万 kW・h，累计折合标准煤 1003t。

(3) 技术系统或超系统中其他的组件可以完成组件 A 的功能，组件 A 可被裁剪掉，如图 13-7 所示。

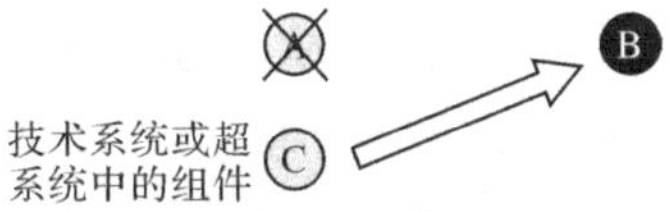

图 13-7　系统裁剪的实施方法(3)

例如，某企业的焦炉煤气发电及余热梯次利用技术研究与示范工程项目。项目中，本来焦炉煤气和余热需要专门的处理系统处理后才可外排。但由于①企业新建的 QD20 燃气轮机发电机组外输电力系统及电厂启动时所用电源由焦化厂电力系统统筹设计；②每年有大约 11296Nm^3/h 的焦炉煤气得不到充分利用。集团利用这部分煤气作为本项目发电的燃料，燃料进入该燃气轮机电站后，经过进一步分离、过滤、加热、增压，达到燃气轮机发电机组的进气要求后，进入燃气轮机发电机组进行发电。

(4) 技术系统的新添组件可以完成组件 A 的功能，如图 13-8 所示。

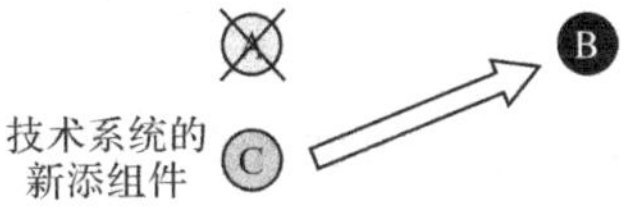

图 13-8　系统裁剪的实施方法(4)

这类方法在实际生活应用中比较广泛也比较常见，如带橡皮的铅笔、太阳能帐篷等。

通过对以上四种实施裁剪方法的观察不难发现，实施裁剪法的关键是：解决裁剪后组件 A 的功能如何完成的问题，是由组件 B、组件 C，还是由超系统组件完成。

裁剪后的功能替代顺序如下：

(1) 组件 B 自我实现组件 A 的功能；

(2) 系统中其他组件能够实现组件 A 的功能；

(3) 超系统组件能够实现组件 A 的功能；

(4) 系统外新组件 C 实现组件 A 的功能。

功能替代的顺序：受体→系统→超系统→新系统。

13.3 基于裁剪的产品创新设计过程模型

根据功能实现效果和途径的不同，裁剪法可分为四类。

第一类：重复功能的整合，裁剪具有重复功能的组件，以实现系统精简的目标；

第二类：有害功能的去除，裁剪具有有害功能的组件，但同时要确保能够正常实现其他功能；

第三类：存在功能即有害有用并存，遇到这种情况，要注意裁剪存在功能的组件时，将其有用功能转移、替代，确保系统能够较好地体现功能；

第四类：功能正常但体现较弱、效率不高或成本较高，这时需要裁剪掉实现功能不够理想的组件，将功能转移到其他组件以确保系统更高效地实现功能，即通过功能优化，追求更理想、更高效地实现功能的系统。

裁剪是一种改进系统的方法，该方法研究每一个功能是否必需，如果必需则研究系统中的其他元件是否可完成该功能，反之则去除不必要的功能及其元件。经过裁剪后的系统更为简化，成本更低，而性能保持不变或更好，裁剪使产品或工艺更趋向于最终理想解。

应用裁剪主要针对已有产品，通过进行功能分析，删除问题功能元件，以完善功能模型。裁剪的结果会得到更加理想的功能模型，也可能产生一些新的问题。对于产生的新问题，可以采用 TRIZ 其他工具来解决。图 13-9 为基于裁剪的产品创新设计过程模型，主要包括以下几步。

步骤 1：选择已有产品。

步骤 2：对选定的产品进行功能分析，建立其功能模型，发现其有害作用、不足作用及过剩作用等小问题。

步骤 3：通过运用裁剪规则分析，确定裁剪顺序。进而进行裁剪，删除该功能元件。

步骤 4：判断裁剪后会产生什么问题。若裁剪后没有产生问题，则接步骤 6，否则接下一步。

步骤 5：分析裁剪后产生的问题，应用 TRIZ(发明原理、效应、标准解等)解决问题，形成创新概念。

步骤 6：判断新设计是否满足要求。若满足要求，则结束流程；否则接步骤 2，进行功能分析，并发现问题。

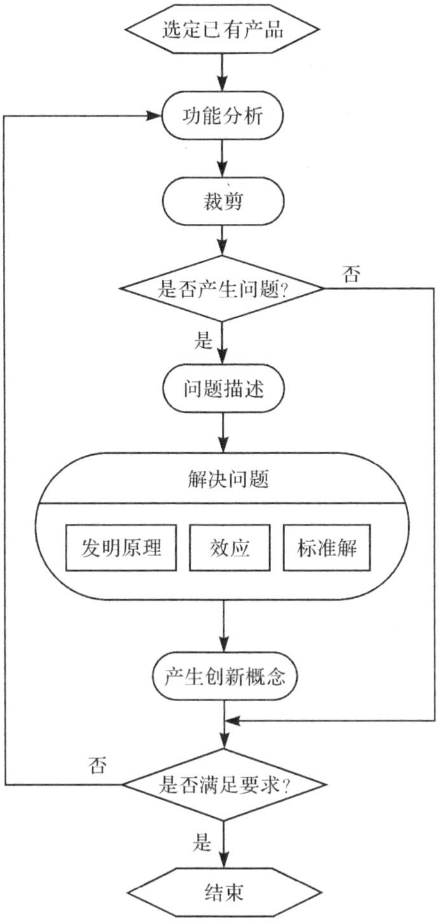

图 13-9　基于裁剪的产品创新设计过程模型

13.4　工程实例

1. 案例一

眼镜是以矫正视力或保护眼睛而制作的简单光学器件，由镜片和镜架组成。

从镜片的功能上讲，它具有调节进入眼睛的光量、增加视力、保护眼睛安全和临床治疗眼病的作用。对屈光异常引起的儿童斜视和伴有头痛的屈光异常患者，配戴眼镜后均可治疗。而眼镜架的功能，除其为镜片配套构成眼镜戴在人的眼睛上起到支架作用外，还具有美容、装饰性。

1）功能分析

对近视眼镜进行功能组件分析，如图 13-10 所示。

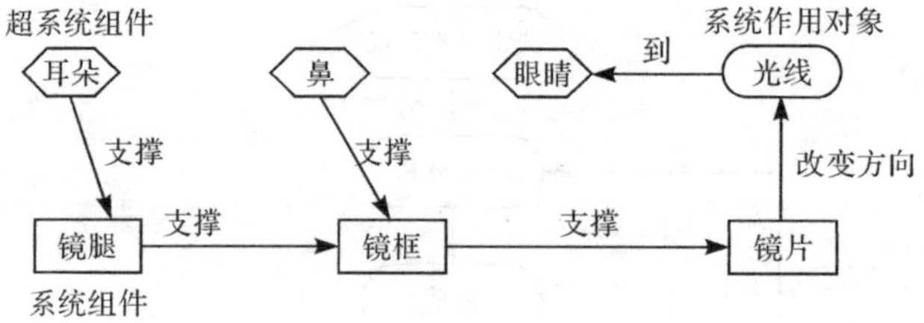

图 13-10　眼镜系统组件模型

在技术系统中，镜腿支撑镜框，镜框支撑镜片，镜片改变超系统中的光线方向，然后折射到超系统中的眼睛从而实现清晰看物的目的。根据每个组件价值列出其功能级别(图 13-11)。

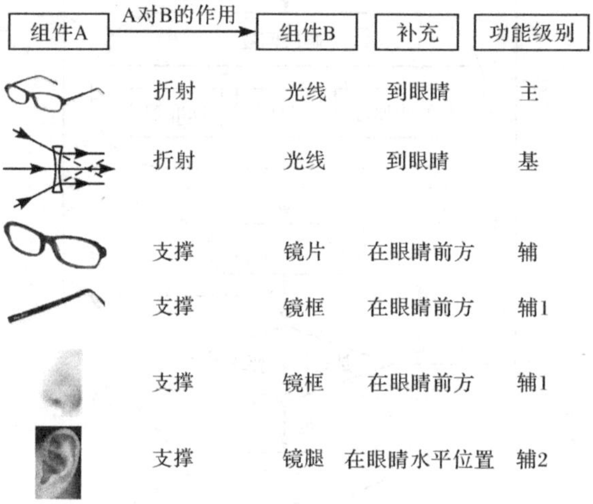

图 13-11　组件价值-功能级别

2）裁剪

(1）系统裁剪 1。

选择价值最低的组件——镜腿，建立理想化的功能模型(图 13-12)，提出问题，寻找解决方案。

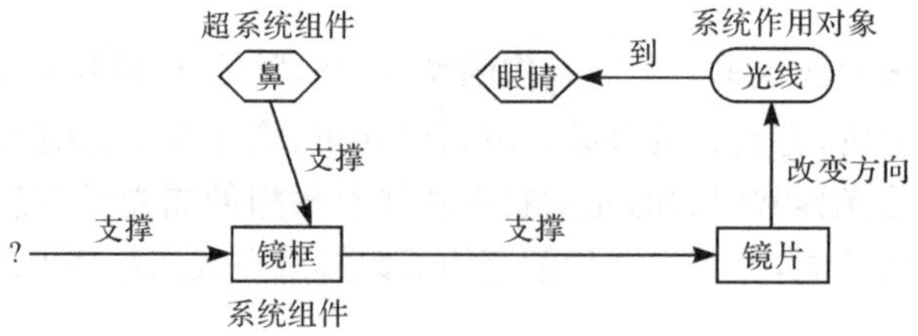

图 13-12　理想化的功能模型

经系统裁剪分析，镜腿的功能是支撑镜框，若符合以下条件，镜腿可被裁剪：

① 没有镜框(因此镜框不需要支撑作用)；

② 镜框自我完成支撑作用；

③ 技术系统中其他组件完成支撑镜框作用——镜片；或超系统组件完成支撑镜框作用——手、眼睛。

很明显，现实生活中这三种情况都已经实现(图 13-13)。

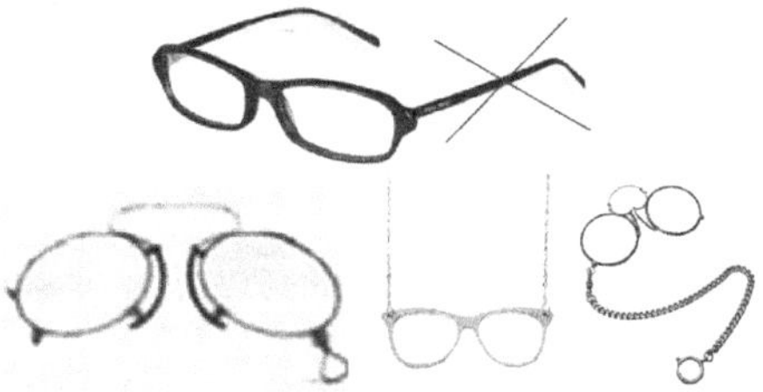

图 13-13　创意眼镜的设计图

(2) 系统裁剪 2。

继续进行系统裁剪分析，价值最低的组件是镜框，建立理想化的功能模型(图 13-14)，提出问题，寻找解决方案。

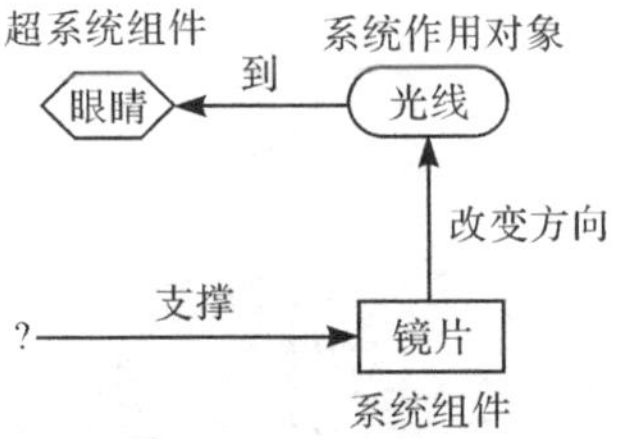

图 13-14　理想化的功能模型

镜框的功能是支撑镜片，若符合以下条件，镜框可被裁剪：

① 没有镜片(因此镜片不需要支撑作用)；

② 自我完成支撑作用；

③ 技术系统中其他组件完成支撑镜片作用，或超系统组件完成支撑镜片作用。

通过分析，可得出解决方案是隐形眼镜(图 13-15)。

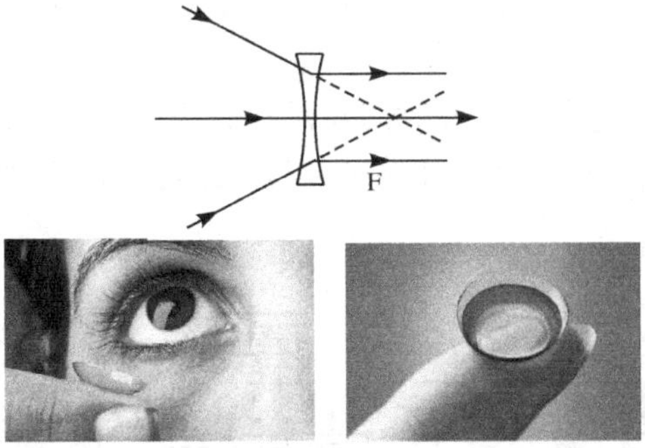

图 13-15　隐形眼镜

(3) 系统裁剪 3。

第三次进行系统裁剪分析，价值最低的组件是镜片，建立理想化的功能模型(图 13-16)，提出问题，寻找解决方案。

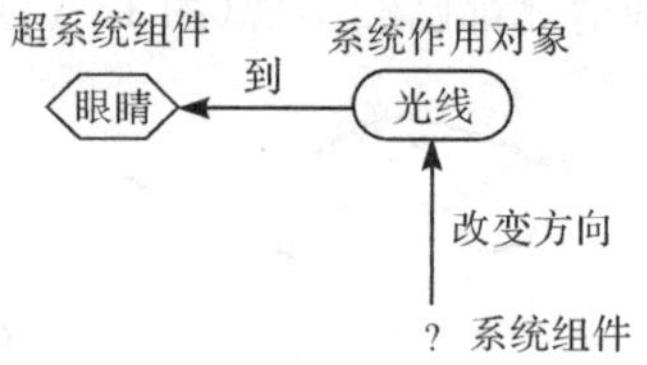

图 13-16　理想化的功能模型

镜片的功能是改变光线的方向，使其进入眼睛。若符合以下条件，镜片可被裁剪：

① 没有镜片(因此镜片不需要改变光线方向)；

② 镜片自我完成改变光线方向；

③ 技术系统中其他组件完成改变光线方向，或超系统组件完成改变光线方向。

通过分析，可得出解决方案是做激光治疗近视眼手术(图 13-17)。

图 13-17　激光治疗近视眼手术

2. 案例二

此案例为某汽车工厂油漆涂布制程遇到的问题，此油漆涂布制程将汽车零件利用吊具放入大储料桶内，经过一段时间后再将涂好油漆的零件吊起，当储料桶内的油漆不足时，储料桶旁的浮球感应器会驱动连杆，连杆再驱动切换器，切换器连接到马达的开关，将马达启动以补充油漆进入储料桶内。

此制程遇到的问题为空气会干燥黏附在浮球感应器上的油漆，使得感应器无法正确测量储料桶内的油漆水位，造成油漆补充过多而溢出，其示意图如图 13-18 所示。

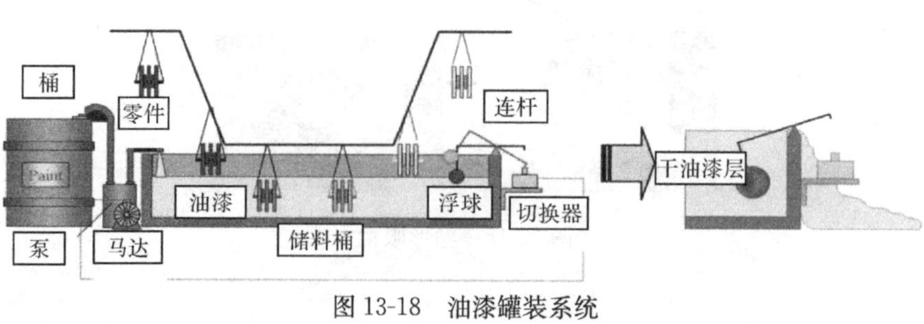

图 13-18　油漆罐装系统

1）功能分析

按照第 12 章建立功能三元件模型的相关内容，确定油漆罐装系统各个作用元件，以及元件间相互作用、作用类型并绘制系统功能模型，如图 13-19 所示。

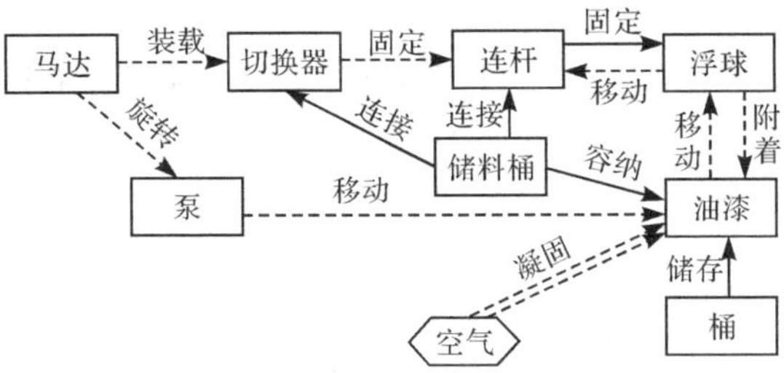

图 13-19　油漆罐装系统功能模型

表 13-1 是油漆罐装系统元件功能汇总，即列出图 13-19 中的所有元件以及元件间相互作用和作用类型，并且把油漆罐装系统中存在的问题，以元件间有用作用、有害作用和不足作用表达出来。

表 13-1　油漆罐装系统元件功能汇总

元件	作用	作用对象	作用类型	是否存在问题
空气	凝固	油漆	有害作用	√
桶	储存	油漆	有用作用	
油漆	移动	浮球	不足作用	√
浮球	移动	连杆	有用作用	
浮球	控制	油漆	有害作用	√
连杆	控制	浮球	有用作用	
连杆	控制	切换器	不足作用	√
储料桶	容纳	油漆	有用作用	
储料桶	连接	连杆	有用作用	
储料桶	连接	切换器	有用作用	
切换器	控制	马达	不足作用	√
马达	转动	泵	不足作用	√
泵	移动	油漆	不足作用	√

2）裁剪

首先确定元件裁剪顺序。由于因果链分析可以找到根本的有害因素，此案例利用因果链分析来决定元件裁剪的优先顺序，分析过程如图 13-20 所示。“空气会干燥油漆，使浮球重量增加”为首先要解决的根本有害因素，根本有害因素对应到系统功能为“固化”，检查功能分析图后发现相对应元件为“空气”，但是空气是超系统，无法删除，因此需找下一个根本有害因素元件。

第二个根本有害因素为"浮球会附着油漆",根本有害因素对应到系统功能为"附着",检查功能分析图后发现对应元件为"浮球",因此第一个可以删除的目标是浮球。

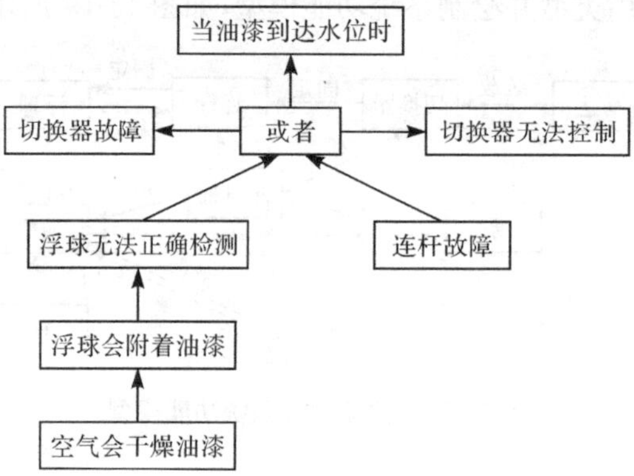

图 13-20　因果链分析

当浮球被裁剪掉以后,浮球的附属装置也失去了原来的作用便一并被剪掉了,裁剪过程如图 13-21 所示。

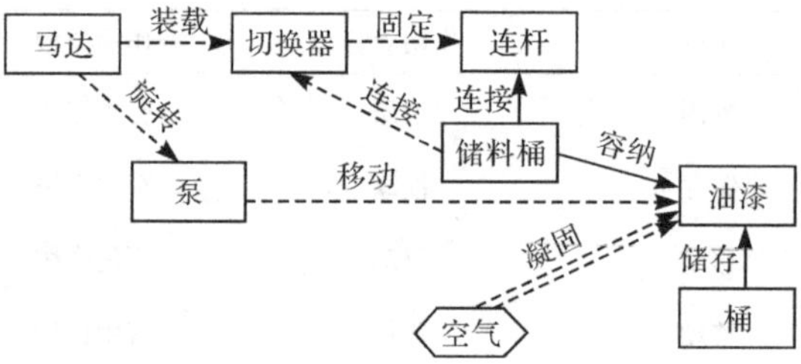

图 13-21　油漆罐装系统裁剪过程

最终裁剪后的功能模型如图 13-22 所示。这时的模型失去了系统中浮球控制油漆液面高度的功能,是个问题模型。

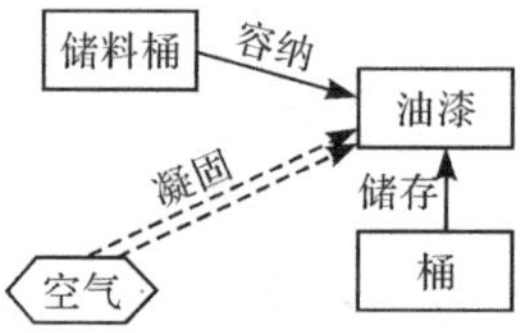

图 13-22　油漆罐装系统裁剪后的问题模型

3）利用 TRIZ 工具解决问题,得到创新解

这时的模型失去了原来浮球控制油漆液面高度的功能,油漆不能随着使用随时供给,是个问题模型。这时需用 TRIZ 语言对问题进行描述,然后用 TRIZ 中解决问题的工具解决问题,完善功能模型。例如,可以采用发明原理来解决这一问题。

问题描述:装置无法自动实时供给油漆。

希望改进的特性:自动化程度。

可能导致恶化的特性:系统的复杂性、可维修性。

查找关系矩阵可以得到的可用发明原理有 35 物理或化学参数变化和 15 动态特性。

如应用物理或化学参数变化发明原理中，改变压力可以联想到物理中 U 形管原理，应用这一原理可以得到解决方案：把油漆桶加高到某一特定位置，当储料桶中油漆被工件消耗，液面降低时桶内油漆表面压力高于储料桶内油漆表面压力，这时油漆会自动从桶中流入储料桶中。

按照这种思路建立的功能模型如图 13-23 所示。

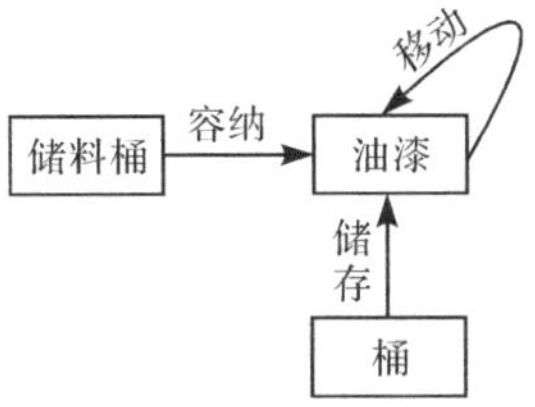

图 13-23　油漆罐装系统最终解决方案功能模型

裁剪工具的应用剪掉了原有油漆罐装系统浮球及其一系列复杂的附属结构，大大简化了系统。结合 TRIZ 解决问题工具解决问题后得到的新模型不但减少了能源消耗，而且方便可靠。最终解决方案系统图如图 13-24 所示。

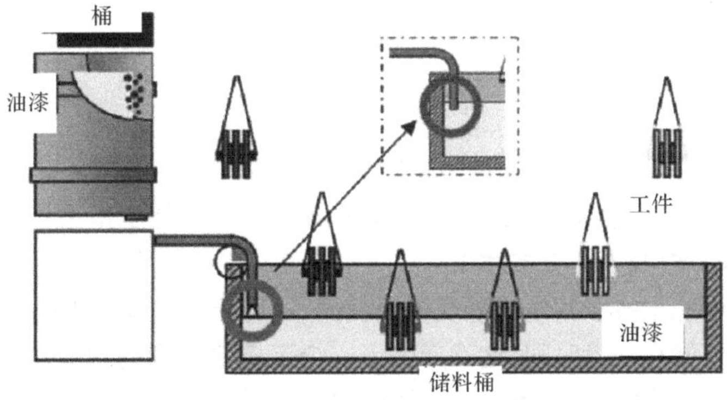

图 13-24　裁剪后解决方案系统图

3. 案例三

几乎每台电冰箱都有一个将水结成冰块的装置。最简单的方式就是使用一个被分隔成很多单元的盒子，在盒子内倒上水，放到冷冻室里去。不久，冰块就做成了，可以将冰块取出放到单独的容器中，再往盒子内倒水继续做冰块。

在很大的、昂贵的冰箱内与在大型制冰机内，制冰的工作原理都是一样的，只是工艺过程是否自动化有所区别而已。一般来说，这样的电冰箱有两个相邻的仓。其中的一个是高且窄的冷冻室，另外一个是冷藏室。制冰装置放在冷冻室内。

制冰机的上面部分放置有普通的栅格式盒子。往盒子里倒上水后，计时器计算冷冻所需要的时间。然后一个特制的带有蜗杆减速器的电机把盒子翻转。顶杆固定在盒子的一边。当盒子几乎朝下时，盒子的另外一边就顶到了专门的凸出部位上。盒子倾斜后，冰块就和其内壁分离，往下脱落，掉到收集器中(图 13-25)。这个过程一直持续到收集装满冰块。

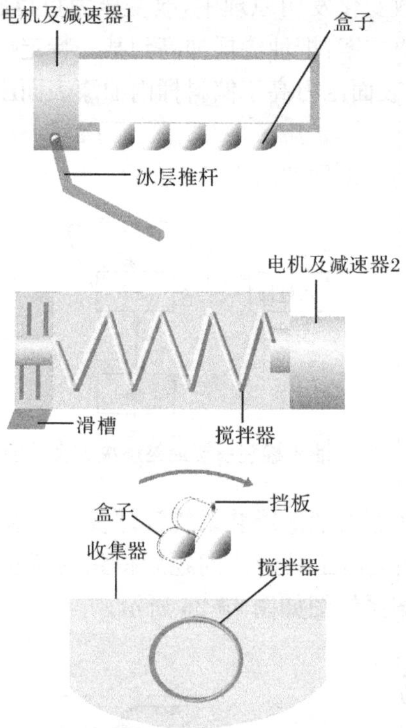

图 13-25　制冰机简图、侧视图和前视图

为了得到冰块，只需要将杯子放到电冰箱门前专门的托板上，并按下推杆即可(图 13-26)。这时在收集器中的棒式搅拌器开始旋转，冰块就撒到下面的杯子里去了。在一些型号的电冰箱内还可以将冰块粉碎，变成冰末。

如果冰块能够完全按照其生产进度被消耗掉，那这个过程就一切正常了。但是，由于生产好的冰块需要储存一段时间，这就产生了一个不希望看到的现象：如果打开冰箱门，则暖热空气就进入冰冻室，收集器内的冰块就很容易融化掉；然后又经过冰冻后，单独的冰块就会被冻成一个大冰块，很难将其分离开来。因此，给出冰块的棒式搅拌器还行使一个很重要的功能。每隔一个小时，一个很大功率的电机驱动的搅拌器就往反方向旋转，将凝固在一起的冰块打碎。这个过程将会伴有很大的振动噪声。这样的生产冰块的“小工厂”在其生产和运营时都很复杂。另外它还占据了冷冻室 1/3 的空间，使内部空间减小。

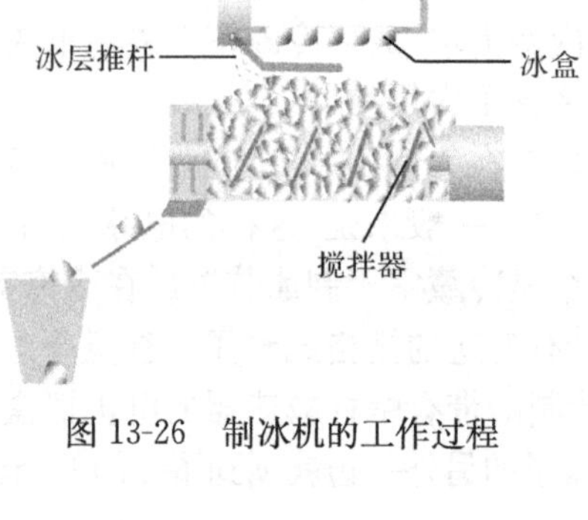

图 13-26　制冰机的工作过程

1）功能分析

建立起制冰机工作过程的功能组件关系图(图 13-27)，并对功能进行分析，在得出与系统内每个元素都有关的、不需要的效应后，可以得知，系统内最昂贵、且“不安分”的组件是冰块收集器。

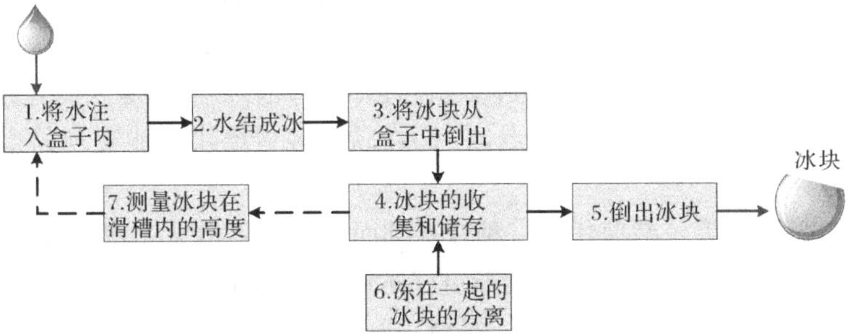

图 13-27　制冰机工作过程的功能组件关系

2）裁剪

分析一下能否通过前面的和后面的一些操作来裁剪工作过程，就可以得出一个看似荒唐的结论：为了消除“周期性地使冻在一起的冰块分离”这一步骤以及执行这一步骤的元素，包括收集器、棒式搅拌器和带减速器的电动机，只要不把冰块从盒子中取出即可。为了使冰块相互之间不冻结在一起，每个冰块应该处在自己的栅格内，就像匣内的子弹一样，直到使用时才被取出。这样就得到一个很简单的、理想化的功能模型图(图 13-28)。

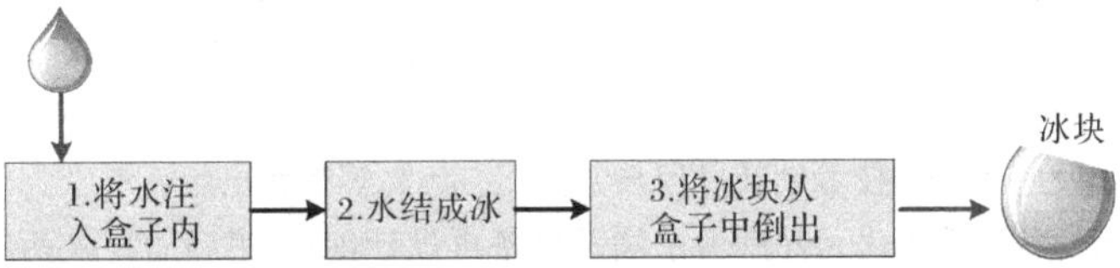

图 13-28　制冰过程的理想化功能模型

这就对冰盒提出了矛盾的要求：它占用的空间应该很小，但是它里面的模具的数量应该很多，以满足用户的需要，在理想的程度上，应该是无穷多。怎样来解决这个矛盾呢？

大家都说，如果想使一个有限的东西具有无限性的性质，就需要将它沿着圆周转动，也就是说，我们需要的不是固定的框架，而是像一个转动的鼓或者子弹带之类的东西。假如把这样的带的两头连接在一起，我们就可以得到栅格式的传输带。于是，我们可以得到 7.3.2 节运用整体思考法得出的类似的方案。由此也可以看出，在产品创新设计中，运用不同的创新思维方法可以得到相同的结果，这正是产品创新设计的魅力所在。

13.5 小 结

在功能分析的基础上运用裁剪方法是提高技术系统理想度的有效途径，也是在企业实施专利战略的过程中进行专利规避的重要手段。根据具体情况，选取不同的裁剪策略，可以删除系统组件，优化技术系统的功能。

结合资源分析方法和功能推理技术，在设计知识库的基础上，深入研究系统组件之间的功能结构关系，这是以后研究的重点，对 CAI 软件裁剪模块功能实现的智能化与自动化有重要意义。

在 TRIZ 理论中，系统裁剪法是一种较基础而实际运用中又极其普遍的一种方法，我们可以通过对系统实施裁剪，让产品功能更好实现的同时体现系统的简洁和完美，让生产商更靠近产品成本和功能共得的梦想。等待 100 年获得顿悟，还是利用这些原理在 15 分钟解决问题？相信答案是不言而喻的。

参考文献

创新方法研究会. 2012. 创新方法教程(高级). 北京：高等教育出版社.

高常青，杨波，吕冰，等. 2011. 基于功能分析的技术系统裁剪方法. 机械设计，4(28)：92-96.

科技部科研条件与财务司，科技部 21 世纪议程管理中心. 2010. 创新方法区域推广应用典型案例汇编. 北京：国家科学技术部.

李会平. 2012. 系统裁剪法在解决实际问题中的应用. 创新科技，1：28-29.

尼古拉·什帕科夫斯基. 2010. 进化树——技术信息分析及新方案的产生. 郭越红，孔晓琴，等译. 北京：中国科学技术出版社.

檀润华. 2010. TRIZ 及应用——技术创新过程与方法. 北京：高等教育出版社.

许栋梁，侯俊亭. 2011. 萃思系统化元件削剪手法及设备再设计创新. 第四届海峡两岸创新方法(TRIZ)研讨会，12：262-278.

姚丙义. 2011. 基于 TRIZ 的专利规避设计方法研究. 天津：河北工业大学硕士学位论文.

第 14 章　支持创新设计的知识及其应用

14.1　概　　述

在创造力模型中，知识和信息都是其关键属性；同时，也是企业员工产生创造力的动力和源泉。而在现实世界中，知识和信息是极其丰富的，对企业而言，真正稀缺的是有效地使用它们的能力，即应用知识产生技术创新的能力。研究表明，提升企业技术创新和产品自主研发能力的关键在于大力提升知识和信息的获取、处理、共享以及运用的能力。因此，本书将面向产品设计过程对设计知识的定义、作用、需求、类型以及产品创新设计中的知识库构建技术进行阐述。在此基础上，将根据不同知识库在产品设计过程中所发挥作用的不同，通过对知识库进行合理的组织与管理，并以产品创新设计的方法为主线，对知识库的应用过程进行阐述。

14.1.1　知识的定义

知识是一个非常广泛、复杂、抽象甚至模糊的概念。从认知论的角度，知识就是认识（意识），这种定义把知识和认识（意识）等同了起来；从本体论的角度，知识是生命物质同非生命物质相互作用所产生的一种特殊资源；从经济学的角度，知识是人类劳动的产品，是具有价值与使用价值的人类劳动产品；从信息论的角度，知识是同类信息的积累，是为有助于实现某种特定的目的而抽象化和一般化了的信息。王众托院士认为：不必刻意追求知识的统一定义，可以从以下几个方面来理解知识的本质。

（1）知识是人类在实践中获得的有关自然、社会、思维现象与本质认识的总结。

（2）信息是知识的载体，其中的一部分需要借助于物质载体才能保存与流通。

（3）从静态来说，知识表现为有一定结构的知识产品；从动态来说，知识是在不断流动中产生、传递与使用的。

14.1.2　知识的作用

知识作为一种产品或者产品的组成部分，也是企业制造过程和销售过程的组成部分，是企业核心能力的体现。知识不仅可以帮助企业提供增值的产品和服务，如新的产品、新的工艺、新的销售模式；还可以以知识产权、知识商品等形式单独提供有价值的资产。

14.1.3　知识的类型

了解知识的分类，有利于把握企业知识资源的分布情况，从而更好地对企业知识进行针对性的管理。不同领域、不同的研究学者从不同的观察角度会产生不同的知识分类方法。

1. 显性知识和隐形知识

Michael Polanyi 教授于 1966 年提出将知识分为显性知识和隐性知识。显性知识就是可利用通用的语言文字记录在一定物质载体上的知识。此类载体包括书籍、报刊、图纸、数据库、书面报告、音像、磁带、磁盘和光盘等。显性知识可通过读书、听课、上网、查数据库等途径来获得，通常能够利用文字、图形、计算机程序等对其进行系统化处理以方便交流、传递或扩散。隐性知识就是人们通过过往的实践而积累的经验、技巧、诀窍和灵感等隐藏在人的大脑内部而未公开的秘密知识，或者说是只可意会难于用语言文字表达的知识。

2. OECD 的知识分类

联合国经济与发展组织(OECD)于 1996 年在其题为《以知识为基础的经济》的报告中把对经济有着重要作用的知识分为了四类，即 know-what(知道是什么的事实知识)、know-why(知道是为什么的原理知识)、know-how(知道是怎样做的技能知识)和 know-who(知道是谁的人际知识)。

(1) 事实知识(know-what)是指关于事实方面的知识和所掌握的基本情况，如世界上有多少种动物、中国有多少个省份、全世界最高的山峰有多少米等，此类知识能很好地辅助各个领域的人员完成相应的设计任务。

(2) 原理知识(know-why)是指产生某些事情的原因以及对事物的客观原理、法则和规律性的科学认识，如能量的转换、人类的来源等。作为经济活动创新的源泉，这类知识往往产生于专业的科研机构，如研究院、大学、企业实验室等。

(3) 技能知识(know-how)是指知道怎样做某件事的方法、技能和诀窍等，属于通常所说的技术范畴。外科医生实施一项手术或者飞行员驾驶飞机都必须运用他们的技能。从事实践工作的人需要这种技能，科学家同样需要相应的技能进行科学研究。

(4) 人际知识(know-who)是指谁知道某事物和谁知道如何做某事的这一方面的知识，因此包含了某种特定的人际关系，以便有可能获得并有效利用其他专家的专业知识、特长或者经验。随着在知识经济活动中分工协作的日趋重要，专家之间、专家与非专家之间的知识交换与共享便需要一个组织或个人具备人际知识(know-who)以便了解其他组织或个人所擅长的知识领域。

3. 机器知识和人类知识

为了更好地将产品设计过程中的知识进行描述和分享，使设计者更容易对知识进行理解，在显性知识和隐性知识的基础上，将产品设计过程中的知识分为机器知识和人类知识两种。人类知识就是个人的技能，不容易被表达、交流、与人分享的知识，如个人能力、理解力、认知、记忆、背景、学习力、经验和反应等。与隐性知识密切相关，其特征和属性很难用编码的方式来表达。人类知识是特殊条件、特殊时间和特殊环境下的个体知识的反应，与个人的教育背景和个体经验相关。由于其特殊性，因而是企业核心竞争力的主要部分和实体部分。机器知识是指可以使用计算机语言或其他方式方便记录和便于编码的知识，这类知识很容易被计算机识别，易于用户交流，如书、记录、视频、手册、专利、标准和程序等。机器知识是指编码知识，与显性知识相关。当然，个人、公司和组织可以在合适的时间以适当的方式方便地分享这类知识。机器知识可以存储在知识库中，方便编码和查询，是企业生存和发展的重要保障。

14.1.4　知识的转化过程

知识的分类标准多种多样，但一切知识的划分不外乎归结于显性知识和隐性知识。知识的转化过程就是显性知识和隐性知识之间相互转化的循环过程，日本学者野中郁次郎指出，显性知识与隐性知识相互间的转换形成了一个不断成长的知识螺旋——SECI(socialization-externalization-combination-international)模型，如图 14-1 所示。企业实施知识工程的过程，就是知识不断地被群体化(socialization)、外部化(externalization)、整合化(combination)、内部化(international)，并被应用于企业的各项活动与创新的过程。

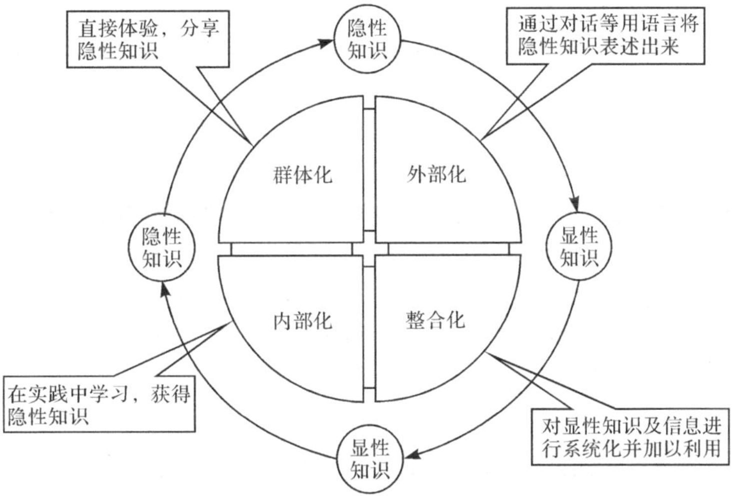

图 14-1　隐性知识和显性知识的 SECI 模型图

1. 群体化

知识的群体化是企业中知识创新的基础，是个体间分享隐性知识的过程，主要反映隐性知识在个体之间快速有效的扩散机制。知识群体化的过程是人类知识传播最古老，也是最有效的模式，如人与人面对面地交流经验、通过模仿和实践获得某种技能。群体化的学习过程可以掌握创新知识和技术核心，大量经验、诀窍和直觉是通过群体化的学习过程获得的。

2. 外部化

知识的外部化是个体头脑中的隐性知识向可共享的显性知识的转化过程。知识的外部化有助于隐性知识的保留和在更大范围的共享，主要反映隐性知识捕获机制。例如，人类将自己的经验、直觉和想象转化为可以用于语言进行描述和表达的内容。知识的外部化阶段是知识传递和转化最关键的环节。在这个阶段，一些隐含的想象与创意，能够通过语言、图表、模型、概念得以表达，并在成员之间传递。知识转换的外部化模式一般被视为创造概念的过程，而这个过程是由对话或集体反思所触发的。

3. 整合化

知识的整合化是一种将零碎的显性知识进一步整理进行系统化的过程。经过群体化和外部化过程形成的显性知识还比较零碎，也没有变成格式化的语言。将这些零碎的知识组合起来，并用专业语言表述出来，就完成了知识整合化的过程。并且，通过整合化，个人的、小组的编码知识融合为组织的集体编码知识，并形成企业内部的组织知识网络，从而能更方便地为更多人共享。其重点是强调信息的采集、组织、管理、分析和传播，并在这一过程中，通过不断的知识聚合产生创新。

4. 内部化

知识的内部化是在知识共享过程中将显性知识通过学习、消化、吸收转化为个人隐性知识的过程。通过知识的内部化可以提高工作效率，压缩知识创新的成本和时间，知识的内部化将编码知识转化为未编码的知识，将经过社会化、外部化、融合而成的知识内化为成员的经验与心得。从显性知识向隐性知识的转化，假如是知识以语言和图表的形式转变成文件、手册或口述故事，对组织将大有裨益。文档化帮助个体将经历的事情内在化，这样就会丰富个人的隐性知识。此外，文件或手册便于使形式知识传递给他人，从而有助于其他人员间接地体会这些经历，即再体验。

知识的转化过程揭示了知识经过产生、认识、融合和沉淀的一个螺旋式往复上升过程，将知识发展轨迹进行了清晰描述，它为企业组织、管理和应用知识提供了理论基础，也是构建企业知识工程实施途径的依据。

14.2 创新设计过程中的知识

由于知识是影响创造力的关键属性之一，将知识应用于企业的产品设计过程中，可以有效地激励设计者产生创造性的思维，实现产品的创新设计，并最终帮助企业获得有利的市场地位。因此，首先需要知道什么是知识、知识的作用以及在创新设计中知识的需求和类型等。

14.2.1 创新设计过程的知识类型

产品设计的不同阶段对知识的需求是不一样的。例如，在需求分析阶段，需要设计原理和发明原理类知识，以对设计方向给予支持。而在产品功能求解阶段，则需要提供实现产品功能的各种原理性知识，从而使产品设计过程摆脱原有设计经验的束缚，跳出专业知识的限制，在更高层次上实现产品的创新设计。在具体结构和方案评价阶段，又需根据具体专业的特点，提供不同领域学科的专业知识和专题知识，并借助多学科优化方法完善具体的设计过程。这些不同的知识类型也可以在设计的不同阶段交替使用，其过程如图14-2 所示。

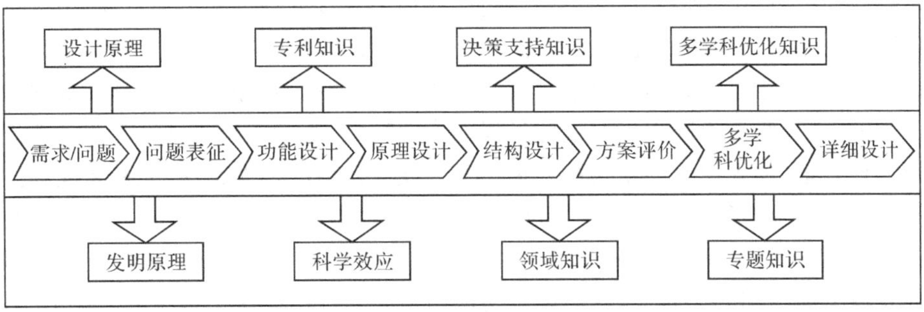

图 14-2　产品创新设计过程与设计知识

结合产品设计各阶段对知识的需求，本书将知识进行了如下分类，目的在于帮助设计人员更好地掌握产品设计过程中的资源分布情况。

(1) 设计原理：关于设计过程的理论和方法，对创新设计过程进行规划，包括设计问题的表征、构建设计问题空间、需求分析、FBS 设计、推理规则等。

(2) 发明原理：关于产品发明创造方法和策略的原理知识，如 TRIZ 理论、进化原理、创造性模板等。

(3) 专利知识：专利中所包含的知识，它们是以实例的形式表现的设计知识集合。

(4) 科学效应：是由某种原因而产生的特定的科学现象，包括物理、化学、几何、生物等效应，它们是由各种基本科学原理组成的。

(5) 决策支持知识：对产品候选方案进行判断和推理的决策知识。

(6) 多学科优化知识：通过充分探索和利用系统中相互作用的协同机制，来设计复杂系统和子系统的方法或算法类知识。

(7) 领域知识：不同专业领域的具体知识，如机械、电子、化学化工、生物等，包括基本工作原理、机构目录、工程标准、计算公式、设计文档、工艺规划、材料性能等。

(8) 专题知识：针对一类复杂产品特有的设计知识，包括某类产品的设计背景、设计方案、装配布局、零部件构形、加工工艺等。针对不同的产品开发需求，各个企业建立的专题知识千差万别，如数控系统专题、洗衣机专题等。

同时，本书将以上各类知识归结为原理类知识、综合类知识和领域类知识。其中，原理类知识是面向产品设计过程的一类知识，包括设计原理、创造发明原理、产品进化原理等，主要的目的是为设计人员提供具有创新性的规律与方法；综合类知识是存在于多个学科中的科学原理及其关系的综合知识，包括科学效应、专利知识、多学科优化知识等，其主要目的是为产品功能的实现提供各种设计策略；领域类知识是不同专业领域内的具体设计知识，主要包括领域知识和专题知识，目的是为各种设计策略的实现过程提供具体的专业支持。

同时，领域类知识和综合类知识又可归纳为事实知识，产品设计的源泉是各种类型的事实知识，统称为设计事实知识，它是设计的对象，同时也是设计的目标。作为以多种形式存在的各种静态事实，它的主要作用是支持设计过程顺利展开。

14.2.2　知识创新属性的提取与表达

产品的设计过程依赖于各方面设计知识和设计者经验的支持。知识具有一定程度的不确定性(尤其是隐性知识),这使得知识属性的描述也具有一定的不确定性。然而,知识本身所产生的不可描述的属性,可以根据产品不同设计阶段的特点,转换和定义为一套数值或语言的描述,通过详细的属性描述或属性值,最终确定知识的属性。本书根据对产品设计过程的分析,结合不同知识对设计过程的支持特点,通过在操作过程中对各类设计资源进行属性提取,将知识的创新属性分别定义为设计知识的物理属性、关系属性和操作属性,并由此建立一种基于知识属性的三层知识表达模型,以进行有效的知识管理,促进知识的共享。其中,物理属性指离散分布于各类专业领域的具体设计数据属性;关系属性指这些设计数据属性间的关联关系;而操作属性则指如何借助这些关系属性构建出的,能够指导具体设计过程的隐性特征。

图 14-3 为产品设计知识表达模型,将设计知识分为三个层次:物理属性层、知识语义层和知识属性层,表示为 KM(知识)=(PT,KC,KT),其中 PT 为物理属性,KC 为知识语义,KT 为知识属性。物理属性层为具体知识结构的物理特征,如文档、图形、动画、视频等,它用数学模型和符号公式等参数化形式表达。知识语义层是在设计领域内,设计者结合特定的操作环境,采用规范化的语义形式描述物理特征,实现具体知识的抽象化表达和创新属性知识的解析。知识属性层则是根据设计过程,抽取知识语义中的功能、行为、结构等创新属性,获得利于产品创新设计活动进行的本质特征。

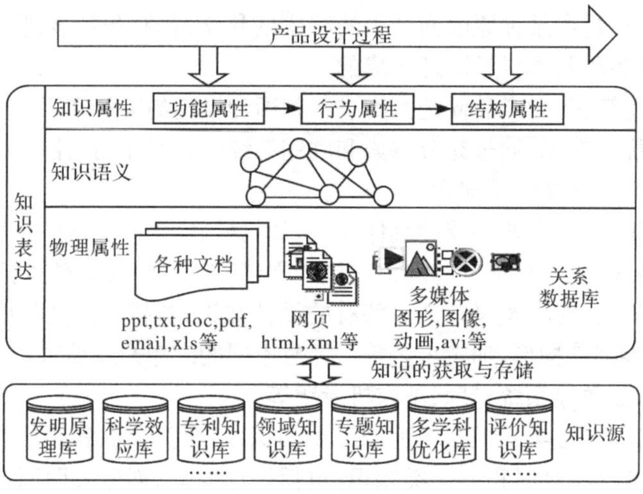

图 14-3　产品设计过程的知识属性提取及构建模型

14.2.3　设计知识的表示方法

知识表示是指如何采用计算机可理解的特定符号来描述知识。知识在人脑中的表示可以是自然语言、图形、符号、公式和图表等。当前主要的知识表示方式包括产生式规则表示、语义网络表示、框架表示、面向对象的表示、基于本体的表示等。

(1) 产生式规则表示。产生式规则的知识表示是历史悠久且易于理解的知识表示方法,通常一个产生式系统包括事实库、规则库、控制策略集三部分。事实库也称综合数据库,用来存放当前已知的,与求解问题有关的各种知识、信息和数据。规则库用来存放针对有关问题的状态变换,所需要的所有规则知识的集合,其一般的形式是

if(条件 1,条件 2,…,条件 m),　then(动作 1,动作 2,…,动作 n)

控制策略集包含了关于如何对规则进行匹配、选择与执行的知识，或称为控制型知识，它决定了问题求解的推理线路。

(2) 语义网络表示。语义网络表示最早在 Quillian 于 1968 年提出的心理学模型中出现。语义网络可以表示为描述事件间关系的、带有标签的有向图，由节点和有向弧组成。其中，节点代表实体，用于表示事物、事件、状态、概念、对象和性质等，通过标签来表明实体的含义；有向弧代表语义关系，如继承关系等，用于表示两个实体之间的某种关系或联系，通过标签来表示关系的语义。这些语义关系不限于 is a(是一个)、has a(有一个)、a member of(是一员)与 is a kind of(是一种)等。

(3) 框架表示。框架表示法是一种关于事物内部结构化描述和事物之间动态关系的描述，最早由 Minsky 于 1975 年提出，作为视觉感知、自然语言理解和其他复杂行为的基础。作为语义网络的扩展，框架由描述事物各个方面的关系(成为槽)组成，每个槽可以有多个侧面，每个侧面又可拥有若干个侧面值。框架的槽名主要用来表示框架的各种属性，而槽的侧面名除用来表示框架属性的各种子属性外，还经常使用默认值、范围、最大值和最小值的描述。槽或其侧面的取值除了可以是空值、数值、字符串、约束值等一般意义上的值之外，还允许是在满足某种条件时需要调用的另一实例框架或需执行的工作和程序。

(4) 面向对象的表示。对象既包括陈述性知识，又包括程序性知识。面向对象的系统由许多相互作用的对象所组成，每个对象可以执行一个或多个任务，并通过消息传递与其他对象进行通信。所谓消息是某个对象执行另一个对象中某个功能操作的构造，是实现对象之间传递数据流和控制流的唯一途径。对象之间的联系方式有三种：继承、聚合和合作。继承关系包括 is a(是一个)和 a kind of(是一种)关系。例如，冲压模是一种模具，前者是后者的子类而继承了后者的所有特征。聚合关系包括 has a(有一个)和 contains (包含)关系，如冲压模包含四个平台，后者构成了前者。合作关系包括了 uses(运用)和 depends on(依靠)关系，如电机依靠电能，后者是前者工作的前提。

(5) 基于本体的表示。本体是对领域实体存在本质的抽象，它强调实体间的关联，并通过多种知识表示元素将这些关联表达和反映出来，这些知识表示元素也被称为元本体。主要包括：①概念：表示领域知识元，包括一般意义上的概念以及任务、功能、策略、行为和过程等，在本体的实现中，概念通常用类来定义，而且通常有一定的分类层次关系。②属性：描述概念的性质，是一个概念区别于其他概念的特征，通常用槽或者类的属性来定义。③关系：表示概念之间的关联，常用的关联有父关系、子关系、相等关系等。④函数：表示一类特殊的关系，如长方形的长和宽唯一决定其面积。⑤公理：概念或者概念之间的关系所满足的公理，如概念乙属于概念甲的范围。⑥实例：表示某个概念类的具体实例。

14.2.4 设计知识的组织方法

在这个科学技术快速发展的时代，知识与信息极其丰富，且呈现出爆炸的趋势。由于知识处于分散、混乱、无序的状态，如果不对这些知识加以组织，企业的员工便无法快速地获取知识，这将会降低企业的发展速度。知识组织的本质是通过揭示知识与知识之间的关系并组织起来，形成一系列有序的、系统的活动。其中，概念是组成知识的基本单元，概念间存在各种逻辑关系。知识组织就是通过一定的技术手段,将知识的概念及其知识之间的关系组织成概念系统的一系列活动。知识组织的方法有多种,包括本体、概念图、主题图、语义词典、语义网络等。其中,本体、概念图和主题图是常见的三种知识组织的方法。

1. 基于本体的知识组织

从本体论的角度出发,知识的组织是对知识建立彼此关联的本体关系,把零散、分离的知识片段,串接成"信息链"和"信息网"。因此,要实现知识的有效组织,就需要建立本体关系库。本体论涉及的概念包括术语(词汇)、关系和规则等。术语是描述某个领域内一个概念的词汇,是知识的"节点"。术语之间的联系或关联称之为"关系",可以是多重的和强制性的。例如,"某人生活在……",就是一个人与其生活所在地之间的关系,就是节点之间的连接。本体论中的"关系"是存在于二者之间关联的集合。关系反映了概念间的约束和联系,它本身也是一个概念,关系之间也可能构成新的关系。

本体论的作用是将错综复杂、游离的信息片段,都按照同义关系和层次关系全部关联在一起,形成有用的信息链和信息网。由于信息之间彼此关联,不再出现断点,故从任何一个信息节点出发,都可以沿着某个路径到达所有其他的信息节点。基于本体论构建创新知识库,有利于进行高效的知识检索与处理,快速获取知识,尤其是具有学科跨度的、意想不到的知识。

某型号产品的虚拟样机设计知识本体由机械、电子、控制和软件四个知识本体部分组成。整个型号产品的虚拟样机设计知识的本体组织模型如图 14-4 所示。

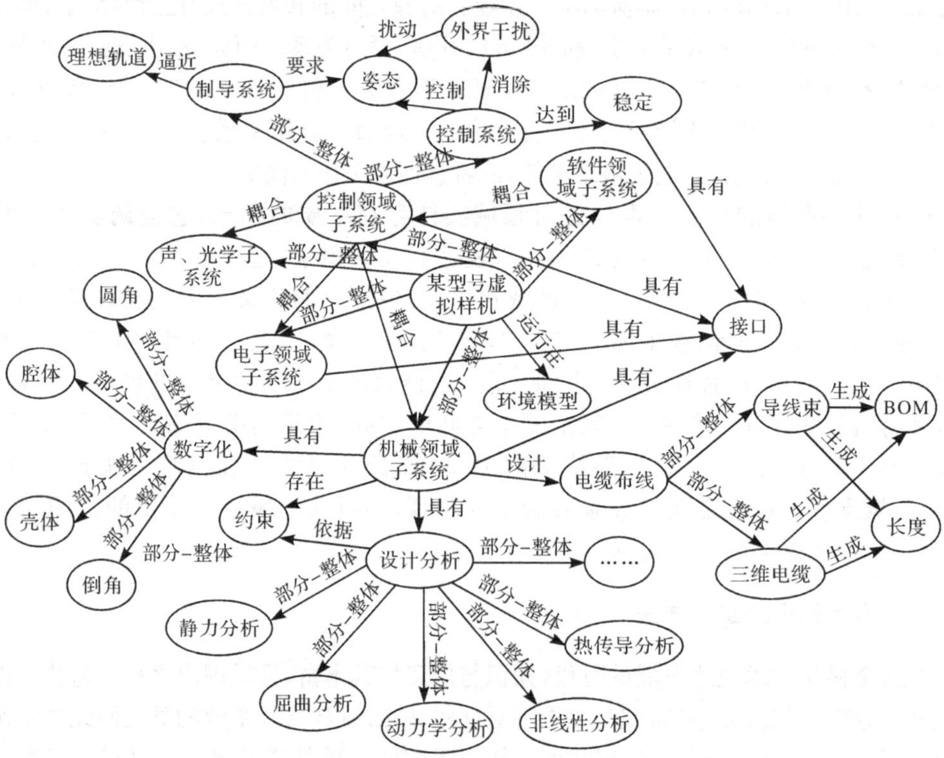

图 14-4 某型号产品的虚拟样机设计知识的本体组织模型

以机械领域子系统本体为例，其主要负责构建产品生命周期内的动、静态模型，具有数字化定义、约束关系建模、设计分析和电缆布线等功能。数字化定义应用参数化方法生成产品的腔体、壳体、倒角及圆角等几何结构模型；约束关系模型内嵌在产品的几何结构模型中；设计分析根据产品的质量和尺寸数据等计算出质心和转动惯量等，并将它们直接作为控制系统的输入参数；电缆布线完成三维电缆设计、导线束的长度计算及 BOM 信息生成等。

2. 基于概念图的知识组织

概念图是利用概念以及概念之间的关系表示和组织结构化知识的一种可视化方法，于 20 世纪 60 年代由美国康奈尔大学 Novak 教授等提出，主要应用于教育学方面。概念图一般由“节点”、“连接”和“连接语”组成。

(1) 节点：由几何图形、图案、文字等表示某个概念，每个节点表示一个概念，一般同一层级的概念用同种符号(图形)表示。例如，在图 14-5 中传动链的概念图中，传动链、齿形链、滚子链、内链板、套筒、滚子、销轴、外链板表示概念图的节点。

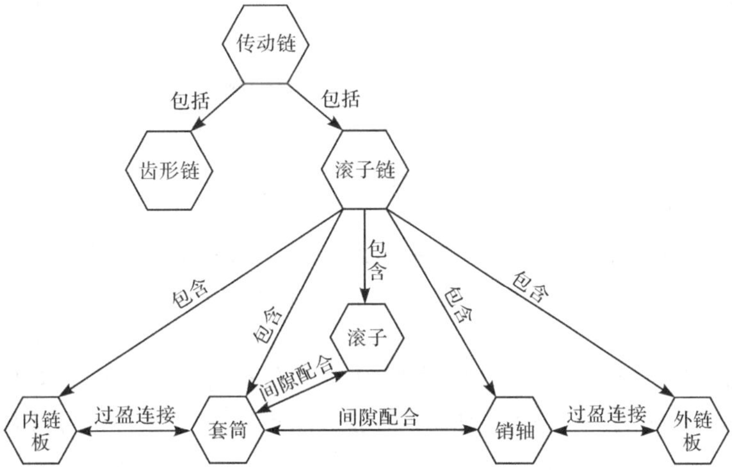

图 14-5　传动链的概念图示例

(2) 连接：表示不同节点间有意义的关系，常用各种形式的线连接不同节点。例如，传动链与齿形链、滚子链之间的关系为包括关系，内链板和套筒之间是过盈连接关系、套筒和滚子之间为间隙配合关系等。

(3) 连接语：可以是表示不同节点概念间的关系，也可以是对节点概念的详细阐述，还可以是对整幅图的有关说明。连接语一般标在节点与节点之间的连接线上，如包含、包括、过盈连接、间隙配合等。

概念图广泛运用于各个领域，如知识表征的应用、协同与组织沟通的应用、在教育方面的应用、教学设计的应用和训练上的应用。

3. 基于主题图的知识组织

主题图是一种新兴的知识组织和知识表示工具，它是以图形方式来展示某一资源库的知识结构。它是一种用于描述信息资源知识结构的数据格式,可以用来定义某一主题概念所在的资源位置,也可以用来表示主题概念间的相互联系。主题图实际在信息资源的上层构建了一个结构化的语义网,它独立于技术平台,用来描述主题之间的关系及主题与具体资源之间的联系。通过揭示主题概念之间的关系,将用户指引到相关的资源。主题图的结构包括主题、关联、事件三个主要要素,以及知识层、信息/资源层两个层次。

(1) 主题:可以是人们能够描述出来的任何事情,如具体的人或物,或抽象的概念等。主题可以被分为多个主题类型,并可以作为一项特殊的索引,方便用户快速地浏览整个知识结构。例如,在图 14-6 中,超声波(声波)、无损检测(工程技术)、切割技术(工程技术)、机械振动(物体状态)为不同类型的主题。

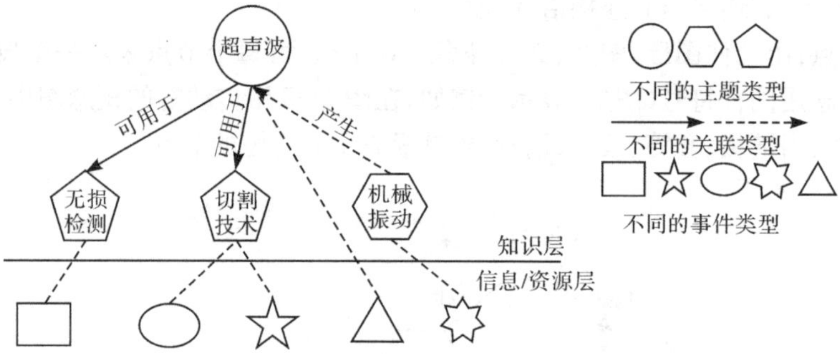

图 14-6　超声波主题图示例

(2) 关联:是用来描述主题之间关系的要素,有不同的关联类型,在主题图中起语义作用的关键要素。例如,“可用于”是超声波与工程技术之间的关系;“产生”是机械振动和超声波之间的关系等。

(3) 事件:是与主题相关的一切信息资源,它以任意的形式存在,如文本、视频和图表等,存在于信息/资源层中。一个主题可以连接多个事件,一个事件也可以关联多个主题。

台湾飞资得公司利用主题图技术,以用户的需求为出发点,通过进行元数据分析,构建了公司的数据库资源中心。飞资得公司主题图中所包含的主题有产品、代理商、主题、类型、服务等各种不同的主题,并列出各主题之中的关联,如产品与代理商、产品与主题、产品与类型等各种不同的关联性,并可以直接链接到该代理商的网页或产品说明网页,提供最新的信息。

14.3　支持产品创新设计的知识库

知识库是知识工程中结构化、易操作、易利用和有组织的知识集群,是针对某一(或某些)领域问题求解的需要,采用某种(或若干)知识表示方式在计算机存储器中存储、组织、管理和使用的互相联系的知识集合。知识库能使企业设计人员在产品设计过程中,便利地对知识进行搜索、存取、编辑和修改。目前,已有的计算机辅助创新软件中都包含了知识库及大量知识,如 Goldfire Innovator 软件中包含有科学效应库、实例库、专利库、专利网站、个人知识库和企业知识库;Innovation WorkBench (IWB)软件中包含科学效应库、实例库和一些专利网站；CREAX Innovator Suite 软件包含有专利库、专利网站和功能库(creax 网站)；Pro/Innovator 软件包括实例库、科学效应库和专利查询；Invention Tool 软件包含有科学效应库、进化库和冲突数据库。本书根据产品设计过程各阶段对知识需求的不同，分别建立包括发明原理实例库、科学效应库、专利知识库、领域知识库、专题知识库和多学科优化库等多个知识库，在产品设计的不同阶段为设计人员提供合适的设计知识支持。

14.3.1 发明原理实例库

TRIZ 理论中提供的 40 条发明原理都是较为抽象的一些普适性原理，如果借助这些原理进行具体工程设计，还需尽可能多地将这些原理的具体实现实例和过程提供给设计人员，以便辅助设计人员更好的创新。发明原理实例库主要通过提供具体的实例对抽象的发明原理进行解释，激励设计人员产生形象的设计思维，从而将抽象的发明原理转化为具体的设计方案。每条实例知识都包括了背景描述、问题描述、方案描述(包括思维引导和解决方案两部分)、发明原理、优势分析、参考信息和相关知识七部分。

(1) 背景描述：描述实例知识所涉及领域的发展状况，使设计者了解相关的信息，更全面地对实例知识进行了解。

(2) 问题描述：主要描述该领域现存的问题，在 TRIZ 理论中，创新设计的过程是解决问题的过程，通过对问题的描述可以辅助设计者对设计问题进行清晰地理解，从而更好地激励设计者产生创造性思维。

(3) 方案描述：描述从问题思考、思维启发到应用发明原理解决问题的过程。其中，思维引导：根据现存的问题，结合发明原理，引导设计者的思考方向；解决方案：描述该问题的具体解决过程。

(4) 发明原理：描述实例方案中的冲突及采用的发明原理。

(5) 优势分析：分析应用该实例解决方案的优势所在。

(6) 参考信息：介绍该实例知识的来源，设计者可以根据参考信息了解更详细的实例信息。

(7) 相关知识：与该实例知识相关的其他知识，如专利知识、领域知识等，通过链接的形式供设计者参考。

例 14-1 补偿平衡式缠丝机。

【背景描述】 缠丝机是生产大型预应力钢筒混凝土输水管的主要设备，主要用于长距离高压力的输水工程中。

【问题描述】 目前国内同类设备通常采用差速法。缺点是：缠丝过程中如果需要停车，由于机械惯性，两台电机无法做到同步停车。如果绕丝电机停车快于放丝电机，应力出现松弛；反之会拉断钢丝。由于机械响应速度慢，要保持应力不变缠丝速度不能太快；能耗大。

【方案描述】 ①思维引导：为了避免这些缺点，应当怎样设计缠丝机；②解决方案：设计一种补偿平衡式缠丝机，其工作原理是在旋转台上设置导引盘，钢丝从放丝轮出来先在导引盘上绕 4～5 圈后，再缠绕到所需缠丝的水泥管芯上。其中所述导引盘缠丝部分的外径比所需缠丝的水泥管芯小 20～80mm。

采用缠绕部分的外径比所需缠丝的水泥管芯略小的引导盘，使补偿轮在钢丝伸长补偿架上的移动距离缩短，进而缠丝机的占地面积减少，如图 14-7 所示。

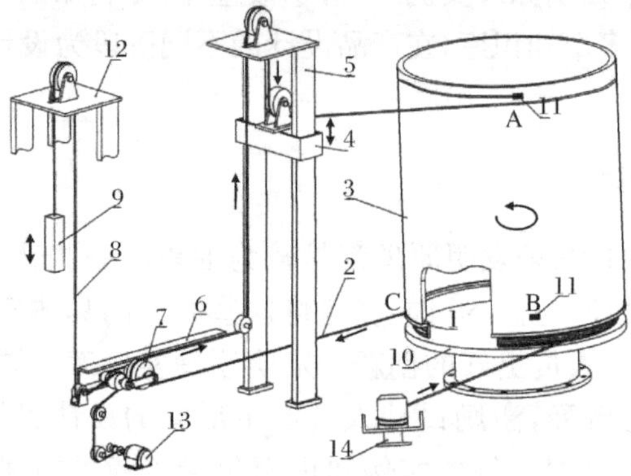

图 14-7　发明原理实例库示例

【发明原理】

改进参数——27-可靠性。

恶化参数——9-速度。

发明原理——补偿原理。

【优势分析】　能解决同类设备在缠丝过程中停车时出现的应力波动；能解决大口径管缠丝速度慢、能耗高的问题；能解决目前国内缠丝管径不够大的问题。

【参考信息】

专利名称：补偿平衡式缠丝机。

公开号：1541928。

14.3.2　科学效应库

科学效应是普遍存在于各领域的特定科学现象，包括物理、化学、几何、生物等效应。产品研发人员在进行产品创新设计的过程中，采用不同的科学效应作为产品的实现原理，可以获得截然不同的产品形式，如搅拌式、超声波、等离子洗衣机等。到目前为止，研究人员已经总结了 1 万多个效应，但常用的只有 1400 多个。研究表明，工程师单靠自身掌握的效应是有限的，而对于普通的技术人员而言，认识并掌握各个工程领域的效应也是比较困难的。因此，建立科学效应库为新产品开发提供更多原理，对激励设计人员开展创新性设计活动具有重要意义。

每个效应需要在一定的外因下才能产生作用，而且可以实现一定的功能。本书将科学效应按照其实现的功能进行分类，如图 14-8 所示。在科学效应库中，顶层的功能是比较一般的、抽象的，以功能动词表示。按基本的功能动词与基本的物质、能量组合，自上而下逐层分解每一类功能。按照这样的分类方式，可帮助设计者便利地对科学效应知识进行查询，从而打破专业知识的限制，使设计创新成为可能。

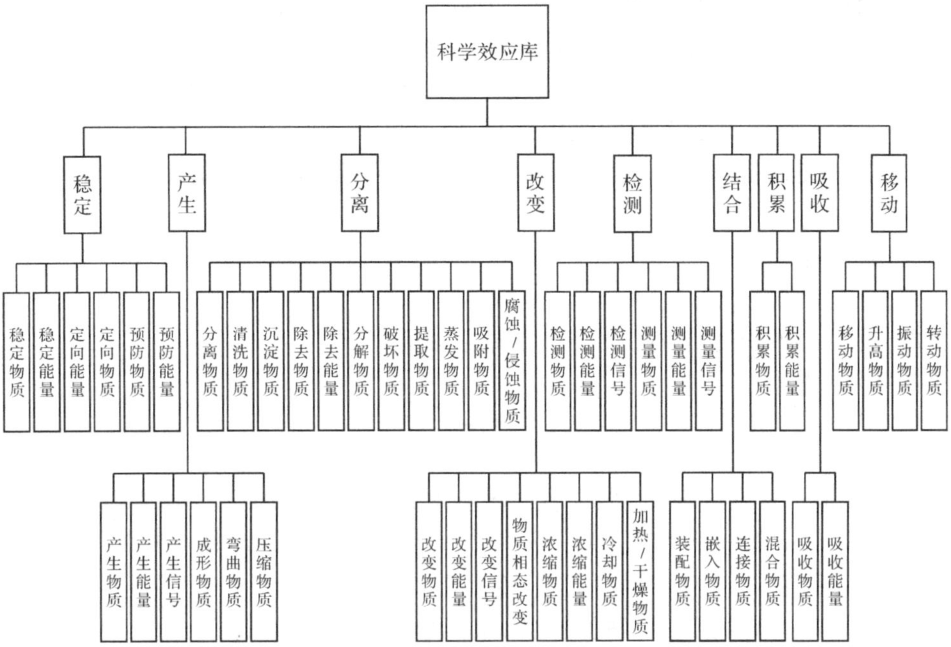

图 14-8　科学效应库的知识分类

在科学效应库中，主要用文字来描述效应的基本内容，用动画来展现效应表示的原理和结构。科学效应主要由效应描述、应用条件、计算公式、参考数据、功能属性、参考信息六个部分组成。

(1) 效应描述：效应的基本描述，帮助设计者对知识进行大致的了解与掌握。

(2) 应用条件：效应应用的前提条件，设计者可由此判断该效应是否满足其设计需求。

(3) 计算公式：效应公式以及参数约束条件。

(4) 参考数据：效应参数的相关数据。

(5) 功能属性：效应实现的功能。

(6) 参考信息：效应的来源，由此可了解更多的相关效应知识。

例 14-2　核磁共振。

【效应描述】 线圈在物质上产生交流磁场。当交流磁场频率在无线电频率范围内改变时，物质不能吸收磁场能量。但是当另一强直流磁场作用于物质时，该物质开始以磁场的共振频率吸收交流磁场能量。这种效应称为核磁共振，如图 14-9 所示。在交流磁场中，物质原子核处于基态能级。交流磁场量子不足以激发原子核，因为基态能级的能量与最近能级的能量相差 1MeV。从而物质不能吸收交流磁场的能量。

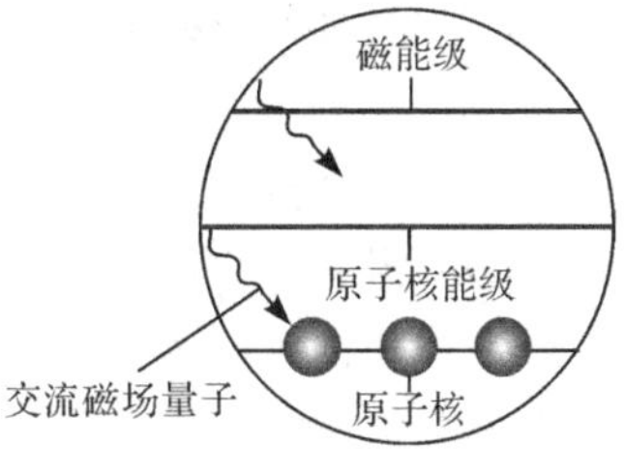

图 14-9　科学效应库示例

原子核具有磁矩。当直流磁场作用于物质时，磁矩与直流磁场相互作用，从而产生原子核非零磁能。根据量子力学，核磁矩在磁场线方向(或其他任何方向)上的投影可假定为一组固定值。因此，磁场能可假定为数个离散值，基态能级也可分化为数个(等矩)磁能级。大部分原子核会跃迁回基态磁能级并释放一些能量，因此原子热能略微增加。当交流磁场处于某一频率时，交流磁场的每个量子具有的能量等于普朗克常量的倍数。当量子能量等于两磁能级之差时，原子核就会吸收量子，并跃迁到最近的磁能级。相应的交流磁场频率称为共振频率。因此，直流磁场使物质共振吸收交流磁场的能量。

【应用条件】

(1) 交流磁场频率应在无线电频率的范围内；

(2) 最大交流磁场强度应远小于直流磁场强度。

【计算公式】

$$f_0=\frac{G\pi e\mu_0 H}{M}$$

式中，f_0 为物质在直流磁场中吸收交流磁场能量的共振频率；G 为与物质类型相关的经验系数；$\pi=3.14$；e 为电子电荷，$e=1.60\times10^{-19}$C；μ_0 为真空磁导率，$\mu_0=1.26\times10^{-6}$H/m；H 为直流磁场强度，A/m；M 为物质原子核质量。

注：①该公式假定物质由一种原子组成；②经验系数 G 被称为原子核的朗德因子。

限制条件：$0<f_0<H$。

【功能属性】 吸收>吸收能量>吸收磁场。

【参考信息】

Slichter C P. 1990. Principles of Magnetic Resonance. Berlin: Springer-Verlag.

Taicher G, et al. 2000. Nuclear magnetic resonance apparatus and method. U. S. Patent 6118272.

14.3.3 专利知识库

专利作为世界上最大的知识载体，它能及时反映新技术、新方案和新工艺以及各领域的最新研究成果，有效利用专利知识对产品进行创新设计有着非常重要的作用，主要包括：

(1) 专利众多且来源广泛，使用专利知识可以帮助设计者跳出思维定势，打破设计禁忌，实现知识的迁移创新。

(2) 专利可以促进产品功能向功能实现原理的转化，产生发明原理解。

(3) 专利知识库为设计者提供专利实例参考，避免了在应用 TRIZ 创新方法中单靠个人经验得到特定解的弊端，提高了设计效率。

专利知识由问题描述、方案描述、功能属性、发明原理、所属学科、参考信息、相关知识七个部分组成。

(1) 问题描述：从专利说明书中提取出的现有技术遇到的问题以及解决该问题时出现的冲突。

(2) 方案描述：专利发明创新部分采用的方法和主要技术手段。

(3) 功能属性：从专利中提取的功能属性，采用通用功能基的形式进行表达。

(4) 发明原理：对提出的问题进行分析确定冲突，得到 TRIZ 中的物理冲突、技术冲突或者物质-场参数。将专利发明创新部分以及实施方法和内容等采用的解决问题的方法抽取出来，并使用 TRIZ 发明原理的形式进行表达。

(5) 所属学科：专利所属学科，方便设计者了解各个知识库之间的链接。

(6) 参考信息：专利文献的来源、出处，以及一些索引信息。

(7) 相关知识：与专利知识相关的其他知识，如科学效应等。

例 14-3　一种偏心轮夹紧装置。

【问题描述】　摇臂钻床钻曲轴轴颈上钻油孔夹具，应用较多的是偏心轮或旋转夹紧机构。偏心轮夹紧机构优点是加工操作方便、夹紧迅速，缺点是夹紧力较小、夹紧行程较短；旋转夹紧机构虽然结构简单、夹紧可靠、通用性好，但夹紧动作慢、劳动强度大。

【方案描述】　压板支柱穿过销轴与设有开槽的偏心轮铰链，通过转动压紧支柱支撑的偏心轮，利用偏心轮的偏心作用压紧推动压板，压板绕环形螺钉支撑的铰链销转动，上部压紧或松开零件，如图 14-10 所示。

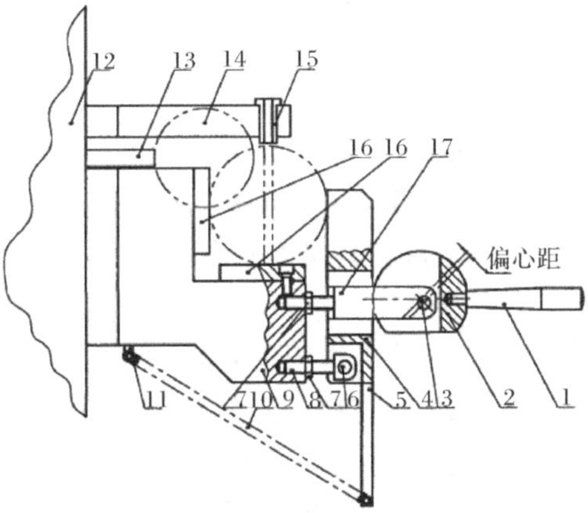

图 14-10　专利知识库示例

【功能属性】　吸收＞吸收能量＞吸收磁场。

【发明原理】

改进参数——28-测试精度。

恶化参数——38-自动化程度。

发明原理——5-合并。

【参考信息】

专利类型：发明专利。

发明人：宋文友、于秋明等。

申请日期：2008-08-15。

申请号：200810139168.5。

主分类号：B23Q3/06(2006.01)I。

申请号：200810139168。

链接：http://www.soopat.com/patent/200810 139168。

【相关知识】　机械紧固效应、摩擦焊接效应、黏着效应。

14.3.4 领域知识库

领域知识库是实现科学效应的具体方法和载体知识，包含了不同领域(如机械、电子、化学化工、生物等)的具体设计知识，如产品结构知识、基本工作原理、机构目录、工程标准、计算公式、设计文档、工艺规划、材料性能等。

在领域知识库中，领域知识的表示由问题描述、工作原理、功能属性、优势分析、应用实例、所属领域、参考信息、相关知识八个部分组成：

(1) 问题描述：对设计方法或者产品机构的概念进行大致的描述。

(2) 工作原理：设计原理或者产品机构工作原理的展示。

(3) 功能属性：领域知识所能实现的产品功能。

(4) 优势分析：设计方法或者机构的优缺点分析。

(5) 应用实例：领域知识的具体应用实例。

(6) 所属领域：在特定知识领域内具体的分类属性。

(7) 参考信息：领域知识的来源和出处。

(8) 相关知识：与领域知识相关的其他知识，包括科学效应和专利知识等。

例 14-4 压力铸造。

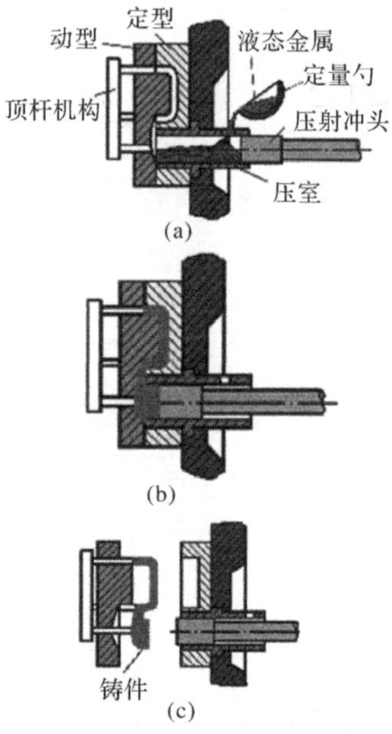

图 14-11 领域知识库示例

【问题描述】 压力铸造是在高压作用下，使液态或半液态金属以较高的速度充填压铸型(压铸模具)型腔，并在压力下成型和凝固而获得铸件的方法。

【工作原理】 主要结构：压射冲头、压室、定型、动型、型腔和浇道型腔等，如图 14-11 所示。工作原理：液态金属被浇注在压室中，压射冲头将液态金属压入定型和动型形成的型腔中，待液态金属冷却后动型移开，冲头将铸件顶出，进入下一个浇注循环。

【功能属性】 调控＞改变参数＞改变变形参数。

【优势分析】 与其他铸造方法相比，压铸有以下三个方面的优点：

(1) 产品质量好，铸件尺寸精度高，表面光洁度好，强度和硬度较高，互换性好，可压铸薄壁复杂的铸件。

(2) 生产效率高，压铸型寿命长，易实现机械化和自动化。

(3) 经济效果优良：由于压铸件尺寸精确，表面光洁等优点，一般不再进行机械加工而直接使用。

【应用实例】 目前压力铸造应用于大批量生产中，铸件材料以锌合金、铝合金、镁合金及铜合金为主，铸件为中小型薄壁铸件，形状可以比较复杂，有时用于钢铁铸件。

【所属领域】 材料＞金属液态成形＞特种铸造。

【参考信息】

百度百科. 2012. 压力铸造. http://baike.baidu.com/view/1250646.htm.

刘志明，王平原，李杰. 2010. 压力铸造技术与应用. 天津：天津大学出版社.

【相关知识】 一种真空压力铸造机(专利号:200920269858):

http://zhuanli.baidu.com/pages/sipo/20092026/98/228ca72f9fe2db87501577b83c27b63d 0.html。

14.3.5 专题知识库

专题知识库为设计者提供了某一类产品的设计资源,其目的是将与该产品开发中已存在的各种技术、资料和经验进行有效整理,为同类产品快速开发提供相关设计信息。专题知识主要包括某类产品的设计背景、设计方案、装配布局、零部件结构、加工工艺等。

针对专题知识的特点,为了便于对专题知识进行检索及重用,有效的方法就是将专题知识进行分解,即将一个复杂的设计任务分解成一系列相对不同层次上的子任务进行描述。将产品具体的设计知识分为整机类、部件类、零件类三级不同层次,根据具体设计任务的不同提取所需专题知识。专题知识采用设计目录的形式进行组织与管理。专题知识的具体内容包括背景描述、基本构成、功能属性、技术资源和优势分析五个部分。

(1) 背景描述:在设计过程中必须考虑的产品的背景、目前发展现状以及用户需求等。

(2) 基本构成:主要描述装置的基本组成部分及其结构的构成形式。

(3) 功能属性:专题知识所能实现的功能,实现专题知识库的功能检索方式。

(4) 技术资源:产品设计过程中所涉及的设计方法、设计规则以及设计参数等。

(5) 优势分析:所描述产品零部件的优势。

例 14-5 压力机装模高度机械锁紧装置。

【背景描述】 目前,传统的装模高度机械锁紧装置主要包括连杆和球头螺杆,连杆内设有内螺纹,与球头螺杆上端的外螺纹相啮合,可通过锁紧螺母将连杆和球头螺杆锁死,实际使用过程中,经常会出现锁紧不牢靠;特别是高速冲床,因较高频率冲击和机床振动,球头螺杆更容易发生旋转,而引起下死点的变化,影响机床加工精度。

针对传统装模高度机械锁紧装置可靠性差,不能有效保证滑块下死点精度的技术问题,提供一种易加工、易装配、精度保持性好的压力机装模高度机械锁紧装置。

【基本构成】 1-连杆,2-压盖,3-锁紧套,4-球头螺杆,5-螺钉,6-调节孔,如图 14-12 所示。

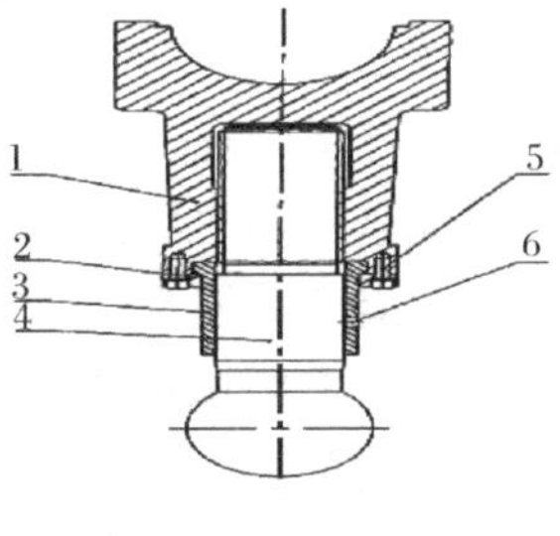

图 14-12 专题知识库示例

【功能属性】 稳定>稳定几何参数>稳定位置。

【技术资源】 如图所示,一种压力机装模高度机械锁紧装置,包括连杆 1 和球头螺杆 4,连杆 1 内设有内螺纹,与球头螺杆 4 上端的外螺纹相啮合;在球头螺杆 4 上并位于连杆 1 下侧设有锁紧套 3,锁紧套 3 上的内螺纹与球头螺杆 4 上的外螺纹相啮合,锁紧套 3 贴靠在连杆 1 下端,球头螺杆 4 上套装有将锁紧套 3 紧压在连杆 1 上的压盖 2,压盖 2 与连杆 1 之间经螺钉 5 相连接;连杆 1 上的内螺纹与锁紧套 3 上的内螺纹的螺距不相等。所述连杆 1 上的内螺纹为右旋梯形螺纹,其承载力好,锁紧套 3 上的内螺纹为左旋细牙螺纹,以便于作微小的调节;为方便调节，可在调节套的侧面设置调节孔 6。调整装模高度时，松开压盖 2，在调节孔 6 中插入调节工具，可转动锁紧套 3，使锁紧套 3 和连杆 1 分开，从而可通过转动球头螺杆 4，改变球头螺杆 4 和连杆 1 之间的轴向位置关系，达到装模高度调节的目的；调节后，反向转动锁紧套 3，使其再次贴靠在连杆 1 端部，然后将压盖 2 用螺钉 5 压紧即可。

【优势分析】 本装置在球头螺杆上设有不等螺距的两段螺纹，使得在压盖将锁紧套和连杆压紧后，球头螺杆不能转动，与现有技术相比，该装置构思巧妙，结构简单明了，加工、装配方便，下死点精度高，且能长期保持其高精度，不易松动，可提高压力机的可靠性。

14.4 设计知识的搜索

要想设计出具有创意的产品，设计人员必须具备正确应用各类知识资源的方法，即知识的搜索及推理方式。这里所说的知识搜索及推理方式与知识简单重用的含义有所不同，它是以克服设计人员思维惯性，提高设计人员创新能力为目标的知识应用方法。例如，以往的知识搜索技术通常是设计人员根据设计需求，在已有设计经验和文档中查找相似求解策略，创新层次一般不会摆脱本领域知识的限制。而将设计需求进行抽象，借助抽象概念间的相关性和创新思维引导策略，则可能在其他学科中搜索解决该问题更高创新层次的实现途径。本书把创新问题分为解决现有产品冲突、开发全新产品、开发产品附加功能和开发产品形态四种类型，并采用策略化的创新方法分别给予支持。同时，针对不同创新问题在设计阶段对设计知识的不同需求，采用基于发明原理、知识地图和设计规则的三种知识搜索策略，对不同类型的设计知识进行推理。

14.4.1 基于发明原理的搜索策略

企业的产品设计人员在进行产品设计时，常常需要提高现有产品或系统的性能，解决现有产品或系统中影响主要功能的问题，朝着理想化的目标前进。这类产品创新设计中，所要设计的产品是已经存在的，但由于产品中存在问题缺陷或者存在改进的空间，因此需要将产品的性能进一步提升或将成本进一步降低。由于这类设计问题往往针对的是某种具体的技术问题，所以采用的策略是解决最小化问题，解决系统中的冲突，对系统仅作渐进式改进。其中，利用发明原理实例库和专利知识库，结合 TRIZ 理论中的冲突矩阵，是实现此类产品创新设计较好的策略之一。

基于发明原理搜索策略是通过对已有产品的技术系统进行分析，确定系统的冲突，抽取冲突的冲突参数，借助冲突矩阵得到相应的发明原理。通过发明原理直接搜索发明原理实例库和专利库知识，可得到实现该发明原理的具体实例以及相应专利。借助这些实例，辅助设计人员形成针对冲突的具体解决方案，如图 14-13 所示，该知识搜索策略主要应用于产品的完善设计方面，通过知识库提供的工程实例，帮助设计人员获得特定的解。

例 14-6　当前水面浮杂物的污染日益严重，水上垃圾、水藻等浮杂物使水资源丧失其利用价值，同时还危害周围居民的身体健康。而目前在小型水域中多使用自制网兜进行人工打捞，费时费力且效率较低，在有些危险水域无法作业。然而，针对大型水域开发的打捞装置需要对船体进行改造，在船头设置专门放置清洁装置的开口，因此价格昂贵，

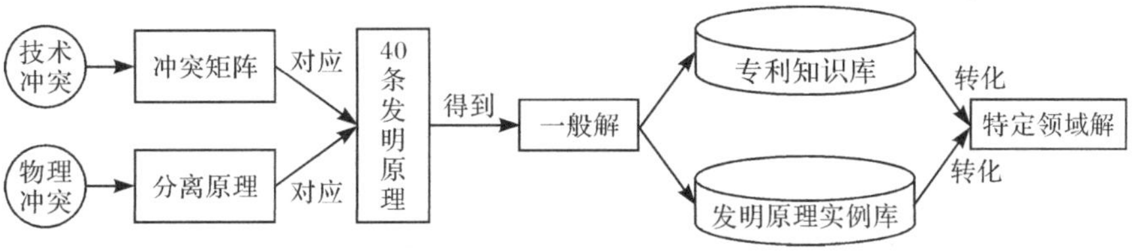

图 14-13　基于发明原理搜索策略

不便推广。于是需要设计一款成本较低、且绿色环保的能够收集水面漂浮垃圾的装置。

通过分析并采用最小化策略，将改进的参数定义为：38-自动化程度；将恶化的参数定义为：32-可制造性。通过冲突矩阵，获得的发明原理有 1-分割、26-复制、13-反向作用。通过查看对相关原理的解释：1-分割原理：把一个物体分成相互独立的部分，提高物体的可分性；26-复制：用简单、廉价的复制品代替复杂、高价、易损、不易获得的物体；13-反向作用。用与原来相反的动作达到相同的目的。这些 TRIZ 发明原理均可以提供解决问题的思路，而原理 1-分割是最为简单的方法，通过搜索专利知识库，查看相关的实例，在专利知识库获得使用分割发明原理的专利有：一种分体式空气压缩机（1945015）、微波单折叠滤波器（1414656）、一种组合夹具（1078187）等。受到专利 1945015（一种分体式空气压缩机）的启发，将压缩机与储气筒分割形成可移动空气压缩机，将收集装置抽取出来，设计成单独的打捞装置，与船体分离。利用传送带上设置撮箕的结构来实现收集垃圾的目的，并在撮箕打孔形成滤网来滤水。参考专利 92228092（水面清扫船），在椭圆形清扫船前部设置吸水口，借助于船体运动使水面漂浮物进入船体，经网兜过滤后水流通过螺旋桨流出实现收集垃圾的结构信息，选用 V 形滤网，船体在运动过程中利用水面浮杂物与船体的相对运动使其积累在船头 V 形滤网开口的底部，通过传送带将收集的垃圾运至船体，最终实现打捞水面漂浮垃圾的目的，其实物图如 14-14 所示。

图 14-14　水上清洁车实物图

14.4.2　基于知识地图的搜索策略

企业为了开拓全新的产品市场，通常需要设计一种全新的产品，这种产品在市场上并不存在，或者虽然存在，但是现有产品的主要功能改进已达到极限，需要利用新技术、新方法设计出新一代的产品来代替现有产品。此类设计问题需要跳出现有产品系统，思考设计最终的目的是什么，是否有其他方法和技术可以更好地达到此目的。实现这类产品设计问题的策略之一就是对产品系统的工作原理进行改变，利用功能模型、科学效应库、领域知识库，结合功能—行为—结构的设计方法，辅助设计人员对知识进行快速地搜索，迅速产生多种解决方案，并从这些方案中选出最优解，如图 14-15 所示。

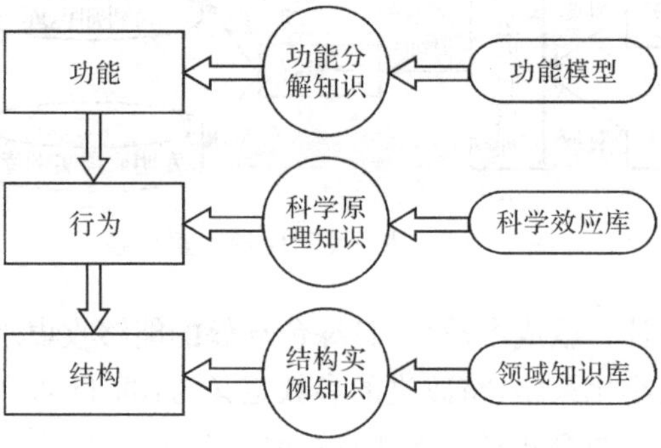

图 14-15　基于知识地图搜索策略

知识地图通过对知识概念和知识关联进行切实的表述和分类，以实现概念知识的搜索和导航功能，使设计人员快速找到他们所需要的知识点，然后重新返回到相关的知识源。通过建立知识库的知识地图，就可以通过“语义入口”进行概念搜索，使设计人员定位于与他们的利益相关的信息，该搜索策略主要应用于全新产品的设计，通过将问题解决空间进行扩大化，搜索多种原理以满足产品功能。

例如，电子显微镜是根据电子光学原理，用电子束和电子透镜代替光束和光学透镜，使物质的细微结构在非常高的放大倍数下成像的仪器。细微研究复杂物体时，电子显微镜需要极高的精度(在微米之内)，这就需要很精确地调整细微间隙。用于光学显微镜上的机械旋钮无法满足这种要求，其主要原因在于精密机械零件制造复杂、成本昂贵，且高精密度的旋钮非常容易磨损，精度易受影响。客户需要容易操作、精确度高，且物美价廉的产品。

根据上述分析，机械旋钮装置的改进已经达到极限，因此怎样实现微量移动物体这一功能是关键。通过查找科学效应库，可以得到实现移动物体这一功能的科学效应有：磁致伸缩、电致伸缩、形状记忆效应、热膨胀、铁磁性、电磁感应等物理效应，这些效应所描述的科学原理均可以调整细微间隙。以金属热膨胀效应为例，通过旋转与镜头相连的微米螺旋实现在较大范围内移动镜头，而通过使用电流加热螺旋，使螺旋轴膨胀，产生微动位移。当然，电流预先已经受到精确控制，这样就可以提供很小的间隙，更精确、更可靠地控制显微镜的镜头。通过科学效应库获得的是实现功能的原理，为了寻求满足原理的结构，通过搜索领域知识库可以得到实现热膨胀的物理结构，如热膨胀坐标测量装置、热膨胀电极位移点焊质量监控装置等。设计者可将这些结构实例改进的知识，应用到显微镜的设计中，图 14-16 为某企业设计的金属热膨胀显微镜。

图 14-16　金属热膨胀显微镜

14.4.3　基于设计规则的搜索策略

企业为了能够在竞争中取得有利的地位，需要快速、高质量、低成本地研发出新的产品，以满足不断变化的市场需要。因此，大多数企业在产品设计时，选择了保持原有产品的基本原理和结构特征，只改变其中的参数或对结构进行局部调整；或者是保持现有产品的主要功能不变，着重于产品次要功能的开发和改进，从而快速实现产品的更新换代，保持产品在市场上的竞争优势。实现此类产品设计，可利用产品设计的专题知识库，结合变型设计的原理，采用实例推理的方式对专题知识进行检索，通过对设计知识的重用、改进，从而实现产品的局部创新设计，如图 14-17 所示。

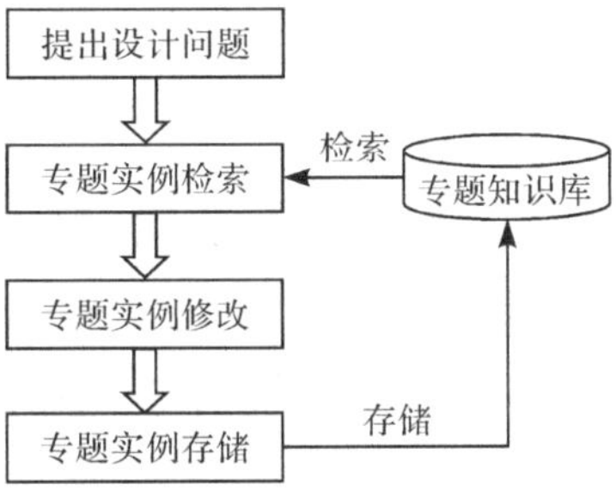

图 14-17　基于设计规则搜索策略

基于规则的知识搜索技术主要是辅助产品设计人员，主动去寻找自己在业务设计过程中需要的设计知识。这种知识搜索技术将用于设计的后续阶段——详细设计过程，这一阶段设计方案已经确定，只需要根据各具体部件的设计规则进行完善。知识库系统可以通过建立标准部件库，根据系统查询提示得到相应的设计结果。该知识搜索策略主要应用于产品的改进设计。

例如，某汽车企业设计制造的发动机存在功率低下的问题，于是对发动机进行了相应的分析：由于发动机是靠可燃气体和空气的混合燃烧来运动的，如果发动机得不到足够的新鲜空气，那么可燃气体就不会充分燃烧，造成的结果就是燃油经济性变差，发动机功率下降。由于现代发动机的转速很高，通常可以达到每分钟 4500 转以上，完成一个工作循环只需要 0.027 秒左右的时间，因此该企业发动机采用的两气门已经无法胜任在这么短时间内的换气任务，从而限制了发动机性能的提高。解决的办法是扩大气体的进出空间，用较大的空间来赢得时间。

根据以上分析，采用多气门技术是解决该问题的较好途径，即每个汽缸的气门数超过 2 个。通过实例相似度匹配对专题知识库进行检索，可得到 2 进 1 出、2 进 2 出、3 进 2 出等气门排列形式的发动机专题设计实例及其参数。通过查看分析各种气门排列形式发动机的设计实例，并得出为当前四气门应用较为广泛的结论。查看 2 进 2 出的四气门发动机的专题知识可知，进气道的形状和布置应当有助于进气，并可使吸入的空气在燃烧室内形成涡流，因此，在一个中央喷嘴架周围有两个进气门和两个排气门，喷嘴在中央垂直位置，再加上当中的活塞凹腔，燃油就会均匀地进入燃烧室，如图 14-18(a)所示。同时，气门的布置形式如图 14-18(b)所示，即每个汽缸的每个凸轮轴驱动一个进气门和一个排气门。

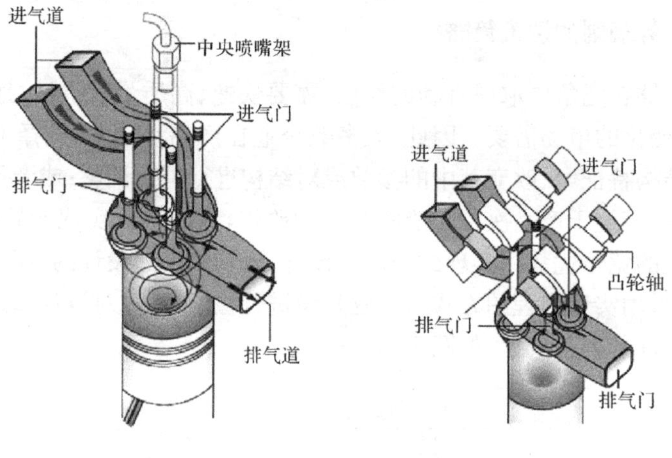

(a)　　(b)

图 14-18　四气门在发动机中的布置

通过利用该原理,并对其参数进行相应的修改,从而对产品进行改进设计,实现局部创新。最后,将修改后的产品设计过程以设计实例和参数的形式保存在专题知识库中,为以后的产品设计提供更多的知识资源。

14.5　小　　结

企业为了可持续地向前发展,在市场中占据有利地位,就需要不断地实现企业产品的更新换代。然而,产品创新的成败关键在于设计人员是否有效掌握并利用了设计知识,为此需要将产品创新设计中所需的知识进行整理、分类并加以组织管理,形成产品创新设计的知识库,从而为设计者提供满足其需求的产品创新设计的知识资源。本书针对设计者不同的设计目标,将知识库放置于不同类型的产品设计中,展示了知识库的实际应用过程。

参 考 文 献

董益亮. 2003. 基于知识的产品变型设计技术及其实例化研究. 重庆:重庆大学博士学位论文.

管益忻. 2000. 培育、强化企业核心能力亟待划清的 10 个界限. 中国工业经济,(9):5-11.

潘辛平. 2001. 互联网、知识管理及企业再造——金融企业核心竞争力的培养. IT 经理世界,5(5):78-81.

施荣明. 2009. 知识工程与创新. 北京:航空工业出版社.

王智明,杨旭,平海涛. 2006. 知识工程及专家系统. 北京:化学工业出版社.

王众托. 2004. 知识系统工程. 北京:科学出版社.

朱淑枝. 2009. 企业知识管理实务. 北京:清华大学出版社.

Bono E. 1992. Serious Creativity: Using the Power of Lateral Thinking to Creative New Ideas. London: Harper Collins Publishers.

Sternberg R J, Lubart T I. 1991. An investment theory of creativity and its development. Human Development,(34):1-32.

Sternberg R J, Lubart T I. 1992. Buy low and sell high: An investment approach to creativity. Current Directions in Psychological Science,1(1): 1-5.

第 15 章　计算机辅助产品创新工具

15.1　概　　述

产品的设计过程包括了许多复杂推理及决策过程，目前 CAX 软件在产品的分析、计算、绘图和仿真等方面发挥了很大作用，但是它们着重解决产品方案形成之后即详细设计阶段的过程，对前期需求分析和概念设计的支持不足。

在概念设计期间，产品各要素处于一种抽象、模糊的离散状态，这种状态使得设计的可塑性及自由度较大，给设计师提供了一个广阔的设计空间，从而使得概念设计成为产品开发过程中最具创造性的阶段，也是最困难和复杂的阶段。这就意味着设计者在构思新产品概念时需要更多的跨学科的知识结构、更复杂的技术支撑和更完善的创新理论。显然，仅靠设计者本身很难获得高水平的创新成果，还需要有优秀的计算机辅助产品创新设计系统的支持。

近年来，随着计算机技术及创新技术的不断发展，出现了很多以 TRIZ 理论为基础的计算机辅助创新软件，如 IMC 公司开发的计算机辅助创新软件 Goldfire、亿维讯科技公司开发的 Pro/Innovator、Ideation International 公司开发的 Innovation Workbench (IWB)。其中，IMC 公司开发的 Goldfire 在国内外不断掀起创新浪潮，如著名的福特汽车公司、惠普公司等均采用该软件解决他们在工程技术中遇到的创新难题。最近几年亿维讯公司的 Pro/Innovator 也发展迅速，使用其产品的很多国内公司或重大项目从中受益匪浅。随着国内改革开放的深入发展，众多企业和科研院所也投入资源进行计算机辅助创新软件研究，如河北工业大学、四川大学、华中科技大学等。表 15-1 列出了国内外常见的创新软件。

表 15-1　国内外常用软件介绍

序号	软件名称	所属公司	功能特征
1	Goldfire	美国 Invention Machine	包括 4 个模块：优化工作平台、研究者平台、创新趋势分析和创新知识库
2	Innovation Workbench	美国 Ideation International	为工程人员提供全面、系统的解决创新问题的方法，包括创新问题分析、问题表述、系统操作、创新实例库、创新导航、评价和网络学习 7 个模块
3	CREAX Innovator Suite	比利时 CREAX NV- Mlk	包括 10 个模块：交互式快速浏览、问题描述、资源与约束、进化趋势、进化潜能、发明原理、冲突矩阵、系统模型、选择工具和知识库

续表

序号	软件名称	所属公司	功能特征
4	Pro/Innovator	北京亿维讯科技公司	包含10个模块：项目流程导航、系统分析、问题分解和转化、解决方案、创新方案库、专利查询、方案评价、专利生成、自动报告生成、知识库编辑器
5	Invention Tool 2.0	河北工业大学	软件三大核心模块：冲突模块、技术进化模块和科学效应模块

上述软件的共同特点是都以TRIZ理论为基础，并辅以强大的知识库进行创新方案支撑，它们主要包括科学效应库和发明原理库，以及在工程应用中总结的创新实例库。利用上述软件工程设计人员可以不受思维定势限制，在产品设计的不同阶段特别是概念设计阶段进行创新设计，快速、有效地完成各种设计任务。但是如前文所述，一方面TRIZ理论不是万能钥匙，它并不能适用于所有的工程技术问题；另一方面，对于这样一套复杂的创新理论体系，产品设计开发人员需要通过系统地学习才能掌握，所以创新软件的使用效率受到一定的限制。

15.2 常用CAI软件及应用

计算机辅助创新(computer aided innovation，CAI)是概念设计的支撑平台和辅助工具。与其他CAX软件一样，"辅助"的对象还是人，人依然是工作的主宰，CAI主要的作用是提高工作效率。

15.2.1 Goldfire介绍

Goldfire全名Invention Machine Goldfire，是由Invention Machine公司开发的一套完整的实现计算机辅助创新的软件。该软件帮助工程师集中精力解决产品创新流程中的关键问题，并可以建立、访问和挖掘处理个人和公司的知识，同时也可访问公司专有的科学原理数据库及经过语义处理的全球专利数据库。

Goldfire利用三个核心功能自动化地支持创新的任务，使创新工作者更有效率，如图15-1所示，上述三个核心功能主要包括如下内容：

图15-1 Goldfire利用三个核心功能

(1) 研究:Goldfire 的专利语义技术促进了企业和全球知识库的获取和共享,提取相关的产品概念,确定问题的解决方案和产生新产品方案。

(2) 合作:支持创新团队的交流及信息共享。

(3) 创新方法:提供 TRIZ 等方法、工具。

这些功能的融合创造了可持续创新的平台。Goldfire 有两种配置,支持不同的用户群体。首先,Goldfire Insight 包括必需的核心创新能力,支持整个组织的人每天的创新、合作及活动,它包括了核心的研究、协作和思维工具;其次,Goldfire Innovator 建立在 Goldfire Insight 之上,它包括先进的创新工作流程和创新工具,应对更复杂的创新任务。

15.2.2 Pro/Innovator 软件介绍

亿维讯是世界领先的计算机辅助创新技术 CAI 软件供应商,长期致力于创新理论体系和以 TRIZ 为核心的创新方法学的研究,是一家专注于 CAI 软件的研发、应用、创新理论培训和技术咨询的高新技术公司。Pro/Innovator 是其开发的一款重要的 CAI 软件系统。

Pro/Innovator 的发明原理模块是基于 TRIZ 的发明原理而开发的。Pro/Innovator 用发明原理的解题方法遵循 TRIZ 解决问题的方法,如图 15-2 所示。通过引导把问题转化为技术冲突(矛盾)或物理冲突(矛盾),软件给出推荐应用的发明原理,发明原理和参考来自高水平发明专利的发明原理应用实例,发明原理模块可有效启发冲突(矛盾)问题求解过程中的创新思维过程,进而完成基于发明原理或其实例的概念方案构建。

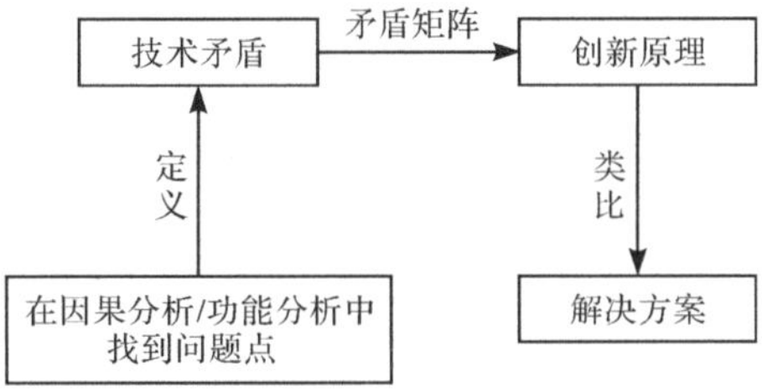

图 15-2　TRIZ 解决冲突(矛盾)的方法

Pro/Innovator 的发明原理模块的解题过程见图 15-3。

Pro/Innovator 中包含 40 条发明原理和 11 条分离原理,每条发明原理都配有应用实例,每条分离原理还对应若干发明原理,可以从发明原理及应用实例启发中得到更具体的概念方案。

Pro/Innovator 中有 3 种方法辅助定义冲突(矛盾):①从冲突(矛盾)矩阵定义,如图 15-4所示;②从冲突(矛盾)向导定义,如图 15-5所示;③从 39 个通用技术参数定义,如图 15-6 所示。

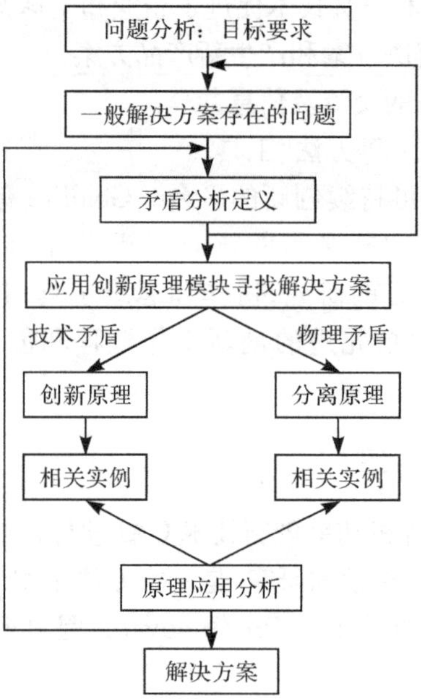

图 15-3 Pro/Innovator 解决冲突(矛盾)问题的流程

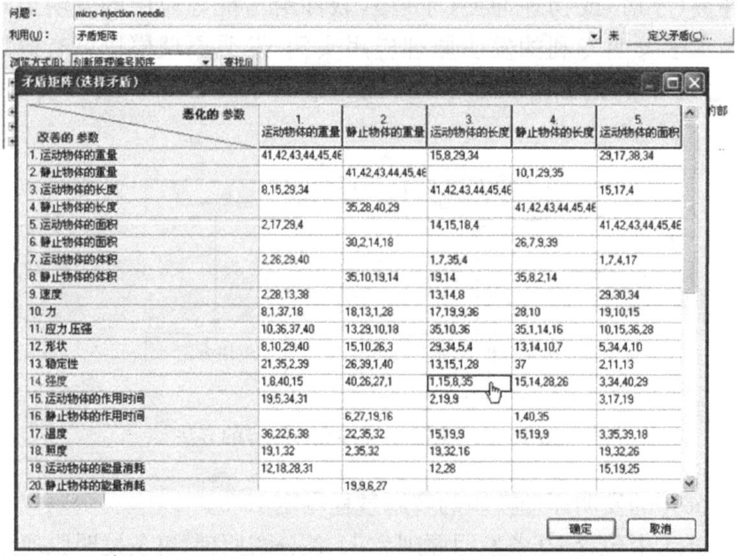

图 15-4 从冲突(矛盾)矩阵定义冲突(矛盾)

通过定义冲突(矛盾),找出相应的解决冲突(矛盾)的发明原理,查看发明原理及实例,选择有用的原理或实例加入项目中作为参考方案,如图 15-7 所示。

发明原理所附带的实例是从大量的欧美高水平专利中提炼出来的,它浓缩了相同技术冲突(矛盾)利用该发明原理解决的专利精华。实例涵盖各个工程技术领域,使创新者可以借鉴其他领域的知识来解决本领域的问题,大大拓展了思路。

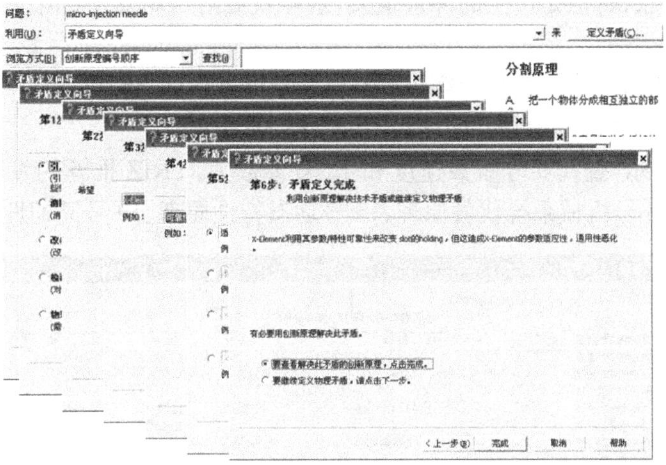

图 15-5　从冲突(矛盾)向导定义冲突(矛盾)

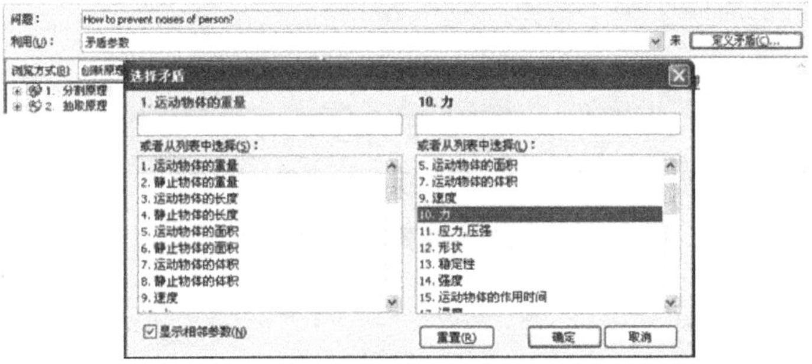

图 15-6　从通用技术参数定义冲突(矛盾)

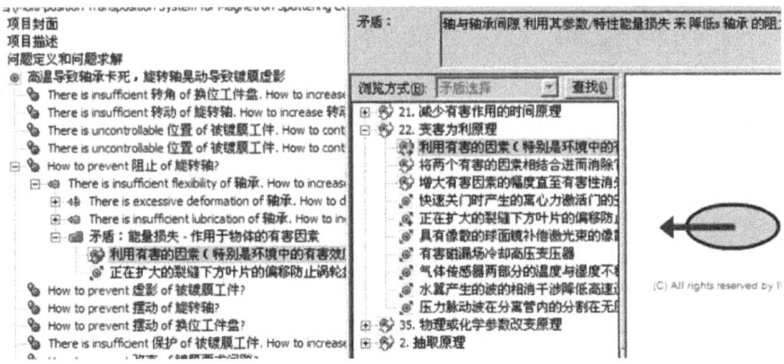

图 15-7　选择发明原理

15.2.3　CAI 解决冲突(矛盾)的实例:空气囊问题

问题描述:空气囊的作用本来是当汽车发生意外碰撞时,为缓解对人体的冲击而设定的。为有效保护乘客,要求空气囊在碰撞发生后的 0.03 秒完成充气、弹出的动作,因而空气囊的展开速度很快，但是产生的冲量很大，这样就会对身材矮小的乘客产生伤害，甚至可能危及他们的生命。

定义冲突(矛盾)：为了保护乘客需要空气囊展开速度快，但同时会增加对乘客的冲击力。本实例中需要改善的参数是速度，导致恶化的参数是力。

如图 15-8 所示，查找 9 号参数速度和 10 号参数力，TRIZ 推荐的发明原理有：13 号反向作用原理、28 号机械系统代替原理、15 号动态特性原理、19 号周期性作用原理。

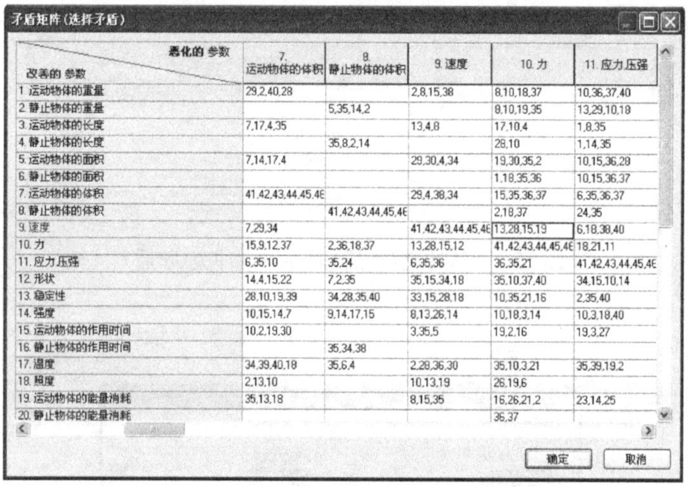

矛盾矩阵(选择矛盾)

改善的参数 \ 恶化的参数	7. 运动物体的体积	8. 静止物体的体积	9. 速度	10. 力	11. 应力压强
1. 运动物体的重量	29,2,40,28		2,8,15,38	8,10,18,37	10,36,37,40
2. 静止物体的重量		5,35,14,2		8,10,19,35	13,29,10,18
3. 运动物体的长度	7,17,4,35		13,4,8	17,10,4	1,8,35
4. 静止物体的长度		35,8,2,14		28,10	1,14,35
5. 运动物体的面积	7,14,17,4		29,30,4,34	19,30,35,2	10,15,36,28
6. 静止物体的面积				1,18,35,36	10,15,36,37
7. 运动物体的体积	41,42,43,44,45,4€		29,4,38,34	15,35,36,37	6,35,36,37
8. 静止物体的体积		41,42,43,44,45,4€		2,18,37	24,35
9. 速度	7,29,34		41,42,43,44,45,4€	13,28,15,19	6,18,38,40
10. 力	15,9,12,37	2,36,18,37	13,28,15,12	41,42,43,44,45,4€	18,21,11
11. 应力压强	6,35,10	35,24	6,35,36	36,35,21	41,42,43,44,45,4€
12. 形状	14,4,15,22	7,2,35	35,15,34,18	35,10,37,40	34,15,10,14
13. 稳定性	28,10,19,39	34,28,35,40	33,15,28,18	10,35,21,16	2,35,40
14. 强度	10,15,14,7	9,14,17,15	8,13,26,14	10,18,3,14	10,3,18,40
15. 运动物体的作用时间	10,2,19,30		3,35,5	19,2,16	19,3,27
16. 静止物体的作用时间		35,34,38			
17. 温度	34,39,40,18	35,6,4	2,28,36,30	35,10,3,21	35,39,19,2
18. 照度	2,13,10		10,13,19	26,19,6	
19. 运动物体的能量消耗	35,13,18		8,15,35	16,26,21,2	23,14,25
20. 静止物体的能量消耗				36,37	

确定　取消

图 15-8　定义技术冲突(矛盾)查找发明原理

发明原理见图 15-9。

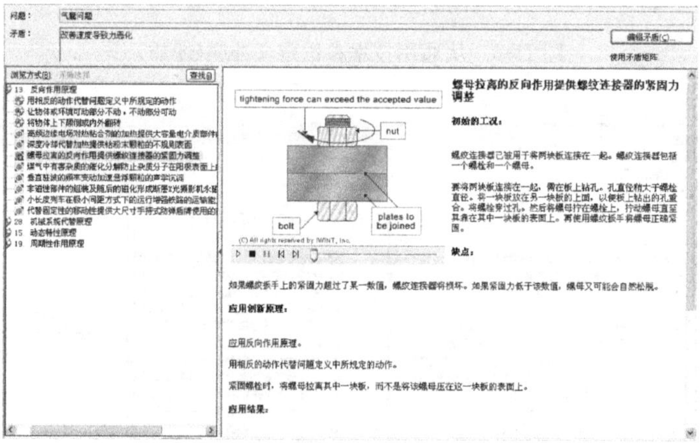

图 15-9　推荐的发明原理

发明原理所附带的实例具体如下：

【实例】　螺母拉离的反向作用提供螺纹连接器的紧固力调整(图 15-10)。

【初始工况】　螺纹连接器已被用于将两块板连接在一起。螺纹连接器包括一个螺栓和一个螺母。

要将两块板连接在一起，需在板上钻孔。孔直径稍大于螺栓直径。将一块板放在另

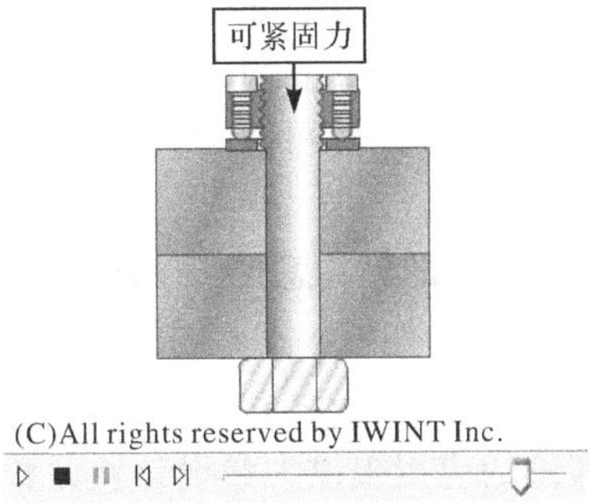

图 15-10　实例

一块板的上面，以便板上钻出的孔重合。将螺栓穿过孔。然后将螺母拧在螺栓上，拧动螺母直至其靠在其中一块板的表面上。再使用螺纹扳手将螺母正确紧固。

【缺点】　如果螺纹扳手上的紧固力超过了某一数值，螺纹连接器将损坏。如果紧固力低于该数值，螺母又可能会自然松脱。

【应用创新原理】　反向作用原理。用相反的动作代替问题定义中所规定的动作。紧固螺栓时，将螺母拉离其中一块板，而不是将该螺母压在这一块板的表面上。

【应用结果】　一套起升螺栓用于正确紧固螺母。为了将起升螺栓定置在螺母的周边，螺母上加工了数个螺纹孔，孔轴心与螺母轴心平行。

装置螺纹连接器时，拧动螺母直至其靠在其中一块板的表面上。然后，将起升螺栓穿过螺纹孔，直至螺栓末端靠在板表面上。通过将螺母拉离表面，把起升螺栓逐个装于孔内。如此一直下去，直至拧紧螺母。

可将应力检测表附于螺栓上来测定螺母紧固力矩。该检测表由一探针和一垫圈构成。将探针穿入螺栓对接端。垫圈放置在探针头和螺栓头之间，保证其可自由旋转。

调整起升螺栓牵拉探针。探针头将垫圈压在螺栓对接端上。垫圈不能手动旋转时的力矩即是螺母被正确紧固时的力矩。

【专业领域】　膨胀的、带螺纹、被驱动、带头状物、由工具变形的或带自锁螺纹的紧固件。

【参考文献】

美国专利 4927305：Tightening device for threaded connectors。

发明人：Peterson Jr C D (Richardson，TX)。

公告日期：1990 年 5 月 22 日。

参考反向作用原理的实例，实例中包括初始工况、缺点、应用创新原理、应用结果、专业领域、参考文献及动画演示，参考文献提供了原专利的链接，点击可以查询专利原文。

构思方案：目前的空气囊面向乘客的运动使身材矮小的乘客和司机受到伤害，能否让空气囊反向移动，从而消除对乘客和司机的伤害。这样设计的空气囊同样在突发状态下弹出，缓冲由汽车碰撞对乘客的冲击。考虑可在安全带上放置空气囊，使其向前弹开，减少对乘客的压力，从而避免对乘客的人身伤害。

15.3　基于认知机理的计算机辅助创新平台 CAIP 系统

15.3.1　CAIP 系统介绍

四川大学创新方法与创新设计四川省重点实验室基于比较成熟的认知理论和方法，如问题解决的步骤、创造过程、创造性思维方法、认知过程信息加工模型等，并结合概念设计过程和方法提出了基于认知机理的创新设计问题求解模型，根据不同的设计问题，开发了计算机辅助创新设计原型系统(computer aid innovation platform，CAIP)，采用相应的系统化创新求解策略辅助设计者产生一个或多个概念，并进行方案设计和评价。该系统主要实现以下目的。

(1) 引导设计人员进行创新思维：提供一套完整的系统化的创新思维和设计方法，给出通用性的一般创新过程，使设计人员知道如何进行创新设计，能够根据不同的创新需求有侧重地进行创新问题求解，提高解决问题的效率。

(2) 辅助设计人员进行创新思维：为系统化创新理论的应用提供大量设计资源和软件工具辅助创新，包括创新设计原理、创新设计知识库、头脑风暴白板和搜索引擎等，提供国内外创新相关网络资源的大量链接，供设计人员获取更为广阔的创新信息，使设计人员能有效地利用内外部资源激发创新灵感。

(3) 支持设计人员进行创新思维：在概念设计过程与环境中集成其他 CAD 工具，使设计人员能用草图、工程图、3D 模型、文本、计算、图片、表格、多媒体和对象等多种形式表达他们的创新思维。同时，也可以直接调用已有的设计资源，与设计人员的成果集成起来，更加生动快速地表述最终的研究成果并实施。

需要注意的是，计算机能否与产品创新设计过程有机结合，关键还取决于设计人员是否充分发挥了人的创造力。因此，产品设计人员的思维模式、对创新方法的熟悉程度影响着计算机辅助创新设计的结果。

15.3.2　CAIP 系统的总体框架

计算机辅助创新设计系统是认知科学、信息技术、设计理论与方法的会聚平台，也是创新设计的工作平台。该系统主要由知识库系统、信息检索系统、概念设计空间及创造性思维方法四个部分构成，其关键作用是在产品的概念设计阶段、方案设计阶段为设计者提供有用的工具以提高设计者的创新设计能力，而不是概念设计的自动化。图 15-11 是计算机辅助创新设计系统的总体框架。

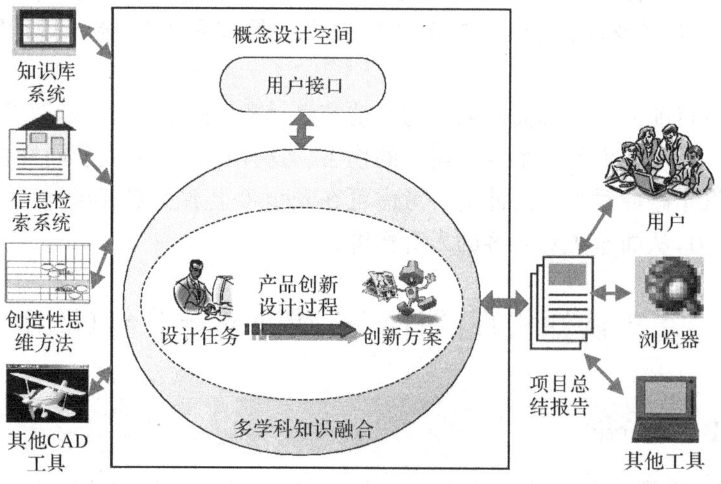

图 15-11　系统总体框架

如图 15-12 所示，概念设计空间是计算机辅助创新设计系统的核心，通过它可实现知识库系统、信息检索系统、创造性思维方法、CAD 工具的集成。用户通过概念设计空间提供的人机交互接口进行系统各功能模块的操作及各种创新资源工具的调用，以实现从设计任务分析到创新方案输出过程的转化，而该转化过程即是多学科知识融合的过程。生成的创新设计方案以项目总结报告的形式输出，便于方案管理与交流。

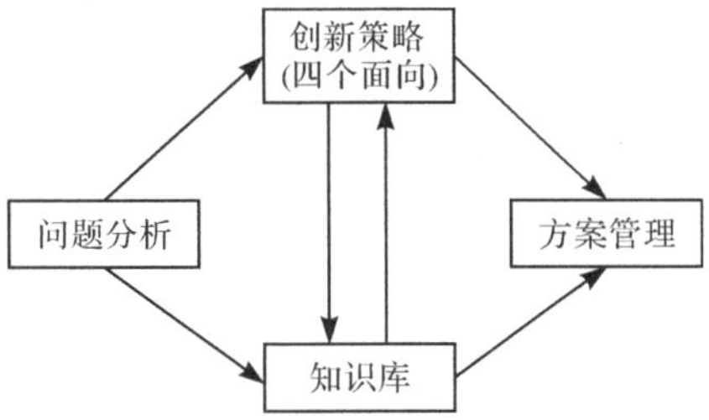

图 15-12　CAIP 模块关系图

15.3.3　CAIP 系统模块

实验室目前开发的 CAI 软件为 CAIP 2.0，该版系统从原 CAIP 系统的薄弱环节出发，从“问题分析”、“四个面向”、“知识库”、“方案管理”方面增强原 CAIP 系统的性能，并形成新 CAIP 系统的特色。CAIP 2.0 系统包括以下 4 大模块：

(1) 问题分析模块(根源分析、潜在失效模式及影响分析、QFD 需求分析、创新机会识别、问题系统建模)。

(2) 创新策略模块(四个面向、创新方法)。

(3) 知识库模块。

(4) 方案管理(评价)模块。

15.3.4　CAIP 系统问题分析模块

问题分析模块的问题分析过程包括三个环节，第一环节(根源分析/FMEA 分析)：不需要用户具有专业创新知识，直接按流程进行问题分析；第二环节(QFD/机会识别)：用户需要具有一定的创新知识背景，按模块的核心思想进行问题分析；第三环节(系统问题建模)：该环节是在用户利用前两个环节都不能将问题分析清楚的情况下，综合运用创新知识和专业知识对问题进行分析。

1. 问题分析模块——根源分析

分析过程如下：①确定需要分析的问题；②按自然顺序排列产品创新设计问题；③按自然顺序为各问题进行标注；④按原始问题分解顺序标注各问题元或核心问题；⑤选择用户关心的核心问题或根源问题进行标注；⑥进入问题求解模块。

求解过程如下：①用户根据确定的核心问题或根源问题利用自身知识获得解决方案；②根据核心问题或源问题的特点，利用“问题分类器”调用相应的创新策略分析模块；③根据问题分析的结果利用“知识库搜索器”类比获得创新方案。

2. 问题分析模块——潜在失效模式及影响分析(FMEA)

分析及求解过程如下:①根据用户问题描述,分析该问题给出产品或技术系统的失效形式或失效过程,在该过程中分析技术系统的物理冲突和技术冲突,并调用相应问题求解方案(如面向问题的创新);②分析失效带来的后果,并定义相应的危险级别,初步评估解决该问题需要的资源以及预期解决目标,该目标作为以后方案评价的标准之一;③分析出现失效可能的故障点,该故障点可以回调至“根源分析”模块进行相应的分析,并通过核心问题和根源问题的解决排除相应的故障,达到解决问题的目的;④填写、修改、完善相应的FMEA 电子表格,对分析过程和结果进行管理。

3. 问题分析模块——QFD 需求分析

分析过程如下:①要求用户输入相关的提示信息,如技术措施提示、无效信息提示等;②通过顾客需求调查表,功能需求调查表以及相关工具分析用户需求,并对其形式进行结构化处理;③利用相关公式计算顾客对产品功能的依赖程度即技术重要度,同时根据用户输入的市场信息计算产品的市场综合竞争力指数等相关参数;④用图表或二维曲线的方式记录产品的竞争情况和顾客对产品的需求信息并绘制相应的质量屋;⑤产品设计开发人员通过对顾客需求信息的整理和判断,输出图形化的质量屋从而准确判断产品的相关设计信息。

求解过程如下:①通过用户需求逐步展开,将涉及产品功能的设计信息进行融合,对重要的环节(如生产工艺、制造流程等)进行控制或重新设计;②分析上述核心问题及关键问题节点,利用创新策略分析模块及知识库模块进行相应的求解。

4. 问题分析模块——创新机会识别

分析及求解过程如下:①确定产品系统的分析主体,如形态、功能、市场效用、竞争优势等;②从产品各项参数入手,分析产品的外部机会特征,利用创新策略模块中已有的非逻辑思维方法获得灵感,创造新的机会;③分析产品的内部机会特征,以扩大已有机会为目标,通过系统已有的四个面向的创新策略和创新方法寻求产品的创新机会,达到优化产品功能,扩大产品需求市场等目的;④获得的创新机会有时需要关键技术突破,或可行性分析,此时需借助 QFD 模块以及知识库的支撑,将创新机会应用于产品的设计和进化过程。

5. 问题分析模块——问题系统建模

该模块是问题分析模块的核心模块,它适用于其他问题分析模块均无法将问题系统分析的问题系统。其分析及求解过程如下:①根据产品功能特征建立产品功能结构树,即罗列产品主要功能及相关的附加功能;②建立与产品功能相关联的产品内外部影响因素组件,产品的功能组件包括标准功能、子系统功能、超系统功能等,并用不同形状的多边形表示,产品的作用因素组件包括有害作用和有用作用、过剩作用和不足作用等;③通过各功能组件及相互作用关系的图形化表述,找出产品与功能之间,功能与组件之间存在的冲突;④通过步骤总结出创新设计切入点,并选择相应的创新策略或创新知识库。

上述五个子模块在 CAIP 系统中的工作原理如图 15-13 所示。

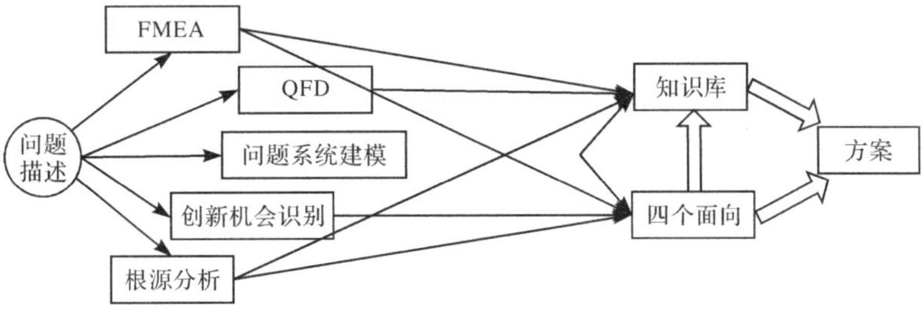

图 15-13　问题分析模块关系原理图

15.3.5　CAIP 系统创新策略模块

创新策略模块包括四个部分，即面向问题的创新策略、面向目的的创新策略、面向产品的创新策略、面向载体的创新策略。针对产品创新设计问题的深入分析，一方面系统根据用户问题分析自动匹配相应的求解策略，如图 15-14 所示；另一方面，通过用户问题系统建模分析，人工选择相应的创新求解策略或者创新方法。在得到创新策略的过程中，系统所设流程的主要目标是帮助用户获得创新方案，并与知识库协同完成各问题点的求解方案。用户可以适时调整选择其他求解流程，可以适时记录自己的创新灵感，可以适时带着问题访问相应的知识库并保存相应的创新方案。

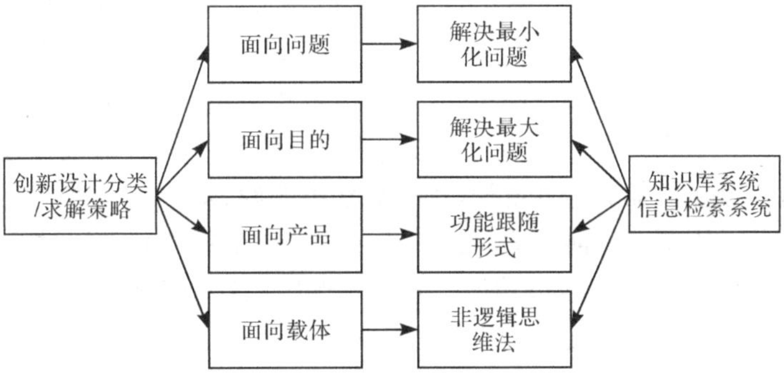

图 15-14　创新设计的分类及策略

1. 面向问题的创新求解策略

面向问题的创新目标是提高现有产品或系统的性能，解决现有产品或系统中影响主要功能的问题，朝着理想化的目标前进。这类创新是设计案例中所占比例最大的一类，因此，设计人员需要着眼于产品中的某一部分或某一具体技术问题，采用一种成本较低的具有创新性的解决方案来提高产品的性能。对这类创新问题采用的策略是解决最小化问题，解决系统中的冲突，对系统仅作渐进式的改进。由于 TRIZ 理论是以已有系统为主要研究对象，比较适合于产品的适应性设计或改进设计。因此，以 TRIZ 理论作为实施该策略的方法，并建立面向问题的创新求解过程如图 15-15 所示。

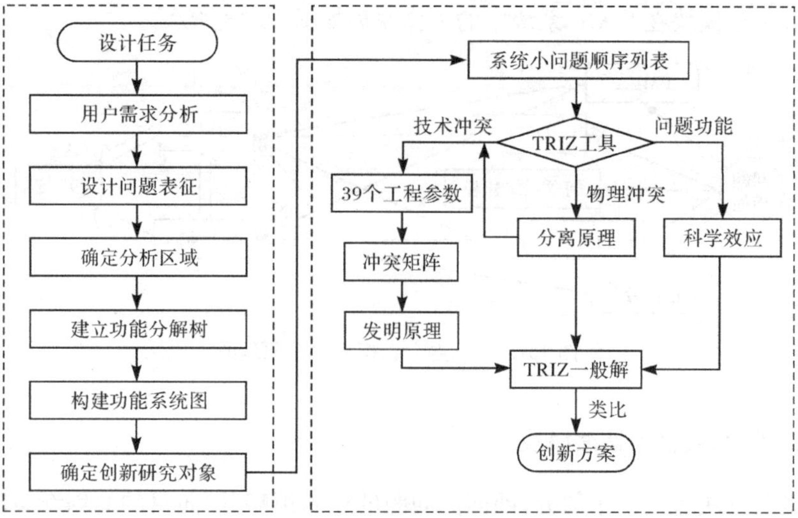

图 15-15　面向问题的创新求解过程

2. 面向目的的创新求解策略

面向目的的创新目标是设计一个全新产品或系统，可能现有产品或系统的主要功能改进已经达到极限，因此不局限于现有产品或系统的问题，而是跳出现有系统，思考设计最终的目的是什么，是否有其他方法可以更好地达到此目的。采用的策略是解决最大化问题和对系统的工作原理进行改变。全新产品的开发与现有产品的改进设计存在很大的不同：由于现有产品的设计对象是确定的，用户需求相对明确，实现功能所采用的原理基本不变或者变动很小；而全新产品的开发由于各种信息不明确，产品设计过程存在较多的不可预知性，存在很多可能的解释途径，具有需求不明确、知识拓展、信息模糊、需要创造性思维等特点，因此需要一种能够适应这些特点的支持全新产品设计过程的创新设计方法。结合全新产品设计的特点，以功能—效应—作用原理—实例(FEPE)映射法作为实施该策略的有力工具，并建立面向目的的创新求解过程，如图 15-16 所示。

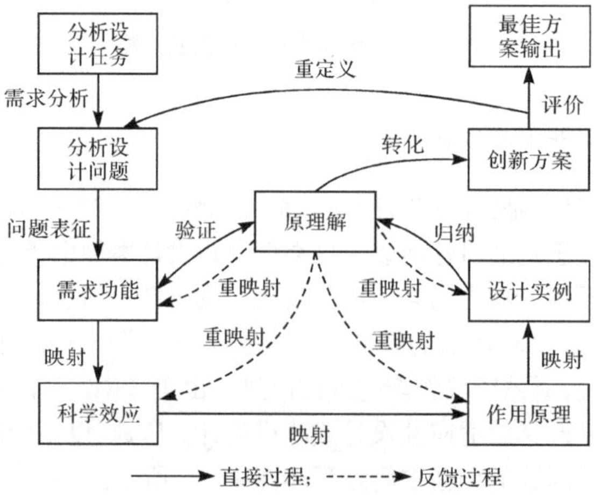

图 15-16　面向目的的创新求解过程

3. 面向产品的创新求解策略

面向产品的创新目标是现有产品的主要功能不改变，着重于产品的次要功能和附加功能的开发和改进，往往应用于产品在市场上已有很好的信誉，但仍需进一步提高产品竞争力的情况。这类创新问题采用的策略是着眼于产品本身和功能跟随形式的方法。研究表明，既包含了一些新事物，又具有消费者熟悉的产品属性的新产品，更受消费者欢迎。创造性模板法的实质是对现有产品的属性或组件进行操作以创造新的产品，并未改变现有产品的主要功能，从而没有破坏消费者已有的知识结构，所获得的新产品更容易使消费者接受。因此，以创造性模板法作为实施该策略的方法，并建立面向产品的创新求解过程如图 15-17 所示。

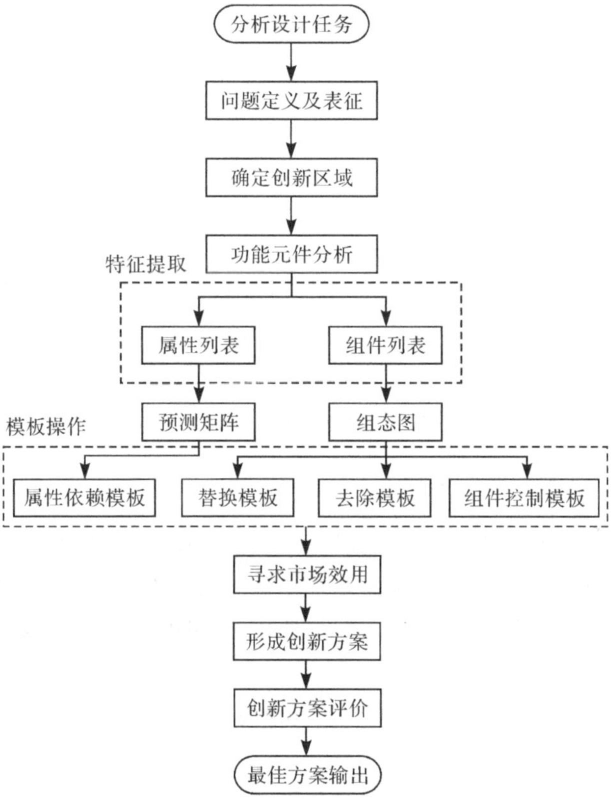

图 15-17　面向产品的创新求解过程

4. 面向载体的创新求解策略

面向载体的创新目标是产品的主要功能和实现功能的原理不变，只改变产品的形态以创造新的产品，主要目的在于满足用户文化和精神上的需求。一个具有创新的产品形态，除了能给人以新颖和独特的感觉外，往往能体现出设计师巧妙的构思和强烈的创新精神，蕴涵着机智与知识的内涵。具有创新的产品形态总是以其独特的外形形态和艺术魅力吸引人，因此产品形态设计的创新是产品在市场竞争中的重要因素。强调产品形态设计的创新并不是一味地求异和求怪，必须建立在科学合理的基础之上，通过创造性思维，进行大胆的探索和实践，常采用非逻辑思维方法作为面向载体创新的求解策略，如图 15-18 所示。

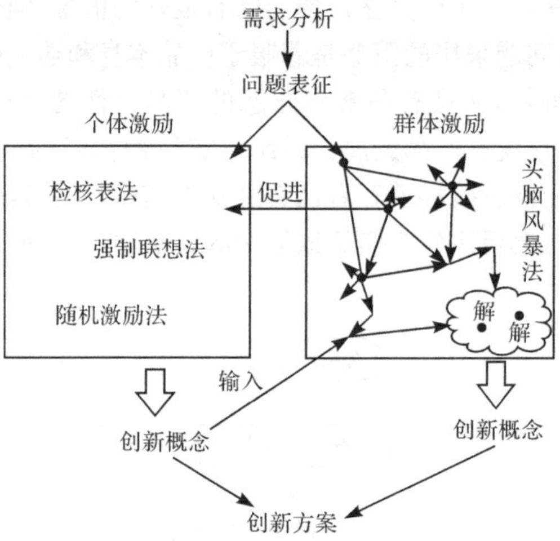

图 15-18　面向产品的创新求解过程

系统除了包含上面 4 个面向的创新策略外，还选取了几种较为典型的结构化创新方法作为创新工具辅助设计人员实现创新。目前，系统创新方法库中结构化的创新方法包括：①头脑风暴法；②系统创新思考方法（SIT）；③思维导图法；④奥斯本检核表法；⑤概念扇法；⑥KJ 法；⑦焦点法；⑧整体思维法；⑨信息交合法；⑩合田十二法等十余种方法。

15.3.6　CAIP 系统创新知识库模块

知识库模块设计了独立的运行框架和知识调用机制，其搜索机制包括自然语义搜索技术和创新知识主动推送技术等。为了更有针对性地发挥知识库在产品创新设计中的作用，在对知识库按功能基进行归类搜索的基础上，将知识库按产品设计过程的特征分为“分析类”、“策略类”和“评价类”知识库。知识库种类由以前的两类（科学效应库和发明原理库）增加至六类（科学效应库、发明原理库、领域知识库、专题知识库、专利知识库、评价决策库）。

知识库模块的功能主要分为以下几个方面：第一，实现创新设计知识的搜索和查询；第二，给简单创新问题提供求解方案；第三，提供自身服务体系，实现各类知识的有效获取、迁移以及重用。

知识库的使用方法如下：①利用创新方法库等具有一定规律且可以系统化实现的创新方法对技术问题进行求解，尤其是 TRIZ 理论中的冲突矩阵。设计者利用冲突矩阵获得相应的发明原理，通过实例库和专利库对发明原理赋予生动形象的实例解释，使设计者的思维由抽象到具体进行转化，能更好地辅助其产生产品创新设计的方案。②设计者通过功能基，查找实现相应功能的科学效应、专利知识以及领域知识；或者通过一句用于表达产品所需实现功能的自然语句，通过自然语义对知识进行检索。其中链接相关知识之间的链接，如科学效应链接与之相关的专利知识、专利知识链接与知识相关的领域知识等。③允许设计者利用已有的产品设计知识进行专题求解。

15.3.7　CAIP 系统创新方案管理模块

创新方案管理模块的主要目标是对创新问题求解过程中产生的创新方案进行管理及评价。主要功能包括：支持设计问题与创新方案的树形管理功能；支持多种来源的设计问题的显示与管理功能，如表征或分析阶段产生的问题及用户自定义的问题；支持用户进行一般设计方案的管理功能；支持评价准则、评价指标及其权重的编辑功能；支持创新方案的文本和草图编辑功能；支持知识库提取内容的显示与管理功能；支持方案评价结果的提取及显示功能。在原有评价体系基础上进行优化，并增加新的评价标准和评价方法，形成具有一定特色的“评价知识库”，用户可以根据不同的创新策略和创新目标选择调用相应的评价知识。

设计者通过各种途径产生的解决方案均汇聚于创新方案管理模块，它的主要功能是：①实现创新方案的筛选、整理、优化、输出等；②通过已有评价方法或调用决策知识库选择合适的评价方法对创新方法进行评价，给出评价级级别，并将不满意的创新方案再送回创新策略模块进行再创新；③对评价方法进行管理，预留评价方法管理接口，允许用户根据创新问题的不同类型自定义评价方法。

具体工具包括：

(1) 相应的工具问题分类器。主要功能是：①根据“四个面向”的特点，自动(手动)分配问题分析的结果进入创新策略环节；②根据“问题分析”的效果，提示用户选择继续分析问题，或者进入创新策略环节；③引导用户选择合适的“创新方法”。

(2) 相应的工具知识库搜索器。主要功能是：①在“问题分析”的各个环节借助相应的知识库分析问题；②在问题分析、创新策略求解等环节辅助用户制订创新方案；③直接利用搜索器获得某些问题的创新灵感；④通过搜索器浏览、查阅、分析相关知识条目。

(3) 相应的工具方案评价器。主要功能是：①在“问题分析”阶段设定相应的预期目标；②负责评价方法的管理；③实现方案的评价。

15.4　原型系统的应用实例

传统立式真空吸尘器主要由电动机、离心式风机、滤尘器、集尘袋、吸尘附件等几部分组成，其工作原理为：吸尘器接通电源后，电动机高速驱动风机叶轮旋转，带动叶片对空气不断做功，将吸尘器内的空气不断从出气口排出，使其内部形成瞬时真空，即吸尘器内部和外界大气之间形成一个相当高的负压差。在此负压差的作用下，进气口附近的垃圾灰尘随着气流进入滤尘室进行过滤，垃圾灰尘留在集尘袋内，过滤后的清洁空气经排气室从出风口排出，如图 15-19 所示。

在保持吸尘器基本工作原理不变的情况下，以提高吸尘器工作性能为目标，借助已建立的计算机辅助产品创新设计系统对吸尘器进行创新设计。该项设计任务需要进行用户需求分析，通过市场调查和顾客反馈获得笼统、定性的原始用户需求，利用模糊聚类分析法对这些信息按照性能需求、约束需求及操作需求进行归纳整理，形成系统的、有层次的用户需求。用户需求主要包括节能、吸尘能力强、吸尘速度快、可靠性高、功能多、使用寿命长、噪声小、重量轻、尺寸小、易于操作、环保等。利用 AHP 法给出各项需求的量化权

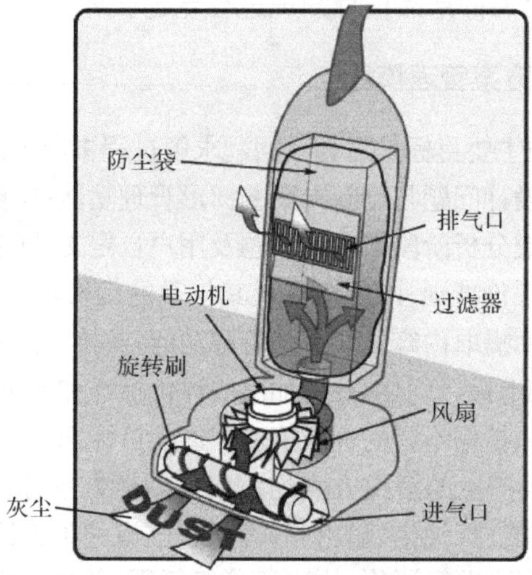

图 15-19　立式吸尘器工作原理示意图

重值，并输入质量规划矩阵，在人机交互作用下实现吸尘器的需求质量到工程特性的匹配，得到技术要求重要度、技术要求目标值、冲突的技术要求列表、竞争力曲线对比图，最后生成吸尘器设计任务书，如图 15-20 所示。

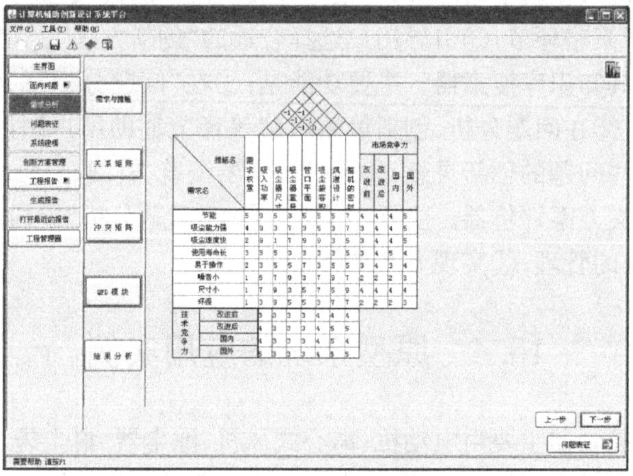

图 15-20　质量规划矩阵部分截图

根据需求分析结果可知，市场上现有主流品牌的吸尘器在噪声、耗电量、吸尘效果、多功能、易清洁、易使用、无故障运行等 7 项指标方面存在较大差别，若要提高产品整体性能，需要从这些方面加以考虑。吸尘效果是用户选择产品的主要指标，因此提出设计问题，并采用扩大/缩小问题表征工具对该设计问题进行表征，如图 15-21 所示。

(1) 设计问题——如何提高吸尘器的吸尘效果？

(2) 扩大化的问题——如何从被清洁表面分离污物？是否有其他方法可以实现？

(3) 缩小化的问题——什么原因导致吸尘效果不好？通过改善这些影响因素，是否可提高该指标？

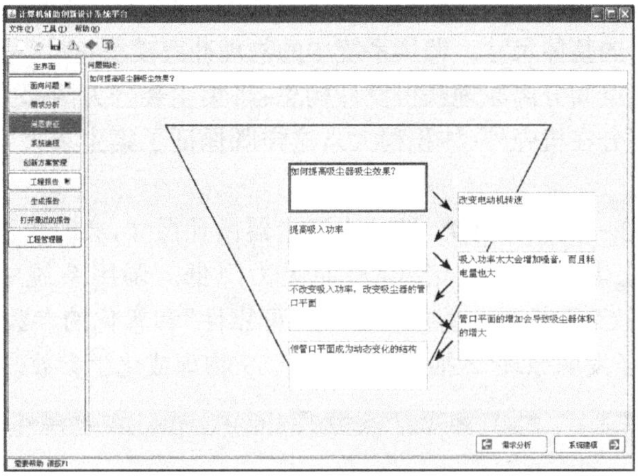

图 15-21　扩大/缩小问题表征工具

对同一设计问题采用不同的表征方式会影响解决问题的思维模式，如采用扩大化的问题表征，会使我们思考设计的最终目的(功能)是什么，是否有其他更好的方法达到此目的。吸尘器的功能是从被清洁表面清除污物，可寻求其他科学原理和效应对吸尘器的工作原理进行创新。而采用最小化的问题表征，会使我们找出导致吸尘器吸尘效果不好的原因，并消除这些影响吸尘器主要功能的问题。根据设计任务，设计分类属于面向问题的创新，采用解决最小化问题的求解策略，利用系统建模工具对吸尘器进行功能分析，以确定影响吸尘效果的最小问题列表，如图 15-22 所示。

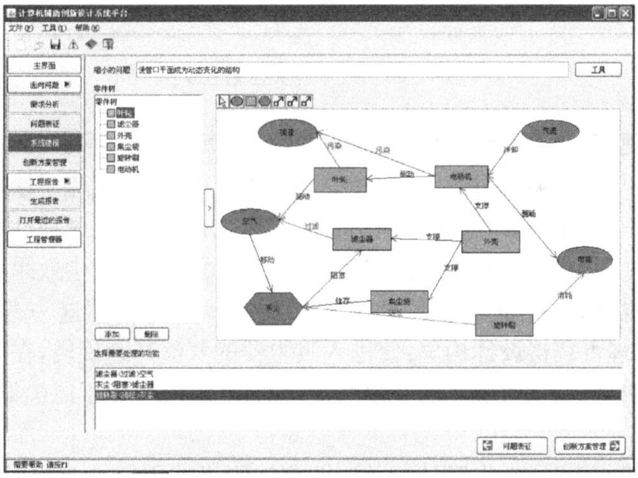

图 15-22　系统功能建模工具

通过功能分析，可以确定下列可能影响吸尘器吸尘效果的问题：①吸尘器整体密封性不好；②电动机转速过低或叶轮与主轴滑动；③集尘袋尘满堵塞，导致吸力下降；④经过过滤的空气中仍然携带着灰尘微粒，造成空气的二次污染；⑤滤尘器微孔被灰尘堵塞，造成吸尘强度下降；⑥旋转刷疏松灰尘的能力不够。其中，第①和②项问题属于常规性问题，运用技术手段即可解决；而后几项问题均属于创造性问题，需要进行创新设计。

解决问题③时产生物理冲突，即集尘袋应有大的容积，以便容纳更多的垃圾，但又应该小，以减小吸尘器的整体尺寸。调用系统中的物理冲突模块，查询可用的分离原理及应用实例（图略），利用空间分离原理获得设计构思：将集尘袋分为两部分，一部分在机壳内（体积略小），另一部分在机壳外（体积稍大），这样既保证了集尘袋大容积的要求，又不会增大吸尘器体积。

问题④和⑤存在一对技术冲突，即减小滤尘器微孔尺寸，会改善滤尘效果，防止灰尘泄漏，但同时易使滤尘器微孔被堵塞，从而吸力降低。调用系统中的技术冲突模块（图 15-23），利用下拉菜单选择改善的参数“27-可靠性”和恶化的参数“31-物体产生的有害因素”，可得到四条发明原理“2-抽取、26-复制、35-物理或化学参数改变、40-复合材料”。

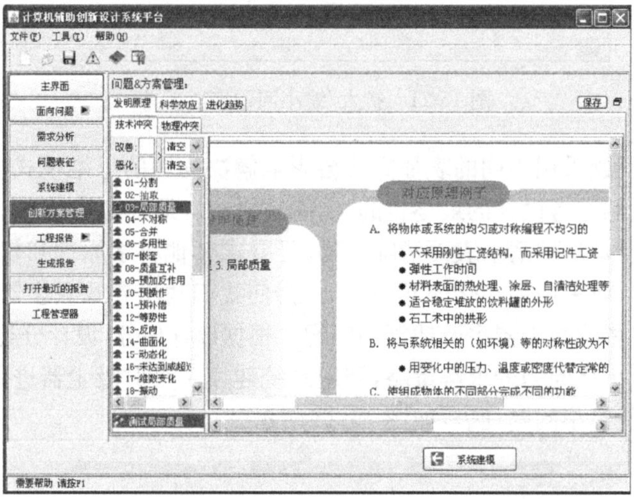

图 15-23 技术冲突求解工具

根据发明原理 26 获得设计构思：利用简单的、低廉的物质（水雾）代替复杂的、昂贵的物质（滤尘器），参与对污垢的过滤，从而既提高了滤尘效果，又避免了堵塞现象。

根据发明原理 40 获得设计构思：利用具有一定抗拉强度、抗磨损性，良好的灰尘滞留性能和较低的空气阻力的复合材料过滤灰尘，从而保证良好的滤尘效果和吸尘效果。

问题④和⑤也可通过查询科学效应库，寻找能够实现“分离”这一基本功能的科学效应，根据离心力原理可获得设计构思：使进入吸尘器的气流高速旋转，在离心力的作用下，灰尘颗粒从空气中分离，从而既实现了过滤灰尘的功能，又避免了滤尘器被堵塞导致吸力下降的隐患。

问题⑥的关键在于“预操作”强度不够，即旋转刷不能很好地疏松黏附在清洁表面上的灰尘，从而无法有效地提高清洁质量。我们可以通过提高电动机功率或旋转刷的转速来改善此功能，但同时会增加噪声和耗电量。因此，考虑利用其他科学效应来实现此功能，查询科学效应库（图略），搜索能够实现“移动”这一基本功能的支持效应，有机械振动、超声波振动、搅动、摩擦、轻拍、吸附、磁场、静电场等。根据这些效应可获得多种设计构思：将旋转刷换成小锤轻轻拍打地毯或沙发等容易吸附灰尘的表面，增大疏松灰尘的强度；利用超声波使旋转刷上的刚毛件振动，从而有效地从被清洁表面将灰尘分离，并将灰尘从其自身分离；在吸入口附近安装一个刮擦装置，有效地去除黏附在被清洁表面的污物；利用搅动原理，将排出的清洁空气引入吸入口附近，帮助提高吸尘效果。

根据上述立式真空吸尘器的创新设计可知，计算机支持工具可有效地辅助设计者获得多种创造性的构想。将这些设计构想与需求分析阶段获得的设计约束相结合，选择出较有前途的设计构想进行工作原理的构造和实体结构的设计，形成一个或多个符合具体应用条件的设计方案，最后进行设计方案的评价，并输出创新设计结果，如图 15-24 所示。

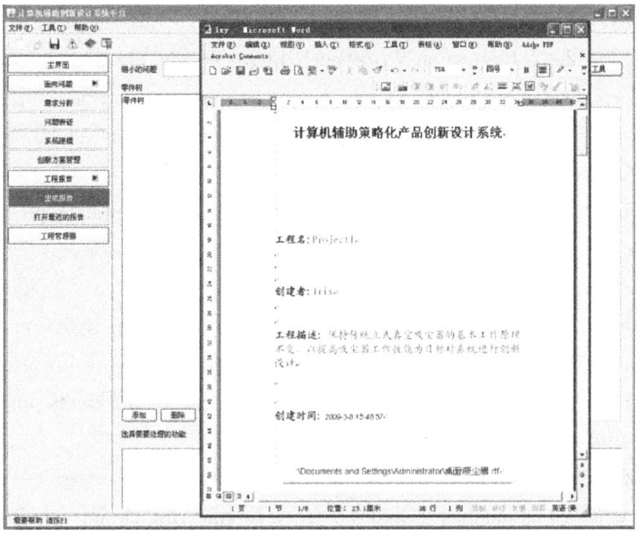

图 15-24　项目工程报告

15.5　小　　结

本章首先对计算机辅助创新设计做了分析和介绍；然后，对 CAI 在产品创新设计中的应用做了阐述，介绍了目前通用的 CAI 软件 Goldfire 和 Pro/Innovator，对 Pro/Innovator 在冲突解决中的应用做了详细的说明；最后对实验室建立的基于认知机理的创新设计问题求解模型做了阐述，并对基于该模型的计算机辅助创新平台 CAIP 系统的应用流程及各个功能模块进行了简要介绍。

参 考 文 献

创新方法研究会. 2012. 创新方法教程(初级). 北京：高等教育出版社.

创新方法研究会. 2012. 创新方法教程(中级). 北京：高等教育出版社.

创新方法研究会. 2012. 创新方法教程(高级). 北京：高等教育出版社.

Altshuller G. 1999. The Innovation Algorithm, TRIZ, Systematic Innovation and Technical Creativity. Worcester: Technical Innovation Center Inc.

Benami O. 2002. A cognitive approach to creative conceptual design. Los Angeles: University of Southern California.

Benami O, Jin Y. 2002. Creative stimulation in conceptual design. Proceedings of ASME DETC'02, ASME 2002 Design Engineering Technical Conferences and Computers and Information in Engineering

Conference, Montreal: DETC2002/DTM-34023.

Bracewell R, Sharpe J. 1996. Functional descriptions used in computer support for qualitative scheme generation-schemebuilder. AIEDAM, 10(4): 333-346.

Chakrabarti A, Sarkar P, Leelavathamma B, et al. 2005. A functional representation for aiding biomimetic and artificial inspiration of new ideas. Artificial Intelligence for Engineering Design, (19): 113-132.

Hori K. 1997. Concept space connected to knowledge processing for supporting creative design. Knowledge-Based Systems, 10(1): 29-35.

Ideation International Inc. 2007. Innovation Workbench. http://www.ideationtriz.com/.

Invention Machine Corp. 2007. Goldfire Innovation. http://www.invention-machine.com/.

Little A. 1997. A reverse engineering toolbox for functional product measurement. Master Thesis. Austin: The University of Texas.

Little A, Wood K, McAdams D. 1997. Functional analysis: A fundamental empirical study for reverse engineering, benchmarking and redesign. Proceedings of the 1997 Design Engineering Technical Conferences, Sacramento: 97-DETC/DTM-3879.

Liu H, Duan H C, Liu X Y. 2005. Supporting creative thinking in design with computational approach. The 9th International Conference on Computer Support Cooperative Work in Design.

Otto K, Wood K. 1997. Conceptual and Configuration Design of Products and Assemblies. ASM Handbook. Washington: ASM International.

Penttis S. 2006. TRIZ the simple way. http://www.triz-journal.com.

Qian L. 2002. Creative design by analogy//Chakrabarti A. Engineering Design Synthesis: Understanding, Approaches and Tools. London: Springer: 245-269.

Sullivan L P. 1988. Quality function deployment. Quality Progress, (6): 39-50.

Tu X Y. 1997. Design-computer harmonic CAD system with integrated intelligence. Proceedings of International Conference on Computer Supported Cooperative Work in Design.

Zhu F, Lu G X, Zou R. 2008. On the development of a knowledge-based design support system for energy absorbers. Materials and Design, (29): 484-491.

第 16 章　公理化设计

公理化设计是由美国麻省理工学院(MIT)的 Nam P. Suh 教授于 1990 年在 *The Principles of Design* 一书中正式提出的一种设计决策方法，目的是通过为设计者提供基于逻辑和理性的思维方法和工具，指导设计者在设计过程中做出正确的决策。

16.1　域的概念

域是不同设计活动的界限线。公理化设计将设计世界分为四个域，即用户域(customer domain)、功能域(functional domain)、物理域(physical domain)和过程域(process domain)，每个域中都有各自的元素，即用户需求(customer needs)、功能要求(function requirements)、设计参数(design parameters)和工艺变量(process variables)。域的结构简略地表示在图 16-1 中。域的特征向量在设计过程中从左边的域走向右边的域。过程在某种意义上是迭代的，即设计者根据在右边的域中产生的主意可以返回左边的域。左边的域相对右边的域表示“我们要达到什么”，而右边的域则表示解决，即“我们建议如何去满足左边域规定的需求”。

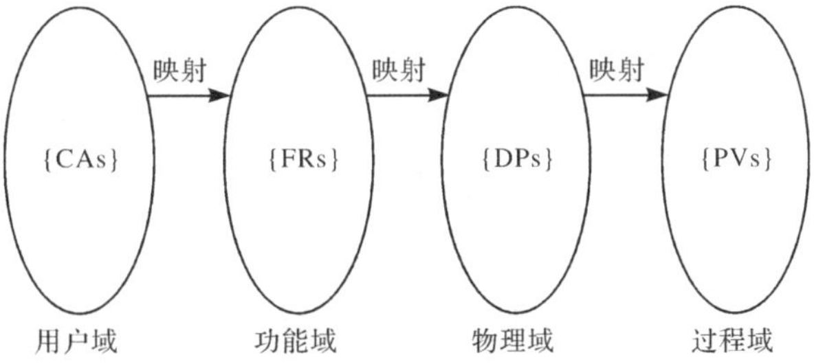

图 16-1　设计世界的四个“域”

用户域由对用户正在寻找的一个产品、过程、系统或材料的需要(或属性)来描述。在功能域中，用户需要用功能要求(FRs)和约束(Cs)来表达。为了满足所表达的 FRs，在物理域中构思了设计参数(DPs)。最终，为了生产由 DPs 所表达的产品，制定了一个在过程域中由过程变量(PVs)描述的过程。在不同的领域中所有看似不同的设计任务都可由这四个域来表达。

16.2　域间的“之”字形映射与层次结构

公理化设计通过相邻的两个设计域之间进行“之”字形映射变换来进行产品设计，并在映射过程中利用设计公理判断设计的合理性和最优化。与其他设计理论相比较，公理化设计不是单纯在每一个设计域完成自身的设计，它是在相邻的两个设计域之间自上而下进行映射变换，充分考虑两者之间的相互关系，整个映射关系过程可形象地描述为“之”字形映射。

以功能域到物理域的映射为例，设计人员首先必须明确产品应具有什么样的功能，从而确定出产品的总功能要求 FR_0；然后从总功能要求出发，确定满足总功能要求的总体设计参数 DP_0，当总功能要求满足后，根据总体设计参数来进行总功能分解，再根据子功能确定该级的设计参数，当各子功能完全满足后，再分解下一级子功能，以此类推，直至分解到子问题全部解决为止。经过“之”字形映射，可得到功能层次结构和设计参数的层次结构树，以及设计参数和功能要求之间的关系。功能域向物理域“之”字形映射原理如图 16-2所示。同样的，物理域到过程域之间的映射也有类似的关系。

层次结构是指公理化设计中某域的层次结构树。公理化设计的整个过程就是从功能域到物理域，再到过程域的映射过程。整个设计是一个从高级别的抽象概括到低级别的详细描述过程。如果把产品看成一个系统，那么设计就是一个把系统分解为子系统，然后分解为部件，再分解为零件，最后分解为零件特征的过程。设计的最终结果得到不同层次的功能要求、设计参数和工艺变量组成的层次结构树，它非常清晰地描述了各个设计域的工作目的。产品的功能层次树和结构层次树如图 16-2 所示。

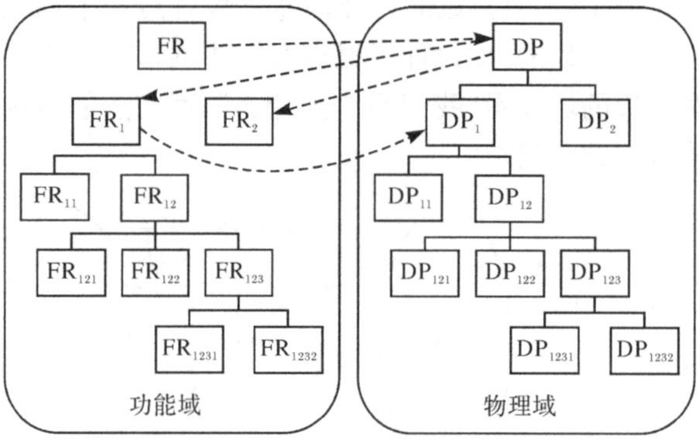

图 16-2 “之”字形映射原理

16.3 设计公理

公理化设计理论中产品的设计过程是一个自上而下的过程，顶层概念设计形成的框架必须经过逐层曲折分解直至设计细节。在分解和映射的过程中，要做出正确的决策必须遵循两个基本公理，即独立性公理和信息公理。

16.3.1 独立性公理

独立性公理是指保持功能要求的独立性，即在功能域中的每一层分解得到的功能要求集{FR}中的元素要相互独立。从功能域向物理域映射得到满足功能要求{FR}的设计参数集{DP}，其映射关系可用下式表示，即

$$\{FR\}=[A]\{DP\} \tag{16-1}$$

其中，$\{FR\}=\begin{bmatrix}FR_1\\ \vdots \\ FR_n\end{bmatrix}$；$\{DP\}=\begin{bmatrix}DP_1\\ \vdots \\ DP_n\end{bmatrix}$；$[A]$为设计矩阵，它表征产品设计，可表示为

$$[A]=\begin{bmatrix}A_{11} & \cdots & A_{1n}\\ \vdots & & \vdots \\ A_{n1} & \cdots & A_{nn}\end{bmatrix}$$

当式(16-1)写成如下的微分形式时，有

$$\{dFR\}=[A]\{dDP\} \tag{16-2}$$

设计矩阵的元素可由下面的公式给出：

$$A_{ij}=\frac{\partial FR_i}{\partial FR_j}$$

对于一个线性的设计，A_{ij}是常数；而对于非线性设计，A_{ij}是 DPs 的函数。设计矩阵有两种特殊情况：对角阵和三角阵。为了满足独立公理，设计矩阵必须要么是对角阵，要么是三角阵。当设计矩阵$[A]$是对角阵时，每一个 FR 可以用一个 DP 来满足，这种设计称为无耦合设计；当设计矩阵是三角阵时，如果而且仅仅如果 DPs 是由一个适当的序列来确定时，FRs 的独立才能得到保证，这种设计称为解耦设计。任何其他形式的设计矩阵称为满设计，都将导致一个耦合设计。因此，当有若干个 FRs 必须被满足时，必须求得这样一种设计，即要么能够产生一个对角阵，要么产生一个三角阵。

16.3.2　信息公理

信息公理是指在满足独立性公理的条件下，信息量最小的设计是最优设计。满足功能要求的设计方案有多种，如何从众多的方案中选出最优方案，信息公理为设计决策提供了定量的计算方法，使选择最佳设计成为可能。

对于每一个确定的功能要求 FR_i，其信息含量 I_i 是满足功能要求 FR_i 的概率 P_i 的对数函数，即

$$I_i=\log_2\frac{1}{P_i}=-\log_2 P_i \tag{16-3}$$

一般在有 n 个功能要求 FRs 的系统中，系统的信息含量 I_{sys}表示为

$$I_{sys}=-\log_2 P_{(n)} \tag{16-4}$$

其中，$P_{(n)}$为所有 n 个 FRs 都得到满足的联合概率。当所有 FRs 都在统计上独立时，如在无耦合设计的情况下：

$$P_{(n)}=\prod_{i=1}^{n}P_i$$

于是 I_{sys} 可以表示为

$$I_{sys}=\sum_{i=1}^{n}I_i=-\sum_{i=1}^{n}\log_2 P_i \tag{16-5}$$

当所有 FRs 都不是统计上独立时，如在耦合设计的情况下：

$$P_{(n)}=\prod_{i=1}^{n}P_{i|\{j\}},\quad \{j\}=\{1,2,\cdots,i-1\}$$

其中，$P_{i|\{j\}}$ 为满足 FR_i 的条件概率，是在所有其他相关的(互相关的)$\{FR_j\}$$(j=1,\cdots,i-1)$

都得到满足的情况下给出的。在这种情况下，I_{sys}可以表示如下：

$$I_{sys} = -\sum_{i=1}^{n} \log_2 P_{i|\{j\}}, \quad \{j\} = \{1,2,\cdots,i-1\} \tag{16-6}$$

信息公理是指，具有最小 I 的设计是最佳设计，因为它为达到设计目标只需要最少的信息量。当所有的概率都等于 1 时，信息含量为零；反之，当概率之中的一个或几个等于 0 时，所需要的信息量就是无穷大。也就是说，如果概率很小，就必须提供更多的信息来满足功能需求。

16.4 应用实例

16.4.1 冷热水混水阀

冷热水混水阀在人们日常生活中随处可见，其主要功能是通过该阀门将冷热水进行混合并可以调整适当的温度和流量，满足不同人在用水时不同的要求。混水阀的输入为冷热水，其中热水温度一般在 50℃以上，因此冷热水混水阀将高温热水与冷水混合，通过不同的混合比例实现温度的调节，再通过调节出水量来实现流量的调节。根据功能独立性公理，混水阀在调节温度和流量时两个功能之间是不能产生相互影响的，即功能之间不能产生耦合。

FR_1：控制水流速度(Q)而不影响水流温度(T)；

FR_2：控制水流温度(T)而不影响水流速度(Q)。

早期的冷热水混水阀设计采用两个旋钮龙头分别控制冷水和热水流量，通过改变冷热水的混合比例实现温度和流量的调节。但是，此类设计存在一个典型的问题，在使用过程中如果只调节一个水龙头的流量，那么无法实现单独控制温度和控制流量，即功能要求 FR_1 和 FR_2 产生了耦合，混水阀使用非常不方便，如图 16-3 所示。下面以公理化设计的功能独立性公理和信息含量最少公理作为设计决策的依据，对混水阀结构进行改进。

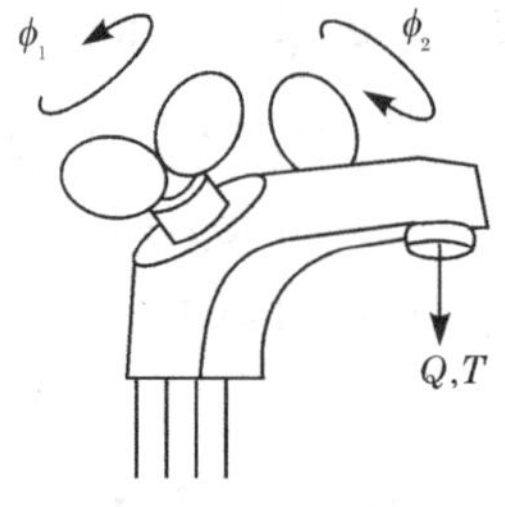

图 16-3 早期产生功能耦合的冷热水混水阀设计

首先，分析图 16-3 中产生功能耦合的原因，图 16-3 的结构表明，实现水流量和温度的变化主要通过两个水龙头的旋转角度(ϕ_1 和 ϕ_2)，根据公理化设计建立混水阀功能要求和设计参数直接关系的设计方程：

$$\begin{bmatrix} Q \\ T \end{bmatrix} = \begin{bmatrix} 1 & 1 \\ 1 & 1 \end{bmatrix} \times \begin{bmatrix} \phi_1 \\ \phi_2 \end{bmatrix} \tag{16-7}$$

由于两个水龙头分别控制冷热水管，仅调节某一个水龙头无法实现对水温和流量的分别控制，因为当 ϕ_1 或 ϕ_2 角度变化时，仅改变了冷水或者热水的流入量，虽然改变了两者的混合比例，但在温度发生变化的同时流量也发生变化，即随着 ϕ_1 和 ϕ_2 的变化，水流的 Q 和 T 均受影响，所以设计矩阵非对角线元素也为"1"，功能要求 $FR_1(Q)$ 和 $FR_2(T)$ 产生了相互影响。因此，图 16-3 设计方案中以两个水龙头的选择角度 ϕ_1 和 ϕ_2 作为设计参数无法满足功能独立性要求。

根据上述分析，产生功能耦合的原因是水龙头分别控制冷热水的流入量，因此，如果两个水龙头能够分别控制冷热水的混合比例以及混合后的温水的流量，就能够分析控制水的流量和温度的变化，其概念结构如图 16-4 所示。该设计中 KnobA 控制水流量(Q)，KnobB 控制冷热水的混合比例，即相应的设计方程如下：

$$\begin{bmatrix} Q \\ T \end{bmatrix} = \begin{bmatrix} 1 & 0 \\ 0 & 1 \end{bmatrix} \times \begin{bmatrix} \text{KnobA} \\ \text{KnobB} \end{bmatrix} \tag{16-8}$$

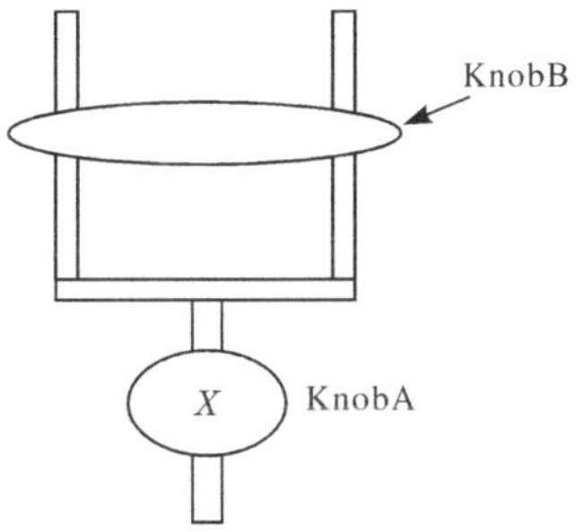

图 16-4　独立控制冷热水温度和流量的混水阀概念结构

根据上述概念，对混水阀的结构进行详细设计，设计结果如图 16-4 所示。KnobA 是一个流量调节阀，位于混水阀结构的下游，水在流经 KnobA 时已经进行了混合，因此通过调节其选择角度 ϕ_1，就可以实现对流量的独立控制。KnobB 的功能是控制冷热水的混合比例，由两个旋塞组成，并通过一根杆连接在一起。当杆旋转时，与冷热水相连的两个旋塞一个打开而另一个关闭，这样连接杆的旋转角度 ϕ_2 实现了对水温的独立控制。此时设计方程为

$$\begin{bmatrix} Q \\ T \end{bmatrix} = \begin{bmatrix} 1 & 0 \\ 0 & 1 \end{bmatrix} \times \begin{bmatrix} \phi_1 \\ \phi_2 \end{bmatrix} \tag{16-9}$$

公理化设计理论指出，如果在保证功能要求独立性的情况下，能将设计参数集成为一个完整的物理结构，会提高功能实现的能力，即减少设计的信息含量。虽然图 16-5 的设计方案满足功能独立性要求，但两个功能实现是由两个水龙头的旋转来控制的，因此需要进一步分析是否能够将两个水龙头合并为一个物理结构，提高设计的可靠性。

混水阀的功能是独立控制水的流量和温度，根据流体力学知识，在流体和压降相同的前提下，流速和管路的横截面积成正比。在保证功能独立性的前提下，设定设计参数分别为

$$DP_1\text{：横截面积总和}(A_c)+(A_h)=f(A_c+A_h)$$

$$DP_2\text{：横截面积比值}(A_c)/(A_h)=g(A_c/A_h)$$

其中，A_c 为冷水管的横截面积；A_h 为热水管的横截面积。

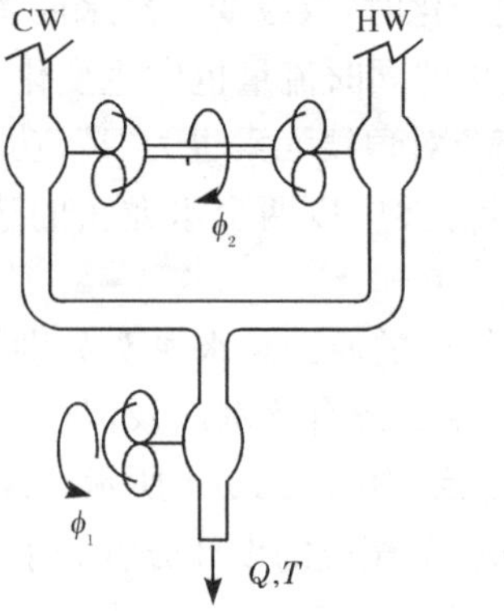

图 16-5　控制冷热水温度的混水阀结构

相应的设计方程可以记为

$$\begin{bmatrix} Q \\ T \end{bmatrix} = \begin{bmatrix} 1 & 0 \\ 0 & 1 \end{bmatrix} \times \begin{bmatrix} f(A_c + A_h) \\ g\left(\dfrac{A_c}{A_h}\right) \end{bmatrix} \tag{16-10}$$

根据上述原理进行混水阀的技术设计，建立如图 16-6 所示的两种设计方案。两种方案均是采用改变冷热水流入混水阀的出口大小来控制流量和温度，只是具体实现方式存在差别。

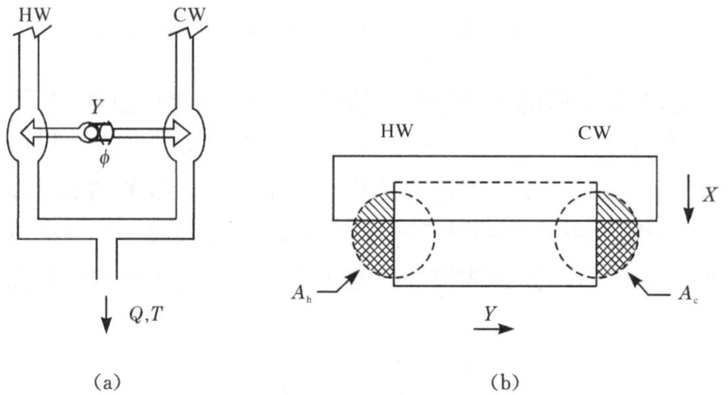

图 16-6　设计参数集成分析

方案 1：采用连杆连接冷热水出口旋塞，连杆是一空心杆，内腔为反向双螺纹，冷水和热水的旋塞中某一个与螺纹连杆相连，而另一个则与螺纹、旋塞通过反向螺纹副作用实现同时开闭，保证出水截面积的总和增加而冷热水的比例不发生改变。在控制水温时，通过整体横向移动冷热水旋塞，改变两个旋塞开合比例的大小。因此，式(16-9)可以改写为

$$\begin{bmatrix} Q \\ T \end{bmatrix} = \begin{bmatrix} 1 & 0 \\ 0 & 1 \end{bmatrix} \times \begin{bmatrix} \phi \\ Y \end{bmatrix} \tag{16-11}$$

方案 2：采用两个平板在同一平面的移动实现冷热水出水口横截面的变化，此方案正如式(16-10)所示，水流量的变化是冷热水横截面积之和为变量的函数，水温是冷热水横截面积之比为变量的函数。上平板沿 X 方向移动改变了水流量，下平板沿 Y 方向移动改

变了水温。因此,式(16-9)可以改写为

$$\begin{bmatrix} Q \\ T \end{bmatrix}=\begin{bmatrix} 1 & 0 \\ 0 & 1 \end{bmatrix}\times\begin{bmatrix} X \\ Y \end{bmatrix} \tag{16-12}$$

通过设计参数合并为一个集成的结构,混水阀设计将两个水龙头合并为由旋塞或者平板组成的整体结构。但是,如图 16-6 所示的两种混水阀设计方案中实现温度和流量控制时必须分别移动两个部件,其成功概率小于一个部件移动的设计方案。根据信息含量的定义,计算上述方案的信息含量:

假设移动一个部件实现对温度或者流量控制的概率为 90%,那么一个部件移动的混水阀设计的信息含量为 $I=\log_2(1/0.99)$;在保证功能独立性的前提下,两个部件移动的混水阀设计的信息含量为 $I=\log_2(1/0.99)+\log_2(1/0.99)=2\log_2(1/0.99)>\log_2(1/0.99)$。应用信息含量最少公理对混水阀设计进一步优化,尽可能将功能实现的概率接近"1",得到性能更高的设计方案。

根据上述分析,混水阀设计中某一部件具有多个自由度,其单独的运动能分别改变水流横截面的总和、比值,那么该设计成功的概率更大,而且功能实现的能力更高。但是,公理化设计并没有一套完整的方法指导设计人员在设计参数合并时如何保证信息含量最少,只能由设计人员根据自己的经验进行设计分析。图 16-7 是单部件运动的混水阀设计方案。

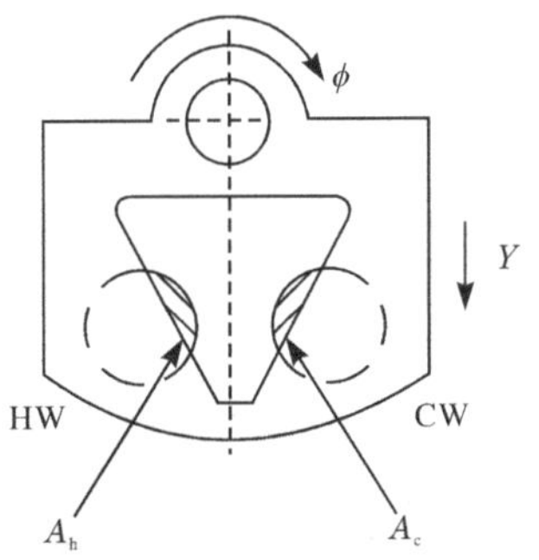

图 16-7　单部件运动的混水阀设计方案

如图 16-7 所示,设计方案通过一个平板的旋转和平移实现横截面大小和比例的变化。平板上开有三角形孔,当冷热水管对称位于平板中心线两侧时,通过旋转平板的角度 ϕ 可以改变横截面的比值,当平板整体沿 Y 方向移动时可以改变水流量。

16.4.2　深水炸弹触发器的设计

1. 案例背景

海军在遭遇敌对情况下,使用带爆炸物(即弹头)的深水炸弹来破坏敌人的潜艇。系统最重要的部分之一就是触发器,它引发一系列的活动,最终导致弹头在靠近敌人潜艇处爆炸,深水炸弹的操作示意图如图 16-8 所示。本实例的设计任务是设计触发器,使得深水炸弹只有在击中目标时向引爆器送出信号,并确定引爆弹头,用户需要比现有的触发器更便宜和更可靠的触发器。

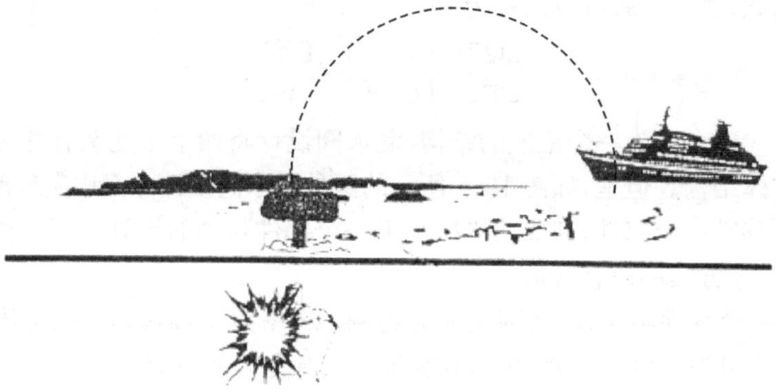

图 16-8 深水炸弹操作示意图

图 16-9 是触发器运行特性示意图，触发器在给引爆器送出信号前需要下列三个输入：①电能；②三个独立的解除保险条件；③点火信号。

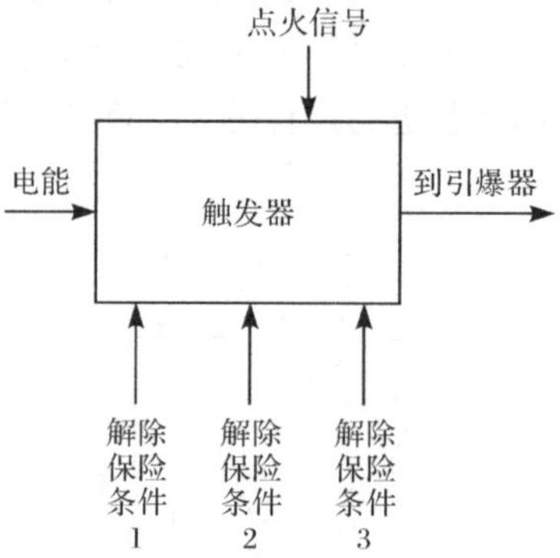

图 16-9 触发器运行特性示意图

当存在以上三个输入时，触发器启动引爆器引爆弹头。该设计的功能需求是为触发器提供这些信号以引爆深水炸弹。安全规程要求至少一个解除保险条件是以深水炸弹的状态来满足的。一旦设定，状态应该在爆炸前保持不变，意味着在整个引爆过程中，如果状态改变或消失，系统能够阻止爆炸。此外，系统的传感器必须不能对潮湿、电磁辐射、黑暗、振动、加速、温度等干扰因素敏感而产生误操作。本实例通过对深水炸弹系统进行功能结构分析，对深水炸弹系统整体进行改进，提高其工作的可靠性和稳定性。

2. 问题定义和功能需求描述

基于一般的问题描述，推出更具体的用户需求或者有效用户属性的描述，来帮助我们分析问题，建立的用户属性如下：

CA_1——成本低；

CA_2——更简单的概念(按照信息公理，如果减少信息量，部件数目将减少)；

CA_3——更可靠的思想。

最高层次的功能需求是触发器的爆炸，传递发射筒的驱动气体压力到整个深水炸弹，使其加速并开始其弹道轨迹。选择电气系统和发射器作为设计参数，则功能需求和设计参数可以描述如下：

FR_1——触发器引爆；FR_2——发射深水炸弹。

DP_1——电气系统；DP_2——发射器。

设计矩阵式对角阵。FR_2可以分解如下：

FR_{21}——提供力给发射装置；FR_{22}——向希望的方向送出装置；FR_{23}——向整个装置传递力。

DP_2可以分解如下：

DP_{21}——推进器；DP_{22}——发射筒；DP_{23}——底盘。

设计方程是对角的，如下所示：

$$\begin{Bmatrix} FR_{21} \\ FR_{22} \\ FR_{23} \end{Bmatrix} = \begin{bmatrix} 1 & 0 & 0 \\ 0 & 1 & 0 \\ 0 & 0 & 1 \end{bmatrix} \times \begin{Bmatrix} DP_{21} \\ DP_{22} \\ DP_{23} \end{Bmatrix} \tag{16-13}$$

由设计矩阵看出，该方程满足独立公理，保证了功能要求的独立性，设计过程可以继续。然而，发射器的设计(包括爆炸物、发射筒和底盘)已经完成，这里不再进一步分解。

在该层次，引进下列应用于所有设计参数的约束，这些设计参数在稍后的设计过程可能被选用：

C_1——安全性；C_2——质量；C_3——重心位置；C_4——与底盘配合的外部尺寸；C_5——环境承受力。

3. 触发器分解

考虑电气系统作为 DP_1，可将 FR_1分解为较低层次的功能需求：

FR_{11}——提供电能；FR_{12}——激发解除保险条件 1；FR_{13}——激发解除保险条件 2；FR_{14}——激发解除保险条件 3；FR_{15}——发送出点火信号。

为了决定设计参数，必须了解深水炸弹的实际使用环境。在发射周期有 7 个状态，其中深水炸弹必须满足 FR_{11}和 FR_{15}。

状态 1：储存和运输；

状态 2：载入发射器；

状态 3：发射；

状态 4：空中轨迹；

状态 5：进入水中；

状态 6：下沉；

状态 7：击中目标。

图 16-10 显示了这 7 个状态。

斯文森(Swenson)认为在状态 2～6 必须满足装备条件，在状态 7 必须满足激活弹头的起爆。当深水炸弹经过这些状态时，必须选择合理的设计参数来满足这些功能需求。这些设计参数必须相互独立和唯一，因为深水炸弹的起爆必须基于唯一的一系列活动的确认，这些活动确定了发射器从开始到深水炸弹的所有状态。每个状态和事件的详细过程如下。

载入发射器并且发射(状态 2 和 3)：表明了深水炸弹的唯一条件。这些状态不能作

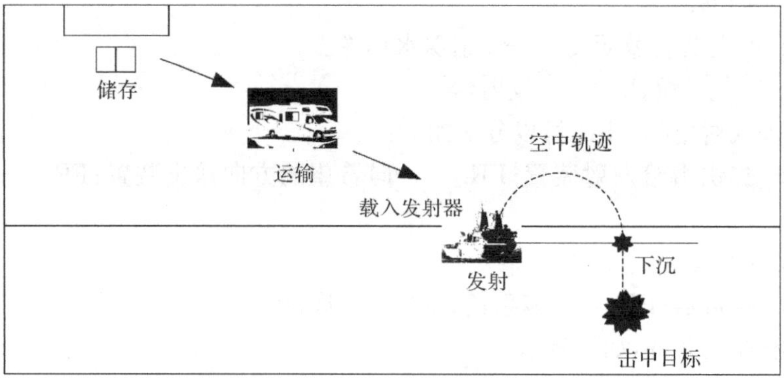

图 16-10　深水炸弹必须有效的环境

为设计参数，因为它们在爆炸前还不存在。另外，在深水炸弹通过炮膛离开发射器时，重要的事件发生了。

气体的存在(状态 1、2、3 和 4)：最普通的环境就是气体的存在，检测气体不是有用的设计参数，因为它不能用来确定一个特殊的状态。

动态气压：当深水炸弹发射后，将存在动态气压，然而，动态气压和动态水压是同样的数量级，这意味着动态压力不能用来区分动态水压和动态气压。因此，动态气压在该设计中不能作为设计参数。

气体压力(在发射筒中)：由于固体推进剂的爆燃过程而产生的气体压力仅存在于发射中，意味着这是一个唯一和独立的活动。

水的存在：水的存在清楚区分了空气和水的两种状态，它适合作为潜在的设计参数。然而，我们必须能够将雨水与深水炸弹周围存在的大量海水区分开。

水压：水压清楚区分了空气和水的状态。

动态水压：动态水压和动态气压是同样的数量级，这意味着动态压力不能用来区分动态水压和动态气压。因此，动态水压在该设计中不能作为设计参数。

旋转：发射器没有膛线，因此发射没有产生旋转。然而，进入水面时，以及在储存和运输等过程中均会产生旋转，因此旋转不能作为环境因素。

击中目标：当深水炸弹击中目标，将可以检测到负加速度，因此可以作为事件。

时间：时间不是一个好的要素，因为各个状态需要的时间在不同情况下也不同。

基于以上分析，以下的环境因素是唯一和独立的，因此能够作为形成设计参数的基础，这些设计参数将触发解除保险条件(功能需求)，向引爆器发出点火信号：

DP_{11}——气体压力；DP_{12}——离开发射器口(事件 1)；DP_{13}——进入水下(事件 2)；DP_{14}——水压(状态)；DP_{15}——击中目标(事件 3)。

系统在该级别的设计方程为

$$\begin{Bmatrix} FR_{11} \\ FR_{12} \\ FR_{13} \\ FR_{14} \\ FR_{15} \end{Bmatrix} = \begin{bmatrix} 1 & 0 & 0 & 0 & 0 \\ 1 & 1 & 0 & 0 & 0 \\ 1 & 0 & 1 & 0 & 0 \\ 1 & 0 & 0 & 1 & 0 \\ 1 & 1 & 1 & 1 & 1 \end{bmatrix} \times \begin{Bmatrix} DP_{11} \\ DP_{12} \\ DP_{13} \\ DP_{14} \\ DP_{15} \end{Bmatrix} \tag{16-14}$$

在这种应用中,安全必须置于非常重要的地位。因此,系统范围必须总是在设计范围内,所以信息量为零。

4. 子系统的设计

为了进一步的具体设计,还可以将设计参数继续往下分解,以实现各个子系统的详细设计来满足它们的需要。

对于 FR_{11},只有发射后才提供电能,采用发射时产生的气压来激活电池,所以 FR_{11} 可以分解为:

FR_{111}——感应发射事件;FR_{112}——供应电解液。

这些功能需求的实现原理如图 16-11 所示,它使用了电池,当安瓿瓶内的电解液供应到电极室时,可以激活电池。气压进入深水炸弹的后部,气体进入腔室,迫使冲击活塞击打电池的底部一边。这种冲击可以足够打碎装有电解液的玻璃安瓿瓶。当电解液进入并与电极混合时,电池便激活。

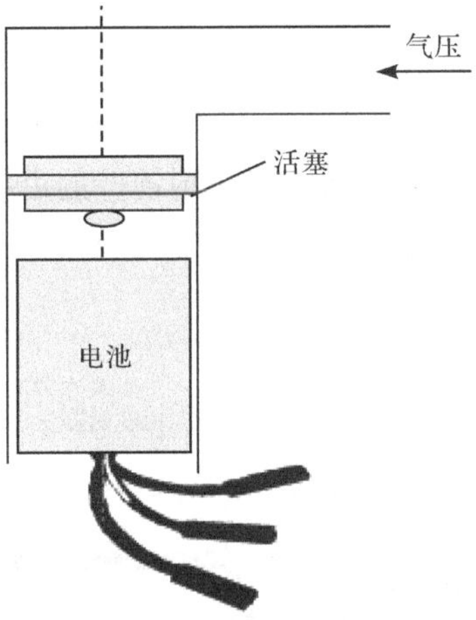

图 16-11　FR_{11}的实现原理图

设计参数如下:

DP_{111}——气体压力激活的机械运动;DP_{112}——破坏安瓿瓶的机械冲击。

此时设计矩阵方程为

$$\begin{Bmatrix} FR_{111} \\ FR_{112} \end{Bmatrix} = \begin{bmatrix} 1 & 0 \\ 1 & 1 \end{bmatrix} \times \begin{Bmatrix} DP_{111} \\ DP_{112} \end{Bmatrix} \tag{16-15}$$

该级别分解为一个可接受的准耦合设计。

对于 FR_{12},更详细一层的功能要求可以描述如下:

FR_{121}——感应发射;FR_{122}——当深水炸弹离开发射筒时激发电路。

建议的解决方案是通过使用传感棒来感应发射筒的情况,当深水炸弹离开发射筒时将电路开关关闭,这样设计参数可以描述如下:

DP_{121}——感应发射筒的传感棒;DP_{122}——由传感棒激发的电路开关。

此时设计矩阵方程为

$$\begin{Bmatrix} FR_{121} \\ FR_{122} \end{Bmatrix} = \begin{bmatrix} 1 & 0 \\ 1 & 1 \end{bmatrix} \times \begin{Bmatrix} DP_{121} \\ DP_{122} \end{Bmatrix} \tag{16-16}$$

此时设计是一个满足独立公理的解耦设计，电路开关可以实现炸弹保险条件的转换，但是如何实现功能要求 FR_{121} 需要进一步分析，以确定如何应用传感棒感应和激活保险条件 1。

对 FR_{121} 继续分解，较低层级的功能要求和设计参数可以分别分解如下：

FR_{1211}——向发射筒推动感应棒；FR_{1212}——当深水炸弹离开发射筒时伸展感应器；FR_{1213}——在发射后防止传感棒移动回来。

DP_{1211}——活塞；DP_{1212}——膨胀气体；DP_{1213}——自锁机械装置。

此时设计矩阵方程为

$$\begin{Bmatrix} FR_{1211} \\ FR_{1212} \\ FR_{1213} \end{Bmatrix} = \begin{bmatrix} 1 & 0 & 0 \\ 1 & 1 & 0 \\ 0 & 0 & 1 \end{bmatrix} \times \begin{Bmatrix} DP_{1211} \\ DP_{1212} \\ DP_{1213} \end{Bmatrix} \tag{16-17}$$

该设计矩阵也是一个能够满足独立公理的准耦合设计。功能要求 FR_{121} 的实现原理如图 16-12 所示。与功能要求 FR_{11} 类似，也是通过发射时产生的气压作为驱动力，推动深水炸弹膛内的活塞向外运动，将传感棒探出深水炸弹体外，沿着发射筒壁滑动；当发射完成时，炸弹飞出发射器时，由于传感棒失去了发射筒壁的束缚，活塞继续向外移动，将发射电路转换开关关闭。此外，此转换开关是一次性的，通过一个电子或者机械机构将开关锁死。

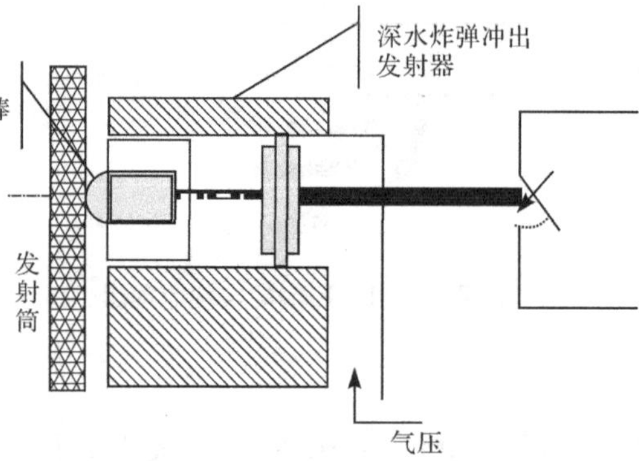

图 16-12　FR_{121} 的实现原理图

对于 FR_{15}，更详细一层的功能要求可以表述为：

FR_{151}——感应碰撞目标，DP_{151}——加速计；

FR_{152}——向引爆器发出信号，DP_{152}——通过加速计激发的电路开关。

此时设计矩阵方程为

$$\begin{Bmatrix} FR_{151} \\ FR_{152} \end{Bmatrix} = \begin{bmatrix} 1 & 0 \\ 1 & 1 \end{bmatrix} \times \begin{Bmatrix} DP_{151} \\ DP_{152} \end{Bmatrix} \tag{16-18}$$

这些设计参数可由成品部件组成，设计矩阵是下三角矩阵，因此满足独立公理。

至此为止，设计过程中分解得到的设计都能够满足独立性公理，设计参数都是能够由可以实现的原理、方案或者零部件组成的设计参数，虽然不是完全的非耦合设计，但也是可以接受的准耦合设计。在实际设计过程中，由于产品结构的复杂多变性，很难得到绝对的非耦合设计，设计过程中一般做到准耦合设计即可。

16.5　小　　结

本章主要目的在于介绍公理设计的基本理论及方法，首先对“域”的概念及四个域之间的“之”字形映射和层次结构做了阐述；然后对公理化设计中两大公理“独立性公理”与“信息公理”进行描述；最后以“冷热水混水阀”和“深水炸弹触发器”的设计为实例，介绍了公理设计的具体使用方法。

参考文献

创新方法研究会. 2012. 创新方法教程. 北京：高等教育出版社.

El-Haik B S. 2005. Axiomatic Quality. Hoboken：John Wiley & Sons，Inc.

Suh N P. 1990. The Principles of Design. New York：Oxford University Press.

Suh N P. 2001. Axiomatic Design：Advances and Application. New York：Oxford University Press.

Suh N P. 2004. 公理设计——发展与应用. 谢友柏，译. 北京：机械工业出版社.

第 17 章　六西格玛设计

17.1　六西格玛简介

六西格玛(six sigma，6σ)作为品质管理概念，自 20 世纪 80 年代由摩托罗拉公司的比尔·史密斯首次提出以来，历经了不断的发展与迅速的推广。六西格玛是一种商业流程方法学，通过六西格玛改进方法和六西格玛设计(design for six sigma，DFSS)方法改善产品/流程的设计过程，降低产品/流程的缺陷或失败次数，以达到产品/流程最优化并提高顾客满意度的目的。

σ 在统计学中称为标准差，表示单个值偏离平均值的差异，是用来度量质量特性波动大小的统计单位。在统计学中，数据分散性反映西格玛水平的大小，就是在半个可接受的偏差范围内能容纳的标准差的个数。如图 17-1 所示，西格玛水平越高，能容纳的标准差的个数就越多，数据就越集中在目标附近，其分散程度相对于可接受的偏差范围就越小。也就是说，西格玛水平越高，对要求的符合程度就越高。

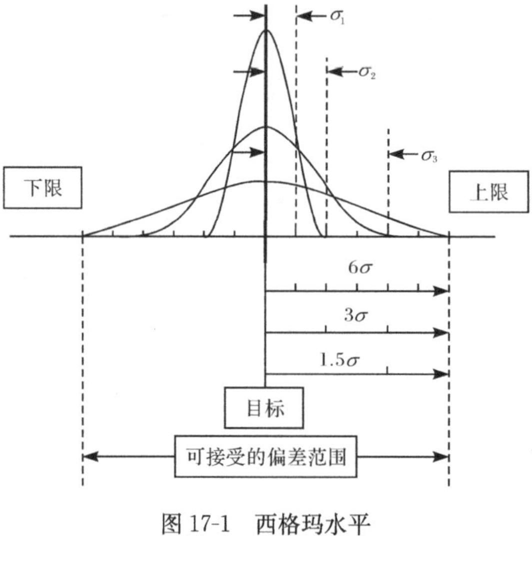

图 17-1　西格玛水平

6σ 最初的含义是建立在统计学中最常见的正态分布基础上的，其考虑了 1.5 倍的漂移，这样落在 6σ 外的概率只有百万分之三点四，即 3.4ppm。以 σ 为单位，从目标到可接受偏差范围的上限，存在 σ 的个数 k 即为西格玛水平。因正态分布是沿目标值左右对称的，从目标到可接受偏差范围的下限存在 σ 的个数也体现相同的西格玛水平。

$$k=\frac{\text{上限}-\text{目标}}{\sigma}=\frac{\text{目标}-\text{下限}}{\sigma} \tag{17-1}$$

不同西格玛水平的差异可以用表 17-1 更直观地表示。

表 17-1　西格玛水平的差异

$k\sigma$	拼写错误	时间(每百年)
1σ	170 字/页	31.75 年
2σ	25 字/页	4.5 年
3σ	1.5 字/页	3.5 月
4σ	1 字/30 页	2.5 天
5σ	1 字/一套百科全书	30 分
6σ	1 字/一个图书馆	6 秒

六西格玛的应用不仅仅局限于摩托罗拉、联信/霍尼韦尔、通用电气等制造企业，花旗银行、B2C 网站等越来越多的服务性企业，也将六西格玛战略应用到提高服务质量、维护高的客户忠诚度中；另外，还有些政府机构也开始采用六西格玛的方法来改善政府服务。

自 1995 年以后，国际上著名的跨国公司实施六西格玛的数量呈指数增长。1999 年，《财富》500 强名单中已有 40 家实施了六西格玛，并取得了很大成功。一批极富创造力和想象力的跨国公司的 CEO 也对此管理法趋之若鹜。据统计，在美国公司前 150 强中，已有 120 家使用六西格玛进行管理。目前，国内已有不少企业实施六西格玛管理方法，如制造业的美的集团、步步高电子、海尔集团、华为和中国重汽等；也有很多服务性行业，如香港华美酒店、广州友谊、万事利洋行和航天科技国际集团等。

通常情况下，提到六西格玛指其改进方法，往往用于对产品或流程的改进，应用定义(define)、测量(measure)现状、分析(analyze)和改进(improve)产品/流程，并加强控制(control)，即 DMAIC 模式，这也是公认开展六西格玛改进的标准流程。六西格玛改进主要针对已有产品/流程缺陷产生的原因，从根本上予以消除，通过不断的改进使产品/流程趋于“完美”。而在没有历史数据的情况下，六西格玛采用 DFSS 方法来设计和建立新的产品/流程。

国内外许多企业在深入推行六西格玛计划过程中，通过改进达到 4σ～5σ 水平(通常称为“5σ 墙”)时就难以实现突破，主要有两方面的原因：改进成本过高，得不偿失；改进工作无法消除产品最初设计的根本缺陷。试想，在产品设计最初如果没有赋予其高质量水平(6σ 水平)，通过六西格玛改进 DMAIC 流程又怎么可能实现高质量呢？即六西格玛改进的效果是有限的，若产品/流程在设计的早期阶段(顾客需求分析或概念设计方案生成)含有缺陷，只进行过程的改进不可能彻底改变并提升产品的固有质量(低水平)，此时必须跳出原系统，采用合理的方法、流程和工具设计出新的产品来代替现有产品才能实现突破。

17.1.1　DFSS 方法

DFSS 是六西格玛的子集，强调按照合理流程、运用科学的方法工具，准确理解并掌握顾客需求，进行新产品/流程的设计，使其在低成本下实现 6σ 质量水平。DFSS 主要作用于产品生命周期的早期，旨在设计阶段就赋予产品很高的固有质量。它将六西格玛原理应用于新产品设计过程，强调构建和制造产品时，在设计的前期所作的决定将对后期行为产生深远影响。

DFSS 用于以下两种情况：在已存在产品/流程的前提下，改进使其达到约 4.8σ 水平时，就再难以突破，即使增加投入也可能会得不偿失，此时就应当选择六西格玛设计，对现有的产品/流程进行再设计，从根本上改善其功能、性能或表现；如果是开发新产品、新业务流程，优化软件设计和系统整合，设计一开始就应该采用六西格玛设计，而产品/流程的质量主要由需求分析质量和设计质量决定的，设计质量则决定了产品的固有质量。与不断改善产品性能的六西格玛改进相比，DFSS 的主旨是一开始就制定一个没有缺陷的设计。DFSS 是一种强有力的问题解决方法，能够处理当前很多产品和服务所面临的核心问题——几乎所有缺陷中的 80%源于设计问题。设计缺陷的存在，使得在应用六西格码改进方法时难以取得真正的六西格码级别的绩效。要想最终取得突破性改善，需要六西格码团队创建新产品/服务，或利用 DFSS 对现有产品/服务进行重新设计。

与六西格玛改进的 DMAIC 流程类似，DFSS 也有贯穿产品/流程设计过程的流程，研究人员已经提出 13 种，但目前仍然没有统一的模式。针对 DFSS 流程的各个阶段，六西格玛提供了大量的工具可供选择，以保证更全面而深刻的理解顾客需求，发现更行之有效激发创新能力、寻找创新策略，并确保以预防为主的产品设计过程和物理结构各参数（或服务流程各因素）最优化。

17.1.2 基于 DFSS 的产品创新设计方法

基于 DFSS 的产品创新设计可以概括为“建立在质量基础上的创新”。首先，DFSS 提供有效的顾客之声（voice of the customer，VOC）路径，准确把握顾客的真实需求，并以此为指导确保产品设计方向和趋势的正确性；其次，DFSS 集成了有效的概念开发工具，辅助生成适合全新产品的创新设计方案；最后，DFSS 为全新产品/流程的开发提供一整套结构化的流程，通过大量的统计学工具，保证设计过程的严谨和物理结构各参数的最优化，从根本上保证产品固有质量的可靠。

17.2 基于 DFSS 的产品创新设计模型

DFSS 是由一整套通用的新产品开发途径与一系列方法工具集成的有机系统。设计过程中各工具与方法之间的衔接是有序的，且具有极强的逻辑性：某个工具输出的方案、参数往往作为另一个工具的输入数据，从而构成了 DFSS 完整且有效的产品开发设计模型。

17.2.1 集成模式 DFSS 方法的组织结构

面向产品创新设计的 DFSS 方法体系，主要由三个部分组成：顾客需求分析策略（VOC 策略）、创新设计方案生成策略（CR 策略）和方案详细设计及最优化策略（DO 策略），如表17-2 所示。

顾客需求分析策略涉及需求的获取和需求的分析，所用工具包括层次分析法（analytic hierarchy process，AHP）和质量功能展开（QFD）方法，简称为 AHP-QFD 方法。

表 17-2　集成模式 DFSS 方法的组成

DFSS 关键策略	方法、工具
VOC 策略	AHP-QFD 方法
CR 策略	FBS 映射、科学效应库、d-FMEA
DO 策略	CDOE、MC 模拟、CPK、σ 水平计算

创新设计方案生成策略又可称为概念方案求解策略(concept resolve,CR),包括创建方案和方案评价分析两个部分,具体指利用 FBS 映射和科学效应库辅助设计人员创建多个备选方案并从中选出最适的方案,接下来利用 d-FMEA 方法对该方案进行评价,确保其符合功能需求和产品设计需求。

方案详细设计及最优化策略(design optimize,DO)集成了大量统计学工具,如利用 CDOE 为全新产品的开发量身定制实验计划,在没有大量经验和专业技术的前提下,分析出关键参数并寻求最优参数的组合。利用实验设计(design of experiment,DOE)分析方法对最优化后的参数进行大量试验的模拟仿真,快速而高效地对方案进行验证。利用 CPK 和 σ 水平作为指标,对全新产品的设计进行过程能力分析。

本书将 VOC 策略、CR 策略和 DO 策略三者的集成模式,简称为 VRD 模式,以该集成模式作为面向产品创新设计的 DFSS 方法体系。

17.2.2　VRD 集成模式的原理分析

VOC、CR 和 DO 三个关键策略集成在一起,就像三块拼图一样形成了一个完整的方法体系(VRD)支持全新产品的设计过程(图 17-2)。三者互相嵌接组合成有机的整体,呈相互补充关系,发挥各自的优势,形成解决产品创新设计问题的框架,作为 DFSS 的实现方法和工具。其中 A 表示顾客需求,B 表示高阶概念方案,C 表示最优化。每块拼图凹陷的部分代表各策略缺乏或不足的因素,而突出的部分代表各策略能为其他策略提供的支持或补充特性。

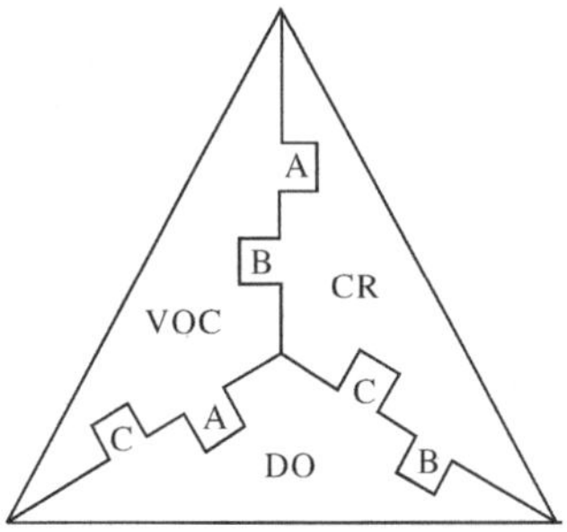

图 17-2　VOC、CR 和 DO 集成关系模型

执行 DFSS 过程中,VOC 策略的实施可以提供顾客需求的输入,为整个产品设计过程提供指导从而最大限度地满足顾客需求,但不能为顾客提供具体的、满足产品功能需求的创新性概念设计方案;而 CR 策略利用 FBS 映射,结合科学效应可以提供满足顾客需求的物理结构设计方案,而且更重要的是能够实现全新产品设计创新并提供创新性设计方案,但其在具体的产品结构参数选择等方面存在着不足;DO 策略中,CDOE 可以识别

关键参数、进行参数最优化并确定最好的参数值组合，但其缺少的是将顾客需求驱动作为先导以及系统创新概念设计方案的指导。因此，三种策略的集成模式 VRD 将辅助 DFSS 在全新产品开发过程中形成完整、新颖且理想的设计方案。与传统的设计方法相比，这种基于 VRD 的 DFSS 方法能产生满足顾客需求的、参数最优化的创新性设计方案，更适用于进行全新产品的设计。

17.2.3　面向全新产品的 DFSS 模型

DFSS 通过集成在产品开发过程中的工具包来实现对整个过程的管理。它根据客户的需求定义一整套产品的设计要求，从中进一步确定关键参数，开发过程中输出一系列量化结果并不断与要求进行对照，确保结果与要求的一致性。要求与结果通过 σ 的形式进行测量与评估。

面向全新产品的 DFSS 模型采用建立在质量基础上的创新模式，由 VOC、CR 和 DO 三个模块组成，如图 17-3 所示。全新产品设计是一种创造，给出一种有形产品或服务的详细描述，以及生产此种产品和服务的过程。就质量理论的角度而言，全新产品设计意味着建立质量目标和可持续地实施达到这些目标的手段。DFSS 方法意味着同时为产品以及生产产品的过程创建这样一种设计，与此同时，产品和过程的缺陷不仅极少，而且是可以预计的。

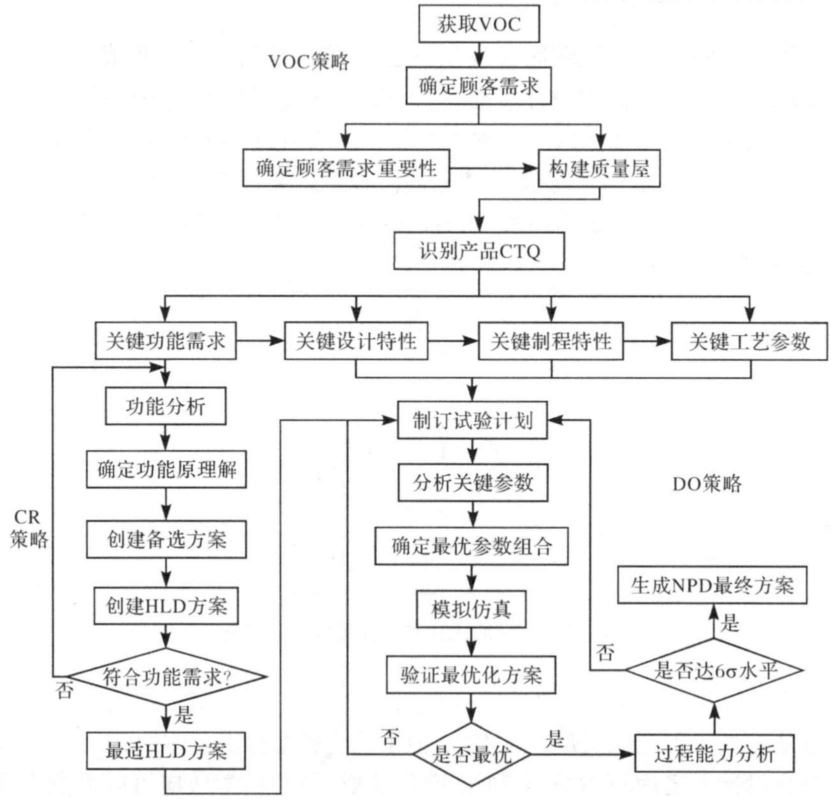

图 17-3　全新产品的 DFSS 模型

要达到如此卓越的绩效水平，以及与之相伴的低成本、短周期和提升顾客满意度水平，必须提升传统的设计模式为建立在质量基础上的创新模式。例如，每一个 DFSS 设计项目都开始于顾客的识别和对他们需求的详细分析和了解。甚至在一开始就进行"再设计"，因为所有成功的设计都基于顾客需求，并且在这个飞速变革的世界里，顾客需求(甚至顾客)都是在快速变化之中的。

DFSS 模型指导产品设计人员去创造性地开展设计工作，以便可以在 6σ 水平上生产出高质量的产品。创造性的体现不能单单靠设计人员的"头脑风暴"或者对现有方案的简单改进，而必须跳出传统领域，实现真正的创造发明。创新性概念方案的产生是一个先发散后收敛的过程。发散过程借助 FBS 映射与科学效应库的搜索作用，产生多个创新性的功能原理解和备选概念方案，再对这些备选方案评价择优选出一个或若干方案的组合，实现收敛过程生成最终的创新性概念方案。

如果说 DFSS 是一种"先思考后行动"的过程模式，VOC 和 CR 策略的实施便实现了思考的过程，为 DFSS 完成"do"的工作指明问题的根源、解决问题的方向并界定了标准。DO 策略要完成的任务便是按照"思考"的指导，完成"行动"的实施——根据概念开发出详细的高水平的设计。详细设计的困难在于要将这个阶段所做出的决定组合在一起非常复杂，既要保证设计的不同部分最后能够组合在一起，同时又要满足客户与业务的要求。CDOE 和 MC 模拟等工具通过在数量上模拟设计要求和影响输出性能的流程变量之间的关系，运用设计知识、基准、尝试和原型、试验、模拟、数据和过程能力分析，对这种设计进行正式测试，从而发展高水平的设计优化过程。

17.3　基于 DFSS 的产品创新设计流程

与六西格玛改进类似，DFSS 也有自己的流程。针对全新产品设计过程的特点，本书提出面向产品创新设计的 DFSS 流程。与现有的其他流程相比，该流程更注重顾客需求的识别和创新概念的生成，以明确要解决的问题并寻求应对该问题的策略为关键点，辅以设计和验证阶段的计量、途径和控制的方法工具，实现创新设计的 DFSS 流程。

17.3.1　DFSS 与六西格玛改进的区别

区分六西格玛改进和 DFSS 的一个方式是通过确定六西格玛行为发生在产品生命周期的什么阶段以及其着重点。一方面六西格玛改进侧重于主动找出问题的起因和源头，从根本上解决问题，强调对现有产品/流程的改进，但它并不注重产品/流程的初始设计；而另一方面，六西格玛改进重视的是改进，对新产品几乎毫无用处，因为新产品需要改进的缺陷还没有出现。

六西格玛改进流程集中于关键问题根源的解决，进而能够改善 CTQ 绩效；DFSS 本身就是 CTQ、总体方案及详细方案的最适设计。DFSS 可以看成六西格玛业务改进方法的另一种实现形式，但不是 DMAIC 流程的延伸，它是在质量设计阶段而非控制阶段乃至生产阶段来预防缺陷。要想突破六西格玛改进的"5σ 墙"，开展 DFSS 是必要途径。因为只有在开发过程中努力消除产品的潜在缺陷，才能提高产品抵御各种干扰的能力，减少质量波动，实现 6σ 的质量目标。DFSS 是在设计阶段就强调质量，而不是等设计完成之后再通过传统的“试错法”来试图提高质量，达到目标，这样就节省了大量的成本和时间，通过这种方式得出的稳固的、内在的质量是其他任何体系所无法达到的。因此，DFSS 比六西格玛改进具有更加重要的意义和更大的效益。尤其在引进新产品和新流程的过程中，DFSS 才是最佳的方法。

DFSS 被视为起预防作用的创新方法，其并非改善流程原有问题，而是在产品投入生产之前进行预防性设计。事实上，产品质量特性在很大程度上已于设计阶段就形成了。在理想状况下，设计六西格玛(DFSS)将使流程六西格玛(DMAIC)“无用武之地”。

17.3.2　现有 DFSS 流程比较分析

下面列举几种典型的 DFSS 流程：①通用电气公司提出的 DMADV，该模式是目前研究应用较为普遍的；②由上一模式衍生出来的 DMADOV，该模式对 DMADV 作了细微修改，增加了一个优化环节；③英国杰夫・坦南特提出的另一种流程 DMEDI，强调发展和执行；④美国质量管理专家苏比尔・乔杜里提出的 IDDOV，该模式与 DMADOV 类似，重视优化，适用于制造业；⑤英国杰夫・坦南特提出并大力普及的 DCCDI，该模式强调针对顾客需求。

现有流程各阶段中，定义、识别、顾客以及概念都属于目的类别；测量、分析和调查属于计量类别；设计、改进、提高、最优化、发展及执行等均属于途径类别；控制和验证属于控制类别。

17.3.3　面向全新产品的 DFSS 流程

综合对 DFSS 现有流程的比较分析不难发现，DFSS 的阶段和步骤不是固定不变的，每种流程都各有侧重点。针对全新产品设计过程的特点，本书提出了一种面向产品创新设计的 DFSS 流程，分为五个步骤，分别表述为：定义(define)、顾客(customer)、概念(concept)、设计(design)和验证(verify)，简称 DFSS 的 DCCDV 流程。具体各个阶段的内容如下：

(1) 定义：确立一个有价值的 DFSS 项目，其目标是为将来的活动提供一个清晰、明确的方向。通过项目团队章程，创建项目计划，同时明确整个项目开展中所需的资源和受限条件。

(2) 顾客：项目确立后，最关键的工作是首先聆听顾客之声。确定获取顾客需求的方法并采取行动，将各需求列入 VOC 清单；根据 VOC 说明全新产品的要求和目标，选择适当方法将 VOC 转化为实际的要求，确认关键质量特性。

(3) 概念：开发概念方案。利用创造性强的功能分解方法确定可行的概念，并应用可靠的工具评估备选方案，确认并消除产品失败/缺陷的潜在可能。概念开发阶段既要求能创建多种可行的备选方案又要求高度创新。

(4) 设计：设计最优化。该阶段是保证实现 6σ 质量水平的关键。利用顾客需求的分析结果与概念阶段创建的创新性概念方案，实施具体的产品设计计划，对概念方案的各个子系统进行详细设计，识别关键参数并对其进行最优化。

(5) 验证：验证最优化的设计。DFSS 是建立在质量基础上的创新，强调把质量融入设计。因此，在 DFSS 项目收尾前，必须验证设计方案是否真的为最优，确保新的设计是可行的。

与现有的其他流程相比，DCCDV 流程更注重顾客需求的识别和创新概念的生成，关键点落在产品设计的目的范畴——明确要解决的问题并寻求应对该问题的策略，辅以设计和验证阶段的计量、途径和控制的方法工具。

17.3.4　基于 DCCDV 流程的 DFSS 模型

相对于传统的被动的、反应式的设计方法而言，基于 DCCDV 流程的 DFSS 模型（图 17-4）是一种主动的、预防式的产品开发模式，其最大的优点在于根据顾客的需求来设计开发产品，并把注意力集中于问题的规划和预防上而不是单纯的解决问题，大大缩短了因设计不合理而重新设计或修改设计的时间，加速了产品投放市场的进程。

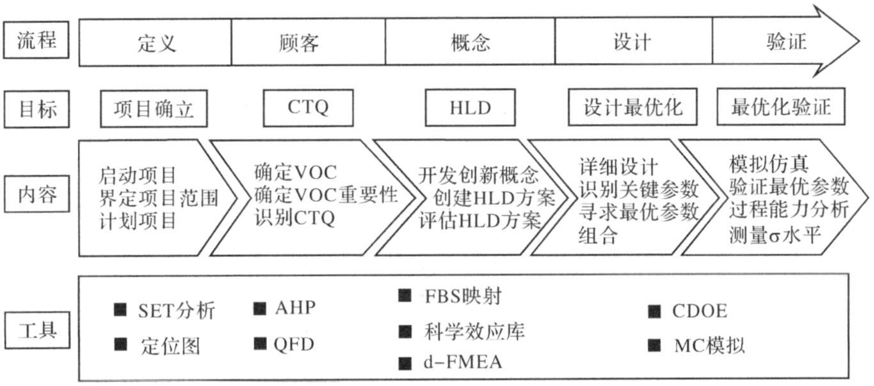

图 17-4　基于 DCCDV 流程的 DFSS 模型

1. 确立 DFSS 项目

定义(D)阶段的主要目标是 DFSS 项目的确立，启动项目后，对其范围进行界定，然后进行项目的计划和管理。这一阶段，要求成功识别产品机会缺口并对产品进行准确定位。

成功识别产品机会要求不断地对社会趋势、经济动力和先进技术三个方面的因素进行综合研究，即对社会、经济、技术(society economic technology，SET)系列因素分析。当市场上现有产品和新趋势推动下新产品或重大产品改进的可能性之间存在缺口时，产品机遇就会出现。若产品满足了固有意识或无意识的需求和期望值，并被认为是有用的、好用的和希望拥有的产品时，它就成功地填补了产品机会缺口。

产品准确定位以定位图为主要工具。定位图显示了同一领域的不同产品在以造型和技术为轴的矩阵中的定位。造型是指能够将美感和产品与服务中的人机问题结合起来的感觉因素，它一方面必须反映消费者的期望，塑造产品自身的品牌形象；同时它还是一种标准，用来度量产品怎样反映了预期市场上人们的生活方式。技术是指产品的核心功能，即产品源动力、使用产品所需要的部件间的相互关系以及用以生产产品的材料和方法。

定位图四个象限分别代表了在产品设计上造型和技术含量的差异。其中，左下角造型差、技术低，该象限中的产品是典型的普通产品；右下角造型差、技术高，该象限中的产品实现了功能最大化，却忽视了人们对于产品外形的关注；左上角造型好、技术低，该象限中的产品仅仅是由式样所驱使的；右上角造型好、技术高，该象限中的产品很好地结合了造型和技术，并增加了最终决定成功的因素——价值。造型和技术的成功结合被称为“移向右上角”。这种结合引出了被认为是具有高度价值的突破性产品。

2. 顾客需求确定与分析

顾客(C)需求阶段的主要任务是：通过调查、访问等途径获取顾客之声，对其进行整理后得到关键顾客需求(包括显性的基本需求与对创新有力的隐性需求)；进而利用 AHP 方法对这些顾客需求进行重要性分析，再构建质量屋，利用 QFD 识别全新产品设计各个阶段的 CTQ，为后续其他阶段提供指导与参考。

六西格玛所谓的质量最终就是面向顾客，全面而深刻地理解与把握顾客需求是创新的前提与全新产品成功的关键，也是保证顾客高满意度和产品固有质量的出发点。创造性的质量是产品赢得顾客青睐、企业赢得市场的法宝，但必须以满足甚至超越顾客需求为前提，产品和企业获得最大的顾客忠诚度源自六西格玛思想的革新。

顾客需求阶段强化当前的研制过程，提高设计可靠性，有效地减少后期的设计更改。采用 AHP-QFD 方法进行顾客需求分析的有效性表现在以下三个方面：①有效地获得顾客真正需要的产品，更好地满足顾客的要求，使顾客更加满意，使产品更具竞争优势；②在顾客和市场需求的基础上，尽早明确目标，使主要问题一目了然，以便优化资源分配；③以顾客需求为依据，质量屋为出发点，经过各阶段质量特性的展开，辅助进行产品详细设计方案的展开。

3. 概念方案的生成与选择

概念(C)阶段是实现创新的关键。其主要目的是选择创新性概念方案和开发细节化的系统设计要求，其中后者将是细节化设计的绩效目标。对顾客需求阶段得到的关键功能需求进行功能分解，开发创新概念，以此创建多个备选方案，通过评价分析优选出最适合的概念方案。

该阶段要开发出几种 HLD 备选方案，对于集成化的 CTQ 要求，这些方案代表了不同的功能方案。随后要建立起一套评价原则，用来分析和比较各个设计备选方案。最后的选择也可以是两个或多个备选方案的组合。在项目进行当中，随着更多设计信息的生成，可能会需要对设计进行重新审视或精炼。

DFSS 实现产品创新有以下几种形式：①对现有的功能、行为和结构方案进行重组，产生新的功能、行为与结构方案；②改变现有的结构方案类比出新的结构方案；③对偶然的、定性的或模糊的知识进行推测，构造新的功能、行为与结构方案。DFSS 实现产品创新的途径不仅需要 FBS 映射的求解框架，还必须引入科学效应库，辅助实现功能-行为的映射，确定创新性的功能原理解。

备选方案与最终概念方案按照创新层次可以分为 4 种(以创新性从低到高排列)：现有功能求解方案的改进；现有功能求解方案的重新选择；本专业领域的创造发明；跨专业领域的创造发明。

4. 设计最优化

设计(D)最优化阶段立足于概念设计要求，通过提供一个最优的功能设计要求来满足生产和服务的要求。该阶段的主要任务是对全新产品整体概念方案的各个子系统进行详细设计，识别关键设计参数并对其进行最优化，最终集成出完整的功能系统(全新产品)。这一阶段是保证实现 6σ 质量水平的关键。

六西格玛强调以数据为媒介来发现、定义及解决问题。DFSS 利用 CDOE 方法提取数据及数据分析，用数据说话，以数据为媒介来了解和刻画设计问题，寻求解决设计问题的有效途径。CDOE 通过强大的统计学工具和形象的图表，提供有效的数据与合理的分析，提升完美设计方案的可能性。开展 CDOE 有多个目的：其一是确定最好的特性组合(最优配置)；其二是得出一个数学预测方程，该方程可用于后续的建模和仿真；此外，还要在复杂程度不同的水平上设计一些试验，从最小的运行测试到多层次的复杂设计。

5. 最优化验证

验证(V)阶段旨在确保新的设计是可行的。延续使用设计阶段的数据网络，对已经优化得来的参数组合进行仿真模拟，验证其是否真的为最优；另外，通过过程能力的分析，计算出 CPK 值与 σ 水平，确认产品设计的高质量，完成 DFSS 项目的收尾。

17.4 应用实例

目前，我国戴眼镜的人数已超过 3 亿，近视患者已占世界的 33%，比世界平均水平高了 10%。眼镜市场的迅猛发展也必然带动眼镜盒市场的发展，因为两者是配套的关系。目前市场上的眼镜盒种类繁多，而且样式多样。就大的方向来说，可以分为框架眼镜盒与隐形眼镜盒。对于佩戴眼镜的人来说可能会遇到这样的问题：经常要更换戴这两种眼镜，尤其是外出时，需要随身携带两种眼镜盒，以便存放换下来的眼镜，特别不方便。这也为接下来的设计找到了产品的机会缺口。设想设计出一种眼镜盒，它集隐形眼镜盒与框架眼镜盒的功能在一起，以便存放两种眼镜及其配件。本节采用基于 VRD 集成模式的 DFSS 方法设计了一种隐形框架两用眼镜盒。按照面向全新产品开发的 DFSS 流程描述如下。

17.4.1 确立 DFSS 项目

确立 DFSS 的项目为设计两用眼镜盒，其价值在于可同时存放框架眼镜和隐形眼镜及其配件，将框架眼镜盒与隐形眼镜盒的使用价值和结构集于一身。经过调查，现在市场上还没有这种眼镜盒，隐形框架两用眼镜盒的 SET 因素分析如图 17-5 所示。

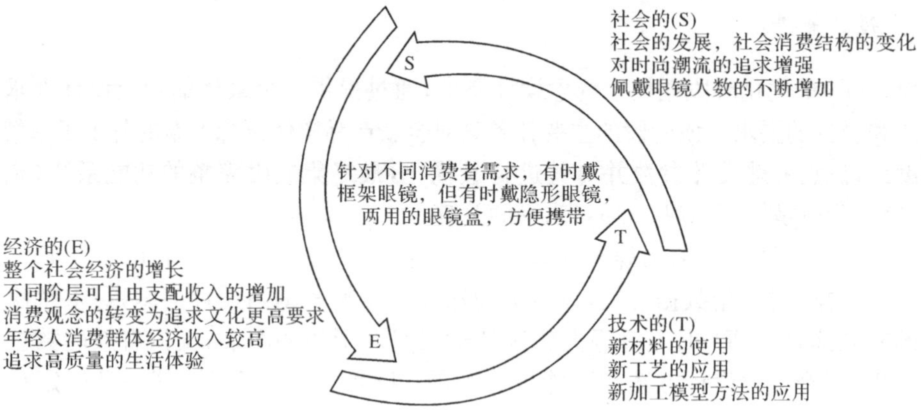

图 17-5　隐形框架两用眼镜盒的 SET 因素

针对目前市场上的产品机会缺口，我们设计的两用眼镜盒凭借其突出的功能，必将有着更大的市场发展前景。隐形框架两用眼镜盒的定位图如图 17-6 所示。

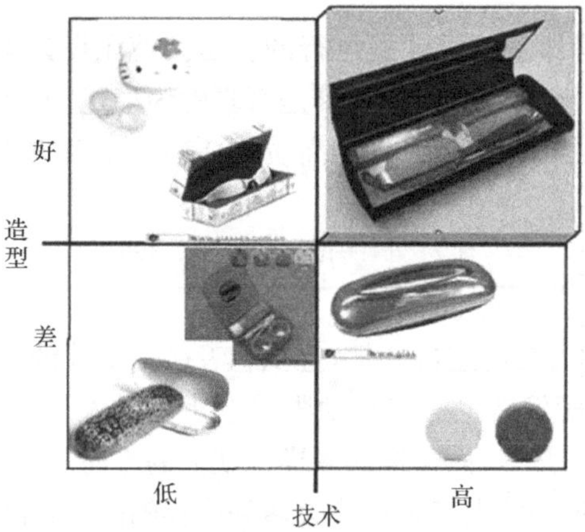

图 17-6　两用眼镜盒的定位图

目前市场上很大一部分眼镜盒都位于定位图的左下角，处于左下角的眼镜盒是一般比较普通的眼镜盒。它们的做工比较粗糙，价格也是比较便宜的，整体效果不好，在用材料方面也是以比较廉价的塑料为主。位于右下角的眼镜盒在成型时采用了更为先进的技术，使盒身结构上更加稳固，而且有的还采用了铝质材料来做盒身，更加坚固、耐用。但是它忽视了盒子外形的设计，使整体效果看起来很笨重。虽然它比较坚固但是不能更好地吸引消费者的目光。左上角的盒子在外形上做了重要改进，没有局限于普通的盒子外形，而是采用更为美观的外观设计，增强了整体视觉效果。但是它又忽视了技术方面的改进，这种盒子的销售状况也不是很好。右上角所设计的两用眼镜盒，是综合了左上角和右下角盒子的优点，改进了缺点，同时还将框架眼镜盒与隐形眼镜盒的功能进行了整合，所设计的眼镜盒具有两种功能，便于出门时携带。

17.4.2 顾客需求确定与分析

目前的眼镜盒大多具有普遍性，但是简单粗糙的外形，以及技术含量低下不能满足消费者的需求。为了更好地了解市场需求和进一步确定目标人群，需要开发一种新型的眼镜盒。我们设计了调查问卷（图 17-7），进行产品顾客需求调查，并对结果进行了统计和分析。

新产品开发调查问卷

产品立项说明：隐形框架两种眼镜各有优缺点，可根据情况的不同选择佩戴其中的一种；但经常要更换戴这两种眼镜，尤其是外出时，需要随身带两种眼镜盒，以便存放换下来的眼镜，特别不方便。这样也增加了随身携带物品的重量。拟设计一种两用眼镜盒，其特点：既可以放隐形眼镜，又可以放框架眼镜。现就相关问题进行一些调查，谢谢。

1. 被访者性别　A 男　B 女
2. 年龄　A 7-12　B 13-18　C 19-23　D 24-35　E 36-50　F 51-60　G 61 及以上
3. 月收入情况　A 500 以下　B 500-1000　C 1001-2000　D 2001-4000　E 4001 及以上
4. 您的视力如何？　A 近视　B 老花　C 视力很好　D 其他
5. 是否佩戴过框架或隐形眼镜？
   A 否　B 只戴框架眼镜　C 只戴隐形眼镜　D 两种眼镜都用过
6. 更喜欢戴哪种眼镜？　A 隐形眼镜　B 框架眼镜　C 无所谓，差不多
7. 是否经常随身携带眼镜盒？
   A 不带　B 只带框架眼镜盒　C 只带隐形眼镜盒　D 两种眼镜盒都带
8. 若出现了此类隐形框架两用眼镜盒，您是否会购买？
   A 会　B 价格合适会买　C 考虑观望　D 不会
9. 您考虑出多少钱购买？　A 2-4 元　B 5-8 元　C 9-15 元　D 16 元以上
10. 您希望它的造型是什么风格的？
    A 可爱型　B 怪异的　C 时尚的　D 实用就好　E 其他
11. 您希望眼镜盒的打开方式
    A 侧开式（类似普通框架眼镜盒）　B 两端拔取式　C 抽取式　D 其他
12. 您喜欢什么质感的？　A 金属　B 软性塑料　C 硬质塑料　D 皮革　E 布料　F 其他
13. 您觉得合适的携带眼镜盒方式
    A 放衣服兜里　B 放在手提包里　C 挂脖子上　D 其他
14. 您希望这种眼镜盒有多重？
    A 30 克以内　B 30-50 克　C 50-100 克　D 100 克以上
15. 您希望这种眼镜盒还应具有什么特性？（多选）
    A 外壳可经常更换　B 镜子大些　C 有夜光　D 其他
16. 如果出现了这样隐形框架两用眼镜盒，您觉得设计开发的时候，什么地方需要特别注意？

图 17-7　调查问卷

其调查统计结果如下：

在被调查的 180 人中，大部分为学生，因此收入在 500 元以下的居多。仅有 27% 的人视力很好，其他的多数为近视眼。有 66% 的人都有过戴眼镜的经历，其中只戴框架眼镜、只戴隐形眼镜和两种眼镜都戴的人数基本相同，说明人们对这两种眼镜的喜欢程度差不多。大部分人喜欢把眼镜盒放在随身携带的包里，戴框架眼镜的人基本都

带眼镜盒在身边,而戴隐形眼镜的人很少随身携带伴侣盒。如果市场上出现了这种隐形框架两用眼镜盒,有 40%的人不会购买,因此,新产品将会具有很大的潜在市场和目标客户。一半以上人的期望价格在 5～8 元,这个价格比普通眼镜盒与伴侣盒稍贵。愿意购买的被调查者大多是年轻的学生、时尚一族和具有剩余购买能力的中产阶级,希望眼镜盒具有时尚或可爱风格的居多,他们也构成了我们产品的潜在消费人群。在眼镜盒的特性方面,46%的人喜欢普通眼镜盒的侧面打开方式,将近半数的人青睐以软性塑料为眼镜盒的材料,期望眼镜盒的重量不超过 50 克的占 65%。另外,几乎所有人都希望这种眼镜盒能有一些其他附加特性,如可更换外壳、有较大的镜子(多数为年轻女性)和有夜光等。

经过分析,我们发现潜在目标人群所喜爱的两用眼镜盒应该具备如表 17-3 所述的属性。根据目标期望属性,可确定顾客对于两用眼镜盒的关键需求有如下 8 个:尺寸小、结实耐用、操作简单、重量轻、适于携带、方便清洁、风格多样和外形美观。下面利用 AHP 方法确定顾客需求重要度。

表 17-3　顾客期望产品属性

目标人群	学生	年纪较轻的人群
期望价格	5～8 元	
期望风格	时尚的	可爱的、实用的
期望打开方式	侧面打开	
期望材质	软性塑料	
期望重量	30～50 克	重量可以稍大
携带方式	放包里	
附加性能	外壳可更换	适当添加附加特性

首先建立需求层次结构模型,如图 17-8 所示。其中,8 个关键顾客需求分别对应最底层 8 个方案,并将中间层设定为结构、功能和外观三个范畴;构造判断矩阵,如图 17-9 所示。

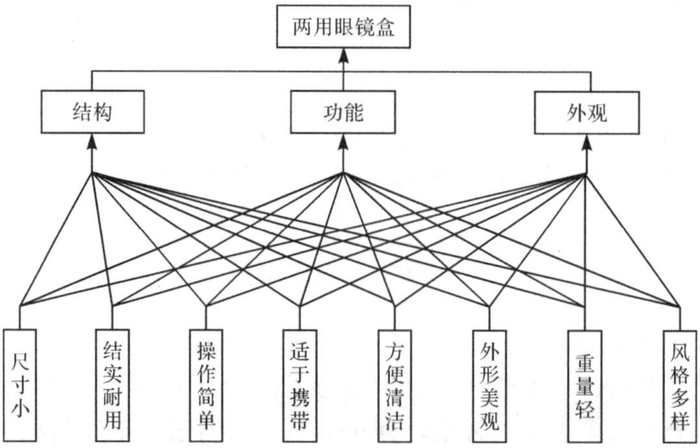

图 17-8　需求层次模型

	尺寸小	结实耐用	操作简单	方便清洁	重量轻	适于携带	风格多样	外形美观
尺寸小		2	2	2	4	4	5	5
结实耐用			3	5	5	4	8	6
操作简单				2	3	3	5	2
方便清洁					5	3	5	6
重量轻						3	4	1
适于携带							3	1/4
风格多样								1/2
外形美观								

(a) 结构判断矩阵

	尺寸小	结实耐用	操作简单	方便清洁	重量轻	适于携带	风格多样	外形美观
尺寸小		1	4	1/2	3	2	3	2
结实耐用			2	1/2	2	2	3	4
操作简单				2	3	3	5	5
方便清洁					3	2	4	5
重量轻						1	4	4
适于携带							6	3
风格多样								1/4
外形美观								

(b) 功能判断矩阵

	尺寸小	结实耐用	操作简单	方便清洁	重量轻	适于携带	风格多样	外形美观
尺寸小		4	4	4	3	3	1/2	1/3
结实耐用			1	1	1	1/2	1/4	1/3
操作简单				1/2	1	1/2	1/3	1/5
方便清洁					4	4	1/5	1/5
重量轻						1	1/4	1/4
适于携带							1/3	1/5
风格多样								1/6
外形美观								

(c) 外观判断矩阵

图 17-9 结构、功能和外观判断矩阵

然后分别计算权向量和组合权向量并做一致性检验。结构判断矩阵的一致性比例为 0.0202，对总目标权重为 0.2807；功能判断矩阵的一致性比例为 0.0200，对总目标权重为 0.5845；外观判断矩阵的一致性比例为 0.0204，对总目标权重为 0.1348。因此，各权向量与组合权向量均达到一致性要求，得出各中间层对目标层权重及各备选方案（最底层）权重，如图 17-10 所示，从而获得顾客需求的重要性排序。

图 17-10 顾客需求权重

各顾客需求的重要性确定后，进入构建产品规划阶段质量屋阶段(图 17-11)。通过质量屋，分解出顾客对该产品的功能需求为：眼镜盒便于携带、能存放两种眼镜及配件、保护眼镜、方便眼镜佩戴、容易区分隐形眼镜的左右两边，材料方面要求不易变形、重量轻、耐用和易着色等。

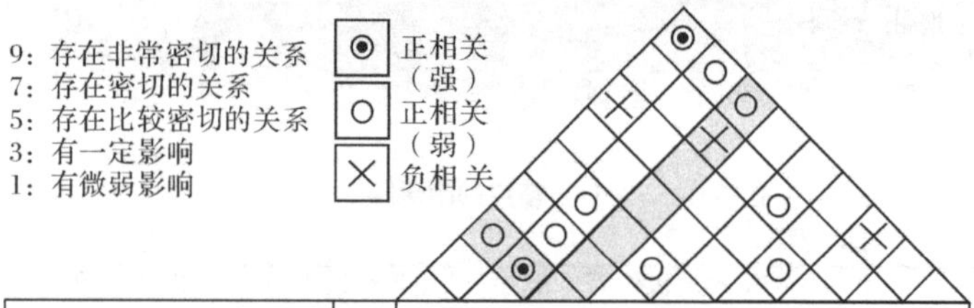

隐形框架两用眼镜盒的设计质量屋 I		顾客需求重要度	HOWS(Title) 功能需求								
			材料不易变形	存放两种眼镜及配件	保护眼镜	眼镜方便佩戴	容易区分左右隐形眼镜	便于携带	材料轻	材料易着色	材料耐用
WHATS(Title) 顾客需求	尺寸小，结构紧凑	5.0		3.0	3.0			7.0	7.0		
	结实耐用	5.0	9.0	7.0	9.0			1.0			9.0
	操作简单	3.0		5.0	3.0	7.0	7.0	1.0			
	方便清洁	4.0		3.0	5.0						
	适于携带	2.0				1.0		9.0			
	重量轻	2.0	1.0					7.0	9.0		3.0
	风格多样	1.0		1.0			3.0	1.0		7.0	
	外形美观	2.0	3.0	1.0				3.0		7.0	

图 17-11　产品规划阶段质量屋

根据各顾客需求权重的得分比例，分别将尺寸小、结实耐用定为 5.0 分(重要度最高)，方便清洁定为 4.0 分，操作简单为 3.0 分，适于携带、重量轻和外形美观定为 2.0 分，而风格多样定为 1.0 分(重要度最低)。质量屋的关系矩阵用 1、3、5、7 和 9 赋值，可以非常直观地看出各顾客需求与各功能需求的相关性如何，如结实耐用与材料不易变形、保护眼镜和材料耐用三个都是关系非常密切的，而与材料易着色、区分隐形眼镜左右两边不存在明显联系。

由该质量屋关系矩阵中的分值可知，顾客对眼镜盒的实用价值要求较高，其关键结构应为存放隐形眼镜的盒子，而对外观的要求一般。因此，概念方案开发(C)阶段应该把重点放在隐形眼镜盒的构造方案上。

17.4.3　概念方案的生成与选择

根据前一阶段得来的顾客对于两用眼镜盒的功能要求与关键特性，结合科学效应库搜索相关效应辅助进行 FBS 映射，在映射平台中该产品的各级功能、行为和结构加以简单描述，并将其最终分解结构以树形清晰地表达出来（图 17-12），其中功能、行为和结构三种变量分别用矩形、椭圆和圆角矩形表示。

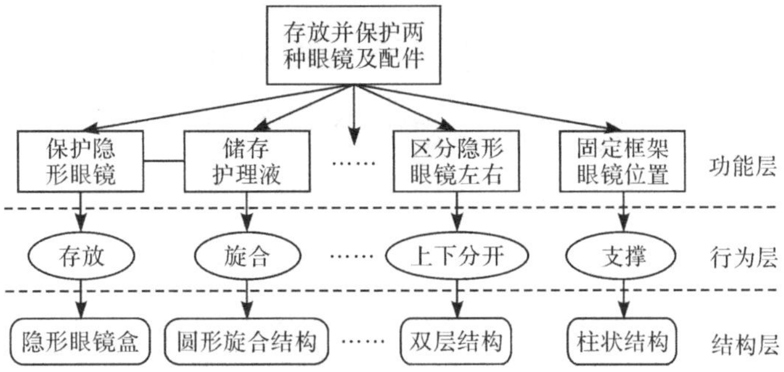

图 17-12　利用 FBS 映射得到关键部分结构方案

以区分左右隐形眼镜为例，有两种备选方案可选：两个眼镜并排左右放置的行为，或将两个眼镜上下放置的行为，但明显后者能更好地实现该功能，且能减少材料的使用，为“重量轻”的功能要求做贡献。因此，选择“上下分开”行为，继而得出“双层隐形眼镜盒”的创新性结构（现有的隐形眼镜盒均为左右并排放置的结构）。由于必须存放一定量的镜片护理液，常见的抽取、侧开等行为均不适合，结合机械紧固效应，该隐形眼镜盒应采用旋合（行为）方式，最终将其设计成垂直叠放的、螺旋密封的两个圆形盒子。底部盒子外螺旋，内腔存放左（或右）隐形眼镜镜片；中间部分采用上部外螺旋、下部内螺旋结构（采用了稳定固体黏着效应），既能实现与底部的旋合，又能存放右（或左）镜片；顶盖内螺旋，与中间部分上部旋合；三个部分旋合后整体呈圆柱状。由 FBS 映射树状图可知，该结构可同时实现四个功能：保护隐形眼镜、储存护理液、区分隐形眼镜左右和固定框架眼镜位置（应用了稳定固体心轴夹持效应），其中两个是质量屋中列出的关键功能需求。与传统隐形眼镜盒相比，该创新结构的优势有三点：①两个镜片分上下两层存放，更利于区分左右；②节省材料，可减轻总体重量；③其柱状结构可取代原框架眼镜盒中“鼻托”结构，起支撑固定框架眼镜作用。

另外，为满足隐形眼镜方便佩戴等要求，在该眼镜盒上部设置一面镜子。其面积约为普通伴侣盒镜子的两倍，呈长方形，更利于隐形眼镜的佩戴。护理液瓶与夹子属隐形眼镜的配件，结构与尺寸均不变动，具有通用性，从而提高了其使用价值。

两用眼镜盒的整体布局及关键部分原理结构如图 17-13 所示。其外部形状与普通框架眼镜盒类似；隐形眼镜盒位于中部，上部为镜子，左右两边（框架眼镜两镜片前）分别用于放置护理液瓶与夹子。

接下来应用 d-FMEA 对该高阶设计方案进行评价分析。可能存在的问题及分析过程如下：

（1）隐形眼镜盒密封不好，导致护理液外漏：

严重性＝7，发生率＝3，可知度＝3；RPN＝7×3×3＝63。

（2）框架眼镜取出后，隐形眼镜盒位置不固定：

严重性＝5，发生率＝8，可知度＝6；RPN＝5×8×6＝240。

第二个问题的风险优先度明显高于前者，因此必须采取措施解决隐形眼镜盒的固定

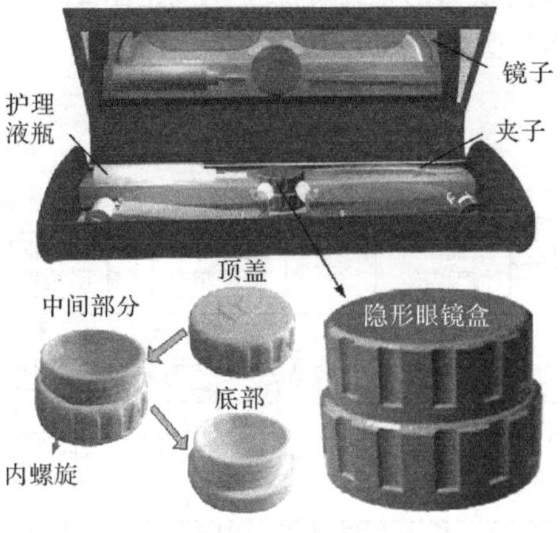

图 17-13　两用眼镜盒整体效果图和关键结构

问题。具体解决方案如下：放置夹子和护理液瓶的底座宽度＞隐形眼镜盒外半径（约14mm）。这样就能保证在框架眼镜取出后，隐形眼镜盒缺少了鼻托结构的支撑，但由于底座约束，仍然能够固定在原来的位置。需要说明的是，底座必须采用空腔结构，以硬质塑料为材料，这样既能保证隐形眼镜盒、夹子和护理液瓶子的固定，又能确保整体重量较轻。而隐形眼镜盒密封问题，可以在接下来的详细设计阶段加以控制。

17.4.4　设计试验并分析优化关键变量

在顾客需求分析阶段可知，顾客对该产品的实用价值期望较高，尤其对材料有多方面的要求，如不易变形、结实耐用、重量轻等。因篇幅限制，本阶段以其材料性能为例，进行详细设计，定制试验并进行最优化。根据质量屋中对该两用眼镜盒材料的要求，选用低密度聚乙烯（LDPE）作为眼镜盒的主要材料；由于塑性材料在冲模时会受到温度、压力和速度等因素影响，极易产生残余应力，导致塑件收缩不均匀并产生翘曲变形，形成尺寸误差，并最终导致成品不良。而隐形眼镜盒要存放镜片护理液，对密封度要求特别高，材料的收缩与变形直接影响实际的使用，必然导致顾客满意度降低。因此，在设计最优化阶段选取体积收缩率变化和翘曲度作为材料性能的主要评价指标，确定其关键影响因素并进行参数最优化设计，进而指导制造工艺过程，保证该产品满足顾客需求并降低生产成本。选取模具温度、充模时间、熔体温度和保压压力 4 个因子为影响评价指标的主要试验参数。

利用 6σ 统计分析软件 JMP 进行定制试验设计，主要过程如下：定制并设计 $L_9(3^4)$ 正交试验数据表。4 个参数均设置为三个水平，模具温度（50℃，60℃，70℃），充模时间（0.6s，0.8s，1s），熔体温度（210℃，225℃，240℃），保压压力（80MPa，100MPa，120MPa）。运行试验模型并进行拟合，得出预测表达式，制作预测刻画器（图 17-14(a)）。观察预测轨迹可以发现，影响收缩率的关键参数为熔体温度和保压压力，模具温度与充模时间对其影响较小；而影响翘曲度的关键参数为保压压力和模具温度，熔体温度与充模时间对其影响较小。综合来看，与其他三个参数（关键参数）相比，充模时间对两个评价指标的影响较小。对预测刻画器进行意愿最大化（图 17-14(b)），得到 4 个参数最优组合：熔体温度值为 210℃，模具温度值为 50℃，充模时间值为 0.6s，保压压力值为 120MPa；收缩率的预测值从优化前的 12.515 降低为 10.708，翘曲度的预测值从优化前的 0.303 降低为 0.013，性能均得到了明显的提升；意愿也从优化前的 0.644 升高到 0.975。

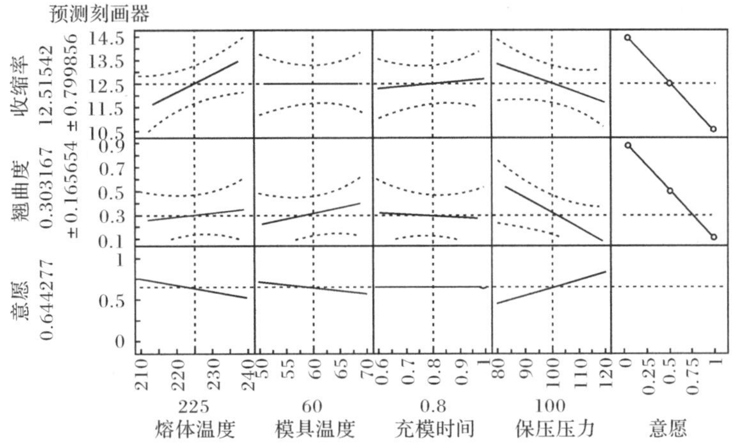

(a)优化前

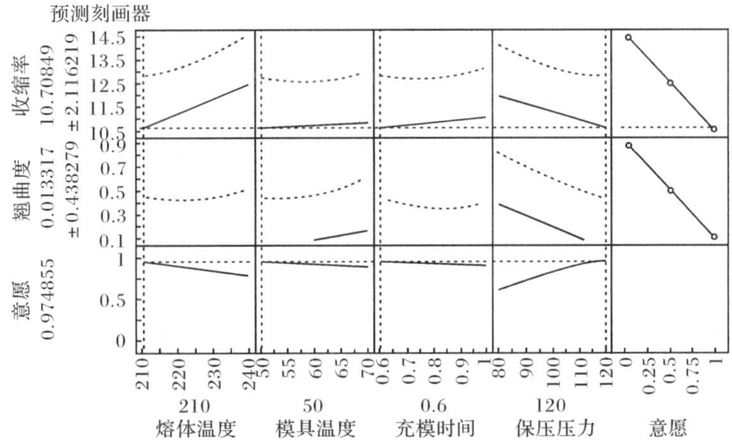

(b)优化后

图 17-14　最佳参数组合与关键特性期望值

17.4.5　验证最优参数组合

本阶段的主要任务是：对设计最优化阶段得到的最优参数组合进行模拟仿真试验，验证其是否真的最优；再对过程能力进行分析预测，计算过程能力指数和 σ 水平，从而对整体方案的优劣进行评价。

首先对设计最优化阶段产生的模型和最佳参数组合进行模拟仿真，启动预测刻画器中的模拟器；为验证该模型的可靠性与稳健性，分别对收缩率、翘曲度（响应）和充模时间（非关键因子）添加随机噪声，创建 MC 模拟并运行 5000 次试验（图17-15）。绘出这 5000 组数据的分布图并进行性能分析（图 17-16）。收缩率的 CPK＝1.514＞1.5，工程能力较强；百万分率 PPM＝2.7750＜3.4，缺陷率极小；Sigma 质量＝6.043＞6，达到并超过 6σ 水平；翘曲度也类似，CPK＝1.530，PPM＝2.2014，Sigma 质量＝6.091。因此，两个响应均达到并超过了 6σ 标准（因响应和因子添加的噪声均是随机的，每次模拟试验运行得到的数据均不相同，性能分析结果也会略有差别，但都能保证达到 6σ 水平）。

	熔体温度/℃	模具温度/℃	充模时间/s	保压压力/MPa	收缩率	翘曲度	目标
2373	210	50	0.60116099	120	9.94106285	3.97669×10^{-6}	0.99770906
2374	210	50	0.55613661	120	10.7491794	0.00012418	0.97158737
2375	210	50	0.49360422	120	9.41106233	0.0001922	0.99803177
2376	210	50	0.62471897	120	9.4106644	0.00031213	0.99803025
2377	210	50	0.65167045	120	10.6232288	0.00037096	0.98222152
2378	210	50	0.56702338	120	10.19703	0.00043125	0.9972191

图 17-15　MC 模拟试验数据表（部分）

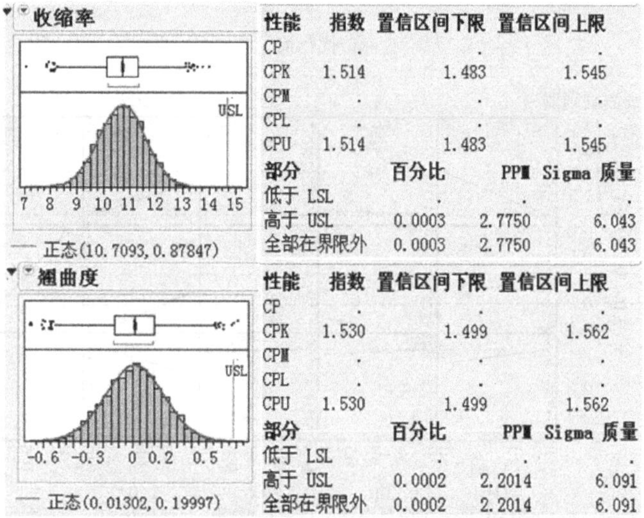

图 17-16　模拟数据分布图及性能分析

17.5　小　　结

本章对基于 DFSS 的产品创新设计方法进行了系统的阐述，将该方法概括为"建立在质量基础上的创新"；构建了基于 DFSS 的产品创新设计模型，介绍了 VOC 策略、CR 策略和 DO 策略三者的集成模式，即 VRD 模式，并分析了该模式作为面向产品创新设计的 DFSS 方法体系的工作原理；针对全新产品设计过程的特点提出了面向产品创新设计的 DFSS 流程及基于该流程的 DFSS 模型，阐明了该流程的特点及优越性——更注重顾客需求的识别和创新概念的生成，以明确要解决的问题并寻求应对该问题的策略为关键点；最后，以两用眼镜盒的设计为应用实例，证明基于 DFSS 的产品创新设计方法的可行性。

参考文献

韩俊仙. 2003. 关于六西格玛设计. 中国质量,(7):483-487.

胡艳,李彦,麻广林. 2009. 一种基于集成模式的六西格玛设计方法. 机械设计与研究,25(1):15-23.

杰夫·坦南特. 2002. 西格玛设计:新产品/新服务完美投放市场. 吴源俊,译. 北京:电子工业出版社.

赵有. 2007. 六西格玛设计中顾客需求分析关键技术研究. 天津:天津大学博士学位论文.

Chowdhury S. 2003. The Power of Kosign for Six Sigma. San Antonio: Pearson Education Inc.

Suh N P. 1990. The Principles of Design. New York: Oxford University Press.

Suh N P. 2001. Axiomatic Design: Advances and Application. New York: Oxford University Press.

Suh N P. 2004. 公理设计——发展与应用. 谢友柏,译. 北京: 机械工业出版社.

Yang K, El-Haik B S. 2005. Design for Six Sigma: A Roadmap for Product Development. New York: McGraw-Hill Professional.

附录A 术语索引

A

ARIZ:问题解决工具,把复杂的问题模型转换成标准问题模型,用 TRIZ 工具能够高效解决。ARIZ 是“发明问题解决算法”的俄文首字母的缩写。

B

标准解法:标准问题的解决方法。

标准问题:一类存在某种明显的并且知道某种已知的(标准的)求解方法的问题。

C

参数:表明任何现象、设备或其工作过程中某一种重要性质的量。例如,汽轮机中蒸汽的压力、温度等,是该汽轮机蒸汽的参数;电阻、电感和电容是电路的参数。

产品:执行功能的目标组件。

场:两个物质之间的相互作用,如磁场、电场、热场等。

超系统:包含技术系统和与之有关的其他系统的更大的系统。

冲突:在事物中存在的既对立又统一的现象。

冲突矩阵:一种问题解决工具,由 39 个通用工程参数构成的 39×39 矩阵表格,用来推荐一些发明原理以解决技术冲突。

创新:在已有的基础上提出独特的、新颖的且富于成效的见解与思维。

F

发明级别:不同的发明可能会对系统、社会、人类等产生不同的影响,按照影响的程度可以把发明分为不同的等级,即发明级别。

发明原理:解决工程问题的一些常用的方法。

非标准问题:除了标准问题之外的问题都称为非标准问题。

G

根本原因:在因果链中导致结果出现的最初原因。

工程问题:在工程领域出现的技术问题。

工具:执行功能的组件。

功能:物体作用于其他物体并改变其参数的行为。功能描述了系统或组件是用来做什么的,它是一个抽象的概念,在物理上并不存在,也没有物理属性。

功能分析:从技术系统抽象的“功能”角度来分析系统,分析系统执行或完成其功能的状况。

J

基本功能:直接产生主要功能的功能,是系统组件对系统作用对象发出的。

技术冲突:两个参数之间的冲突,改善系统的某一个参数,导致另一个参数的恶化。

技术系统:由物质组件组成,为满足人们(社会)的需求而实现某种功能的系统,该系统必须有一个功能是其子系统共同完成的。

技术系统进化法则:技术系统与生物系统一样也有一个进化发展的过程,并且这个进化发展过程是具有一定的规律性的,这些技术系统进化发展的规律就是技术系统进化法则。

技术系统进化趋势:技术系统从一个阶段到另一个阶段的发展方向。这些方向是对各种技术系统进行科学统计的结果。

技术预测:对有关技术发展趋势、技术发明、应用成果及经济前景、社会影响等方面的预测,可以根据技术发展阶段分为基础研究预测、应用研究预测、开发研究预测、生产需求预测等。

九屏幕法:一种克服思维惯性的方法,由技术系统、子系统、超系统以及这三个系统的过去和未来组成九个屏幕。

L

理想度:有用功能/(有害功能+成本消耗)。

理想方法:不消耗能量及时间,但通过自身调节能够获得所需的功能。

理想过程:只有过程的结果,而无过程本身,突然就获得了结果。

理想机器:没有质量、体积,但能完成所需的工作。

理想物质:没有物质,功能得以实现。

理想系统:没有实体,没有物质,也不消耗能量,但能实现所有需要的功能。

理想资源:存在无穷无尽的资源,供随意使用,而且不必付费。

S

S曲线:一个S形状的曲线,表达时间与主要功能参数的关系。

思维定势:在过去获得的经验和知识的基础上形成的感性认识,逐渐沉淀为一种特定的认知模式。

属性:事物(对象)的特质、特征、性质等。

双系统:两个技术系统。

T

TRIZ:发明问题解决理论的俄文首字母转换为拉丁字母的缩写。

W

物场:由两种物质和一种场组成的系统。

物场分析方法:利用物质和场来描述系统问题的方法,有时也称为物场理论。

物场模型:由两种物质和一种场组成的系统模型。

物理冲突:针对物体的同一个参数产生两种完全相反的要求而产生的冲突。

物质:一切物体,如水、空气、人等。

X

小人法:当系统内的某些组件不能完成其必要的功能,并表现出相互冲突的作用时,用一组小人来代表这些不能完成特定功能的部件。通过能动的小人,实现预期的功能。然后,根据小人模型对结构进行重新设计。

效应:在特定条件下,在技术系统中实施自然规律的技术结果,是场(能量)与物质之间的互动结果。效应也可以看成一种功能,它使用物质、场或二者的组合,将输入作用转换成所需的输出作用。

Y

有害功能:伴随有用功能的产生而出现的,对系统其他组件或超系统组件产生有害作用的功能。

预测:人们根据事物之间的相互联系、事物发展的历史及显示资料,利用已经掌握的科学知识和手段,对客观事物的未来发展状况或趋势进行事前分析和推断的科学与艺术。

Z

知识库:以科学效应库为基础,包括了多个领域专利产生的解决方案的知识集合。

资源:一切可被人类开发和利用的物质、能量和信息的总称。

子系统(组件):技术系统的组成部分。

组件功能:在系统执行功能过程中组件的贡献。

组件模型:用规范化的功能描述,揭示整个技术系统所有组件之间的相互作用关系,以及如何实现系统功能。

最终理想解:系统在最小程度改变的情况下能够实现最大程度的自服务。

附录B 冲突矩阵

改善的通用工程参数 \ 恶化的通用工程参数		1 运动物体的重量	2 静止物体的重量	3 运动物体的长度	4 静止物体的长度	5 运动物体的面积	6 静止物体的面积	7 运动物体的体积	8 静止物体的体积	9 速度	10 力	11 应力，压强	12 形状	13 稳定性
1	运动物体的重量	+	—	15,8,29,34	—	29,17,38,34	—	29,2,40,28	—	2,8,15,38	8,10,18,37	10,36,37,40	10,14,35,40	1,35,19,39
2	静止物体的重量	—	+	—	10,1,29,35	—	35,30,13,2	—	5,35,14,2	—	8,10,19,35	13,29,10,18	13,10,29,14	26,39,1,40
3	运动物体的长度	8,15,29,34	—	+	—	15,17,4	—	7,17,4,35	—	13,4,8	17,10,4	1,8,35	1,8,10,29	1,8,15,34
4	静止物体的长度	—	35,28,40,29	—	+	—	17,7,10,40	—	35,8,2,14	—	28,10	1,14,35	13,14,15,7	39,37,35
5	运动物体的面积	2,17,29,4	—	14,15,18,4	—	+	—	7,14,17,4	—	29,30,4,34	19,30,35,2	10,15,36,28	5,34,29,4	11,2,13,39
6	静止物体的面积	—	30,2,14,18	—	26,7,9,39	—	+	—	—	—	1,18,35,36	10,15,36,37	—	2,38
7	运动物体的体积	2,26,29,40	—	1,7,35,4	—	1,7,4,17	—	+	—	29,4,38,34	15,35,36,37	6,35,36,37	1,15,29,4	28,10,1,39
8	静止物体的体积	—	35,10,19,14	19,14	35,8,2,14	—	—	—	+	—	2,18,37	24,35	7,2,35	34,28,35,40
9	速度	2,28,13,38	—	13,14,8	—	29,30,34	—	7,29,34	—	+	13,28,15,19	6,18,38,40	35,15,18,34	28,33,1,18
10	力	8,1,37,18	18,13,1,28	17,19,9,36	28,10	19,10,15	1,18,36,37	15,9,12,37	2,36,18,37	13,28,15,12	+	18,21,11	10,35,40,34	35,10,21
11	应力，压强	10,36,37,40	13,29,10,18	35,10,36	35,1,14,16	10,15,36,28	10,15,36,37	6,35,10	35,24	6,35,36	36,35,21	+	35,4,15,10	35,33,2,40
12	形状	8,10,29,40	15,10,26,3	29,34,5,4	13,14,10,7	5,34,4,10	—	14,4,15,22	7,2,35	35,15,34,18	35,10,37,40	34,15,10,14	+	33,1,18,4
13	稳定性	21,35,2,39	26,39,1,40	13,15,1,28	37	2,11,13	39	28,10,19,39	34,28,35,40	33,15,28,18	10,35,21,16	2,35,40	22,1,18,4	+
14	强度	1,8,40,15	40,26,27,1	1,15,8,35	15,14,28,26	3,34,40,29	9,40,28	10,15,14,7	9,14,17,15	8,13,26,14	10,18,3,14	10,3,18,40	10,30,35,40	13,17,35
15	运动物体的作用时间	19,5,34,31	—	2,19,9	—	3,17,19	—	10,2,19,30	—	3,35,5	19,2,16	19,3,27	14,26,28,25	13,3,35
16	静止物体的作用时间	—	6,27,19,16	—	1,40,35	—	—	—	35,34,38	—	—	—	—	39,3,35,23
17	温度	36,22,6,38	22,35,32	15,19,9	15,19,9	3,35,39,18	35,38	34,39,40,18	35,6,4	2,28,36,30	35,10,3,21	35,39,19,2	14,22,19,32	1,35,32
18	照度	19,1,32	2,35,32	19,32,16		19,32,26	—	2,13,10	—	10,13,19	26,19,6	—	32,30	32,3,27
19	运动物体的能量消耗	12,18,28,31	—	12,28	—	15,19,25	—	35,13,18	—	8,15,35	16,26,21,2	23,14,25	12,2,29	19,13,17,24
20	静止物体的能量消耗	—	19,9,6,27	—	—	—	—	—	—	—	36,37	—	—	27,4,29,18
21	功率	8,36,38,31	19,26,17,27	1,10,35,37	—	19,38	17,32,13,38	35,6,38	30,6,25	15,35,2	26,2,36,35	22,10,35	29,14,2,40	35,32,15,31
22	能量损失	15,6,19,28	19,6,18,9	7,2,6,13	6,38,7	15,26,17,30	17,7,30,18	7,18,23	7	16,35,38	36,38	—	—	14,2,39,6
23	物质损失	35,6,23,40	35,6,22,32	14,29,10,39	10,28,24	35,2,10,31	10,18,39,31	1,29,30,36	3,39,18,31	10,13,28,38	14,15,18,40	3,36,37,10	29,35,3,5	2,14,30,40
24	信息损失	10,24,35	10,35,5	1,26	26	30,26	30,16	—	2,22	26,32	—	—	—	—
25	时间损失	10,20,37,35	10,20,26,5	15,2,29	30,24,14,5	26,4,5,16	10,35,17,4	2,5,34,10	35,16,32,18	—	10,37,36,5	37,36,4	4,10,34,17	35,3,22,5
26	物质或事物的数量	35,6,18,31	27,26,18,35	29,14,35,18	—	15,14,29	2,18,40,4	15,20,29	—	35,29,34,28	35,14,3	10,36,14,3	35,14	15,2,17,40
27	可靠性	3,8,10,40	3,10,8,28	15,9,14,4	15,29,28,11	17,10,14,16	32,35,40,4	3,10,14,24	2,35,24	21,35,11,28	8,28,10,3	10,24,35,19	35,1,16,11	—
28	测量精度	32,35,26,28	28,35,25,26	28,26,5,16	32,28,3,16	26,28,32,3	26,28,32,3	32,13,6	—	28,13,32,24	32,2	6,28,32	6,28,32	32,35,13
29	制造精度	28,32,13,18	28,35,27,9	10,28,29,37	2,32,10	28,33,29,32	2,29,18,36	32,28,2	25,10,35	10,28,32	28,19,34,36	3,35	32,30,40	30,18
30	作用于物体的有害因素	22,21,27,39	2,22,13,24	17,1,39,4	1,18	22,1,33,28	27,2,39,35	22,23,37,35	34,39,19,27	21,22,35,28	13,35,39,18	22,2,37	22,1,3,35	35,24,30,18
31	物体产生的有害因素	19,22,15,39	35,22,1,39	17,15,16,22	—	17,2,18,39	22,1,40	17,2,40	30,18,35,4	35,28,3,23	35,28,1,40	2,33,27,18	35,1	35,40,27,39
32	可制造性	28,29,15,16	1,27,36,13	1,29,13,17	15,17,27	13,1,26,12	16,40	13,29,1,40	35	35,13,8,1	35,12	35,19,1,37	1,28,13,27	11,13,1
33	操作流程的方便性	25,2,13,15	6,13,1,25	1,17,13,12	—	1,17,13,16	18,16,15,39	1,16,35,15	4,18,39,31	18,13,34	28,13,35	2,32,12	15,34,29,28	32,35,30
34	可维修性	2,27,35,11	2,27,35,11	1,28,10,25	3,18,31	15,13,32	16,25	25,2,35,11	1	34,9	1,11,10	13	1,13,2,4	2,35
35	适应性，通用性	1,6,15,8	19,15,29,16	35,1,29,2	1,35,16	35,30,29,7	15,16	15,35,29	—	35,10,14	15,17,20	35,16	15,37,1,80	35,30,14
36	系统的复杂性	26,30,34,36	2,26,35,39	1,19,26,24	26	14,1,13,16	6,36	34,26,6	1,16	34,10,28	26,16	19,1,35	29,13,28,15	2,22,17,19
37	控制和测量的复杂性	27,26,28,13	6,13,28,1	16,17,26,24	26	2,13,18,17	2,39,30,16	29,1,4,16	2,18,26,31	3,4,16,35	36,28,40,19	35,36,37,32	27,13,1,39	11,22,39,30
38	自动化程度	28,26,18,35	28,26,35,10	14,13,28,17	23	17,14,13	—	35,13,16	—	28,10	2,35	13,35	15,32,1,13	18,1
39	生产率	35,26,24,37	28,27,15,3	18,4,28,38	30,7,14,26	10,26,34,31	10,35,17,7	2,6,34,10	35,37,10,2	—	28,15,10,36	10,37,14	14,10,34,40	35,3,22,39

续表

恶化的通用工程参数 改善的通用工程参数		14	15	16	17	18	19	20	21	22	23	24	25	26
		强度	运动物体的作用时间	静止物体的作用时间	温度	照度	运动物体的能量消耗	静止物体的能量消耗	功率	能量损失	物质损失	信息损失	时间损失	物质或事物的数量
1	运动物体的重量	28,27,18,40	5,34,31,35	—	6,29,4,38	19,1,32	35,12,34,31	—	12,36,18,31	6,2,34,19	5,35,3,31	10,24,35	10,35,20,28	3,26,18,31
2	静止物体的重量	28,2,10,27	—	2,27,19,6	28,19,32,22	35,19,32	—	18,19,28,1	15,19,18,22	18,19,28,15	5,8,13,30	10,15,35	10,20,35,26	19,6,18,26
3	运动物体的长度	8,35,29,34	19	—	10,15,19	32	8,35,24	—	1,35	7,2,35,39	4,29,23,10	1,24	15,2,29	29,35
4	静止物体的长度	15,14,28,26	—	1,40,35	3,35,38,18	3,25	—	—	12,8	6,28	10,28,24,35	24,26,	30,29,14	—
5	运动物体的面积	3,15,40,14	6,3	—	2,15,16	15,32,19,13	19,32	—	19,10,32,18	15,17,30,26	10,35,2,39	30,26	26,4	29,30,6,13
6	静止物体的面积	40	—	2,10,19,30	35,39,38		—	—	17,32	17,7,30	10,14,18,39	30,16	10,35,4,18	2,18,40,4
7	运动物体的体积	9,14,15,7	6,35,4	—	34,39,10,18	10,13,2	35	—	35,6,13,18	7,15,13,16	36,39,34,10	2,22	2,6,34,10	29,30,7
8	静止物体的体积	9,14,17,15	—	35,34,38	35,6,4	—	—	—	30,6	—	10,39,35,34	—	35,16,32 18	35,3
9	速度	8,3,26,14	3,19,35,5	—	28,30,36,2	10,13,19	8,15,35,38	—	19,35,38,2	14,20,19,35	10,13,28,38	13,26		10,19,29,38
10	力	35,10,14,27	19,2	—	35,10,21	—	19,17,10	1,16,36,37	19,35,18,37	14,15	8,35,40,5	—	10,37,36	14,29,18,36
11	应力,压强	9,18,3,40	19,3,27	—	35,39,19,2	—	14,24,10,37		10,35,14	2,36,25	10,36,3,37	—	37,36,4	10,14,36
12	形状	30,14,10,40	14,26,9,25	—	22,14,19,32	13,15,32	2,6,34,14		4,6,2	14	35,29,3,5	—	14,10,34,17	36,22
13	稳定性	17,9,15	13,27,10,35	39,3,35,23	35,1,32	32,3,27,15	13,19	27,4,29,18	32,35,27,31	14,2,39,6	2,14,30,40	—	35,27	15,32,35
14	强度	+	27,3,26	—	30,10,40	35,19	19,35,10	35	10,26,35,28	35	35,28,31,40	—	29,3,28,10	29,10,27
15	运动物体的作用时间	27,3,10	+	—	19,35,39	2,19,4,35	28,6,35,18	—	19,10,35,38	—	28,27,3,18	10	20,10,28,18	3,35,10,40
16	静止物体的作用时间	—	—	+	19,18,36,40	—	—	—	16	—	27,16,18,38	10	28,20,10,16	3,35,31
17	温度	10,30,22,40	19,13,39	19,18,36,40	+	32,30,21,16	19,15,3,17	—	2,14,17,25	21,17,35,38	21,36,29,31	—	35,28,21,18	3,17,30,39
18	照度	35,19	2,19,6	—	32,35,19	+	32,1,19	32,35,1,15	32	13,16,1,6	13,1	1,6	19,1,26,17	1,19
19	运动物体的能量消耗	5,19,9,35	28,35,6,18	—	19,24,3,14	2,15,19	+	—	6,19,37,18	12,22,15,24	35,24,18,5	—	35,38,19,18	34,23,16,18
20	静止物体的能量消耗	35	—	—	—	19,2,35,32	—	+	—	—	28,27,18,31	—	—	3,35,31
21	功率	26,10,28	19,35,10,38	16	2,14,17,25	16,6,19	16,6,19,37	—	+	10,35,38	28,27,18,38	10,19	35,20,10,6	4,34,19
22	能量损失	26	—	—	19,38,7	1,13,32,15	—	—	3,38	+	35,27,2,37	19,10	10,18,32,7	7,18,25
23	物质损失	35,28,31,40	28,27,3,18	27,16,18,38	21,36,39,31	1,6,13	35,18,24,5	28,27,12,31	28,27,18,38	35,27,2,31	+	—	15,18,35,10	6,3,10,24
24	信息损失	—	10	10	—	19	—	—	10,19	19,10	—	+	24,26,28,32	24,28,35
25	时间损失	29,3,28,18	20,10,28,18	28,20,10,16	35,29,21,18	1,19,26,17	35,38,19,18	1	35,20,10,6	10,5,18,32	35,18,10,39	24,26,28,32	+	35,38,18,16
26	物质或事物的数量	14,35,34,10	3,35,10,40	3,35,31	3,17,39	—	34,29,16,18	3,35,31	35	7,18,25	6,3,10,24	24,28,35	35,38,18,16	+
27	可靠性	11,28	2,35,3,25	34,27,6,40	3,35,10	11,32,13	21,11,27,19	36,23	21,11,26,31	10,11,35	10,35,29,39	10,28	10,30,4	21,28,40,3
28	测量精度	28,6,32	28,6,32	10,26,24	6,19,28,24	6,1,32	3,6,32	—	3,6,32	26,32,27	10,16,31,28	—	24,34,28,32	2,6,32
29	制造精度	3,27	3,27,40	—	19,26	3,32	32,2	—	32,2	13,32,2	35,31,10,24	—	32,26,28,18	32,30
30	作用于物体的有害因素	18,35,37,1	22,15,33,28	17,1,40,33	22,33,35,2	1,19,32,13	1,24,6,27	10,2,22,37	19,22,31,2	21,22,35,2	33,22,19,40	22,10,2	35,18,34	35,33,29,31
31	物体产生的有害因素	15,35,22,2	15,22,33,31	21,39,16,22	22,35,2,24	19,24,39,32	2,35,6	19,22,18	2,35,18	21,35,2,22	10,1,34	10,21,29	1,22	3,24,39,1
32	可制造性	1,3,10,32	27,1,4	35,16	27,26,18	28,24,27,1	28,26,27,1	1,4	27,1,12,24	19,35	15,34,33	32,24,18,16	35,28,34,4	35,23,1,24
33	操作流程的方便性	32,40,3,28	29,3,8,25	1,16,25	26,27,13	13,17,1,24	1,13,24	—	35,34,2,10	2,19,13	28,32,2,24	4,10,27,22	4,28,10,34	12,35
34	可维修性	1,11,2,9	11,29,28,27	1	4,10	15,1,13	15,1,28,16	—	15,10,32,2	15,1,32,19	2,35,34,27	—	32,1,10,25	2,28,10,25
35	适应性,通用性	35,3,32,6	13,1,35	2,16	27,2,3,35	6,22,26,1	19,35,29,13	—	19,1,29	18,15,1	15,10,2,13	—	35,28	3,35,15
36	系统的复杂性	2,13,28	10,4,28,15	—	2,17,13	24,17,13	27,2,29,28	—	20,19,30,34	10,35,13,2	35,10,28,29	—	6,29	13,3,27,10
37	控制和测量的复杂性	27,3,15,28	19,29,25 ,39	25,34,6,35	3,27,35,16	2,24,26	35,38	19,35,16	19,1,16,10	35,3,15,19	1,18,10,24	35,33,27,22	18,28,32,9	3,27,29,18
38	自动化程度	25,13	6,9	—	26,2,19	8,32,19	2,32,13	—	28,2,27	23,28	35,10,18,5	35,33	24,28,35,30	35,13
39	生产率	29,28,10,18	35,10,2,18	20,10,16,38	35,21,28,10	26,17,19,1	35,10,38,19	1	35,20,10	28,10,29,35	28,10,35,23	13,15,23	—	35,38

续表

改善的通用工程参数 \ 恶化的通用工程参数		27 可靠性	28 测量精度	29 制造精度	30 作用于物体的有害因素	31 物体产生的有害因素	32 可制造性	33 操作流程的方便性	34 可维修性	35 适应性，通用性	36 系统的复杂性	37 控制和测量的复杂性	38 自动化程度	39 生产率
1	运动物体的重量	3,11,1,27	28,27,35,26	28,35,26,18	22,21,18,27	22,35,31,39	27,28,1,36	35,3,2,24	2,27,28,11	29,5,15,8	26,30,36,34	28,29,26,32	26,35,18,19	35,3,24,37
2	静止物体的重量	10,28,8,3	18,26,28	10,1,35,17	2,19,22,37	35,22,1,39	28,1,9	6,13,1,32	2,27,28,11	19,15,29	1,10,26,39	25,28,17,15	2,26,35	1,28,15,35
3	运动物体的长度	10,14,29,40	28,32,4	10,28,29,37	1,15,17,24	17,15	1,29,17	15,29,35,4	1,28,10	14,15,1,16	1,19,26,24	35,1,26,24	17,24,26,16	14,4,28,29
4	静止物体的长度	15,29,28	32,28,3	2,32,10	1,18	—	15,17,27	2,25	3	1,35	1,26	26	—	30,14,7,26
5	运动物体的面积	29,9	26,28,32,3	2,32	22,33,28,1	17,2,18,39	13,1,26,24	15,17,13,16	15,13,10,1	15,30	14,1,13	2,36,26,18	14,30,28,23	10,26,34,2
6	静止物体的面积	32,35,40,4	26,28,32,3	2,29,18,36	27,2,39,35	22,1,40	40,16	16,4	16	15,16	1,18,36	2,35,30,18	23	10,15,17,7
7	运动物体的体积	14,1,40,11	25,26,28	25,28,2,16	22,21,27,35	17,2,40,1	29,1,40	15,13,30,12	10	15,29	26,1	29,26,4	35,34,16,24	10,6,2,34
8	静止物体的体积	2,35,16	—	35,10,25	34,39,19,27	30,18,35,4	35	—	1	—	1,31	2,17,26	—	35,37,10,2
9	速度	11,35,27,28	28,32,1,24	10,28,32,25	1,28,35,23	2,24,35,21	35,13,8,1	32,28,13,12	34,2,28,27	15,10,26	10,28,4,34	3,34,27,16	10,18	—
10	力	3,35,13,21	35,10,23,24	28,29,37,36	1,35,40,18	13,3,36,24	15,37,18,1	1,28,3,25	15,1,11	15,17,18,20	26,35,10,18	36,37,10,19	2,35	3,28,35,37
11	应力，压强	10,13,19,35	6,28,25	3,35	22,2,37	2,33,27,18	1,35,16	11	2	35	19,1,35	2,36,37	35,24	10,14,35,37
12	形状	10,40,16	28,32,1	32,30,40	22,1,2,35	35,1	1,32,17,28	32,15,26	2,13,1	1,15,29	16,29,1,28	15,13,39	15,1,32	17,26,34,10
13	稳定性	—	13	18	35,24,18 ,30	35,40,27,39	35,19	32,35,30	2,35,10,16	35,30,34,2	2,35,22,26	35,22,39,23	1,8,35	23,35,40,3
14	强度	11,3	3,27,16	3,27	18,35,37,1	15,35,22,2	11,3,10,32	32,40,28 ,2	27,11,3	15,3,32	2,13,25,28	27,3,15,40	15	29,35,10,14
15	运动物体的作用时间	11,2,13	3	3,27,16,40	22,15,33,28	21,39,16,22	27,1,4	12,27	29,10,27	1,35,13	10,4,29,15	19,29,39,35	6,10	35,17,14,19
16	静止物体的作用时间	34,27,6,40	10,26,24	—	17,1,40,33	22	35,10	1	1	2	—	25,34,6,35	1	20,10,16,38
17	温度	19,35,3,10	32,19,24	24	22,33,35,2	22,35,2,24	26,27	26,27	4,10,16	2,18,27	2,17,16	3,27,35,31	26,2,19,16	15,28,35
18	照度	—	11,15,32	3,32	15,19	35,19,32,39	19,35,28,26	28,26,19	15,17,13,16	15,1,19	6,32,13	32,15	2,26,10	2,25,16
19	运动物体的能量消耗	19,21,11,27	3,1,32	—	1,35,6,27	2,35,6	28,26,30	19,35	1,15,17,28	15,17,13,16	2,29,27,28	35,38	32,2	12,28,35
20	静止物体的能量消耗	10,36,23	—	—	10,2,22,37	19,22,18	1,4	—	—	—	—	19,35,16,25	—	1,6
21	功率	19,24,26,31	32,15,2	32,2	19,22,31,2	2,35,18	26,10,34	26,35,10	35,2,10,34	19,17,34	20,19,30,34	19,35,16	28,2,17	28,35,34
22	能量损失	11,10,35	32	—	21,22,35,2	21,35,2,22	—	35,32,1	2,19	—	7,23	35,3,15,23	2	28,10,29,35
23	物质损失	10,29,39,35	16,34,31,28	35,10,24,31	33,22,30,40	10,1,34,29	15,34,33	32,28,2,24	2,35,34,27	15,10,2	35,10,28,24	35,18,10,13	35,10,18	28,35,10,23
24	信息损失	10,28,23	—	—	22,10,1	10,21,22	32	27,22	—	—	—	35,33	35	13,23,15
25	时间损失	10,30,4	24,34,28,32	24,26,28,18	35,18,34	35,22,18,39	35,28,34,4	4,28,10,34	32,1,10	35,28	6,29	18,28,32,10	24,28,35,30	—
26	物质或事物的数量	18,3,28,40	13,2,28	33,30	35,33,29,31	3,35,40,39	29,1,35,27	35,29,10 ,25	2,32,10,25	15,3,29	3,13,27,10	3,27,29,18	8,35	13,29,3,27
27	可靠性	+	32,3,11,23	11,32,1	27,35,2,40	35,2,40,26	—	27,17,40	1,11	13,35,8,24	13,35,1	27,40,28	11,13,27	1,35,29,38
28	测量精度	5,11,1,23	+	—	28,24,22,26	3,33,39,10	6,35,25,18	1,13,17,34	1,32,13,11	13,35,2	27,35,10,34	26,24,32,28	28,2,10,34	10,34,28,32
29	制造精度	11,32,1	—	+	26,28,10,36	4,17,34,26	—	1,32,35,23	25,10	—	26,2,18	—	26,28,18,23	10,18,32,39
30	作用于物体的有害因素	27,24,2,40	28,33,23,26	26,28,10,18	+	—	24,35,2	2,25,28,39	35,10,2	35,11,22,31	22,19,29,40	22,19,29,40	33,3,34	22,35,13,24
31	物体产生的有害因素	24,2,40,39	3,33,26	4,17,34,26	—	+	—	—	—	—	19,1,31	2,21,27,1	2	22,35,18,39
32	可制造性	—	1,35,12,18	—	24,2	—	+	2,5,13,16	35,1,11,9	2,13,15	27,26,1	6,28,11,1	8,28,1	35,1,10,28
33	操作流程的方便性	17,27,8,40	25,13,2,34	1,32,35,23	2,25,28,39	—	2,5,12	+	12,26,1,32	15,34,1,16	32,26,12,17	—	1,34,12,3	15,1,28
34	可维修性	11,10,1,16	10,2,13	25,10	35,10,2,16	—	1,35,11,10	1,12,26,15	+	7,1,4,16	35,1,13,11	—	34,35,7,13	1,32,10
35	适应性，通用性	35,13,8,24	35,5,1,10	—	35,11,32,31	—	1,13,31	15,34,1,16	1,16,7,4	+	15,29,37,28	1	27,34,35	35,28,6,37
36	系统的复杂性	13,35,1	2,26,10,34	26,24,32	22,19,29,40	19,1	27,26,1,13	27,9,26,24	1,13	29,15,28,37	+	15,10,37,28	15,1,24	12,17,28
37	控制和测量的复杂性	27,40,28,8	26,24,32,28	—	22,19,29,28	2,21	5,28,11,29	2,5	12,26	1,15	15,10,37,28	+	34,21	35,18
38	自动化程度	11,27,32	28,26,10,34	28,26,18,23	2,33	2	1,26,13	1,12,34,3	1,35,13	27,4,1,35	15,24,10	34,27,25	+	5,12,35,26
39	生产率	1,35,10,38	1,10,34,28	32,1,18,10	22,35,13,24	35,22,18,39	35,28,2,24	1,28,7,19	1,32,10,25	1,35,28,37	12,17,28,24	35,18,27,2	5,12,35,26	+

注：表中数字 1～40 分别代表 40 个发明原理，具体阐述可参见 9.3.2 节。